U0458074

国家社会科学基金一般项目
《物债二分下的中间权利状态研究》（14FBX171）最终成果

广西师范大学法学院 丛书
"地方法治与地方治理研究" 书

丛书主编　陈宗波

物债二分下的
中间权利状态研究

雷秋玉　著

中国政法大学出版社

2023·北京

图书在版编目（CIP）数据

物债二分下的中间权利状态研究/雷秋玉著. —北京：中国政法大学出版社，2023.12

ISBN 978-7-5764-1234-5

Ⅰ.①物…　Ⅱ.①雷…　Ⅲ.①物权法－研究－中国②债权法－研究－中国
Ⅳ.①D923.24②D923.34

中国国家版本馆CIP数据核字(2023)第243782号

出　版　者　中国政法大学出版社

地　　　址　北京市海淀区西土城路 25 号

邮寄地址　北京 100088 信箱 8034 分箱　邮编 100088

网　　　址　http://www.cuplpress.com (网络实名：中国政法大学出版社)

电　　　话　010-58908289(编辑部) 58908334(邮购部)

承　　　印　保定市中画美凯印刷有限公司

开　　　本　650mm×960mm　1/16

印　　　张　26.5

字　　　数　360 千字

版　　　次　2023 年 12 月第 1 版

印　　　次　2023 年 12 月第 1 次印刷

定　　　价　105.00 元

总　序

GENERAL PREFACE

　　"地方"本来只是一个地理空间概念，自从出现了国家这一政治组织形式之后，"地方"一词又增添了新的含义，从政治地理学的角度理解，它指的是中央治下的行政区划。既然有了"地方"，就必然有"地方治理"。地方治理既是国家行使权力的重要标志，也是行政治理科学化的重要措施，古今中外，概不例外。

　　法治，已然成为现代国家治理的重要特征和必备工具。有学者指出，现代国家治理必备两个系统，即动力系统和稳定系统。动力系统主要来自地方及其个体的利益追求，并付诸行动，推动国家的发展变化；稳定系统由规则体系构成，主要载体是宪法、法律和制度，它们为动力系统提供稳定的运行轨道和程序。法治是一个由国家整体法治与地方法治构成的内在联系的严密整体。所谓地方法治，一般认为是地方在国家法制统一的前提下，落实依法治国方略、执行国家法律并在宪法、法律规定的权限内创制和实施地方性法规和规章的法治建设活动和达到的法治状态。地方治理法治化就是将地方治理各方主体的地位职能、行动规则、相互关系逐步规范化，并在治理过程中予以严格贯彻实施的动态过程。地方法治建设是国家整体法治建设的重要组成部分，是我国全面落实依法治国基本方略、建设社会主义法治国家的有效路径，是自下而上推进法治建设的重要切入点。

　　在世界多元化的发展格局中，各国治理模式的选择自有其现实依据和发展需要。当下的中国，不管"地方法治"作为一个学术话语还是一个实践命题，其兴起的根本原因还是对经济社会快速发展的现实回应。从经济社会发展需要看，经济越发达，市场主体之间的竞争越激烈，民事主体的纠纷越频繁，财产保护的愿望越强烈，治理法治化的要求越迫切。当国家平均法治化水平无法达到某一先进地区社会关系所要求的调整水平的时候，这些区域就可能率先在法律的框架内寻求适合自身发展的治理规范。在我国，一个有力的证据就是东部发达省份，如江苏、浙江、上海、广东较早探索地方法治与地方治理路径。它们根据经济社会发展的现状，率先提出了"建成全国法治建设先导区"，意指在其经济与社会"先发"的基础上，在国家法制统一的原则下率先推进区域治理法治化，即"地方法治"。

完善和发展中国特色社会主义制度，推进国家治理体系和治理能力现代化是我国全面深化改革的总目标。应该说，上述这些有益的实践探索契合了我国国家治理的现实需要和理想追求。实践探索往往能够引领理论的创新，时至今日，地方法治早已跨越发达地区的尝试时空而已成为全域性的法治理念。十八届三中全会提出，直接面向基层、量大面广、由地方管理更方便有效的经济社会事项，一律下放地方和基层管理。加强地方政府公共服务、市场监管、社会管理、环境保护等职责。法治是国家治理体系和治理能力现代化的重要体现和保障。十八届四中全会提出，"推进各级政府事权规范化、法律化，完善不同层级政府特别是中央和地方政府事权法律制度，强化中央政府宏观管理、制度设定职责和必要的执法权，强化省级政府统筹推进区域内基本公共服务均等化职责，强化市县政府执行职责"，"明确地方立法权限和范围，依法赋予设区的市地方立法权"。随后《立法法》对此及时作出了回应，在原有相关规定的基础上，地方立法权扩至所有设区的市。十九届四中全会《中共中央关于坚持和完善中国特色社会主义制度 推进国家治理体系和治理能力现代化若干重大问题的决定》提出，要健全充分发挥中央和地方两个积极性的体制机制，理顺中央和地方权责关系，赋予地方更多自主权，支持地方创造性开展工作，"构建从中央到地方权责清晰、运行顺畅、充满活力的工作体系"。这些目标和举措彰显了中国在国家治理体系和治理能力方面的灵活、务实态度和改革、创新精神。

这意味着地方法治在中国地方社会秩序的建立和维护过程中将发挥越来越重要的作用，并且深刻地影响着国家法的实际运行。我国属于单一制国家，有统一的法律体系，在国家治理结构中，各地方的自治单位或行政单位受中央统一领导。但是我国幅员广大，不同地方区域的现实状况差别较大。正如孟德斯鸠所说的，法律和地质、气候、人种、风俗、习惯、宗教信仰、人口、商业等因素都有关系。因此，法治建设需要因地制宜，体现地方治理的个性要求，政治、经济、文化和社会发展的不同特点。地方在社会经济发展中形成的法律制度，也应针对实际情况、体现地方特色。可见，地方法治建设要体现地方特色也是法治中国的应有内涵。因此，根据目前我国地方法律制度的特点，着力解决法治中国建设在地方法治建设中所遇到的独特问题，对于推进法治中国建设具有重要现实意义。

广西是少数民族地区，边疆地区，"一带一路"重要门户，华南经济圈、西南经济圈与东盟经济圈的接合部，社会关系敏感而复杂，在社会主义法治国家建设实践中有其自身的特点和情况。在这样的背景下，2013 年 4 月，广西师范大学以法学院为主体单位，依托广西重点学科法学理论学科，整合区内外专家学者力量，联合自治区立法、司法和政府法制部门，组建"广西地方法制建设协同创新中心"。2014 年 7 月，根据广西地方法治与地方治理理论和实践需要，在"广西地方法制建设协同创新中心"的基础上，进一步加强力量，组建"广西地方法治与地方治理研究中心"，申报广西高校人文社会科学重点研究基地并被确认。2019 年，在前一阶段工作成绩获得自治区教育厅考评结果优秀等次的基础上，又跻身广西高校人文社会科学研究中心 A 类。

中心致力于建设地方法治与地方治理高端研究平台，在较短的时间内，加强软硬环境建设，创新管理体制机制，汇聚学者队伍，构筑学术高地，服务地方社会经济建设，经过九年左右的建设，初见成效——

大力汇聚专家学者。中心积极建立健全专家库，在加强校内多学科专家集聚的同时，拓宽人才引进模式，利用灵活、开放的政策，吸引学术影响大的学者和学术潜力强的中青年人才加盟团队。目前中心研究人员 65 名，其中主体单位广西师范大学主要学术骨干 47 人，绝大部分具有高级职称和博士学位，多人具有省级以上人才称号。目前，形成了地方法治基础理论、广西民族法治与社会治理、广西地方立法、广西地方经济法治、广西地方政府法治、广西地方生态法治等 6 个研究团队。

深入开展地方法治与地方治理学术研究。科研成果是衡量科研人员贡献社会大小的重要标志。中心精心策划，合理配置研究资源，开展了一系列科研活动。一是冲击高端研究课题。自中心成立以来获省部级以上科研项目 58 项，研究经费突破 800 万元，其中包括国家社科基金重点、一般项目 33 项及国家社科基金重大项目 1 项。该重大项目"全面推进依法治国与促进西南民族地区治理体系和治理能力现代化研究"准确回应了中央精神，是西部地区法学领域为数不多的国家社科基金重大项目之一。二是设立研究课题。中心每年安排 30 万元左右，吸收广西内外学人积极开展地方法治与地方治理研究，年资助课题 10 余项，包括重点或重大课题。三是资助出版理论研究成果。中心已资助《民族法治论》《民族习惯法在西南民族地区司法审判中的适用研究》等 26 部专著出版发行，本系列丛书就属于本中心资助出版理论研究成果的一部分。同时中心不限数量资助研究人员发表高水平学术论文。四是组织申报高级别科研奖。2014 年来，中心研究人员获得省部级成果奖 40 多项，其中广西社科优秀成果奖一等奖 2 项。

当好"智囊"，服务经济社会实践。中心在培育高端服务平台、提供政策咨询服务、参与地方立法等方面已初见成效。目前已经孵化出省市级的其他一些法律服务平台多个，如广西地方立法研究评估与咨询服务基地、广西法治政府研究基地、广西知识产权教育与培训基地、广西公益诉讼检察理论研究基地、广西涉外法律服务研究院和广西师范大学党内法规研究中心等，并成为广西特色新型智库联盟成员，从而为地方经济社会发展发挥出更大的整体效用。中心应要求组织专家参与了《中华人民共和国民法总则（草案）》《中华人民共和国国家安全法（草案）》《中华人民共和国境外非政府组织管理法（草案）》修改意见征求工作，以及《广西壮族自治区环境保护条例（修订草案）》《广西壮族自治区饮用水水源保护条例（草案）》等 300 余部国家法律和地方性法规、规章的起草、修改、评估和论证工作。上级有关领导和专家到立法基地视察和调研后，对中心在地方立法工作所作的努力和取得的成绩给予了充分肯定。

可以说，九年左右时间，广西地方法治与地方治理研究中心的建设取得了可喜的进步，也为广西师范大学法学院法学专业获评国家法学类首批一流本科专业做出了贡献。目前，中央和地方高度重视地方法治建设，我们的工作迎来了非常有利的机遇，同时也面临着更高的要求。广西地方法治与地方治理研究中心将坚持围绕广西地方法治基础理论与民族法治建设经验、广西地方经济法治理论与实践、东盟的法律和政策等方面的理论与实践重大问题开展深入、系统的研究，推出一批在区域有一定影响的成果，并以此大力推动广西法学及相关学科的发展，培育本土学术人才和实务专家，为区域社会经济发展和地方治理现代化目标的实现发挥更多的积极作用。

陈宗波

2023 年 11 月于桂林

目 录
CONTENTS

一、研究缘起

物债二分所指的，是物权与债权二元区分的民法财产权体系格局及观念。中间权利状态的意义则较为多元，它首先是指物权的弱化现象，其次是指债权的绝对效力强化，在同一意义上它也指向债权之间的强弱排序，最后是指物权与债权共享相同或者相似规范的状态。

国内较早涉入物债二分的中间权利状态问题的学者极少，孙宪忠教授的研究可谓开风气之先，他对物权行为理论进行了富有浪漫主义色彩的阐释与评价，也提出了物权与债权之间的模糊状态与物权概念的限度问题。[1]数年来，笔者徘徊在物债二分的问题上，由此接触到金可可、王玉花等学者的杰出研究。但是国内研究这一问题的学者原本较少，而从民法权利体系的角度切入物债二分问题研究的学者则极为罕见，因此研究较难推进。

发现拉伦茨的类型论[2]为研究的推进提供了有力的理论工具。通过类型论，可以形成对物债二分的体系化再认识；同时，以类型论为基础，通过对既有研究文献的重新整理分析，物权性概念得以

---

〔1〕　参见孙宪忠：《中国物权法总论》（第2版），法律出版社2009年版，第62～64页。

〔2〕　参见［德］卡尔·拉伦茨：《法学方法论》，陈爱娥译，商务印书馆2003年版，第337～348页。类型论的核心为类型思维，而非概念思维。

浮现出来[1]；此时，冉昊的研究[2]也呈现出新的意义，进一步触发对物债二分中间权利状态研究动机的，是近几年物债二分研究问题的碎片化倾向与解构论的兴起。

二、文献回顾

（一）国外研究现状

对于物债二分下的中间权利状态，国外研究所关注的问题主要有三：

第一，物债区分的相对性问题。法国学者雅克、吉勒将物债区分相对性理论归结为人格主义理论和客观主义理论，并进行批判[3]。无论是人格主义理论还是客观主义理论，都以消解物权与债权的区分为目的，其主要手段是创设大一统的"所有权"概念，以囊括所有的权利归属问题，其理论源头，应是法国民法上的统合财产权概念。

第二，权利划分不净问题。这一问题的研究，分为三个方向：①由支配权入手，解释物权与债权何以同一。德国民法学界的通论是，债权与物权均可成为支配权的客体[4]，但并不因此消解物债二分的财产法体系。支配权概念的提出，从权利类型分层的角度，厘清了物权与债权在更高层次概念上的统合问题；②以物权性理论[5]阐释物权与债权存在的逻辑上的区分要素。这一理论提出了物权性

[1] 参见金可可：《债权物权区分说的构成要素》，载《法学研究》2005年第1期。

[2] 参见冉昊：《论"中间型权利"与财产法二元架构——兼论分类的方法论意义》，载《中国法学》2005年第6期。

[3] 参见[法]雅克·盖斯旦、吉勒·古博，缪黑埃·布赫-马南协著：《法国民法总论》，陈鹏等译，法律出版社2004年版，第172~180页。

[4] 参见金可可：《论支配权概念——以德国民法学为背景》，载《中国法学》2006年第2期。

[5] Vgl. Von Claus-Wilhelm Canaris, *Die Verdinglichung obligatorischer Rechte*, *Festschrift für Werner Flume zum 70. Geburtstag*, *B.I*, Verlag Dr. otto Schmidt KG·Koln, 1978, pp.374-375.

的构成要素，将物权性分解为支配权、绝对性与有体物，为从本质上区分物权与债权提供了实质的标准。但是物权性构成要素的提出，最终为物权与债权交叉问题提供了一个观察视角；③在逻辑实证之外，注意到政策性因素对物权体系的影响。日本学者我妻荣较早注意到政策性因素对物权体系的影响[1]，我国早期的罗马法学者，例如周枏教授，也曾简单阐发过"买卖不破租赁"的政策性原因[2]。

第三，"债权物权化"的研究。德国学者认为"债权物权化"的本质在于债权被赋予物权效力，而且物权效力较为有限[3]，并将"债权物权化"与权利划分不净的现象做了实质区分[4]。德国学者对"债权物权化"研究的最大特点在于，将"物权化"的债权仍限定在债权的范畴之中，在保持物债二分体系稳定性的基础上求变，而非解构这一体系。

（二）国内研究现状

国内研究主要集中在以下四个方面：

第一，质疑物债二分的纯粹性。主要包括：冉昊表达了对物债二元之间无法归类的中间权利状态的困惑[5]；刘德良等认为物权与债权之间的区分是相对的[6]；孙宪忠教授指出当代社会存在一些无法单一地以物权或者债权规则予以分析的混合法律关系[7]，等等。这种质疑在个别学者那里走向消解论或者解构论，持消解观点的代

---

〔1〕　参见［日］我妻荣：《我妻荣民法讲义Ⅱ　新订物权法》，罗丽译，中国法制出版社 2008 年版，第 34 页。

〔2〕　参见周枏：《罗马法原论》（下册），商务印书馆 1994 年版，第 780 页。

〔3〕　参见［德］鲍尔、施蒂尔纳：《德国物权法》（上册），张双根译，法律出版社 2004 年版，第 50 页。

〔4〕　参见金可可：《预告登记之性质——从德国法的有关规定说起》，载《法学》2007 年第 7 期。

〔5〕　参见冉昊：《论"中间型权利"与财产法二元架构——兼论分类的方法论意义》，载《中国法学》2005 年第 6 期。

〔6〕　参见刘德良、许中缘：《物权债权区分理论的质疑》，载《河北法学》2007 年第 1 期。

〔7〕　参见孙宪忠：《中国物权法总论》（第 2 版），法律出版社 2009 年版，第 62~68 页。

表学者主张软化二分体系的具体方法，是为"对物性"提供一个统一标准，例如第三人（义务人）知晓标准，凡符合这些标准者，则有"对物性"；不符合者，没有"对物性"，不再区分物权与债权。[1]持解构论的代表学者通过例举近些年来生活实践中、立法中所存在的突破物债二分体系的现象，全面解构了物权法的自治性，解构了物债二分[2]。

第二，对物债二分相对论观点的批判。尹田对物债二分相对论观点较早给予了有力批判，以此回应了国内对人格主义或者客观主义理论的继受。[3]。

第三，尝试为中间权利状态提供体系化解释方案。对于中间权利状态的存在，冉昊早期的研究尝试予以归类，将之划分为历史形成的类型、法典确立时即存在的混合类型及现代转化类型[4]。对冉昊所指的历史形成类型，金可可有更为详尽的论述，所指为"向物权"，这种权利类型，事实上并非中间权利状态[5]。法典确立时即存在的混合类型，金可可用"区分要素"理论对此有精确的逻辑分析[6]。现代转化类型主要指"债权物权化"现象，国内研究一方面缺乏对"债权物权化"概念的准确界定，另一方面也未能揭示"物权化"的原因。

第四，"物上之债"概念的提出与局部的展开，[7]以及对物权

---

〔1〕 参见冉昊：《论权利的"相对性"及其在当代中国的应用——来自英美财产法的启示》，载《环球法律评论》2015 年第 2 期。

〔2〕 参见朱虎：《物权法自治性观念的变迁》，载《法学研究》2013 年第 1 期。

〔3〕 参见尹田：《物权法理论评析与思考》，中国人民大学出版社 2004 年版，第 60 页。

〔4〕 参见冉昊：《论"中间型权利"与财产法二元架构——兼论分类的方法论意义》，载《中国法学》2005 年第 6 期。

〔5〕 参见金可可：《持有、向物权（ius ad rem）与不动产负担——论中世纪日耳曼法对债权物权区分论的贡献》，载《比较法研究》2008 年第 6 期。

〔6〕 参见金可可：《债权物权区分说的构成要素》，载《法学研究》2005 年第 1 期。

〔7〕 参见常鹏翱：《物上之债的构造、价值和借鉴》，载《环球法律评论》2016 年第 1 期。

与债权关联的描述与分析[1]。我国较早提出"物上之债"概念的学者是我国台湾地区学者苏永钦，而对它展开体系性研究者，是常鹏翔教授；同样，对于物权与债权关联范畴的研究，有文献可查的最早学者也是苏永钦，而继之展开的学者为常鹏翔。这些研究虽然并未明确着眼于物权性，但是却为物权性的研究提供了坚实的理论框架。

三、本书的内容安排

以前人的研究成果为基础，本书将以物权性这一可变的、具有弹性的概念作为核心线索，围绕这一核心概念完成物债二分的中间权利状态体系建构。在写作上，本书的内容将基于总分的逻辑理路展开，也基于从理论背景至物权体系内的弱物权性、具有绝对性的债权、关联关系中的物权性弱化，再到支配权角度上的规范同态的写作思路展开。具体安排如下：

理论背景位于第一章。这一章介绍了物债二分的历史形成，作为形式理性的物债二分观念对民法知识、关系、规范等造成的深远影响，以及它在当代所遭遇的现实与理论困境及方法论革新；阐明了本书方法论的基本立场，即在坚持物债二分形式理性的基础上，以类型论作为改进的理论工具，克服解构论所带来的体系冲击，整合碎片化的研究。

物权体系中的物权性为第二章的内容。这部分内容包括：在物权性构成的基础上，重新厘定了对物权、支配权、绝对权等物权性要素的概念，以动态的物权性理论改造了物权性的概念，使之成为体系性分析的利器。在改造物权性概念的前提下，全面分析了所有权、用益物权、担保物权与准物权的物权性问题。尤其是在担保物权的物权性分析，全面回应了"担保物权非物权"以及权利质权为

---

〔1〕　参见常鹏翔：《物权法的基础与进阶》，中国社会科学出版社2016年版，第15~55页。

权利的"骑墙者"的观点，维护了物债二分的类型体系。

第三章开始进入债权的物权性分析。该章阐释物上之债。在对物上之债概念界定的基础上，全面清理了"债权物权化"所造成的体系问题。继之，再对物权法规范中的物务进行了系统梳理。最后，以预告登记和买卖不破租赁为例，对物上债权进行详尽细致的逻辑分析，阐明了物上债权的内在机理。

第四章的内容仍是债权的物权性问题。这一章的内容较为杂糅，既包括实体性的债权之间的优越性问题，也包括诉讼程序中的债权之间优越性问题。实体性问题主要是指优先购买权问题；程序性问题则涉及动产（含普通动产与特殊动产）买卖合同的优先顺位、不动产买卖或者转让合同的优先顺位、破产程序中的优先顺位、执行程序中的优先顺位等诸多方面。鉴于第四章与第五章内容之间的关联，该章对诉讼程序中的动产与不动产买卖或者转让合同的优先顺位做简略化处理。

对诉讼程序中的优先顺位的特殊性问题的探讨，被置于第五章。在广义上，狭义的诉讼、执行、破产程序，都可以说是诉讼程序，故本书设定第五章的目的，在于通过例示性的分析，揭示诉讼程序中的债权优先顺位的特殊机理。

第六章阐释物债关联中的物权性弱化及消解问题。这一章在苏永钦、常鹏翱教授所提出的物权与债权关系范畴的基础上，改造了既有关系范畴理论框架，并在关系范畴改造的基础上，完成了对信托、所有权保留、PPP等复合法律关系范畴中的所有权弱化的规范解释，剖析了关系范畴中物权性弱化甚至于消解的问题。

最后一章即第七章解决了基于"支配权"所造成的规范同态性的分析，涉及侵害债权与侵害物权的救济规范同态性、基于支配权的行使而形成的债权让与和所有权让与的规范同态性。

应予说明的是，总体上，本书内容的理论分析性较强，其着眼点在于构筑一个有基础理论作为其根基的类型化的物债二分之间中间权利状态的分析体系。通过这一分析体系的建构，可以完成物债二分的知识论的建设。如果要回答这样一个问题，即这一项目对于现实的意义在哪里，那么较为恰当的回答是：物债二分学理体系的建构有利于完善既有的学科理论体系，而这一理论体系的完善又无疑有利于形成稳定的、可被接受的物权观念与制度，同时，对于知识的传承将产生积极的推进作用。当然，本书也间接回应了实务中的问题，例如，商品房预售制度建设问题、买卖不破租赁的对抗模式问题、优先购买权的制度体系问题、诉讼程序内的债权优先顺位的合理性证成问题、PPP 模式下的权利结构问题，等等。

本书最后将形成一个分析架构，在宏观上，它对物债二分之间中间权利状态的体系化，与民法知识的体系化传统和宏大结构是一脉相承的。而民法知识的体系化，自历史经验观之，乃是民法法典化的前提。学术界已经达成普遍的共识，即民法法典化的意义不仅是编一部民法典，更不应是简单地将之等同于原本存在的民法各部门的规范的简单拼合、组装，它首先要解决的是体系化的民法与民法学思维的问题。只有完成对民法各部门知识的体系化梳理、整合，才能为民法知识体系提供知识论上的支撑。

物债二分体系的形成与革新

物债二分作为民法法系体系化方法的产物之一，主要践行于德国民法及受德国民法影响的国家与地区。作为一个理论体系，它虽然肇始于罗马法，但是最终应是潘德克顿法学的产物。我国自清末以降，无论是民事立法还是民法教育，都深受德国民法和民法学传统的影响，作为西学东渐产物的物债二分体系，对于我国民事法律规范体系、民法思想以及民事法律的司法实践都产生了巨大和有益的影响。

第一节 物债二分的形成

一、权利论述的历史起点

一个基本的假设是，权利是政治国家中独有的现象。在政治国家诞生之前，人对物的支配是一种单纯的支配，与法权没有联系。政治国家诞生之后，物的支配秩序因之形成，单纯的对物的支配即不复有存在的土壤。这种假设是否能经得起推敲？

文艺复兴时期的政治哲学家为我们描绘了政治国家诞生的逻辑图景，这种逻辑图景将人类社会划分为两个不同的阶段：自然状态与文明状态（或者政治国家时期、法权时期）。但是不同学者对于自然状态的想象存在差异，有人认为自然状态系丛林社会者，也有人认为自然状态为人类社会的黄金时期者。

　　霍布斯与卢梭属于前者。霍布斯描画了人类社会由丛林社会过渡到文明社会的政治想象，认为丛林社会的存在源于人类的天性，即竞争、猜疑与荣誉。竞争的本质原因是求利，猜疑之所以发生是因为欠缺安全感，而荣誉是基于求名。在没有一个共同的权力使人类慑服的情况下，人类难免陷入争斗。这是每个人对每个人的战争。[1]在此种人人相互为战的状态中，所发生的任何事情都不能说是不公道的。因为没有公正与不公正的观念存在，没有法律赖以形成的共同权力，也没有法律存在。在这种状态下，暴力与欺诈是一种美德。在这种状态下，也不可能有财产，没有"你的"与"我的"之分。每一个人可以得手的东西，只能说是在他以其个人能力（包括暴力）能够保住的时间内是自己的。[2]卢梭也为我们描绘了相似的图景，但是同时指出了由自然状态到法权社会转化的契机，即人类社会如果不改变其生存方式，就会灭亡。[3]正是在这种不合作即灭亡的危机干预之下，人类缔结了契约，进入文明社会，财产权应运而生，"最初占有者的权利"在财产权确立之后，成为"一种真正的权利"。[4]

　　洛克属于后者。在洛克的眼里，人类社会所处的自然状态并非如同霍布斯或者卢梭想象中的丛林社会，而毋宁是人类社会的黄金时期，自然状态下的人类社会是平等、自由、和谐的社会。在此种社会中，人类依自然法而行动，自然法在自然状态中，起到了定分止争的法律效果。[5]

　　政治哲学家笔下的自然状态，并不为历史学家与人类学家所欣

[1]　参见［英］霍布斯：《利维坦》，黎思复、黎廷弼译，商务印书馆2011年版，第94~95页。

[2]　参见［英］霍布斯：《利维坦》，黎思复、黎廷弼译，商务印书馆2011年版，第96~97页。

[3]　参见［法］卢梭：《社会契约论》（修订第3版），何兆武译，商务印书馆2003年版，第18页。

[4]　参见［法］卢梭：《社会契约论》（修订第3版），何兆武译，商务印书馆2003年版，第27页。

[5]　参见［英］洛克：《政府论》（上篇），叶启芳、瞿菊农译，商务印书馆1982年版，第5~11页。

赏。亚伦在为《古代法》作序时毫不客气批评道："全欧洲有许多关于政治社会、自然法以及'自然状态'的起源的假设，这些假设，从现代观点看来，似乎是很可笑，并且一点也不像历史上的事实，以至在今日，我们竟难于理解他们怎样会这样强有力地深入当时人们的想象的。"[1]梅因也指出，《十二铜表法》的公布并不能作为我们开始研究法律史的最早起点，在类似法典的后面，存在很多法律现象，这些法律现象在时间上发生在法典之前。那些残存的最古老的原始文献，在人类不能对梵文文学做出完全分析以前，其最好的来源只有希腊的荷马诗篇。假如人类能够通过任何方法，确定法律概念的最早形式，这对我们来说有着无限的价值。这些基本概念对于法学家，就如原始地壳对于地质学家一样可贵。它们可能包含法律在后来表现其自己的一切形式。[2]霍贝尔对原始族群法律现象的记录与研究，证明作为历史遗存的复杂法律规则存在于原始族群之中。他在研究中指出，在伊富高人那里，对实体法的细节（例如用水权）进行详尽的阐述已经出现，其实体法的复杂性，比得上早期的文明民族。科曼契人虽然不注重法律形式，但却好于诉讼。[3]总体而言，历史学者的研究更为注重法律制度的连续性，而人类学者更倾向在古老的部族中寻找早期人类法律制度的遗存。他们的研究或多或少说明，人类社会法律制度不可能以类似于地质裂变的方式突然产生，政治哲学家自然法的想象多少显得有些荒谬。

以法权制度为基础的作为财产权核心的支配权，究竟在何时进入人类社会的制度体系中，除了在历史学者和人类学者的描述中可以找到蛛丝马迹之外，还不能得出确切的结论。对支配权进行研究，可以依托的较为成熟、系统的有关法律和权利的文献，不仅不可能从政治哲学家的法律想象中获得，也不太可能从历史学者不确切的

---

〔1〕 参见 [英]梅因：《古代法》，沈景一译，商务印书馆1959年版，第3页。

〔2〕 参见 [英]梅因：《古代法》，沈景一译，商务印书馆1959年版，第1～2页。

〔3〕 参见 [美]霍尔贝：《原始人的法：法律的动态比较研究》（修订译本），严存生等译，法律出版社2006年版，第94页、第125页。

历史性描述、人类学者的碎片化探寻中获得。在此背景下，罗马法或许是一个差强人意的起点。

二、从诉的方式到对人权、对物权的二元划分

（一）对物之诉与对人之诉

古罗马时代，诉讼法与实体法之间的关系十分紧密。学者考证认为，在古罗马人的思想中，诉讼先于权利。作为这种思想的具体表现，《十二铜表法》把诉讼法与实体法规范混合在一起；法学家的著书立说，通常采用两种编制方式：三编制——分为人法、物法和诉讼法，或者二编制——人法和物法，诉讼规范分别列入两篇之中。相较而言，采用三编制的情形比较多，例如，盖尤斯的《法学阶梯》就是采用三编制；优士丁尼大帝所编的《法学阶梯》也采用三编制。然而无论采用何种编制方式，他们都自然而然地将诉讼法规范与实体法规范视为一个整体。[1]

罗马法律发展史上，因时代不同而存在着三种不同的诉讼制度：法律诉讼、程式诉讼、非常诉讼。三种诉讼制度在时间节点上并非截然分离，而是相互影响，有时还存在并用的关系。其中，法律诉讼制度主要存在时期为罗马建国至公元前 130 年前后，即《爱布蒂亚法》实施时期；程式诉讼主要实施的时期介于公元前 130 年至公元 294 年之间；接上一时期的终点至西罗马帝国灭亡，这一时期产生了一种新的诉讼制度即非常诉讼。在分工上，法律诉讼主要适用于市民法，后两者主要适用于万民法。[2]

法律诉讼采用严格的形式主义，区分法律审理与事实审理。因当事人的诉讼请求不同，诉讼的具体方式存在区别。法律诉讼分为五类：拘押、扣押、宣誓决讼、申请任命仲裁人与要求返还。其中

---

〔1〕　参见周枏：《罗马法原论》（下册），商务印书馆 1994 年版，第 924~925 页。

〔2〕　参见江平、米健：《罗马法基础》（修订本第 3 版），中国政法大学出版社 2004 年版，第 435 页。

申请任命仲裁人为纯粹的程序制度，在此不作详细介绍，仅介绍其他四种法律诉讼程序制度。

拘押是古罗马时最早的保障私有财产权的诉讼方式。最初，它是作为一种独立的诉讼程序，适用于权利受到侵害且无可争议的情形。后来，因社会关系日益复杂，多作为宣誓决讼的执行程序。

扣押系债权人不经审判程序，对不履行债务之人的财产直接实施扣押，以迫使其履行的行为。扣押无须债务人到场，但须有证人在场。虽然扣押无须审判，但若债务人对扣押产生争议，则须通过诉讼程序进行；再者，扣押虽无须审判，但并不否定必要时，债权人得依审判而为。[1]

宣誓决讼，仅用于解决所有权问题，带有较为明显的对人诉讼或者对物诉讼的痕迹，常与拘押程序结合适用。例如，如果窃贼否认被窃者的所有权，则在拘押前，应当先解决所有权的归属问题。此时，双方应当向神宣誓，申明其权利的正当性。宣誓决讼可分为对物的宣誓决讼与对人的宣誓决讼。其中，对物的宣誓决讼，具有十足的象征性。如果讼争标的为不动产，必须取物的一部分以代该物的整体。土地以泥块代之，房屋以瓦代之，树木则以树枝代之，等等，将象征物携至法官面前。动产一般需要携至法官面前，若不便全部携带，则以部分或者组成部分代之。以对奴隶的对物宣誓程序为例：假定甲和乙争为奴隶 A 的主人，则甲传唤乙携奴隶 A 至法官面前。在法官面前，甲、乙各以法定的言辞，宣称其系 A 的主人，先由甲讲："我声明依罗马法的规定，这个奴隶 A 为我所有"，讲完后以木棒触 A 的身体；乙亦为相同的言辞和行为。之后甲、乙模拟古人以木棒搏斗。法官令双方停止搏斗，言："双方都放开这个奴隶"。至此，讼争归国家处理，随即进入宣誓阶段，甲问乙："你有什么理由主张 A 为你所有？"乙则答："依罗马的法律，我发誓主张我的权利。"甲又问："你敢用 50 阿司来决胜负吗？"乙又答："我

---

[1] 参见周枏：《罗马法原论》（下册），商务印书馆 1994 年版，第 937~940 页。

当然敢。"接下来乙问甲，遵循同样的言辞表达，完成后双方提供誓金或交保，法官任命双方选定的承审员，由承审员来宣判何者的誓言为真，若双方的誓言均被宣判为假，则没收双方的誓金，讼争物由占有者继续保管。[1]对人的宣誓决讼与之相似，但是没有携带象征物的要求。

对于返还物的诉讼制度，曲可申教授认为既可适用于对人宣誓决讼，也可适用于对物宣誓决讼，不具有独立的程序地位，[2]这与周枏教授的观点大致相同。

程式诉讼中，对人诉讼与对物诉讼为其基本类型。其中对人诉讼的目的在于保护债权，仅可对特定的债务人进行；对物诉讼的目的在于保护物权和身份权。[3]对物诉讼程式中，除特别情况外，例如"役权的确认之诉"，则无须记载被告的姓名，这与对人诉讼程式应当记载特定债务人的姓名不同。非常诉讼，实质上是基于大法官令状而建立的诉讼制度，为程式诉讼制度的补充。

基于罗马法的先有诉讼后有权利的规范原则建立起来的对人诉讼与对物诉讼制度，虽然由于其诸法合体的特征，呈现出诉讼与权利交织的状态。但是，通常认为，对物诉讼所显示的，就其与物权的比较而言，充其量还是一种单纯的人对物的关系，而不是人对物的权利。然而徐国栋教授对此另辟蹊径，从三个不同角度论证了对人权与对物权在罗马法时期即已产生的事实：[4]一是《十二铜表法》第六表第1条暗示着罗马法体系下债权所产生的原因为Nexum，物权产生的原因为Mancipium；二是谢沃拉·萨宾在其《市民法》一书中建构了一个物法与债法二分体系，这是潘德克顿民法体系的前身；三是保罗建立的债的标的三分体系，事实上包含着一个物债二

---

〔1〕 参见周枏：《罗马法原论》（下册），商务印书馆1994年版，第942~943页。

〔2〕 参见曲可伸：《罗马法原理》，南开大学出版社1988年版，第382页。

〔3〕 参见江平、米健：《罗马法基础》（修订本第3版），中国政法大学出版社2004年版，第447页。

〔4〕 参见徐国栋：《论罗马法对物权与债权的区分》，载《江汉论坛》2015年第2期。

分体系。徐国栋教授的这一论断，至少意味着，对于古罗马法时代实体与程序不分的学术论断，仍有反思批判的空间，但本书在没有发现更为确切的证据之前，仍沿用学界的一般观点。

（二）对人权与对物权

对人权与对物权的体系建构的完成，始于罗马法复兴，终于自然法学。[1]其发展进程可分为三个阶段：注释法学派、人文主义法学派与近代自然法学派。

注释法学派的雏形是伊内留斯创建的波伦亚法学派，亦称前注释法学派。伊内留斯之后，对注释法学派做出巨大贡献的是他的学生，其中最著名者史称"四博士"，分别为布尔加利斯、高塞、雅各布斯与拉维纳特。"四博士"之后，较为活跃的注释法学派学者是普拉坎蒂努斯和巴塞努斯。但是，对注释法学派贡献最大、并使该学派定型的学者是阿佐、阿库修斯。注释法学派以《民法大全》为研究对象，主要活动就是对之进行说明、解释和阐述，以期还原古代罗马法文献的原貌。

其学术活动方法具有如下特点：第一，以"经院方法"处理罗马法文献。即以形式逻辑的分析概念和三段论推理结构对古代罗马法文献进行考证、注释、说明、阐述，等等。第二，对古罗马法文献中的文字进行"边缘注释"，即在页边作注。第三，转述罗马法原著的概要，并说明原典自身。主要采用方法有序言和题材、章的导论、法律条文的说明、对原著内容的说明。第四，提示法源的内部联系。其方法有：提示章句以及敕令的引用文，消除法条之间的矛盾，区分和鉴别，论证。第五，挑出各章句中的各种法律问题进行讨论。[2]

注释法学派学术贡献巨大，提出了对物权的概念及其上下分层结构，却未对其进行体系界定。后注释法学派完成了这一未竟的事

---

〔1〕 参见金可可：《对人权与对物权的区分理论的历史渊源——从罗马法的复兴到自然法学派》，载吴汉东主编：《私法研究》（第4卷），中国政法大学出版社2004年版，第460~504页。

〔2〕 参见何勤华：《西方法学史》，中国政法大学出版社1996年版，第61~66页。

业。后注释法学派注重将注释和研究的对象与社会问题、司法实践结合起来，赋予了注释法学派新的生命活力。在理论发展方面，它不再满足于章句的注释，在区分对物权（近似意义上的 iura realia）与对人权（iura personalia）的基础上，完成了财产权的体系建构。[1]

人文主义法学派是 15—16 世纪法国的一个重要法学流派。该学派的学术活动，不仅构成西欧文艺复兴运动的一个重要组成部分，也为罗马法在法国的复兴、运用及融入架设了一条重要的学术桥梁。出于对罗马法光荣传统的倾慕，该学派主张回到优士丁尼法，结合古罗马社会的社会政治历史重建古典法学的本来面目。不仅如此，该学派还认为法学应与其他学科一样，可以在逻辑上以从普遍到特殊的形式呈现出来，故主张将古罗马法文献置于理性秩序之下，试图在经典文本之上，抛开既有的研究，重构一个符合理性的规范秩序体系。在这一体系建构的努力中，阿佩尔（Apel）体系性地建构了对物权（ius in re）与对人权（ius ad rem）的谱系图。多内鲁斯（Donellus）则在属于"我们的权利"与"他人欠我的权利"的大框架体系下，分析了这两种权利的体系性区分。[2]我国学者朱晓喆曾如此评价多内鲁斯："作为潘德克顿法学体系基础的一系列主观权利概念及其体系，在近代可以追溯至 16 世纪人文主义法学家雨果·多诺。"不仅如此，他还认为，多内鲁斯的私权体系对同时代自然法学派著名学者格老秀斯也产生了巨大影响，其著作《荷兰法学导论》中以主观权利导引其体系的架构，即出自多内鲁斯私权体系思想。[3]

作为自然法学派巨子的格老秀斯，其私法著述《荷兰法学导论》的编排方式遵循《优士丁尼学说汇纂》的体例，分为人法、物法、债法三编，其中第二编与第三编都是以主观权利的等级层次为核心

〔1〕　参见何勤华：《中世纪西欧评论法学派述评》，载《中外法学》1996 年第 5 期。

〔2〕　参见金可可：《对人权与对物权的区分理论的历史渊源——从罗马法的复兴到自然法学派》，载吴汉东主编：《私法研究》（第 4 卷），中国政法大学出版社 2004 年版，第 460~504 页。

〔3〕　参见朱晓喆：《论近代民法体系建构的方法论基础——以多玛的演绎法为中心》，载《中外法学》2010 年第 3 期。

组织起来的。他把主观权利分为"beheering"与"inshuld",即对物权与对人权。在第三编的开头,他将"inshuld"解释为"某人针对另一人享有的,自该他人处取得某物或某种行为的财产权"。第三编与第二编中内容虽然存在交叉,但其已将对人权的相关内容与对物权的相关内容做了较为彻底的区分。在《战争与和平》一书中,格老秀斯对权利做了类似的区分。[1]

在另一位自然法学巨子康德那里,对人权与对物权的体系找到了其终极性的先验伦理的支持。在《法的形而上学原理——权利的科学》一书中,康德将私法上的权利划分为对物权、对人权、有物权性质的对人权三类。他几乎直指本质地指出:物权是指在一物中的权利,但又不仅指一物中的权利,"它还是所有与真正'我的和你的'有关的法律的基本原则",即"这是一种反对所有占有者占有它的权利"。[2]而对人权所占有的,是另一人的积极的自由意志。此处所谓的占有,即通过"我"的意志,去规定另一人的自由意志,使其做出某一行为的意思。鉴于对人权的特殊性及康德自然法中的人本主义,康德对这一种"占有"进行了限制,即此种占有的获得,"不能是原始的或者专断的"。[3]康德的"有物权性质的对人权",是指"专门涉及家属和家庭的权利",[4]这一分类,由于历史的原因而在后世遭到扬弃。康德的私权分类,因其哲学家的名望而影响深远。

〔1〕 参见金可可:《论格老秀斯对私法体系的贡献——兼论近代自然法学的方法与意义》,载《中州学刊》2008年第6期。
〔2〕 参见〔德〕康德:《法的形而上学原理——权利的科学》,沈叔平译,商务印书馆1991年版,第73~75页。
〔3〕 参见〔德〕康德:《法的形而上学原理——权利的科学》,沈叔平译,商务印书馆1991年版,第87页。
〔4〕 参见〔德〕康德:《法的形而上学原理——权利的科学》,沈叔平译,商务印书馆1991年版,第93页。

三、物权作为支配权的古老观念及近代意义

（一）古罗马法时期的作为支配权的对物权

1. 彭梵得的"所有权集体与政治性理论"

对古罗马法时期的支配权最为充分、极致的描述，是对所有权的描述。意大利学者彼德罗·彭梵得曾如此界定罗马法中的所有权（mancipium）："对物最一般的实际主宰与潜在主宰。"[1]之所以说所有权是"对物最一般的"实际主宰，是因为其外延无法限定，也不能限定。现代民法通常以对所有权权能列举的方式来界定所有权，这些权能一般被描述为：占有、使用、收益与处分。但是现代民法所列举所有权的权能，并不能穷尽所有权的权能，毋宁说其目的在于以非穷尽的方式示例性地说明所有权。根据彭梵得的观点，所有主可以采用任何可能的方式，行使其对于物的权利，物的潜力是无限，其用途也是不确定的，还有可能随着社会政治经济的发展而不断发展变化，故不可能对所有权的外延进行限定。此外，之所以说所有权是所有主对物的"实际"与"潜在"主宰，是因为所有权中某些实际的要素，有可能因为某些计划或者基于法的目的，而从所有权中分离出去，或者使其受到限制，例如公法与私法的限制，他物权的设定（地役权、用益权等的设定），等等。但是即便如此，所有权仍保持其完整性，这是因为所有权具有独特的弹性。而"主宰"一词的运用，使我们确定，彭梵得所认为的所有权的本质，系指支配权。常识告诉我们，在人类社会进入法权社会阶段之后，即使是所谓的"单纯的"占有，实际上也并不"单纯"，它必然是某种整体秩序的一部分。本书认为罗马法中的所谓的"主宰"的意义指向支配权，并非对语词的随意使用，而是基于古罗马法时期的罗马社会已是法权社会之事实。作为所有权的派生权利，罗马法上的他物

---

[1] 参见［意］彼德罗·彭梵得：《罗马法教科书》，黄风译，中国政法大学出版社1992年版，第194页。

权的"主宰"意义在强度上要弱很多：一方面他物权人受制于所有主，另一方面他物权人对物的主宰并非"最一般"的主宰，而是对物的有限主宰。

我国罗马法学者汪洋将彭梵得的上述理论界定为"所有权集体与政治性理论"，理由有如下两点：第一，彭梵得所界定的所有权是mancipium，其主体为家父；第二，其客体为集体性质的要式物，而非略式物。[1]彭梵得的理论所针对的是早期罗马法所有权。

2. 古典法时期的所有权双层结构

进入古典法时期的罗马社会，氏族解体，家父权力日薄西山，农业经济逐渐被商业经济所取代，习俗的力量也日益式微，取消要式物与略式物区分的呼声日益高涨。在这种背景下，强调主宰性的mancipium式的所有权概念，渐被市民法上的所有权概念dominium和更为技术化的一般所有权概念proprietas所取代。这两个所有权概念均带有较强的技术性，dominium一般与"用益权"相对应使用，proprietas也多与"用益权"以及"占有"等相对应使用。dominium与proprietas这两个概念对于所有权内在结构的揭示各有侧重：dominium所侧重的是人与物的关系，着重表达人对于物的统领与控制；而proprietas则强调物在经济与法律意义上的归属以及以物为重心的社会关系。两者共同构成了完整意义上的所有权概念。此后，虽然罗马法上的所有权制度还存在裁判官法所有权与行省土地所有权的变异，最终在优士丁尼时期复归于古典法时期的完整所有权概念体系，这种概念体系的基本结构由上述两种市民法上的所有权构成，即采用的是"归属与权能"式的概念模式。[2]

总体而言，罗马法早期的所有权概念挟家父的权威而带有强烈的"主宰"色彩，但是后期成熟的所有权概念则归于理性，以归属+权能

---

[1] 参见汪洋：《罗马法"所有权"概念的演进及其对两大法系所有权制度的影响》，载《环球法律评论》2012年第4期。
[2] 参见汪洋：《罗马法"所有权"概念的演进及其对两大法系所有权制度的影响》，载《环球法律评论》2012年第4期。

的模式确立起支配权的形象。但是事实上，在罗马法复兴及后来的自然法时期的欧洲，所有权概念所挟带的家父——支配权色彩，伴随着人文主义与人本主义的哲学进程，成了人文主义法学与自然法学派进行私权建构的核心思想之一。

（二）人文主义法学对物权支配性本质的修复

16 世纪人文主义法学家纷纷冷落《学术汇纂》而更为信奉优士丁尼《法学阶梯》，试图运用《法学阶梯》体系的架构规范来达到法学知识系统化梳理的目的。在所有的法学家中，如前所述，多内鲁斯的成就尤其值得再予浓墨重彩地描述一番。他不仅完成了对人权与对物权的完整体系划分，也在试图修复中世纪日耳曼法中双重所有权制度对罗马法造成的败坏方面，做出了巨大贡献。他认为中世纪日耳曼法的双重所有权，即直接所有权与使用所有权的二阶层划分，分割了原本完整的所有权概念，损害了罗马法以来所有权所具有的绝对支配的精神意义。在这一观点下，他认为使用他人土地也可以成立一项独立的物权，由此，多内鲁斯将那些由所有权派生而具有独立价值的受限制的物权，称之为他物权。以他物权的概念统合和重构了这些权利类型，不仅解决了财物的"所有"与"利用"之间的矛盾，也为后世民法权利体系的建构扫清了障碍。总之，人文主义法学通过对对人权与对物权的再界定，肯定了物权作为支配权的本质，另一方面又通过对中世纪双重所有权的修正全面贯彻了物权的支配性，使得物权作为支配权的本质得以凸显。[1]

（三）自然法学派对物权支配性本质的深入阐述与完成

自然法学派的权利思想，深受康德权利观念的影响。因此，了解了康德的权利观念，也就找到了一把通往自然法学物权概念本质的钥匙。总体而言，康德以人类理性作为国家和法律起源的前提，但是他所谓的理性，并不是建立在经验人性基础上的理性，而是建

---

〔1〕　参见朱晓喆：《从中世纪罗马法到近代民法的思想转型——以 16 世纪人文主义法学为中心》，载《中外法学》2007 年第 1 期。

立在先验知识基础上的理性。在康德的观念中，人类理性包括两类：一类是认识理性，也就是人认识真理的能力；另一类是实践理性，也就是选择合乎正义行为的能力。[1]在实践理性中，在道德形而上学乃至于法的形而上学的实践理性图谱中，自由是道德实践理性的最为重要的组成部分。在康德看来，自由权利是人与生俱来的权利，自由不仅表现为行为的自由，更表现为意志的自由。意志自由，即人选择行动的自由。而自由权利，则是以责任为前提的自由。他是这样展开他的自由权利的思想的：第一，自由权利涉及一个人与另一个人的外在和实践的关系；第二，这种关系事实上是他的行为自由与他人行为自由的关系；第三，意志行为无须考虑其他问题，而仅须考虑与另一个人自由相协调的问题。因此，康德观念中的自由权利，毋宁说是自由的全部与另一人自由相关联的条件，也就是说自由的权利，就是自由得以实现的限度。[2]换言之，康德观念中的自由，乃是在"勿损他人"前提下的意志自由与行为自由。同样，既然自由权利是在与他人的关系中得以展开的，也应考虑到他人与"我的"自由之间的关联，毕竟他人的存在是"我的"自由的前提。故在对权利的普遍原则予以界定时，须同时考虑两种自由并存的问题：一是任何他人不应妨碍我完成这种出于意志自由的行为，或者妨碍我保持这种意志自由的状况，否则他人即是侵犯了我的自由；二是我也不能以我的外在行为去侵犯他人的自由。[3]

对于普通自由权利的界定，是康德进一步界定私法权利的基础。鉴于以上权利观，康德将物权界定为："反对所有占有者占有它的权利。"[4]这种对物权的界定，很容易被误导为揭示物权绝对性（不

---

〔1〕 参见吕世伦主编：《西方法律思想史论》，商务印书馆 2006 年版，第 216 页。

〔2〕 参见［德］康德：《法的形而上学原理——权利的科学》，沈叔平译，商务印书馆 1991 年版，第 39~40 页。

〔3〕 参见［德］康德：《法的形而上学原理——权利的科学》，沈叔平译，商务印书馆 1991 年版，第 41 页。

〔4〕 译者认为，康德此处的表述实际意义是："反对所有其他的人占有该物的权利，此原则来自罗马法'物权'的含义。"参见［德］康德：《法的形而上学原理——权利的科学》，沈叔平译，商务印书馆 2011 年版，第 74 页。

少著作误将其描述对世权）本质的表述。但是实际上，由于康德对自由权利的界定，是从权利的全部条件出发的，尤其是我的自由与他人的自由并存的角度出发的，此处界定中的"反对所有占有者的占有"，只能视为自由权利在物权上的一个注脚，而不能视为物权的独有特质。在此，也可以联系康德对占有的界定来理解。康德认为，外在物根据权利是"我的"的条件，是我"理性占有（根据法律占有，而非感性的占有）"的外在物。[1]

根据上述的分析，可能得出一条失之偏颇的结论，即康德笔下的权利包括物权，都只是在与他人的妥协之中的某种关系，连自由的门槛都未摸到。的确，我国有学者这样描述康德笔下的物权的：物权乃至一切权利，都只能存在于一个共同体之中，存在于人与人的关系之中，个人的单方面意志不可能把一种责任强加给大家。要做到这一点，就需要一种全体的或普遍的意志，它不是偶然的而是先验的，因而它必须是联合起来的、普遍的立法意志。[2]这种描述也并未错，只是过于执着共同关系，而漠视了自由本身的意义。康德既然将物权乃至于权利置于自由权利这一框架之内，自由乃至自由意志的力量不应被忽视。自由的意义虽非自明的，但是作为自由核心价值的自由意志在权利意义解读中，完全被忽视，可能并非康德之本意。康德的本意或许在于，在一个人的自由与他人的自由相协调的前提下，权利人如何使用权利客体乃是自由意志本身可以决定的事情。物权作为支配权，其本质的意义仍在于意思独断，这是私法自治的一个必然与核心的组成部分。[3]若将权利的外部条件视为权利的本质，岂非南辕北辙？

因此，康德在自由权利的框架内对对物权乃至于对人权的探讨，

---

〔1〕　参见［德］康德：《法的形而上学原理——权利的科学》，商务印书馆 2009 年版，第 53~54 页。

〔2〕　参见朱晓喆：《批判哲学视界中的私权问题——康德的私权哲学思想研究》，载《金陵法律评论》2002 年第 2 期。

〔3〕　参见雷秋玉：《地役权的"物权性"解读——基于"物权性"的解构与重构》，载《河北法学》2016 年第 6 期。

本质上是将物权作为自由权利的一种，而自由权利所指向的全部外部条件，虽然为人与人的关系，但其实质则为自由意志。这与罗马法古典时期所有权的双层结构具有内在的关联，即自由意志为其内在结构，而人与人的关系为其外在结构，两者并合在一起，构成物权或者权利的完整概念。

康德自由权利哲学体系中的对物权与对人权概念，对后世影响深远，自此之后，对物权作为支配权（自由与自由意志）意义深入人心。例如，19 世纪邓恩伯格的"使物直接服从于我"的权利，[1]便深得康德哲学的精髓。我国台湾地区学者谢在全所举 21 种物权的定义，鲜有不从支配权的角度入手者。在此 21 种定义之中，比如"郑著物权第 11 页"对物权的界定，即为"物权乃直接支配其标的物，而享受其利益之具有排他性的权利"。[2]"直接支配其标的物"实乃物权作为支配权最为直接明快的说明。在谢在全所举的 21 种物权定义之外，还存在最为直接支持物权本质为支配权的观点，例如，孙宪忠教授对于物权本质的描述，乃着眼于权利人的"物权意思的独断性"。[3]

四、物权作为绝对权：传统民法的界定及问题

对于罗马法时代是否存在物权为绝对权的观念，徐国栋教授断然否定，并将之作为个人主义的梦呓。[4]朱晓喆教授在阐述康德私权哲学思想时也断言康德并未持此观点。[5]事实上，我国学者从法

〔1〕 参见金可可：《邓恩伯格论私法体系及债权物权的区分》，载《河北法学》2005年第 5 期。

〔2〕 参见谢在全：《民法物权论》（上册），中国政法大学出版社 1999 年版，第 13~14 页。此处的郑著，是指郑玉波先生的著述。

〔3〕 参见孙宪忠：《中国物权法总论》（第 2 版），法律出版社 2009 年版，第 75 页。

〔4〕 参见徐国栋：《论罗马法对物权与债权的区分》，载《江汉论坛》2015 年第 2 期。

〔5〕 参见朱晓喆：《批判哲学视界中的私权问题——康德的私权哲学思想研究》，载《金陵法律评论》2002 年第 2 期。

学史的角度对此进行阐述的，主要是金可可教授。[1]在此，先铺陈法学史的描述，再谈物权作为绝对权陈述的误区与问题。

（一）历史法学派的贡献：作为绝对权的物权

据不完全考证，最早将物权视为绝对权、债权视作相对权，并对绝对权与相对权的意义进行界定的，当属历史法学派巨子萨维尼。在《当代罗马法体系》一书，萨维尼从对人之诉与对物之诉的解读出发，建立起绝对权与相对权的区分。由于对物之诉可以对抗一切人，而对人之诉只可以对抗特定的人，故由对物之诉衍生的对物权，也可以对抗一切人，而由对人之诉衍生的对人权则不能。萨维尼据此建立起了两大权利分类：可以对抗一切人的权利，只能对抗特定人的权利。两者分别对应物权与债权概念。[2]绝对权与相对权的区分体系由此确立，物权与债权的概念及其二元区分的体系也建构了起来。受萨维尼的影响，19世纪乃至当代的德国民法学界，将这种区分视为一种定理式的存在。与萨维尼同时代的法学家，例如贝克尔、温德夏特、鲁道夫·索姆等，也均认同这一学术观点。鲁道夫·索姆在将物权界定为支配权、行动权的同时，也认同物权是一种足以对抗一切人的权利。[3]

当代德国法学家中，也不乏这种认同者，例如拉伦茨、梅迪库斯等。拉伦茨在对权利进行分类的时候指出："使用承租人、用益承租人、借用人根据债务关系而享有的占有和使用的权利也算是对物的支配权，尽管它们不是《德国民法典》意义上的'物权'。它们之所以不属于《德国民法典》上的'物权'，因为它们只是针对某个通过债务合同而与之联系的个别的人，而不是像真正的物权那样，

---

[1]　参见金可可：《论绝对权与相对权——以德国民法学为中心》，载《山东社会科学》2008年第11期。

[2]　参见金可可：《私法体系中的债权物权区分说——萨维尼的理论贡献》，载《中国社会科学》2006年第2期。

[3]　参见金可可：《鲁道夫·索姆论债权与物权的区分》，载《华东政法学院学报》2005年第1期。

所有人对所有物的关系是针对所有的其他人的。"[1]梅迪库斯不仅将权利划分为绝对权与相对权，其对绝对权的界定，与拉伦茨对绝对权的界定可谓异曲同工。[2]

(二) 物权作为绝对权的观念对我国民法学的影响

民国时期，我国学者于界定物权时，多强调物权的绝对性，例如李宜琛教授认为物权具有排他效力，对社会影响巨大，故应设公示制度；[3]史尚宽教授也极力主张物权的"排他性"，并提倡以公示制度减少其负面影响，[4]等等。我国当代学者，例如梁慧星教授，亦将绝对性视为物权的本质性特征之一，并将绝对性与物权的对世性并列。[5]尽管存在不少支持物权绝对性的表述，但是，在我国明确支持物权绝对性的民法著述，实际并不多见，多数仅谈到"排他性"。

之所以如此，首先可能是因为我国学者对于何为物权的绝对性，以及这种特性是否为物权的本质特征，存在不同意见。王伯琦教授在其所著《民法总则》一书中，较早反对将绝对性（对世性）作为物权的本质特征，他说：物权是直接存在于物上的权利。此种权利，以对物的支配为主要内容，权利人的利益，并不存于对他人的拘束之上，而存在于对物的支配之上。也就是说，王伯琦教授并不认为绝对性（对世性）为物权的本质特征。[6]不仅如此，我国学者在界定物权时，多从支配性+排他性的角度出发。而排他性，事实上有不同的意义。排他性，最为通俗的描述，乃是指排除他人干涉的意思。在这一意义上，排他性实际与学术界通常所说的物权对世性同义。

---

〔1〕[德]卡尔·拉伦茨：《德国民法通论》（上册），王晓晔等译，法律出版社2003年版，第285页。

〔2〕参见[德]迪特尔·梅迪库斯：《德国民法总论》，邵建东译，法律出版社2000年版，第58~60页。

〔3〕参见李宜琛：《民法总则》，中国方正出版社2004年版，第39页。

〔4〕参见史尚宽：《物权法论》，中国政法大学出版社2000年版，第10页。

〔5〕参见梁慧星、陈华彬：《物权法》（第5版），法律出版社2010年版，第10~11页。

〔6〕参见王伯琦编著：《民法总则》，正中书局1979年版，第25页。

可是恰如前述，徐国栋教授倾向于反对将对世性作为物权的本质之一。当我们说物权为排他性的对世权的时候，按照二元对立的观点，也就意味着我们同时将债权界定为非排他性的对人权。此时，排他性与非排他性、对世权与对人权是相对的。而在后一层意义上，往往无法在学界取得共识。对世权，按照通常表述，其意义是指物权可以对抗世界上的所有的人，相对而言，作为对人权的债权则只能对抗通过"债锁"而被锁定在特定法律关系中的特定的人。换言之，物权是任何人都不得侵犯的权利，而债权则不是。这种说法显然有误。

权利的本性都具有不可侵性，非独物权如此。米尔恩指出，权利对应着义务，如果欠缺所对应的"作为或不作为"的义务，那么就不存在一项权利。[1]对此拉斐尔教授勾画的行为权与接受权的区分有助于阐明这个问题。[2]行为权是有资格去做某事或以某种方式做某事的权利，而接受权是有资格接受某物或以某种方式对待的权利。就债权而言，既是行为权，也是接受权。作为行为权，债权人有以适当方式请求债务人履行的权利。而作为接受权，债权人有接受债务人履行的权利。这两种权利都有可能受到侵犯，这种侵犯可能来自债务人，例如债务人有给付义务而不为给付，也可能来自第三人，例如第三人恶意侵犯债权；在此意义上，债权人所对应的义务人，不仅指债务人，也包括不特定的第三人。债务人不履行债务，受债不履行规则的规制，要承担债法（可能是合同法，亦可能是侵权法）所设定的责任。第三人恶意侵犯债权，在符合侵权责任的构成要件时，应当承担侵权的损害赔偿责任。对于第三人债权而言，尽管根据权利的本性，侵犯任何人的权利都是不正当的，任何人存在不为不正当行为的义务，也应当谨慎界定，以防其无限扩展，将

---

〔1〕 参见［英］A. J. M. 米尔恩：《人的权利与人的多样性——人权哲学》，夏勇、张志铭译，中国大百科全书出版社 1995 年版，第 112 页。

〔2〕 See D. D. Raphael. *Problems of Plicitical philosophy*, London：Macmillan，1970，pp. 68-70. 转引自［英］A. J. M. 米尔恩：《人的权利与人的多样性——人权哲学》，夏勇、张志铭译，中国大百科全书出版社 1995 年版，第 112 页。

正当竞争的行为也囊括其中。通常的做法是：第一，在合同领域中，允许竞争性契约的存在，且对所有的针对同一标的的竞争性契约采用平等对待的原则。第二，在侵权法中，严格厘定第三人侵害债权的构成要件。对此，大陆法系的侵权法中有较为严苛的构成要件限定。例如，《德国民法典》侵权行为法的三个"概括性小条款"中第826条（纯粹经济损失）中的请求权，较之一般侵权责任，有损害、违反善良风俗与故意的构成要件，其中违反善良风俗与故意的要件，较一般侵权责任更为严格。其中较为典型的案例包括诱使违约，按照德国联邦法院的观点，即侵权行为人介入合同关系时，在相当大的程度上对受影响的人无所顾忌，这种无所顾忌特别是出现在，他与合同债务人串通的目的正是为了使合同债权人的请求权无法实现。但是，只有在严重地违背公平观念的情况下，对违反善良风俗的谴责才得以成立。[1]我国台湾地区所谓"民法"第184条第1款后段，作出了类似的规定。[2]

在界定物权的物权性时，还有一个易引起争论的概念，即对世权。事实上也不可能存在对世权。对世权的定性暗含着一个悲剧性的假设：全世界的人都可能侵害物权，从而必须赋予物权以对世的效力。而实际上，对世权不过是对物权的进一步推论，本身不具有意义。也就是说，由于权利存在于物上，故他人若占有该物，权利人即得以该存在于物上的权利对抗占有人；或者说，由于权利存在于物上，他人若在该物上另设定不相容的或者具有竞争性的物权，权利人可以以该权利对抗该他人的物权。由于"他人"有可能是任何人，所以对世权的特性由此推衍而出。但是具体的生活现实上，"他人"虽然有可能是任何人，但是总是表现为特定的人，故对世权只是一种理想的假设状态，而非实存状态。

〔1〕 参见［德］马克西米利安·福克斯：《侵权行为法》（2004年第5版），齐晓琨译，法律出版社2006年版，第168页。
〔2〕 参见王泽鉴：《侵权行为法：第1册·基本理论·一般侵权行为》，中国政法大学出版社2001年版，第280~298页。

排他性还有另一层意义，即在同一物上不能存在相互排斥、互不相容的两个物权。在这一意义里，将排他性等同于绝对性，在局部的角度上这种说法是正确的。

除上述用法之外，我国学者还有将物权的绝对性与绝对等同，例如孙宪忠教授，他在描述物权为绝对权的时候，系将"绝对权"与"绝对"的权利等同的，将之作为形容词来修饰物权作为支配权的特性，认为物权作为支配权乃是绝对的支配，用以强调物权作为支配权所体现出来的人对物关系上所蕴含的人的自由意志。

对于物权的绝对性，本书认为我国学术界，乃至于德国民法学界，均存在学术继受上的盲目性。物权的绝对性的意义有待于重新建构，以形成合理的概念，这一点在后文还将涉及，在此暂不予详述。

五、本节小结

总而言之，由罗马法时代的对人之诉与对物之诉的法学上的解读，到中世纪注释法学派的对人权与对物权的法学构造，西方法学界完成了物权与债权二元分立的最初的一环，即由诉讼到权利的建构。这一建构的学术历程，反映了学术界对于人-物二元区分的最初的法学设想。

由物权与债权的对物权与对人权的法学构造到人文主义法学对罗马法传统的复兴与重塑，乃至于到自然法学派从自然理性的角度对罗马法传统的重新诠释，物权与债权的二元区分的法学体系在人作为自然万物的本体的哲学观念的基础上，被"重新"建构了起来，至少在人-物关系上，其作为支配权的本质被挖掘出来。这种本质，早在罗马法时期，就在内外二重法学结构的基础上被阐释得淋漓尽致，尽管它的最终完成，是以自由观念为中心的康德的权利哲学。

赋予对物权与对人权以物权与债权之名的，是萨维尼。从绝对性与相对性的角度阐释物权与债权二元区分的，也始于萨维尼。萨维尼给后世留下了宝贵法学遗产的同时，也为后世法学的纷争留下了隐患。萨维尼及其之后的德国民法学对物权绝对性（对世性）的强调，实际是过度发掘物权所体现的人-人关系的结果。萨维尼之后，物债二分的法学方法论的体系架构，几乎得以完成。物债二分体系作为德国民法学的遗产，对于建立在德国民法学传统上的民法知识乃至于民法制度体系，将产生巨大而深远的影响。

第二节 物债二分的体系效应

一、物债二分与民法学知识的体系化

（一）物债二分与潘德克顿体系

物债二分是整体的体系化法史学的一部分，这一点在潘德克顿体系化过程中体现得尤为突出。它的形成，构成了潘德克顿体系的认识论基础之一。

"潘德克顿"（Pandekten）一词，源于拉丁文 Digesta seu Pandectae。Pandectae 的本意指包罗万象的学说，加了词尾-ae，为复数形式。Digesta 则为摘录的意思，seu 为介词，Digesta seu Pandectae 的意思为《学说汇纂》。根据《布莱克法律词典》的介绍，《学说汇纂》包含 50 卷本，完成于公元 533 年，由 2000 篇论文的摘录组成，[1] 是优士丁尼国法大全的重要组成部分。潘德克顿（Pandekten）为 Digesta seu Pandectae 的德语表达。潘德克顿体系是指由德国民法学发起并由他们完成的《学说汇纂》体系化解读，这是一个历史的过程，故又称为潘德克顿体系化。潘德克顿系德语词汇 Pandekten 的汉语音译，汉语学术界也有译为"潘德克吞"的。

未经整理的《学说汇纂》实为一个凌乱不堪的体系，这是《法国民法典》选择优士丁尼《法学阶梯》学说体系的原因之一。但是优士丁尼《法学阶梯》所秉持的规范群编排体例，显得过于直白，不足反映权利的内在结构，因此，寻求一个更为抽象、更为合理的

---

〔1〕 Bryan A. Garner, *Black's Law Dictionary*, 8th ed., Thomson West, 2004.

民法知识体系，也就成了德国历史法学派的学术追求。[1]这种体系化的早期努力，其最终的形成过程，以及潘德克顿体系如何最终走向概念法学，及其对于"德意志民法帝国"的诞生的促成作用，谢鸿飞教授对此已有较为仔细的学术梳理，[2]在此不再赘述。

此处想要探讨的是，物债二分与潘德克顿体系有什么关联？潘德克顿体系的实质是什么？民法知识又是如何超越潘德克顿体系而自成一体？最后，这种自成一体的民法知识体系又是如何与所谓的"民族精神"结合在一起，形成了为《德国民法典》奠定基础的知识性的体系化的规范群？

物债二分的形成，始终伴随着对罗马法知识的逐步深入的解读和重建。随着物债二分的最终完成，物权与债权的区分格局逐渐清晰。与物权与债权相关的罗马法知识逐渐朝着物权和债权这两种权利类型聚集，这是知识积累的必然进程。法律知识围绕不同权利类型的聚焦的结果，是两大知识群集的基本完成，这为在法学上进行更进一步的抽象，完成公因式的共性抽取提供了前期的思想准备与知识储备。较早期的这种由局部到整体的知识迁移的体系效应，仍仅仅只是发生在罗马法知识本身的体系上面。用雅科布斯的话来说，这一阶段尚处于法学实证主义时期。[3]

萨维尼所建构的体系，从其《现代罗马法体系》（第一卷）的所附总目录页可以看出，包括类似于总则编的法律关系编、物权法编、债法编、家庭法编与继承法编。[4]这乃在解决物权与债权区分的基础上所建构的一个接近成熟样态的民法学学科知识体系。

---

〔1〕　参见［德］弗朗茨·维亚克尔：《近代私法史——以德意志的发展为观察重点》（下），陈爱娥、黄建辉译，上海三联书店 2006 年版，第 315 页。

〔2〕　参见谢鸿飞：《法律与历史：体系化法史学与法律历史社会学》，北京大学出版社 2012 年版，第 150~197 页。

〔3〕　参见［德］霍尔斯特·海因里希·雅科布斯：《十九世纪德国民法科学与立法》，王娜译，法律出版社 2003 年版，第 7 页。

〔4〕　See Friedrich Carl Von Savigny, *System of the Modern Roman Law*, *translated from the German of Frederick Carl von Savigny by William Holloway*, Madras: J. Higginbotham Publisher, 1867.

除此之外，我们可以看到，萨维尼同时代及其之后的潘德克顿诸多法学家都通过自己的著作，各自建构起了自己的民法学科知识体系[1]。

胡果在《现代罗马法教程》中所建构的五编制体系（物权法、债权法、亲属法、继承法、诉讼法），10 年后在其《民法教科书》中重建的三编制（人法、物权法、债权法）。

海瑟的六编制体系。这是一个相当接近当代《德国民法典》的民法学科知识体系，体现在其著述《普通民法体系概要：潘德克顿教程》中，将民法学科知识分解为总则、物权法、债权法、亲属法、继承法、恢复原状。这一著作不仅构建了较为完善的民法学科知识体系，而且精确区分了物权与债权。

普赫塔的概念谱系。普赫塔创设的概念法学谱系，严格说来已经不再属于潘德克顿法学的范畴。他所著的《学说汇编》以及《法学阶梯教程》将潘德克顿体系的理性法的遗产转化为学说汇编学派的方法原则，其影响，较之萨维尼的《当代罗马法体系》有过之而无不及。[2]之所以将普赫塔的民法学科知识体系称之为概念的谱系，乃在于他认为，法学家应该通过所有的中间环节，向上追溯至其最高的法的概念来源，再向下推导下位概念直达个别主观权利为止。例如，其《法学阶梯教程》就是按照这样的一个体系进行编排的：第一编法律规范，第二编法律关系（包括人、权利），第三编为法律规范的适用，第四编为个人固有的权利（人格权、占有），第五编为对物的权利，第六编为对行为的权利，等等。其突出特点就是，先有权利的界定，后有权利的分类，其所说的对物的权利，即对物的支配权，而对行为的权利，即为债权。

温德夏特的《潘德克顿法教科书》所创建的实质意义上的五编

---

〔1〕 参见谢鸿飞：《法律与历史：体系化法史学与法律历史社会学》，北京大学出版社 2012 年版，第 151~156 页。

〔2〕 参见［德］维亚克尔·弗朗茨：《近代私法史——以德意志的发展为观察重点》（下），陈爱娥、黄建辉译，上海三联书店 2006 年版，第 387 页。

制：总则编（含法律概论、权利概论）、物权法编、债法编、家庭法编、继承法编。这五编的体制，几乎成了《德国民法典》学说的草案版本。事实上，在上述体系建构过程中，温德夏特还完善了物债二分的体系，将罗马法上的"诉权"转化成了请求权这一实体性的权利，从而使得物债二分中原本暂缺的一环得以圆满，即物权为对物权、支配权、绝对权，而债权为对人权、请求权、相对权的二元分立体系得以最终完成。

（二）从潘德克顿体系到概念法学

潘德克顿体系的学科知识建构，为概念法学的产生准备了条件。

如果将由萨维尼开创的历史法学分为两个阶段的话，潘德克顿法学已属其发展的第二个阶段。萨维尼原来所提出的学术理念——历史层面，"敏锐地总结每个时代及每种法的形式特点"；体系层面，"将每个概念、每个法条置于与法律整体的联系及互动作用中，即在真实、自然的关系中观察概念和法条"[1]——并未真正得到潘德克顿法学的贯彻。潘德克顿法学仅以罗马法为法源，而并不关心"每个时代及每种法的形式特点"，几乎成了学术研究的孤岛。但是萨维尼所提的封闭的体系方法，却不折不扣得到他本人乃至其他潘德克顿法学家的遵守，体系方法的封闭性，事实上也暗含着理性主义的法学思想路线，这是实证法学的主要特点之一。

从潘德克顿法学到概念法学的突变，如前所述，最初是由普赫塔开始的，如前所述。普赫塔放弃了历史法学家原初的历史观，强调法学家法高于习惯法，认为法学家法不是原初习惯法的高级表达形式，而是法律自身的渊源。其次，普赫塔将体系的方法运用到极致，从而彻底打破了历史法学派两种方法之间的矛盾与张力，因为"历史"屈从于"体系"使得矛盾已经消失。[2]普赫塔去世20年

---

〔1〕　参见［德］霍尔斯特·海因里希·雅科布斯：《十九世纪德国民法科学与立法》，王娜译，法律出版社2003年版，第9页。

〔2〕　参见谢鸿飞：《法律与历史：体系化法史学与法律历史社会学》，北京大学出版社2012年版，第43页。

后，耶林将概念法学方法推至顶峰。[1]

至概念法学，以罗马法为法源而建构起来的物债二分体系方法论开始脱离其原初的素材而获得自成一体的合理性，当然，包含物债二分体系的整个民法学知识体系，也都开始获得其独立的合理性，而再也无需罗马法为其背书了。概念法学的产生之日，也是历史法学派式微之时。

二、物债二分与财产权法律关系的体系化

在物债二分的理论进程中，随着民法学知识体系的逐渐完善和形成，有两条隐藏的线索也终于趋于明朗化：一条是法律关系的构成性要素，一条是法律上的关系与"事实上"的关系。法律关系的构成性要素，就物权而言，包括人-物-他人；就债权而言，则包括人-客体-他人。债权的法律关系的构成性要素，较之物权法律关系构成性要素，主要区别表现在，债权的客体有可能是物，也有可能不是物。法律上的关系与"事实上"的关联，其关键连接点是"拟制"。"拟制"当然不纯粹地只是存在于这种关系"拟制"之中，罗马法时期的无体物的概念，也是"拟制"的产物。

（一）以关系要素为基础的演绎

1. 人-物或者人-客体关系

就物权而言，最为直观的关系，是人-物关系。虽然上文指出，进入文明社会之后，纯粹的人-物关系，实际上是不可能。只要存在法律秩序的要求，也只要这个世界上并非一人的世界，那么纯粹的人-物关系是不可能的。当然，这个"世界"是一个有限的"世界"。这种论断是建立在理念上的、非常宏观的想象基础上的。在迪福的笔下，鲁滨逊漂流荒岛，一个人在那里茹毛饮血，建立自己的一人王国，一般人肯定会认为，在那种情况下，是不可能存在权利

---

　　[1] 参见谢鸿飞：《法律与历史：体系化法史学与法律历史社会学》，北京大学出版社 2012 年版，第 166 页。

的。尽管，鲁滨逊是来自文明世界的公子哥，在荒岛之外还存在人类的世界，还存在一个文明的、法律统治下的世界，人们也依然会认为，在那种情况下，不可能会存在所谓的权利，因为荒岛上只有鲁滨逊一人而已，没有人-他人的关系，怎么可能会有权利呢？在文明、法治社会中，纯粹的人-物关系几乎是不可能的。可是，这种观念并不妨碍我们在进行思考分析的时候，在观念上将人-物关系从人-他人的关系中抽象出来，进行相对孤立的、抽象的考查。从人-物关系看，物权为对物权、支配权。物权都是对物权。但是就支配权而言，物权作为支配权的特性并不是相同的，而是存在差异的。例如，就物权作为支配权的权能来说，它应当具有占有、使用、收益、处分等诸种权能。可是，占有有自己直接占有和由他人直接占有、自己间接占有之分；使用，又有不同的使用方式，例如土地是用来居住，还是用来耕种，自然会有很大的区别；收益的方式也存在差异，是收益其货币价值，还是收益其自然成果；处分，则又有处分其权能、处分权利本身、处分物本身、处分物的价值等多种区别。因为这些区别的存在，意味着人-物关系会存在异彩纷呈的多种类型，由此物权可以分化为支配权特性不同的物权类型。从而物权的体系得以建立：权能齐备、典型的物权为所有权，权能不齐备或者不典型的物权为他物权；利用物的使用价值的，为用益物权，利用物的交换价值的物权为担保物权；处分物的交换价值的结果是担保物权，处分物的使用价值形成的是用益物权，等等。

就债权而言，最为直观的关系，却并非人-客体关系，而是人-他人关系，例如甲向乙借钱，最为直观的关系是甲与乙之间的契约关系。但是挖掘这些人-他人关系背后的、最为本质的欲求关系，却是人与他人之间基于给付的关系，这种给付关系，或表现为某人想得到某物，或表现为某人想得到某种服务，等等。就人欲求某物来说，某物来自何人，或许并非重要。当然，当某物的品质与某一特定的他人紧密联系起来的时候，上述判断存在例外。同样的论断，适用于人与某种服务之间的关系。欲求关系，是一种人的意愿朝向于某物或某种服务之间的关系，中世纪的"向物权"概念[1]已经相当明晰地揭示了这一特性。但是，债权背后所揭示的这种人–客体的关系，也并非完全都是朝向客体的关系，也有直接"支配"某物的关系，这种关系存在于一些较为特殊的债权关系之中，例如借用关系、租赁关系。欲求与"支配"，揭示了两种不同类型的债的法律关系。

2. 人–他人关系

债权是典型的人–他人关系，是人与人之间关系的法锁。物权所体现出来的人–他人关系：一是通过对物权的特性体现出来，这在应然的界域内，表现出所谓的"对世权"的特性，而在实然的界域内却并非如此。这具体表现为物权的追及效力；二是通过支配权的特性体现出来，具体体现为物权人对物支配的意思独断；三是通过绝对权的特性体现出来，具体表现为物权的排他性（例如"一物一权"或者物权的优先效力）。相较而言，债权一般不具有对物权的特性，故一般无追及效力；债权的实现常要借力他人，故债权不是支配权；债权一般具有相容性，一般而言，那些彼此相容的债权，并不存在排他的效力。总体而言，人–他人关系，所借以表现的，就是权利的效力。通过人–他人的要素关联，可以构建出体系化的效力规范。

在人–他人这种关系模式中，无论是债权还是物权，"他人"在应然的范畴内，都是不特定的人。不必说侵权之债，单是合同之债中的他人，也无论如何不可能是特定的人。可以设想一下：在应然的范畴内，某甲要订买卖合同，他可以订约的对象，可能是任何可以将某物卖给他的人，可能是某乙，也可能是某丙，还可能是某丁。应然范畴是抽取了所有现实情景的考量，即便是某甲心属某乙，在应然范畴内也体现不出来。这与物权中人–他人关系模式中的他人是相似的：在应然范畴内，某甲是 A 物的所有权人，但是谁都可能出

---

[1] 参见金可可：《持有、向物权（ius ad rem）与不动产负担——论中世纪日耳曼法对债权物权区分论的贡献》，载《比较法研究》2008 年第 6 期。

来对 A 物主张自己的权利，或者侵占 A 物。在这一范畴内，某甲可能对抗的"他人"，是不特定的人；但是在实然的范畴内，某甲订约的对象可能是某丙，某丙是特定的人；也有可能是某丁，某丁也是特定的人。同样，在实然的范畴内，某甲作为 A 物的所有权人，侵犯其所有权的人，只能是某乙，或是某丙，或某丁，或者乙、丙、丁组成的共同体。无论何人侵犯了某甲对 A 物的所有权，在实然范畴内，都只能是特定的人，而不可能是不特定的任何人。因此，严格来说，将物权称为对世权，而将债权称之为对人权，并不十分确切：应然的范畴内，物权与债权都可以称之为对世权；在实然的范畴内，只将债权称之为对人权，也不够妥帖，物权也可以称为"对人权"。

(二) 拟制技术的运用

1. 占有对权利的拟制

占有是物权的内核。同时，占有也具有独立的法律意义，基于大陆法系民法传统的民法教科书，几乎无一例外地告诉我们，占有是一种具有独立法律意义的事实。[1]当然，这种表述具有相当大的欺骗性。依据这种表述，占有在我们的想象中，可以被图景化为一种生活事实。在不考虑占有的原因与效力时，占有似乎是一种纯粹的事实。然而，占有是权利最为古老的外观，是基于习俗的、公认的权利的外观。而具有权利外观的现象，通常会被视为权利本身，这就是拟制，即将占有拟制为权利本身。之所以说是拟制，是因为当代的民法理论，围绕占有所形成的制度，几乎与所有权相同，两种制度的相似度达到了惟妙惟肖的程度。比如说：占有的取得，有类似于所有权取得的原始取得、继受取得之类型；占有的转让，也得依法律行为而为转让；占有的保护，如同所有权的保护一样，也有自力救济、公力救济之分，公力救济也有所谓的物上请求权；如同准物权与物权的区分一样，理论上也有准占有与占有之分，等等。当然，两者存在一些细微的差别，可是这些差别只是局部的存在，

----

[1] 参见梁慧星、陈华彬：《物权法》（第5版），法律出版社2010年版，第387页。

并不影响这种相似性的大局。

占有反映的是人-物关系，可是围绕这种人-物关系所形成的法律关系，与物权几乎相同。岂能将它说成是一种纯粹的事实呢？[1]它是物权逼真的仿制品、拟制物。正因为如此，广义的物权的范畴，包含着占有。占有与物权本身，事实上是两个并存的广义物权范式。占有拟制着物权，并因为拟制，而具有物权的特性，产生着属于物权的效力。基于人-物关系，占有也是"对物权"与"支配权"。基于"对物权"的特性，它也有追及效力；基于"支配权"的特性，它也能像物权一样，使得占有人可以事实上"意思独断"地支配着外在于人的物的世界。

占有可以出于各种不同的原因，或基于物权，或基于债权，或者完全基于事实（合法的或者不合法的事实）。但是，民法围绕占有的保护所形成的规范群，是基本上忽略这些原因的。占有作为一种最为基本的指向权利的事实，也是最为明显、易于识别的事实。我们从某人手里拿着一部手机的现象本身，就可以对其拥有的针对抢夺者的物之返还请求权予以最为宽松的支持，也会对其行使自力救济的权利保护自己的占有的行为，给予最为广泛的赞同。在占有保护制度中，权利不是给占有提供保护的原因，占有本身才是给占有提供保护的原因。给占有提供类似于权利的保护，只是为了保护占有本身。当然它不是最终的保护，而是一种临时保护机制。

某些特殊的债权，因其以债权人对物的持续占有为特征，故也可以被拟制物权，从而取得对抗第三人的效力。在前述的租赁、借用关系中，租赁权人或者借用人虽然在第三人侵占租赁物或者借用物时，不能以租赁权或者借用的债权对抗第三人，但是其可以基于占有本身而对抗第三人，这是确定无疑的。通过法律的拟制，占有所承载的人-物关系，也具有人-他人关系的特征，也就是说占有这种事实关系，因为法律的拟制而呈现出法律关系的特性。虽然租赁

---

[1] 参见李君韬：《耶林的占有概念与占有保护学说：基于罗马法与德国民法学传统的考察》，载《东海大学法学研究》2017年第51期。

权与借用债权本身具有人-他人关系的一面，但是这种关系只指向契约关系中的特定的人，并非指向第三人。使租赁权人或者借用债权人可以对抗第三人的，绝非租赁权或者借用债权本身，而是基于拟制而产生的占有视作物权本身的拟制性的物权效力。

2. 基于客体的拟制

物权的人-物关系模式，除了在哲学意义上将人与物区分开来，而且意味着物权法律关系的客体只能是物。罗马法时期的无体物与有体物的划分，基本上不可能在现代民法中得以完全重现。但是无体物所具有的独立法律意义，却未必不会以某种特殊的方式，在现代民法乃至民法学中凸显出来。虽然现代民法学反复强调，物权的客体是有体物，但是，权利作为物权客体的情形并不少见，我国物权法中的权利质权即为适例。权利作为物权的客体，与其说是出于一种权宜的、现实主义的态度，还不如说是拟制技术的运用。本书此处所说的拟制，是指将权利拟制成物。在以权利为客体的物权关系中，权利被想象为具有实质形体的东西，它可以被物权人像控制物一样地控制着，可以被交付、占有，从而可以如同物一样，在物权法律关系中被自由的运用。在这种运用中，比如在权利质押中，权利作为客体不是作为某种法律关系，例如某甲对不特定人的未来的债权，是被当一个实体一样，被质押给某乙，某乙在质押期间"握有"这种债权，尽管它会变化，它因支付而减少，又因收益而增大，就像拿一头羊质押给某乙一样，它会增肥，但是也可能变瘦一样，但是无论如何，羊还是那头羊，债权还是那个债权，其具体的增减变化不在考虑之列。等到终于要处置了，在某个特定的时刻，被用来质押的那头羊，被视为一头抽象的，不再变化的羊；同样道理，在某个特定的时刻，这个债权被视为不再增减了，被特定化了。在被处置后，例如被进行了法律上的处分，被拍卖、变卖或者折价归自己所有后，羊还是那头羊，但是被质押的债权，此时却不再被视为一个完整的物，脱离了质押环境的债权，被还原成了原本的债权模样。在整个质押存在期间，债权，无论其多么繁杂，甚至其可能是一个抽象的存在，它都被视为一个整体，视为"一个"物。[1]

将债权质押视为物权与债权之间的骑墙者的观点是错误的。债权质押的出发点，不是将这种担保物权的设定视为一种跨界行为，而是出于拟制，即基于客体实质相似性的一种拟制。拟制不是造成权利类型的跨界，而是将之完全置于某种权利类型之中。存续期间的债权质权，是几乎完全按照物权规则运作的，这与债权质权被实现之后还原为债权本身这件事情，完全是两件不同的事情。

将权利拟制为物，还在另一个层次产生体系效应，即人与处在自身之外的"权利"之间的关系，亦即可以在归属的意义上，将权利视为权利人所有，这种归属关系，与所有权十分相似。但是，不能将此类归属关系称之为所有权，否则将得出存在债权的所有权与所有权的所有权这种十分荒谬的结论。这种荒谬现象，在法国法学家吉诺萨尔那里可以一窥全貌。[2]吉诺萨尔所说的所有权概念，事实上是人格主义理论的进一步延伸。人格主义理论最为经典的对物权的界定是："物权人就是一项普遍消极债务的债权人。"[3]所以物权与债权在本质上都是一样的，物权人与债权人实际上都是"债权人"，只是数量上有些区别。吉诺萨尔对人格主义理论稍作修订，指出债权的内外关系存在不同，认为从拥有的角度讲，债权人也是一项普遍消极债务的债权人，因此债权与物权在最为本质的特征上是相同的。基于这种修订，吉诺萨尔建构了一个普遍性的所有权权利体系：所有权作为最上位的权利概念，向下涵摄以有形客体为客体的所有权与以无形客体为客体的所有权。以有形客体为客体的所有权为传统的所有权，以无形客体为客体的所有权为其他意义上的所有权。无形客体的所有权又依据客体不同，划分为以知识产权为客

---

〔1〕 参见雷秋玉、陈兴华：《应收款债权担保研究》，云南大学出版社 2016 年版，第 151 页。

〔2〕 参见 ［法］雅克·盖斯旦、吉勒·古博、缪黑埃·法布赫-马南协著：《法国民法总论》，陈鹏等译，法律出版社 2004 年版，第 175~180 页。

〔3〕 参见 ［法］雅克·盖斯旦、吉勒·古博、缪黑埃·法布赫-马南协著：《法国民法总论》，陈鹏等译，法律出版社 2004 年版，第 174 页。

体、以相对权（债）为客体的所有权。以相对权为客体的所有权，从内部关系看，个人作为消极主体，这种所有权又可以进一步划分为以对人权为客体、以"物债"为客体[1]、以混合权利为客体的三类所有权。吉诺萨尔的理论虽然揭示了人与处在自身之外的"权利"之间的关系，但是却走了所有权概念滥用的极端，按照其所建构的分层权利理论，无疑将会产生对债权的所有权，以及对所有权的所有权这类不伦不类的概念。这是应当予以批判的。但是确立人与外在于自身之外的权利之间的关系，将自身之外的权利拟制为物，从而建立于类似于"人-物"关系的权利类型，这不仅是必要的，也颇具启发意义。

按照"人-权利（拟制为"物"）"的关系，可以建立人对权利的支配权。这种支配权的客体可以是物权，也可以是债权。依这种思路，可以解决权利的内外关系现存理论不周延的问题。例如，物权作为支配权，包含着占有、使用、收益、处分等权能，但是作为权利内部的处分权能，不可能处分权利本身，这就像人不能用手将自己提起来一样；债权作为请求权，其本身不可能包含着处分自身的权能。于是，必须有一个外在于权利之外的权利，这种权利使得人处分权利本身，在逻辑上成为可能，而且不会造成逻辑上的不周延性。将物权的"人-物"关系与"人-权利"关系进行拟制，可以建立一个统一的、以对物关系为核心的权利类型体系，解决权利体系逻辑上不够周延的问题。

三、物债二分与民法典规范的体系化

（一）物债二分与民法典的编制体例

在德国民法中，通过体系化方法编制的经典民法教科书，成了潘德克顿法学的标志。其教科书所确立的民法学学科知识体系，在

---

[1]　关于物债，亦称物上债权，是与物权相对立的一个概念，在特征上与物权很相似，但也具有债权的某些特征。本书将在下文详细探讨。

《德国民法典》的制定过程中，被带入了法典规范群的编制之中。虽然有学者说，《德国民法典》最终不是法学家的个人立法，而是采用了委员会制，最后《德国民法典》成了各派意见折衷的产物。[1]但是，由于参与立法者无一不具有潘德克顿法学的学术背景，因此，所谓的折衷，事实上也只是潘德克顿法学派内部不同学术观点的折衷，不会改变民法典体例之大局，最终，最为成熟的民法学学科知识体系，也就华丽转身蜕变为民法典的外在结构框架。而被萨维尼强调的"民族精神"，历史法学派的历史观，也因体系化的追求与理性主义的立法观念而变成了立法的牺牲品。

现在可以看到的《德国民法典》由五编组成：第一编为总则，主要内容为人、物、行为；第二编为债法编；第三编是物权法编；第四编是亲属法编；第五编是继承法编。由于《德国民法典》自制定之后，其编排体例未发生什么变化，故现在所能看到的编排体例，与其最初立法时保持了一致。这种编排体例，与潘德克顿学科知识体系中最为成熟的温德夏特的《潘德克顿法教科书》体系可以说是一脉相承，只是顺序上稍有变化。在这种体例中，物权法与债法的规范群被进行了分离，财产权的民法法律体系由此形成。

从我国民法的立法史来看，《大清民律草案》所采用的编排体例与《德国民法典》基本一致，采用五编制，分别为：总则、债权、物权、亲属、继承。《民国民律草案》也是五编制，分别为：总则、债编、物权、亲属、继承。可见我国清末至民国时期的民法典草案，均采用了潘德克顿的体系，物权编与债权编的二分，说明了物债二分的影响。

新中国成立之后，我国历经数次民法典的编纂工作。民法典的编排体例也数有变化。至2017年《中华人民共和国民法总则》（已失效，以下简称《民法总则》）制定问世，体例问题应该算是尘埃落定。有学者研究指出，《民法总则》的制定，已为将来《中华人

---

[1] 参见［德］霍尔斯特·海因里希·雅科布斯：《十九世纪德国民法科学与立法》，王娜译，法律出版社2003年版，第2页。

民共和国民法典》（以下简称《民法典》）的编写体例厘定体系：①总则编已经成形，其主要内容为人、权利、行为；②人格权是否独立成篇，尚无定论。但是不论其独立与否，对《民法典》的体例不会产生大的冲击；③物权法编已经成形；④债法编已经成形，但内容尚须整合；⑤亲属法与继承法都已在总则中埋下线索，尚须整合；⑥依惯例，知识产权法中的三法作为特别法应无问题[1]。这种体例与《德国民法典》的体例并无实质差异，其财产权的架构也是以物债表面的二元区分为基础的。最终成型的《民法典》采用了与《德国民法典》为代表的欧陆民法法系不同的编纂体例，其主要特点是：①人格独立成编；②债法编被瓜分为合同编与侵权责任编。这种编纂体例迎合了《民法典》"绿色"的世纪呼声，也与此前存在的单行法体例达成了妥协。这是一个移植体系与固有体系的融合体系，学术的准备很难达到较为充分的程度，即使到了最后《民法典》成编，作为其支撑的形式理性观念暨形式理性的内核也没有能够完全在学术界达成共识。且由于历史的断裂，它实际上也是无历史的体系，虽与民众生活息息相关，事实上也是一部法学家垄断的法律，而这必然造成立法者与民众在《民法典》创制上的隔阂与相互的不理解。这或许是法制后发国家所必然遭遇的历史困境。

（二）物债二分对物权法诸原则的影响

1. 物债二分与物权法定原则

物债二分是物权法定原则的前提，它必然指引物权法沿着物权法定原则配置其规范。

第一，从权利实现方式上看，物债二分是支配权与请求权的二分；而从本质上看，这两种区分是自由意志与不自由意志的区分。自由意志与不自由意志的区分，又因物权法与债（此处指合同之债）法体系的语境而具有不同意义。在合同法中，自由意志体现为当事

---

〔1〕　参见梁慧星：《民法典编纂体例若干问题》，载中国法学网：http://iolaw.cssn.cn/jyxc/201705/t20170512_4650213.shtml，最后访问日期：2017年5月12日。

人的合同自治，即是否立约、立何种约、以何种方式立法，等等，均由当事人依自由意志决定，合同是当事人自由协商的结果。而在物权法中，自由意志体现为行为人的意思自决，物权人要依独断的意思行使自己的物权，方可说实现了其自由意志。因此，在物权法上，自由意志体现为对合意的排斥。也正因为如此，在物权法中，需要借由国家立法而排斥物权中的自由合意，于是物权法定原则也就成了物权法配置其规范的当然的指导性原则。

第二，物债二分也是绝对权与相对权的二元区分。传统民法认为，物权是绝对权，债权是相对权。正因为物权是绝对权，故对社会所产生的影响巨大，如不对其进行公示，势必对社会造成不良影响。物权法定是最基本的公示手段。通过法律对物权内容进行公示，且不容许当事人自治，这是最具有普遍性的公示，借此，他人无须查阅具体的物权交易内容，即可知晓物权的一般内容，社会交易安全由此得到最低限度的保护。

第三，物权法定原则也是物债二分体系形成的基础性手段。近代以降，民法多为法学家法，尊崇形式理性。债法中的合同法虽然实行合同自由，但是合同的主要类型也采用法律示范的方式予以限定，由此形成了不同的合同之债的类型。主要规范群围绕不同的合同类型而产生，由此实现合同之债规范的体系化。与此相对，物权法并不奉行物权自由形成的原则，而是采用强行法的方式，对物权类型、物权内容以及物权的形成进行强制，由此形成体系化的物权权利体系与规范体系。两大不同规范群的体系化，至少在外在形式上落实了物债二分体系。近代民法理论在物权法形式理性的划分上，多将物债二分作为其形式理性的内在部分，而将规范体系作为其形式理性的外在部分，[1]可见物权法定原则与物债二分的内外体系的相辅相成，对于形式理性实现的重要性。

---

[1] 参见朱虎：《物权法自治性观念的变迁》，载《法学研究》2013年第1期。

2. 物债二分对于公示公信原则的影响

民法最为重要的一个功能，就是权利的秩序功能，简言之，它应当实现"定分止争"的功能目的。

在民法的生活世界中，最为重要的一个秩序，就是物的秩序。物的秩序不定，则纷争四起，民不可聊生。在法权时代之前，共同观念形成之后，占有是最为直观的定分止争的方式。而在共同观念形成之前，即便是占有也无法为名分提供直接的根据，社会纷争四起，人人自危，这或许就是霍布斯所说的丛林社会。这种社会现在虽然已经不能目睹，但是可以合理想象。共同观念形成之后，占有成为前法权时代最为合理的定分止争的方式，无论是可动之物，还是不可动之物，都可借由占有，而形成秩序。先占者可对物占有使用，他人不可侵犯，社会秩序由此形成。进入法权时代之后，在社会未能提供正式的、具有权威的公示手段之前，物理手段的使用成为最为常见的方式。例如，在罗马法时代，河中的岛屿为河沿岸的土地所有人按份共有，如何确定份额？罗马人在岛屿和与之相对应的每个人河岸边的土地之间划一条直线，由此确定每个人可以在界线之内享有岛屿的所有权。[1]就像《学说汇纂》中所表明的那样，罗马法人物之所有权的取得之中，先占仍是一种重要的手段，在此以三个片断予以说明。D.41, 2, 1, 1片断："物之所有权始于对物的自然占有，可被自然占有之物为地上、海上或天空获取之物。因为这些物立即为首先占有它们的人所有。同样，在战争中获得之物、海上产生的岛屿以及在海滨发现的石头、宝石以及珍珠，为首先占有它们的人所有"；D.41, 1, 1, 1片断："因此，在地上、海上及天空，即野兽、鸟和鱼，为猎获者所有"；D.41, 1, 3pr片断："不属于任何人之物，根据自然理性归先占者所有"。[2]

---

〔1〕 参见［意］桑德罗·斯奇巴尼选编：《物与物权》（第2版），范怀俊、费安玲译，中国政法大学出版社2009年版，第79页。

〔2〕 参见［意］桑德罗·斯奇巴尼选编：《物与物权》（第2版），范怀俊、费安玲译，中国政法大学出版社2009年版，第61页。

罗马法时代，交易日益发达。物的易主，也需要由外在方式予以公示出来，以便确定新的名分。要式买卖是市民法上转移所有权的最古老的罗马法方式，适用于要式物的买卖。这种转移所有权的方式，具有戏剧所常有的象征性，也具有戏剧表演所具有的公开性，故本身就是一种公示方式。例如，此类买卖，需要当事人亲到现场，且须有 5 个证人和 1 个司秤参加。如属可动之物，且易于移动和携带，则应当亲自携带到现场，如果不便携带或者为不可动之物，则要取物的一部分携带至现场，例如一撮泥土代表着土地，一片瓦象征着房屋。在移转所有权时，当事人不仅需要说法定的台词，而且还需要做象征性动作，以表示所有权移转的完成。[1]市民法上的类似方式，还有拟诉弃权，此前已经涉及相类似的宣誓决讼，在此不拟赘述。

即便在当代社会，占有仍是公示的法定手段之一。但是，当代社会，对于重要财产的公示，已经转而采用登记的方式予以公示。例如，《中华人民共和国物权法》（已失效，以下简称《物权法》）明确规定：不动产的权属状态，以及不动产的变动，因法律行为而产生者，采用登记生效主义；非因法律行为而产生者，采用登记处分主义。而对于重要的动产，这里主要指船舶、航空器、机动车，则采用登记对抗主义。对于一般的动产，交易公示方式为交付，即移转占有。个别不动产权利采用登记对抗主义，例如地役权；更有个别不动产，采用意思主义，例如土地承包经营权。

对于债权，无论是古代法还是现代法，一般并无公示的要求。按照康德说法，债权乃是对他人自由意志的占有。而对他人自由意志的占有，就没有办法像对物的占有那样，体现出外在的形态。例如，你不可能通过对人的扣押而将对他人自由意志的占有表现出来。所以自古以来，债权便是一件私密的事情，由当事人自己知悉便可，没有必要进行公示。相较而言，物权则不一样，如前所述，从古自

---

〔1〕 参见周枏：《罗马法原论》（上册），商务印书馆 1994 年版，第 340 页。

今，便有诸多的规则以规整其公示的方式，即便在前法权时代，占有也是一种自然而然的公示方式。这是为何？因为物易起纷争，它是人类生存的基础性条件，是交易的起点也是交易的终点。物权与债权既有此区分，就必然将物权导向公示原则，而将债权导向以私密性原则。当然，债权若通过公示，也能够取得类似于物权的特性。只不过，债权以私密性为主导，故法律对于债权的公示，多设限制，不允许其随意公示，以防止债权与物权之间出现混淆，破坏物债二分的体系性安排。

物权既然采用公示原则，若公示出来的物权状态不能使人信，则公示仍无法起到定分止争的作用。故现代民法将公信原则与公示原则并合，称之为公示公信原则。公信力的产生，一般以社会共同观念的形成为前提，现代民法一般以国家公信力予以保证。债权一般无须公示，故债权一般无公信力。物权公示公信原则，又必然导向善意取得制度的产生，以在真实权利状态与公示出来的权利状态不符的情况下，保护交易中不知情的第三人，维系市场交易的基本秩序。当然，善意取得制度的形成，也在于定分止争，形成正常、合理的市场交易秩序。我国有学者将善意取得制度作为物债二分体系之例外，它不仅不是物债二分体系的叛逆者，反而是物债二分体系的维系者，是这种体系的基础性制度之一。

3. 物债二分与物权特定原则

物权特定原则，是针对物权客体的一种原则，依此原则，物权的客体必须是特定物。特定物并非物的实存状态，而是物的理念状态。也就是说，特定物是已经被理念确定的物，并在理念上，人已经将此物与他物予以区隔。在理念上已经予以确定的物，为了便于在理念上将之与他物区别开来，一般会以一定外在方式表现出来。例如，将货物装船，置于特定的空间之中；或者将货物分堆，并予以标识；或者将货物进行包装，并在外包装上进行标识；货物进入特定的仓库，等等。

自物权角度观之，可从静态，也可从动态。从静态来看，物权人对物的占有，是对物进行支配的前提。占有，不能凭空产生，不可能占有虚空，不可能占有现在尚不知为何物之物。占有只有针对"此物"，即已经特定化的、确定了的物。物权是对物权，权利存在于物上，若物尚不确定，便不能确定权利存在于何物之上，权利又何从附着呢？再者，物权是绝对权，如果客体不能确定，又焉能对抗他人的权利？又焉能知悉它在哪个物上对抗他人的权利？故物不确定，便无从存在物权。当然，我国现存的物权种类中，有所谓的浮动抵押，似乎在浮动抵押中，所抵押之"物"并非"特定物"，因为它是浮动的，然而，从物权法的规范设置看，在实现抵押权时，此"物"必须确定，法律为其确定设定了必须的规范。从动态来看，某人欲取得物权，以物的确定为前提。物不确定，就无从知悉让渡何物的权利，或者不知在何物之上设定物权。例如，某甲打算将某书卖给某乙，但是在要交付的时候，尚不能确定是何书，则交易就无法进行下去；某甲打算将某房抵押给银行以换取贷款，但是在抵押时却不知该抵押哪套房屋，则抵押无法进行下去，等等。故总体来说，物的确定是物权设定或者让渡的前提。

相比之下，债权的客体无须特定。也就是说，客体的特定与否，对于债权的形成及完成，并非必须。以合同之债为例，某甲想向某乙购买 A 书，双方达成合意，订立合同，未为不可，此为就特定物达成的交易；某甲想向某乙购买 100 本同样的书，可以是 A 书，也可以是 B 书，还可以是 C 书，等等，只要是欲买之书即可，不限定是某本书，这样的交易是常态。故与物权相比，债权的客体可以是不特定物，而物权必须是特定物。这一规则当然存在例外，首先是租赁权，其存在与交易的形态有一定特殊性，在交付占有之前，客体为特定物还是不特定物，并无特定的要求，在动产租赁方面，这一点体现得尤其充分；但在交付占有时，则必为特定物。住房租赁，由于交易形态的特殊性，出租人与承租人必然是在先确定租赁物之后，再为租赁与交付使用的，故住房租赁，在交付占有之前就必须是特定物。其次是不可替代物的买卖。不可替代物与可替代物相比，在交易中前者无须特定化，而后者必须特定化。除了例外情形外，物债二分体系化思路，事实上在物权特定与债权不特定原则之中，得到了很好的贯彻。

四、物债二分在物权行为理论中的延伸与贯彻

物债二分在行为理论中的延伸，必然导致物权行为与债权行为的区分。孙宪忠教授在我国首创区分原则，这是一种"在依法律行为发生物权变动时，物权变动的原因与物权变动的结果作为两个法律事实，它们的成立生效依据不同的法律根据的原则"[1]。在这个定义之中，包含着两个重要的法学理念：区分物权变动的原因与结果，区分不同的法律依据。区分物权变动的原因与结果，最为本质的内容，就是区分物权行为与债权行为。而区分不同的法律依据，较为适宜的解读是物权法与债权法各自自治。所以物债二分，在广义上包含三层意义：一是物权与债权的二分；二是物权行为与债权行为的二分；三是物权法与债权法的二分。其中，第一、二层意义为内在机理，第三层意义为外在制度。在此，仅就物权行为与债权行为的二分进行分析阐述。

（一）处分行为与负担行为二元区分为物权行为独立的基础

将处分行为与负担行为进行划分的标准，是法律行为所产生的结果。在法律行为所产生的结果为负担时，法律行为系负担行为；若法律行为所产生的结果为外在人身之物的权利发生变动，则法律行为系处分行为。[2]这是民法学对于法律行为的一般划分方法之一。债之法律行为，一般称为债权行为，可以使得一方当事人对另一方当事人负担为一定给付的义务，故债权行为系负担行为；使物权变动的法律行为，即物权行为，可以使得物权发生、变更或消灭，故物权行为无疑系处分行为。

---

[1] 参见孙宪忠：《中国物权法总论》（第2版），法律出版社2009年版，第248页。
[2] 参见陈卫佐：《德国民法总论》，法律出版社2007年版，第185~186页。

近来有学者主张并不存在什么物权行为与债权行为，指出处分行为概念在中国学者继受德国民法学概念的过程中发生扭曲，演变成了不科学的"物权行为"概念，造成争论与认识上的偏差。这种观念认为，德国民法上根本不存在"物权行为"与"债权行为"区分，所谓的"物权行为"，只不过物权法上的处分行为而已。"物权行为"与"债权行为"区分的提法，给民法典的制定造成困扰和麻烦。[1]是否的确如此？我国学者自民国时期开始，即已经使用"物权行为"的概念，例如，王伯琦教授对法律行为的债权行为、物权行为、亲属行为与继承行为的四分法；[2]李宜琛教授对法律行为的债权行为、物权行为的二分法[3]。我国台湾地区学者也多使用这一概念，这已成常识，无须多言。我国大陆地区学者，例如孙宪忠教授等，不仅使用这一概念，而且对此概念的阐述较为深入。只要不陷入唯名论的泥潭，同时承认经过 80 年（考证并不确切，或许可以上溯）的概念使用，这一概念已经有了自己的生命，而非必须溯源至其德国法的概念才能确定其科学性，那么承认物权行为概念是自然而然的事情。再说，按照德国民法的形式理性与体系化方法，由处分行为与负担行为的区分进而下分物权行为与债权行为，也是符合德国民法的形式理性传统的，并无多大偏差。

总而言之，按照体系化的方法，由处分行为与负担行为的总则划分，而延至分则的物权行为与债权行为的划分，使得物权行为与债权行为的区分具有一般理论的支撑。

（二）物权行为理论在我国民法规范体系中的贯彻

20 世纪的前十年，我国学术界对于物权行为理论的讨论极为活跃，所形成的文献可谓车载斗量，极有深度与广度，这与学术界对物权本质属性的探讨文献较少且存在深度不够问题的状况形成鲜明

---

〔1〕 参见陈卫佐：《处分行为理论之正本清源》，载《政治与法律》2015 年第 7 期。

〔2〕 参见王伯琦编著：《民法总则》，正中书局 1979 年版，第 125 页。

〔3〕 参见李宜琛：《民法总则》，中国方正出版社 2004 年版，第 154 页。

对照。有历史性的文献，将物权行为理论最初的源头追溯至罗马法或者萨维尼；也有很多逻辑实证方面的文献，从形式理性的角度探讨物权行为理论对于我国法律行为体系构成的影响，等等。当然，也有批判性的文献，较为著名的是王轶的以其解释选择论为基础展开的对物权变动模式的立法选择的讨论。[1]现在已是《物权法》立法后的年代，或者说后《物权法》时代，从立法论的角度探讨物权行为理论的合理或者不合理性，已经不再具有重要的价值，《民法典》"物权编"几乎全盘继受了《物权法》的规范体系。在《民法典》时代，较为重要的是透过解释论，让学术界乃至实务界坚信，《民法典》"物权编"所确立的物权变动模式，是以物权行为与债权行为的二元区分为基础的、符合形式理性的变动模式，坚信这种形式理性，有利于理解《民法典》的"物权编"，就《民法典》"物权编"编撰的基本理念达成共识并解决现实问题。

近代中国民法改革，因历史机缘而继受了德意志的民法学说，看似是一种凑巧，其实质或许是德意志民族与中华民族在思维特征上的相似性，即两个民族都偏向于形式主义思维。对于这种思维特征，我国学者曾有过简要评述[2]。形式主义思维特征的共性，再加上德意志帝国巨大的、炫目的工业成就的光晕效果，有可能是清末立法最终向德意志法律制度进行全面模仿的原因。总之，作为清末立法的成果之一的《大清民律草案》，不仅全面采用了与《德国民法典》相同的篇章体例，在物权变动模式上也承袭了德国民法学的物权行为理论。[3]这一点可以从《大清民律草案》第 979 条与第 980 条的登记生效主义与交付生效主义的法条设计看出。同样，1930 年民国《民法典》也几乎全面地继受《德国民法典》。参与当时立

---

〔1〕 参见王轶：《论物权变动模式的立法选择》，载王轶：《民法原理与民法学方法》，法律出版社 2009 年版，第 83~186 页。

〔2〕 参见雷秋玉、陈兴华：《应收款债权担保研究》，云南大学出版社 2016 年版，第 33~34 页。

〔3〕 参见孙宪忠：《中国民法继受潘德克顿法学：引进、衰落和复兴》，载《中国社会科学》2008 年第 2 期。

法的梅仲协教授曾说："现行民法，采德国立法例者，十之六七，瑞士立法例者，十之三四……"[1]新中国成立之后，我国曾多次启动《民法典》的编纂工作，终未成功，均于草案阶段而终结，最后决定以渐进完成的方式推进《民法典》的立法工作。至我国《物权法》，我国《民法典》最主要的组成部分基本完成。《物权法》的最终完成，标志着在我国潘德克顿法学和物权行为理论的学术积累以及司法界多年以来的实践取向，得到国家立法的支持。这部法典不仅全部系统地按照人-物关系建构了物权权利体系，而且在物权变动模式上，主要采用物权行为与债权行为区分的原则，这主要体现在《物权法》的第9条、第23条所确立的物权变动模式上，这种物权变动模式最终被《民法典》"物权编"所吸收，它将物权的变动与物权变动的公示结合在一起，并以公信原则所衍生出来的"从无权利人处取得"制度予以配合，形成周密、严谨的物权变动规则体系。

在《民法典》编纂完成之前乃至于其完成之后，学术界对于我国《物权法》是否采用了物权行为理论，存在较大争议。[2]如前所述，在这方面影响较大的，主要是崔建远教授的观点。

在2013年一篇文献中，崔建远教授借由对于某库与董某斌、董某珍房产纠纷一案的评论，直接表达了其同一主义的立场。这篇论文批判了四川省德阳市的于某存与董某斌、董某珍的房产纠纷案。但是观点似乎不太允当[3]：

第一，崔建远教授认为，对于合同一方的单方面行为（单方面申请划拨用地转变为出让的土地，并补交出让金），法院适用《中华人民共和国合同法》（已失效，以下简称《合同法》）第44条第2款是错误的，应当适用《中华人民共和国城市房地产管理法》（以下

---

[1] 参见梅仲协：《民法要义》，中国政法大学出版社1998年版，谢（怀栻）序第2页。据该书"校勘说明"，书成于1934年至1937年之间，初版于1943年。

[2] 例如崔建远教授明确指出，物权行为的独立性与无因性，我国《民法典》没有承认。参见崔建远：《物权法》（第5版），中国人民大学出版社2021年版，第8页。

[3] 参见崔建远：《不得盲目扩张〈合同法〉第44条第2款的适用范围》，载《中外法学》2013年第6期。

简称《城市房地产管理法》）第40条第1款。这一观点正确，但是解释得不清晰。笔者也认为四川省德阳市中级人民法院适用法律的确存在错误。涉案行为的该部分，按照我国现行法律体系的安排，并不属于必须提交审批的合同，因此不应当适用《合同法》第44条第2款；该部分行为既然涉及的是合同签订后受让方的申请划拨转出让从而完成物权移转的问题，适用《城市房地产管理法》第40条第1款的观点是正确的。

第二，四川省德阳市中级人民法院似乎区分了债权行为与物权行为。细究四川省德阳市中级人民法院的判决，应该是认同债权行为与物权行为的区分的。判决书中说：涉案双方所签订的合同并非法律所规定的须审批的合同，所以依法有效。但是土地为划拨土地，故须受让人办理划拨转出让手续后，方可移转产权。按照物债二分的原理，所涉债权合同应当依《合同法》第44条第2款先予认定，由于其不属须审批的合同，故在符合房地产买卖合同一般生效要件时，即已经发生效力，发生效力时，卖方负有依法移转房屋产权为买方所有的义务，而买方负有支付房产价金于卖方的义务；但是物权合同的生效，须以所支配之物为流通物而非限制流通物为条件，否则不能处分（有处分权为物权行为生效的要件），故此时可以适用《城市房地产管理法》第40条第1款，由受让方办理划拨土地的出让土地手续，以便完成登记，使物权行为生效。当然，四川省德阳市中级人民法院在适用法律上犯了个错误，认为处分行为也应该按照《合同法》第44条第2款来确定其效力。

第三，崔建远教授不赞同这种区分，认为该合同整体无效，即无论债权行为与物权行为，统统认定为无效。崔建远教授根本不承认存在物权行为与债权行为的区别，所以只能从行为的整体上来判断行为的效力。也就是说，崔建远教授建议用《城市房地产管理法》第40条第1款来统一规范整个交易的效力（不区分债权行为与物权行为）。崔教授没有注意到，从形式理性与体系化思维的角度看，这个条款所规制的并非债权行为，而是物权行为。这一条款所针对的问题是：有无处分权。有无处分权，不应当作为债权行为或者负担行为的生效要件。事实上，如果按照崔建远教授的方案来处置该案的话，违约一方将十分受用，而信守合同一方将遭受重创，这似乎并不符合法的正义原则。可喜的是，该案法官最终误打误撞区分了债权行为与物权行为，所得结果尚属公正合理，违约一方将承担继续履行的义务，同时承受违约损害的赔偿责任。

（三）体系化思维的深入：物权合意在物权变动主义中的贯彻

有学者认为，物债二分的方法论事实上不仅在物权变动形式主义的立法模式下得到了实现，而且在意思主义、债权形式主义等传统的不承认独立物权行为的立法模式中也可以通过解释方法，确认物权合同的存在。[1]这种解释弥补了意思主义与债权形式主义逻辑不周延的弊病。从普遍的因果链来说，"种瓜得瓜，种豆得豆"，以债权行为为原因，得出的结果应是债。以物权行为为原因，得出的结果应是物权。若不分情况，以为一个含糊笼统的行为或者一个债权行为，居然产生了物权，这无疑令人困惑。而在意思主义的模式下，认为一个产生债权的意思之中，事实上包含着物权合意（当然不是指单独的物权行为），或者认为在债权形式主义的模式下，事实上也包含着物权合意（亦非独立的物权行为），可以很好地解决为何债权的意思将产生物权变动的结果这一体系性的难题。

如此一来，传统所认为的意思主义与债权形式主义，也与物权形式主义一样，包含着物权的合意，从而将不同的物权变动模式统一至一个前提之下。当然，这是一个很宏大的构思。这种构思，不仅在规范体系之中，可以自圆其说，也可以在事实生活的世界中得到印证。例如，纯从意思主义的角度看，某甲将 A 马卖与某乙，虽与 A 马依依不舍，某甲仍手持缰绳，默默地或者口中说道："A 马从此归您了！"将牵马的缰绳递给了某乙。在这一让渡的过程中，即便是极端的意思主义者，也不难看出，无论是某甲默默地或者口有说

---

[1] 参见葛云松：《物权行为理论研究》，载《中外法学》2004 年第 6 期。

辞，将马的权利让渡给某乙的与某乙的合意，亦即物权变动的意思仍是事实上存在着的。在债权形式主义之中，由此时的场景又难道不可以推断出物权合意的存在吗？

　　总之，将物债二分的体系性思维贯彻到底，即可以由此衍生出物权合意与债权合意的区分，形成一种新的、更科学的权利体系架构。

第三节　物债二分遭遇的困境与革新

一、物债二分体系面临的挑战

（一）来自实践的冲击

　　首先是"债权物权化"的冲击。就动产而言，在德国民法上，基于《德国民法典》第986条第2款，对因指示交付（通常表现为物的返还请求权的让与）而取得物的所有权的人，因原所有权人以债的方式让渡占有而占有动产的占有人，可以用其对原所有权人的返还物的请求权的抗辩，对抗新的所有权人。这种情形，我国《合同法》第229条，在解释论上似乎可包含该种类型，但是学术界存在反对的声音。[1]再者，就物的返还请求权的让与，其让与的究竟为物权，还是债权，也存在诸多争议。[2]就不动产而言，则是较为典型的基于不动产租赁而产生的"买卖不破租赁"，这种类型也可以扩展至"抵押不破租赁"的情形。

　　学术界还有一种倾向，即将因债权而转化的持续性占有而发生的对抗第三人的效力，视为相对性的支配权，并将之认定为"债权物权化"的一种倾向，[3]对此，本书并不赞同。理由很简单，即纯

---

　　〔1〕　参见黄文煌：《论租赁权的对抗效力——兼论〈合同法〉第229条的缺陷与修改》，载《清华法学》2010年第2期。

　　〔2〕　参见庄加园：《基于指示交付的动产所有权移转——兼评〈中华人民共和国物权法〉第26条》，载《法学研究》2014年第3期。

　　〔3〕　参见金可可：《基于债务关系之支配权》，载《法学研究》2009年第2期。

粹因为占有而形成对抗第三人的效力，所借以对抗的，并非债权本身，而是占有。如果是基于占有，这充其量只是一种对债权的外在强化，而非赋予租赁权本身以对抗第三人的效力，这自然不能作为"债权物权化"的证据。对此前文在阐述人-物关系要素对物权法律关系的体系化效应时，已经进行较详尽的阐述。

此外，还有一种经过登记的债权产生对抗第三人效力的情形。比较典型的就是经预告登记的债权。在我国较为经常被适用的领域，是不动产买卖。据说，因为不动产买卖网签的普及，预告登记对于这种买卖债权保护已经十分有限，反而由"网签"程序替代了预告登记程序而使得此种债权获得实际上的对抗第三人的效力。原因在于：已经网签的不动产，在同一电脑系统中，不可以重复网签，从而实际上产生排除第三人的效力。因此，网签之后，事实上已无对同一买卖再进行预告登记的必要性。在我国台湾地区，还有一种较为特殊的登记——共有物分管契约的登记。见于我国台湾地区所谓"民法"第 826 条之一第 1 项，不动产共有人间关于共有物使用、管理、分割或者禁止分割之约定或依法所为之决定，于登记后，对于应有部分之受让人或取得物权之人，具有效力。其由法院裁定所定之管理，经登记后，亦同……这一规定将分管协议与对抗第三人的效力与登记结合了起来。这种契约的登记，与信托登记类似，采用分簿登记的方法，有不动产登记簿与共用物使用管理簿之分。[1]

其次是来自信托所有权的冲击。信托所有权是信托法律行为的产物。之所以在此前面加上"信托"二字，是因为这种所有权不仅产生于信托，而且在产生之后，仍带有浓重的"信托"特性，与一般的所有权有着较大的区别。以我国台湾地区的土地权利信托为例，土地权利信托创设的并非一种单一的权利，而实质上是一种法律关系。创设行为既是一种物权行为，也是一种债权行为。按照因果关系的普遍规则，物权行为的结果为物权，而债权行为的结果是债权。

---

[1] 参见雷秋玉：《我国台湾地区不动产登记制度研究》，法律出版社 2012 年版，第 284~285 页。

也就是说，信托行为既然是两种行为的结合，它就必然同时创设出物权与债权。土地权利信托所产生的：一是土地的信托所有权，二是信托债权。土地信托所有权具有区隔效力，即在信托登记之后，信托土地取得真正独立的法律地位，与委托人和收益人的财产明确区分开来，又与受托人的其他财产明确地区分开来。这样一来，除非是因信托财产所产生的债务或者负担，信托财产一律不予承担。所以，信托所有权实际上是具有相当独立性的一种所有权。但是，由于一个行为同时产生两种权利，这两种权利也不能说没有关联。故信托所有权还有一种法律效力，即关联效力。所谓关联效力，不仅表现在实体权利上，也表现在登记制度上。在实体权利关系上，信托所有权受到信托债权契约的影响，受托人需要按照信托债权契约所确定的目的、用途使用信托财产，而不能像一般所有权人一样，可以"意思独断"地使用自己的所有权；在登记制度上，一般采用双簿制，一是不动产登记簿，二是信托专簿。信托专簿也纳入登记，从而使得信托债权契约的私密约定，同时具备约束受托人与世人的作用。[1]但是，也不必因此而完全软化信托所有权的物权效力，双所有权的提法乃至于权利"相对性"的提法，[2]事实上并不能适用于大陆法传统下的信托所有权。在信托法律关系中，约束信托所有权的并非委托人的所有权，而是已经被抽象化的、形式的信托债权，这是其一；其二，信托人按照信托目的或者信托用途占有、使用或者处分信托财产，并不受委托人的指示，而是按照自己的意思行动。它虽然部分地超越了物权法定的类型固定之属性，但是不能就此认为，它完全破坏了物债二分的体系，只能说，它是物债二分体系下的局部变异，而非是对该体系的完全否定。

与信托所有权的权利结构类似的，有让与担保。让与担保，为

----

〔1〕　参见雷秋玉：《论台湾不动产信托公示制度》，载《云南行政学院学报》2012年第4期。

〔2〕　参见冉昊：《论权利的"相对性"及其在当代中国的应用——来自英美财产法的启示》，载《环球法律评论》2015年第2期。

变相担保的一种。其独特的结构与信托所有权有相似之处，而这恰恰是学界将之作为物债二分体系破坏者的主要理由。让与担保法律关系的生成，依赖于一种双重的操作：一是让与担保的权利。例如将动产的所有权，或者不动产的所有权、使用权让与他人；二是让与权利的担保设定。也就是说，虽有权利的让与，又因权利的让与是附加负担的，即所让与的权利，被附加了担保的功能，故这种被让与的权利，与一般的同类型的权利又显示出明显的差异。我国学者与实务界一向反对违背物权法定的原则设定让与担保，[1]可是现实的需要以及让与担保所产生的利润期待（如果不存在清算条款的话），使得让与担保在民间社会层出不穷。正是基于让与担保的特殊法律构造，使其成了物权与债权混合、纠结的一个组合体。

除上述现象外，尚有所有权保留、物上之债，等等。在此均先不予赘述，留待后文再作详细探讨。

（二）来自立法与法释的冲击

立法与法释的冲击，首要表现为优先权的设立。

按照物权法定原则，我国目前所设定的优先权门类繁多，但均未入《民法典》"物权编"，故实难将它们视为物权的一种类型。一般可以认为，物权法定原则的意义，若过于宽泛，则物权类型将可能泛滥成灾；但也不应过于严格，从而断绝通过其他制度形成新物权的可能性。故出于谨慎考虑，物权类型的强制，通常应以《民法典》"物权编"为限。这是立法的前提，既然物权类型一般以《民法典》"物权编"为限，则由其他法源而生的具有物权的绝对性特征的那种权利，在物债二分的背景下，一般来说只能是债权，例外也可以生成物权。这些权利，可以在此先做一个简单归类，详细论述将于后文进行。其法源可能是法律，也可能是法律之外的其他法源。据不完全归类，它们包括：①《中华人民共和国企业破产法》

---

[1] 参见薛启明：《中国法语境下的动产让与担保：体系定位与功能反思》，载《法学论坛》2016年第2期。

（以下简称《企业破产法》）所设定的债权优先序列。按照先后优先顺序包括"破产人所欠职工的工资和医疗、伤残补助、抚恤费用，所欠的应当划入职工个人账户的基本养老保险、基本医疗保险费用，以及法律、行政法规规定应当支付给职工的补偿金"，"破产人欠缴的除前项规定以外的社会保险费用和破产人所欠税款"。普通破产债权不在优先的范围内；②《中华人民共和国海商法》（以下简称《海商法》）第二章第三节所规定的"船舶优先权"。"船舶优先权"的效力，竟然可以超过法定的担保物权，当然法定的担保物权又要优先约定的担保物权。这种优先权不仅具有优先于一般债权的效力，而且根据该法第26条与第27条的规定，还可以具有追及并对抗第三人的效力，且能随具有优先权的债权转让而移转。这种优先权还无须登记；③《中华人民共和国民用航空法》（以下简称《民用航空法》）第三章第三节规定的"民用航空器优先权"，较之"船舶优先权"的范围为窄。此种优先权需要进行登记。登记作为该种权利在经过诉讼时效之后有条件保留的前提[1]。该种权利也具有追及并对抗第三人的效力，这种效力也不以登记为前提；④《最高人民法院关于审理买卖合同纠纷案件适用法律问题的解释》（以下简称《买卖合同司法解释》）所确立的债权优先顺序。其中，第6条第2款、第3款所确立的优先顺序与第7条第2款、第3款、第4款所确立的债权优先顺序，突破了债权的平等性原则，等等。

立法的冲击，还表现在立法对实践中存在的突破物债二分框架现象的全面吸收，以及对物权法自治性的否定。不过这种现象目前只是存在于类似的域外法中，例如，在DCFR的范围内，朱虎认为存在上述现象。[2]但是，我国学者将这种存在的现象，作为一种"变迁"的现象，表述尚欠严谨。下此结论的理由有三：一是尚存于

---

〔1〕 该法第25条第1款：民用航空器优先权自援救或者保管维护工作终了之日起满3个月时终止；但是，债权人就其债权已经依照本法第20条规定登记，并具有下列情形之一的除外：①债权人、债务人已经就此项权利的金额达成协议；②有关此项债权的诉讼已经开始。

〔2〕 参见朱虎：《物权法自治性观念的变迁》，载《法学研究》2013年第1期。

示范法中的规范，虽然不同于现存规范，但是似乎不足以用来说明变迁。要说明变迁，至少应当有实证法作为根据，且应当对法域予以限定：例如，我们总不能用美国法与中国法的不同，来说明中国法的变迁；当然我们更不能用欧盟委员会拟定的一个示范法框架，来说明整个欧洲的物权法自治性的变迁。二是 DCFR 所吸收的突破物债二分框架规则，事实上早就存在于欧盟国家的物权法律规范中，算不得法律的变迁；三是那些立法实践中存在的现象，事实上并未否定物权法的自治性，这一点，朱虎教授本人在其论述中也承认了，例如他也说："DCFR 第 8-6：101 条仍然规定了独立的所有权保护请求权，似乎又坚持了物权法自治性的立场"。为详细核实朱虎教授的言论，笔者详细翻阅了相关文献，以探究竟：[1]①该示范法第 8-1：104 条的规定，确如所言，规定了"根据本卷规定，当物权的效力由当事人的协议约定时，可以适当地适用第一至三卷"。但是该条的评论限定了当事人可以协议物权效力的范围：一是该条适用第 8-2：101 条第（1）款第（e）项和第 8-2：103 条意义上的"所有权转移时间的协议"，以及第 8-2：302 条（间接代表）第（3）款第（c）项和第 8-2：203 条（有条件转让）中当事人有条件的同意；②第 8-5：101 条（当事人的自治与其他条款的关系）规定的加工、聚合、混合的结果可以由当事人的协议规定。对这些相关条款进行梳理，可以发现：第 8-2：101 条第（1）款第（e）项、第 8-2：103 条、第 8-2：302 条第（3）款第（c）项和第 8-2：203 条所规定的为"所有权保留"；第 8-5：101 条是关于承揽合同与民法中的添附制度的关联，即添附系依合同进行，即为承揽，即便根据大陆法系的民法原理，也当然可以排除物权法添附规则的适用。由此可见，朱虎教授的结论并没有很大的说服力，所谓的物权法自治性丧

〔1〕 参见欧洲民法典研究组、欧盟现行私法研究组编著，〔德〕克里斯蒂安·冯·巴尔、〔英〕埃里克·克莱夫主编：《欧洲私法的原则、定义与示范规则：欧洲示范民法典草案（全译本）》（第 8 卷·物的所有权的取得与丧失），朱文龙等译，法律出版社2014 年版，第 32 页及以下。

失的问题，可能尚未在学术界达成共识。

从另外一个角度讲，从物权法自治性进行对物债二分体系的批判，条件还不成熟。目前最为要紧的事情不是从立法比较论的角度全面反思这一体系，而是从解释论的角度重新考量所有的这些体系中的异常存在，给予其体系中适当位置，填补二分体系的裂隙，以完善体系而非颠覆体系。

二、中间权利类型概念的提出及阐释方案

（一）中间权利类型概念的提出：碎片化的法史学（法学史）归类

早在 2000 年代初，冉昊就试图从法史学的角度对中间权利类型予以归结。这种归结以大陆法系的法律发展为线索，但是极不清晰，严格来说，并未形成体系性的法史脉络。其从法史的角度，将一些不能统一至物权或者债权类型中但又与这两种权利类型具有相关性的权利作了如下分类：一是从法学史的角度，提出前注释法学派与后注释法学派之间的奥尔良法学派所提出的"向物权"概念。这种概念作为物权与债权之间的中间权利学术类型的存在，在潘德克顿法学体系图景中，被彻底放弃；二是在《德国民法典》制定中，存在无法划清的混合的状态。这些状态涉及债权让与所体现出来的支配性，使用与用益租赁所产生的"相对的支配权"，证券所代替的"有形化债权"，知识产权对物必有体规则的超越，指向不特定人的债权，指向特定人的物权，等等；三是实践发展表明的物权与债权有朝着中间转化的趋势，这种现象包括物权债权化与债权物权化，物权本身的限缩（表现为公共负担、准物权，等等），债权的权能扩张（抵销、出质，等等）。英美法的财产法权利类型，更给物债二分体系提出了难题，例如信托。[1] 这是一个碎片化的分类，严格来说，

---

[1]　参见冉昊：《论"中间型权利"与财产法二元架构——兼论分类的方法论意义》，载《中国法学》2005 年第 6 期。

并非分类，而主要只是描述了大陆法系在法史及法学史上所存在的、物债二分体系的整合性的问题。

(二) 阐释方案一：类型思维

在物债二分之间，存在一些中间权利类型，是自然而然的事情，拉伦茨教授主张以类型思维补充解决概念思维问题，即所谓的 "外部体系" 所造成的过于绝对化的问题。在《法学方法论》一书第七章第二节中，拉伦茨教授梳理了类型的种类，也梳理了类型在法学上的意义[1]：一是经验性的类型，例如法规范指示参照的 "交易伦理" 或 "商业习惯"，或者 "善良风俗" 时，不得不寻找的通常的标准，即在 "社会现实中被接受为正当社会行止的通常标准"；二是规范性的真实类型。它带有一定的形象性，即通过这些类型，我们可以想象出其在社会生活中的形象。这种类型，在法律规范中常来描述某类人，但也不尽然。例如，"动物占有人" "事务辅助人" 或者 "经理人"，等等，在形成类型或者进行归类时，我们常常并用其经验性与规范性，经验性提供所谓的 "真实图景"，规范性提供 "抽象的共性"；三是法的构造类型。这些类型 "用以描述某些形态的法律关系，特别是主观权利以及契约性债之关系的特征"。法的构造类型中的主观权利，被限定在规范中不能作严格限定的权利，例如人格权、支配权、形成权、参与权及期待权，等等。债权的契约类型属于 "真正的类型"，尽管法律对某些债权契约类型也进行了概念式的定义。在债权契约类型中，概念式的区分事实上不起任何作用，各种各样混合类型的契约层出不穷，例合，混合赠与、租卖，等等。不同契约类型的要素，以特定方式结合成某种新的、有意义的、彼此关联的规避。在债权契约中，各种类型的契约的要素是流动的，这种流动以基本类型的不变为基础。物权 "类型"，是以抽象式概念特定了下来，故可推知，物权的各类型之间不可能存在 "类

[1] 参见 [德] 卡尔·拉伦茨：《法学方法论》，陈爱娥译，商务印书馆 2003 年版，第 339~341 页。

型"要素的流动与重新组合。

对于法律的外在体系来说，法的构造类型对其形成具有重要意义。拉伦茨认为，类型可以其要素不同的强度及结合方式来显现诸要素之间的协作关系，体系的形成，可以借助建构"类型系列"来达成："因其要素的可变性，借着若干要素的全然消退、新的要素加入或居于重要地位，一类型可以交错地过渡到另一种类型，而类型间的过渡又是'流动的'。在类型系列中，几乎并连但仍应予以区分的类型，其顺序之安排应足以彰显其同、异及其过渡现象。"[1]对于物权与债权的二元区分，究竟是将之视为概念之间的区分，还是视为类型之间的关系，拉伦茨应是赞同后者的，他说：（相对的）请求权及（绝对的）物权之区分无疑是抽象概念式的。相对与绝对这种概念要素是彼此排斥的。但是若将请求权及支配权视为两种不同的类型，那么因预告登记而受到特殊保护的债权，其产生的可以对抗第三人的效力而形成的中间权利状态，就是可以理解的。[2]只不过，拉伦茨在对预告登记债权的效力分析上，是从弱化的物权的角度进行的。总之，在权利类型要素强弱、流动性、交互性上，拉伦茨为作为形式理性的物债二分体系的不周延性问题提供了一个具有可操作性的解决方案。

类型自其本质，并非为某种实体化的类型存在，而毋宁是一种法学思维方式。只是此处思维方式的结果必有外化的结果，这些外化的结果，通常可区分经验类型（包括基于平均或者频率上的类型以及基于共同特征划分的类型）、逻辑类型（经由学者塑造，现实生活可能有与之对应的事物，亦可能没有，前者如市场经济与计划经济与规范类型，后者如桃花源、乌托邦）和规范类型（逻辑类型或者经验类型被赋予规范意义后成为规范类型）。上述类型之间可能存

---

〔1〕　参见［德］卡尔·拉伦茨：《法学方法论》，陈爱娥译，商务印书馆 2003 年版，第 345 页。

〔2〕　参见［德］卡尔·拉伦茨：《法学方法论》，陈爱娥译，商务印书馆 2003 年版，第 347 页。

在交叉，例如交易习惯，即可同时为经验类型与规范类型。类型作为一种思维方式被用于对法律的体系性思考，其运用的方向主要有对极思考（便于提出成对的概念，例如法律行为与事实行为、动产与不动产等）、类型谱（在类型中作为其构成部分的基本特征或者元素，其有无或者强度可以变化，其中有一些可以褪去，或者可以强化，例如附条件买卖和融资租赁）。[1]这种类型谱式的思维方式，与拉伦茨所说的类型系列的思维方式是完全切合的。

按照类型系列或者类型谱式的思维方式，物权与债权虽然是一种对极的存在，但是无论是物权内部，还是债权内部，都在其基本特征或者元素的基础上，存在有无或者强度的变化，由此形成物权的谱系或者债权谱系。在财产权的体系之中，这种谱系的形成将在物权与债权两极之间，形成由强到弱的过渡，其中处于两极边缘区域的物权或者债权，其物权性弱化的程度或者债权呈现出物权的特征均极为明显。从物权性的角度观察，物权的物权性从其极端化或者最为典型化的形态逐渐变弱，而债权的物权性却从其极端化或者最为典型的形态逐渐变强，在这种状态中，借着基本特征的强弱变化或者元素的增减，物权与债权之间必将演化出复杂的中间权利形态。

（三）阐释方案二：二分体系的消解

软化二分体系的具体方法，是为"对物性"提供一个统一标准，凡符合这些标准者，则有"对物性"，不符合者，没有"对物性"，不再区分物权与债权。在我国，这一方法亦主要由冉昊提出：第一，以第三人（或者义务人）知晓为标准。第二，在"知晓"与否的认定上，采用推定技术，对有默示外观事实的权利，推定第三人均已知晓。无默示外观事实的权利，推定第三人均不知晓。推定可以反证推翻。第三，默示外观形式上主要包括：动产的占有与交付、不动产的登记。除此之外，有体物、上述公示方式之外的其他普遍公

---

〔1〕　参见黄茂荣：《法学方法与现代民法》（第 5 版），法律出版社 2007 年版，第 464～480 页。

示、已确立的法律规则、地方习惯以及当事人的标识，等等，只要一般人可以理解这些标识，基于共同认识而将之确认为权利之外在标志的，均可以成立默示的外观。[1]这种观点事实上采用外在的标准来确认物权性。但若不再区分物权与债权，则物债二分体系趋于崩溃，民法体系性特征消失殆尽，似乎与大陆法的传统有愈走愈远的渺渺之感。形式主义的体系化特征，也就是所谓的形式理性，一贯为大陆法系民法的典型特征之一，这既是一种传统，也是一种学理追求，它的功能不仅在于区分，更在于建构一个以二分体系为基础的权利乃至于规范体系，若舍此而行，走向实用主义，则传统不存，体系崩塌。所以冉昊于2005年提出的"保留+弱化"的思路[2]更为符合大陆法系的传统，如无"保留"，只有"弱化"，甚至于消解，则不再是大陆法系的体系，也无从谈体系的改良。也许笔者是一个形式理性无可救药的拥趸，但是事实上，自萨维尼以降，形式理性及体系化的民法学可谓拥趸无数。若说拉伦茨教授的类型思维尚在体系之内，属可接受的体系改良方案，则取消二分体系的方案，恐怕难有人接受。当然，冉昊的这种方案有其合理性，它间接地说明了权利绝对性（表现为对抗效力）发生原因的实质，即权利的对抗他人的属性事实上并非权利之本性，而实为借此为外在工具的结果[3]：如无权利的外观特性，无从为第三人知晓，则不足以对抗第三人。

三、基于类型意义对中间权利状态的再阐释

（一）物债二分概念体系的保留

由特殊到一般，从具体到抽象，由散乱到有序，是人类认识外

---

[1] 参见冉昊：《论"义务人的知晓"对物权/债权二元区分的改善》，载《法学》2015年第3期。

[2] 参见冉昊：《论"中间型权利"与财产法二元架构——兼论分类的方法论意义》，载《中国法学》2005年第6期。

[3] 参见雷秋玉：《地役权的"物权性"解读——基于"物权性"的解构与重构》，载《河北法学》2016年第6期。

部世界并形成知识的一般进程。从古罗马时期的法学家，到近代乃至于当代的法学家和一般的学者，不断致力于法学知识的体系化建构。大陆法系民法学由于机缘巧合，告别了罗马法时代的决疑论，而走向体系化的征程，由此形成包括物债二分在内的权利和规范体系，这不仅有利于法律、法学知识的积累和传承，也有利于法律的制度化与司法适用。

民法学形成其惯性的体系性依赖与思维方式的路径依赖，再者，在诸多法律方案中，它也是一种可行的良好方案。从古至今，这一方案就不是一个绝对圆满的方案。因为物债二分就其本质而言，只是一种财产权的划分，在延伸意义上是两种不同的法律行为的划分或者法律规范群的划分。它不可能是自足的。就如同自然界的现象一样，物债二分的夹缝里，必然会填塞处于中间状态的权利类型。这就如同自然界的黑白两色一样，虽然黑白是一对处于色谱两端的色彩，但是黑白之间，却依然存在诸多过渡色；人类社会通过绘画的配色技术，还可以对七种基本色进行不同的配置，人工合成更多的颜色。同样，就在人类社会内部，人分男女，但这绝不等同于，这个世界上就只有男女两性，事实上有两性人，还有变性人，等等。我们不可能因为存在色谱现象，就否认黑白两色的存在，否认黑色与白色的概念；我们也不可能因为有两性人或者变性人，就认为这个世界上无须区分男女，甚至于连男性与女性的概念也可以抛弃。由一个虽不圆满的二元对立概念，再通过二元之下的支系的建构，财产权的体系得以形成。如果没有物权与债权的二元对立，当然，可能会有类似的可替代概念出现，就像英文称汉语中的男人为 man，妇人为 woman 一样。但是，这些概念给了我们进行法律或者法学思考的基础性前提。王利明教授说过："我们反对概念法学，但并不能否定概念和概念思维。概念法学将概念绝对化，导致司法机械，但这不应当归罪于概念思维。事实上，概念思维是所有法律思维的基础。概念是法的构成部分，处理问题的思考工具。"[1]这几句道出了真谛。在我们的法律思维中，概念思维只是其中一种，不是全部。各种不同的法律或者法学思维，构成法律思维的整体。我们可以运用概念思维，以其为法律知识体系建构和最终形成的知识大厦的基础性材料，而不是拘泥于它。这样，我们就既可以克服概念法学的缺陷，又能够利用好概念法学的体系化优点。正所谓"概念而无类型是空洞的，类型而无概念是盲目的"[2]，两者互补，才能相互优化。

（二）物债二分类型体系的形成

欲完成物债二分体系的较为完满的建构，就应当在承认物债二分概念体系在认识论乃至实践论的基础性地位的同时，承认尚可从类型思维的角度对其进行体察。这种体察，既可能出现在认识论的层次，也可以从实践论出发：

1. 物债概念可以通过分层建立层级间的意义联络

概念法学为了维护法学的科学面目，致力于法的安定性的形成。在方式上采用了纯粹逻辑的抽象方法，以形成概念的金字塔体系。以概念为基础建构法条，以法条为基础建构规范群。体系是保证法的安定性的手段，也是概念法学所追求的形式理性的外在表现。金字塔体系的构建，以概念的层层抽象为手段，抽象的目的在于层层抽取概念的共性，建构起一层高于一层的抽象性概念。最终提取的结果是所谓的顶层概念的出现。或许正是由于抽象属于共性的提取，上层概念必能体现出下层概念的共性，在权利科学中，它也必能聚焦下层权利概念在效力特性上的共性。在物权与债权、物权行为与债权行为之上，我们可以抽象出何种具有共性的概念呢？当然，我们以财产权作为物权与债权的上层概念，以财产权行为作为物权行为与债权行为的上层概念，似乎未为不可，但是财产权与财产权行

---

〔1〕　王利明：《法学方法论》，中国人民大学出版社 2011 年版，第 746 页。
〔2〕　[德] 考夫曼：《法律哲学》，刘幸义等译，法律出版社 2004 年版，第 192 页。

为相对于物权与债权、物权行为与债权行为，充其量只是一个归类，它们找到了这些二元成对的权利与权利行为的共性，对其进行归类，但是并非其上层概念。笔者认为，它们较为可行的上层概念是支配权。如上所述，在拟制的层面上，权利可以拟制为"物"，从而建立起人-权利的关联。在人-权利的关系上，权利就像物一样，在拟制的意义上，外在于人，故可为人所支配。将支配权作为物权与债权概念的上层概念，还可以解决权利处分的统一法理基础问题：债权与物权一样，可以成为支配权的对象，可以被处分，例如债权转让、债权债务的概括移转。

2. 物债类型可以通过分级与关联建立意义联络

首先，可以物权性为基础，基于物权性要素的强弱、流动，建立起物债之间的中间型权利类型体系。这一体系，在物权，以所有权为极端；在债权，以金钱之债（尤其为基于买卖的金钱之债）为极端。在所有权与金钱之债之间，建构成强弱有别的、具有可变性的物权与债权类型体系。在这一中间状态中，可以观察到物权由于物权性强弱的差异，而构成物权性强弱不同的物权体系；同样，也可以观察到债权因物权性的流入而形成的债权性与物权性之间的张力，由此所形成的强弱不同的债权体系。当然，我们也可以看到由这些"强弱"性而形成的物权与债权之间的无缝连接的图景。在另一不同的角度上，可以考察到物上债务这一特殊的由物权法律关系所衍生出来的介入物权与债权之间的权利状态，并在物债二分的体系下，所具有特殊体系的衔接意义。

其次，正如拉伦茨教授所提示的那样，预告登记使得所有权受制于预告登记的债权，这说明，在某些特殊的物权与债权共存的环境中，债权约束着物权，这是否可以称之为混合现象？物权与债权之间的混合现象，是否可称为中间权利状态？昔者，孙宪忠教授曾就信托与 BOT 中所产生的特殊权利现象（这种法律关系所产生的即非纯粹的物权）发出疑问？若从混合状态或者中间状态出发，是否可以给出一种解释模式？正如拉伦茨教授所说的那样，不同的契约债权之间可以进行要素流动，从而形成新的、体系内的债权契约的组合，如是，"租卖""混合赠与"等新的债权契约类型得以产生。而且，正如前述，拉伦茨教授虽然反对物权类型之间的要素流动，但是并不反对物权与债权之间的要素流动与重新组合。于是，或许将由不同债权契约类型之间要素流动与重组的观点，移植于物权与债权之间，承认物权与债权之间存在要素结合与重组的状态，以完成物权与债权之间在关联关系上的意义联络的阐述。我国已有学者在这方面做出努力，且产生了值得关注的成果。[1]这种研究提供了关于物债在规范体系中各种可供描述的关联类型，在此基础上，必能揭示物债关联的内在机理与本质联络。

总之，物债二分乃是民法形式理性及体系化建构的重要组成部分，它是体系化民法知识的结果。民法知识乃至由民法知识而生发的民法制度体系，遵循体系的思维，不仅是一种历史惯性，更是一种体系化维持的要求与操守。物债二分下的中间权利状态，是形式理性与体系化之外的产物，它们是民法生活的必然结果。历史与逻辑在此碰撞，形式理性与实践理性彼此相逢。但是从民法的知识体系化的要求看，如果任由历史溢出逻辑之外，因实践理性而放弃形式理性，并非知识人应有的态度。幸好，类型思维给民法知识再体系化提供了机遇，并为它夯实了理论基础。

本书自第二章始，将沿着类型思维为基础的体系化方向展开，可以将之暂称为本体、关联与超越。所谓本体，就是以物权性概念为核心的知识群的建立与反思；所谓关联，是对物权、债权，及其物权行为、债权行为等之间的关联，在规范基础上展开描述和评论；所谓超越，即在支配权的层面，集中探讨与物债二分中间权利状态息息相关的物权与债权的规范同态性问题。

---

[1]　参见常鹏翱：《债权与物权在规范体系中的关联》，载《法学研究》2012年第6期；徐洁：《担保物权与时效的关联性研究》，载《法学研究》2012年第5期。

物权体系中的强弱物权性

第一节　物权性总论

一、何谓物权性

物权性为物权的本质属性。对于此本质属性的揭示，可从不同的角度，采用不同的方式。通常采用的方式，是概括性地指出物权性的构成要素，通过要素的组合及各要素的强度来揭示物权的物权性。这种方式也常为德国民法学者所采用。此外，也有通过物权定义的方式来揭示的，通过这种方式来揭示物权性，对物权性概念的运用缺乏学术自觉，但是在定义当中，有意或者无意地揭示了物权性的某些核心要素。

（一）德国民法学上的物权性构成论

1. 物权性构成要素的限定

梳理德国民法学说史，可以发现，直接阐述物权性的学者主要有卡纳利斯与缪勒，等等。其中卡纳利斯将物权性（Dinglishkeit）界定为支配性与绝对性，认为对物权（dingliche Rechte）至少包含上述两个本质属性。但是由于卡纳利斯所指的对物权，仍是对于有体物的权利，故实际上他的物权性构成中应当还包括"有体物"。缪勒的观点与卡纳利斯几乎相同，他将物权的本质限定在绝对性、支配性与有体物三个要素上。[1]由于卡纳利斯与缪勒对于物权性的归纳，事实上是以"对物权"为对象的，因此笔者认为，德国民法学上的物权性构成也可以说成是四要素：对物性（或对物权）、支配性、绝对性与有体物。

2. 物权性构成要素的新界定

（1）对物权。对物权揭示了物权关系中的人-物关系。将物权说成是对物权，不是每个学者都能接受。按照一般的看法，权利可以还原为法律关系，而法律关系，依通说，只能是人与人之间的关系。将物权说成是对物权，也就是将物权界定为对物的权利。如果法律关系只能是人与人之间的关系，物权又怎能是人与物的关系呢？然而，对于法律概念的把握，不能望文生义。首先，对物权不过是从某一特定的角度对物权性的揭示，物权性的构成中，还有其他要素，各要素结合在一起，才能完整地揭示物权的本质。当我们分析物权作为支配权、绝对权的时候，自然就会将权利的人-人关系揭示出来。其次，在本书第一章法学史部分，笔者曾分析罗马法古典法时期的所有权双层结构理论，这一理论很好地揭示了所有权的内部结构与外部结构，即 dominium 所侧重的人与物的关系，着重表达人对于物的统领与控制；而 proprietas 则强调物在经济与法律意义上的归属以及以物为重心的人与人之间的关系，两者共同构成了完整意义上的所有权概念。总之，通过完整的物权性构成，可以把握物权的人-物关系与人-人关系，物权为对物权的说法并不存在什么问题。

在物权的范畴内，人-物关系核心意义是指人对物的统领，但是实际上对物权还有一层更为本质的意义尚未被揭示出来，即对物权事实上还指，这是一种存在于物上的权利。对此，我国民国时代的学者王伯琦教授曾说："物权者，直接存在于物之权利也……并不存在于他人之拘束，而直接存在于物之本身也。"权利存在于物上，与权利存在人身之上，是相对的两种不同的权利状态，后者指对人权。

---

[1] 金可可：《债权物权区分说的构成要素》，载《法学研究》2005 年第 1 期。

权利存在于物上，就其应然状态而言，无论物辗转落于何人之手，权利人均可以主张其对物的权利；而权利存在于人身之上，则无论人处于何地，权利人均可对之主张权利。就此角度而言，物权的本质特性与物权的效力直接关联，不同的物权性导向不同的物权效力，物权的特性直接指向物权的追及效力，这应是确定无疑的。物权的追及效力是否为物权的一项独立效力，学者之间对此存有争议。持否定意义者，以日本学者松坂佐一和我国台湾地区学者郑玉波为代表。持肯定意义者，以日本学者高岛平藏和我国台湾地区学者王泽鉴教授为代表。[1]为全面保护物权人的利益，一般意见是将追及效力作为物权的独立效力看待。而从物权为对物权的特性的效力衍生角度看，将其视为独立效力，是物权性要素的体系性表现之一。

（2）支配权。物权作为支配权，乃是法学界的通识。这一点从所有权的权能可以明确获知。学术的著述一般将所有权的权能不完全地列举为占有、使用、收益与处分。这四项权能无一不指向支配。所以从最直观的角度看，支配权所揭示的，亦为人-物关系。物作为外在于人身的不自由的存在，人可以对之占有，并为各种处置，这是很自然的道理。但是近代法学，不仅只是区分了人与外物，确定了人本身不得成为客体的基本的法律界限，而且还揭示了支配权的另一层更为重要的意义，即物权作为支配权，是私法自治的一部分。私法自治的意义较为多元，例如，它可能是指私法的法律自治，即不仅将私法与公法予以区分，也将私法职业团体的自治视为神圣；它也可能是指私法的立法自治，从而为立法者制定私法规范的权限，这一权限限定了立法者在制定私法规范时不应过度地介入私人生活；它还可能是私人自治，即在私法领域中，个人的行为个人负责，如无邀请，其他私人不得介入个人的私行为领域，这一层意义，与民法中的意思自治规则是一致的。从私法自治的角度上看，物权作为支配权，是指物权人在行使物权时的意思自治，即物权人在行使对

---

〔1〕 参见梁慧星、陈华彬：《物权法》（第 5 版），法律出版社 2010 年版，第 57～58 页。

物的占有、使用、收益和处分等权能时，除受法律的限制外，但凭自己的意思"独断地"支配外在物。

在上述意义上，支配权事实上还带有"排他性"的意义，即排除他人的干涉。但这层意义并非支配权的本义，而只能是意思自治的衍生意义。

正是由于物权作为支配权的特性具有私法自治的意蕴，近代民法对物权的这一特性尤其重视，我国有学者曾将之作为近代民法的观念转型的内在特征。[1]法学对该层意义的发掘，说明在本质上，人类不仅区分了人与外物，在人与外物的区分中，发现了人自身的意义，而且进一步地揭示了权利的本质，即自由的意志。康德哲学上的自由意志，与完全作为个人主义表征的自由意志，存在很大的区别。康德哲学上的物权支配权，也是在人-人关系中展开的支配权，并不是处于真空中的、无视他人的权力。

（3）绝对权。在本书的第一章中，已经对于物权作为绝对权的特征，通过法学史的追溯，予以部分揭示。在第一章，本书也已经指出，物权作为绝对权，在我国民法学上具有多重意义，例如，它可能被理解为"绝对的"权利，在这一语境下，"绝对的"用来修饰权利，其意是指，这种权利是达至极致的、无与伦比的一种权利。孙宪忠教授是在这一意义下使用此概念的。究其本意，仍是为了回避将绝对权作为对世权来看待，但没有从正面深入阐释这一特性的含义。还有学者从"排他性"的角度来理解和诠释绝对权的意义。[2]排他性事实上不是一个法律用语，因为它具有多义性，意义不够确定，可能是指排除他人干涉——这一意义被许多学者滥用，也可能是不同的权利被设定在同一物上时，权利与权利之间不能并存的意思，还有可能用以指同一物上设定了多个权利时，它们虽能

---

〔1〕 参见雷秋玉：《地役权的"物权性"解读——基于"物权性"的解构与重构》，载《河北法学》2016年第6期。

〔2〕 参见王玉花：《物权的绝对性及相关问题研究——从与支配性相对立的角度》，中国社会科学院研究生院2007年博士学位论文，第26页。

并存，还是在实现时存在谁优先谁劣后的关系。

本书已在支配权部分从意思自治的角度阐述了"排除他人干涉"的意义，故至少在本书的范围内，将舍弃在"排除他人干涉"的意义使用绝对权的概念。此处的绝对权的特性，是指物权人可以物权名义对抗他人权利的特性。所谓"对抗"，是权利之间相互抗争，这种抗争可能是积极的对抗，也可能是消极的对抗。积极的对抗，在物权法上，应指"一物一权"效力与物权的优先效力。"一物一权"，即同一物上，不能并存两个性质上相互排斥的物权，这是存在论意义上的对抗，较为典型的是，同一物上不能并存两个所有权，因为所有权都是对物最为完满的统领，一个物上不可能存在两个对物的完满的统领。"一物一权"也指同一物上不能存在性质相互排斥的用益物权，例如，同一宗土地上不能设定两个建设用地使用权或者承包经营权，等等。物权的优先效力，是指在存在论上，同一物上设定两个以上的物权并无问题，但是于实现之时，却只有按照优先与劣后的顺位，逐一实现，这样一来，有些物权优先行使，有些物权在后行使。物权的优先效力，还包括物权优先于债权的意义。消极对抗，本书将之界定为"不被排除"，意指某些特定的债权在遭受物权人的物权对抗时，可以不被排除，其较为典型的形态是"买卖不破租赁"，其扩展形态包括"抵押不破租赁"，等等。

绝对权虽然指向的是人-人关系，但是它是以人-物关系为基础的，所以必然在物上展开，否则其意义就过于宽泛了。可以认为，物权最为本质的特性是对物权，最为以人为本位的特性是支配权，而最为容易被人误解的特性是绝对权。绝对权通常被描述为真正揭示物权的权利属性的特征，因为只有它才是直观地回应人-人关系的。但是，如果脱离人-物关系，去谈所谓的人-人关系下的绝对权，则毫无疑问脱离了物权的本质。将物权视为一个由多重要素构成的整体，从整体来把握物权的本质属性，才是正确的应对之策。

（4）有体物。物必有体，是近代物权法对物权界定的一个重要起点。有体物，是物权所有特性得以确立的基础，物若无体，物权无从附着于物上，又如何追及；物若无体，支配秩序如何形成。在一般意义上，亦很难想象一个人可以占有一个无体之物，它无形无体，亦无法塑形，如何占有。虽然现代民法有所谓的准占有概念被用来描述对权利的占有，但是这种方法运用的途径是拟制；在债权质押的情形下，要实现"占有"，只有通过特定方式，例如通知债权人，或者登记以切断他人再"占有"的可能性，但是总体而言，这种所谓的"占有"，都带有很强的虚拟性质，远无对有体物的占有来得那么真切、自然。总体而言，虽然现代民法创造了很多技术，以应对交易需要而产生的诸多"无体物"的问题，也使得物权得以在"无体物"上存在，物权的规范能够部分地在"无体物"上展开和运用，但是，物权法基本法律规范的创制，是基于有体物的。我国有学者试图从"义务人知晓"的角度来阐述有体物的特性，[1]但是仅从有体物本身的"有体性"，就可以确定"义务人知晓"吗？恐怕这很难说得通。有体物的"有体性"的确使得它较之"无体物"更易于被他人识别、知悉，但是"有体性"本身很难直接揭示物权本身的存在。一方面，从动产来看，物的存在虽然因"有体性"而更容易识别，但是人-物关系通常并非显而易见，甚至这种关系通常处于较为隐匿的状态：你能够知道某人家里有某物吗？或者你能够一般性地知道，某人拥有某物吗？另一方面，从不动产来看，人-物之间的关系就更复杂了，人与不动产之间偶然得见的关系未必是基于物权而产生的。有体物的特性，充其量揭示了物的显性特性，并使得占有得以取得显而易见的外观，但是扩张其公示作用，则有夸大之嫌。

从物权性的四个不同的要素出发，体系化地描述物权性的整体的方法，目前除了从译介的角度对此有浅层的涉及外，[2]学界对此基本上还比较陌生。且由译介德国民法学而得来的四个要素，尤其是

---

〔1〕 参见冉昊：《论"义务人的知晓"对物权/债权二元区分的改善》，载《法学》2015年第3期。

〔2〕 参见金可可：《债权物权区分说的构成要素》，载《法学研究》2005年第1期。

前三个要素，在意义界定方面还存在含糊不清的问题。重新诠释后的物权性要素，可以立体地、完整地呈现物权的意义：存在于物上（对物权）、依自由意志为支配（支配权）与可对抗其他权利（绝对性）。

(二) 我国民法学上的定义法分析

在体系化的构成论之外，以定义法直接揭示物权的本质属性，也不失为一种物权性界定的较好方法。然而，定义法是逻辑抽象方法的一种，遵循逻辑抽象的一般规则，以提取事物最为本质的特性为要，故其对物权本质特性的揭示，未必全面。相较而言，德国民法学上的构成论，乃是体系化思维的产物，不仅可以揭示物权的本质特性，而且全面、立体，有助于对物权形成完整的认识。

我国不同的物权法学著述，多自不同的角度定义物权。在这些不同的物权定义之中，可以窥见不同著述对于揭示物权本质属性的学术偏好。谢在全教授于其著述之中，详列了 21 种民国时期、我国台湾地区以及日本主流物权法著述中对于物权的定义，[1]王玉花博士结合我国现代物权法著述的相关界定，将之归纳为四类，将排他性与绝对性等同，分别为：支配性一要素说，支配性与享受利益性二要素说，支配性与排他性二要素说，支配性排他性与享受利益性三要素说。[2]然而细究这些定义的本质，可以发现事实上只有两种定义类型：

1. 支配权说

此种学说只关注物权为支配权这一特性，只强调一个要素，认为物权是"直接支配特定物的权利"。例如，梅仲协在其《民法要义》中称物权为"支配物之权利"；李宜琛在其《民法总则》中谓："物权者，直接支配物之权利。"而洪逊欣将物权定义为"直接支配

---

〔1〕 参见谢在全：《民法物权论》（上册），中国政法大学出版社 1999 年版，第 13~14 页。

〔2〕 参见王玉花：《物权的绝对性及相关问题研究——从与支配性相对立的角度》，中国社会科学院研究生院 2007 年博士学位论文，第 25~26 页。本书重新进行了阐释，并整合为两类学说。

管领物之权利";日本浅井清信谓"物权者,乃对一定之物为直接支配之权利";金山正信则称"物权,乃以对物直接支配为内容的权利",等等。[1]这些定义,均只摘取物权性中一个特性——支配权,予以强调突出,以界定何为物权。支配权说的变种,有所谓的"支配+利益"说。"利益",即享受利益的意义,事实上是对物权作为支配权的进一步说明。因为对物的支配本身,就包括享受利益的意义在内,传统民法学对于享受利益,以"直接"为修饰词,是自己给自己装上了一副镣铐。物权人是自己支配还是托付他人依物权人的意思进行支配,是直接享受还是间接享受利益,事实上并不重要。这种定义方法,主要有姚瑞光教授的"直接支配特定物并享受其利益的权利"的定义法,谢在全《民法物权论》与梁慧星教授的《物权法》均持这一观点。

2. 支配权+排他性说

此类学说兼顾支配性与排他性二要点,强调物权为"直接支配物而得对抗一般人的财产权"。如孙宪忠教授的定义即为:"所谓物权,即权利人直接支配物并排除他人干涉的权利"[2];张文龙所著《民法物权实务研究》,直接冠以"排他性"之名,谓"物权者,直接支配其物,而具有排他性之权利";吴明轩则以为物权为"直接管领有体物而具有排他性之财产权",倪江表、曹杰的定义则与此相似。[3]在物权法的发祥地德国,据孙宪忠教授介绍,学者一般也是根据《德国民法典》第三编将物权概念的归结为:物权是民事法律关系主体支配特定物并就物的支配排除他人一切干涉的权利的总称,简而言之,物权就是排他的对物支配权[4]。可见也是一种两要素的折衷定义。支配权+排他性说有一变种,即支配权+排他性+享受利益说,其适例为:郑玉波教授谓物权乃"直接支配标的物而享受其

---

[1]　参见梁慧星主编:《中国物权法研究》(上),法律出版社1998年版,第17页。
[2]　参见孙宪忠:《中国物权法总论》(第2版),法律出版社2009年版,第29页。
[3]　参见梁慧星主编:《中国物权法研究》(上),法律出版社1998年版,第18页。
[4]　参见孙宪忠:《德国当代物权法》,法律出版社1997年版,第20页。

利益的排他性权利"，可谓面面俱到；史尚宽亦持此说，说法大体相同；这种定义法大概受日本法学家影响很深，以我妻荣为代表的法学家，多对物权做此面面俱到的定义，我妻荣的定义为：物权，乃对一定之物为直接支配而享受其利益的排他性权利。田山辉明、山本进一等皆从之，林良平则曰"物权，谓以直接支配特定物、排他地享受其利益的权利"。[1]正如上文所说，享受利益实质上是支配权权能的进一步展开，没有必要作为一个独立的要素出现在物权的定义之中，故支配权+排他性+享受利益的要素说的本质，仍为支配权+排他性二要素说。只不过，这些定义中的"排他性"，多是一种较为含混的意义，或是受汉语语词的影响，或者因汉语语词不当翻译他国语言所致，与本书所定绝对性的意义尚存在本质差异。

二、物权性之强弱论

从物权之物权性构成论的角度出发，可以将物权因其构成要素的缺失、强弱变化而体系为一个物权性强弱变化的有序体系。物权性的强弱变化，固然因为体系性的安排而出现，但是也可能受到其他因素的影响，例如受到与债的关系的影响，而导致物权性弱的结果。由于物权均为对物权，包括在拟制意义上的对权利的权利，为保证讨论的准确性，此处对于物权的属性，应考虑到物之有体与否对物权性的影响。

（一）支配性的强弱

物权作为支配权的特性，可自三个方面观察：一是从意思自治的强度。对意思自治的意义，本书第一章已有阐述，即应区分物权与债权分别考察。物权的意思自治强度，应考察的是物权法定的程度。[2]由于物权法定排斥契约合意，物权法定的程度越高，则他人意思透过契约而约束物权人的可能性就愈少，物权意思自治的程度

---

[1] 参见梁慧星主编：《中国物权法研究》（上），法律出版社 1998 年版，第 18 页。
[2] 参见张鹏：《物债二分体系下的物权法定》，载《中国法学》2013 年第 6 期。

就越高，支配权性的特性就愈强；二是支配权的内容，即四大权能的完备性与强弱性；三是其与其他权利之间由于法律的强制而发生牵连，是否存在导致支配性减弱的情形。

孤立考察单个的物权，以我国《民法典》规定的物权种类为例：①所有权的支配性最强。在近代民法的三大原则中，有"所有权绝对"之称。以土地所有权为例，所有权上达天心，下至地核，土地所有权人所支配的物理范围无限深远，且有"风能进，雨能进，国王不能进"的经典民权法谚作为支撑，可见即便是公权力大如国王者，亦不能干预。然而，自传统民法进化至近现代民法，所有权存在限制，已由法典明定，例如《魏玛宪法》第153条规定"所有权为义务，其使用应同时为公共福利之义务"。物权人于行使物权时除受法律限制外，不受他人干预而"意思独断"的特征，在所有权中是最为明显的。同时，在所有的物权类型中，所有权的支配权能最为完满，通说认可的所谓的四大权能，所有权已经占全。不仅如此，民法学上也一般认为，所有权系具有弹性的权利，即便在一定的时间内其权能通过契约让渡出去，但终将在契约期限届满之后恢复其原初的完满的支配状态。②用益物权的支配性呈现出可变性，强弱互现。建设用地使用权、宅基地使用权、承包经营权的支配性，在用益物权中较强，仅弱于所有权。地役权的支配性较弱。所有的用益物权类型中，法律均允许当事人借由契约而部分设定部分内容。其中，承包经营权，原本是具有很强契约性的物权类型，但是国家权力的强势介入，使得可经由契约自由而约定的内容变得稀少，法定内容变得普遍，与建设用地使用权和宅基地使用权趋同。地役权则仍以契约自由为最大特征。③担保物权的支配性具有很大的变数。一是担保物权均存在两个阶段，即权利的可变现阶段与权利的实现阶段。在可变现阶段，权利尚未变现，故支配性有限，同时，担保物权可因其种类的不同，支配性呈现出一定的可变性，例如，以占有为条件的担保物权，其支配性明显强于不以占有为条件的担保物权。到了权利的实现阶段，担保物权的支配性也将因占有与否而存在细微的差异。二是担保物权与债权的关系密切。故在不同的程度上，担保物权的命运要受到债权的影响，其支配性相对于与债权不具有直接关联的物权，显然要弱。债权的牵制，在此，并不是指债权对担保物权的直接影响，而毋宁是指由于制度上配置，使得物权在一定程度上与债权共担某些负担，并共其命运，例如受时效规则的规制。若是债权对物权的直接关联，例如，因契约自由的原因所形成的物债关联，从而减弱了物权的支配性，则不属于本章所探讨的内容，而应属于物债关联的内容。

（二）绝对性的强弱

在《民法典》中规定的物权体系，其基本情况是：①所有权的绝对性应视情况而定。按照"一物一权"的制度安排，一个物上不能并存两个以上的所有权，是必然的事情。这就意味着，所有权的"排他性"效力最强。民法理论中存在针对不动产的所谓的所有权的相对性的探讨，例如，"相对性"的所有权，或者因分时度假制度而导致"一物两权"，或者建筑物区分所有权所导致的"一物一权"主义的失效等，这些言论均具有似是而非的特点。"相对性"的所有权的讨论，[1]事实上是奠基在英美法传统的，在大陆法的传统的民法学上讨论这个问题，虽然可能带来一些启发性，但并不具有任何建构的意义。因分时度假制度而导致"一物两权"的说法，纯属无稽之谈，其本质是所有权的共有。分时度假的安排，不过是一种契约的安排，属于共有人内部事务。至于建筑物区分所有权系对"一物一权"主义的打破的言论，也无任何根据。区分建筑物内部的物理、社会生活乃至经济功能的区隔，事实上已经使得"区分"本身具有独立的意义，这些区分即可视为"一物"，建筑物可视为"多物"的集合体，在此基础上所形成的建筑物区分所有权又如何可视为对"一物一权"主义的打破呢？自进入近代社会以来，工业的发

----

〔1〕 参见冉昊：《论权利的"相对性"及其在当代中国的应用——来自英美财产法的启示》，载《环球法律评论》2015 年第 2 期。

展使得人口在城市聚集，以独栋建筑为"一物"而建立一个所有权的传统农业社会的居住权形态，已经不能适应时代的要求，若仍依循传统农业社会的思维来考察近现代社会的城市居住权形态，无异于刻舟求剑。同时应当考虑到，所有权绝对性虽强，但是根据契约的安排而设定他物权的情况下，它不能排斥他物权的存在，这是应然之理。②用益物权中的物权绝对性因情形而异。建设用地使用权与建设用地使用权之间，无疑是相互排斥的，同一块土地上，不可能同时存在两个以上的建筑用地使用权，这也是"一物一权"；建设用地使用权与承包经营权也不能并存于一地；建筑用地使用权与地役权可以并存，即在某一地上已经设定建设用地使用权的时候，可在建设用地使用权的基础上，再设定地役权；同样的，承包经营权也可与地役权并存；地役权与地役权，在同一地上可以并存，例如在 A 地上，可以设定两个以上直达水源地的汲水地役权，或设定两个以上直达公共道路的通行地役权。但是，地役权之间相互排斥者除外，例如，如果 A 地只能设置一条道路通达水源地或者公共道路，则也会出现地役权之间的相互排斥的问题。再者，地役权在我国立法上，所采用的为登记对抗主义，这就在很大程度上减损了其对抗效力。总体而言，用益物权的绝对性，应视情况而定。最后，用益物权与担保物权之间不具有排他性，用益物权之上，可以设定担保物权。③担保物权的绝对性，也因种类不同而不同。抵押权之间，不具有排他性，同一物上，理论上可以设定无数个抵押权；抵押权与质押权、留置权在权利的形成或者设定上，不具有相互排斥的特征，已经设定抵押权的物，可以再设定质押权，也可能因法定条件满足而形成留置权，只是于实现时，会产生谁优先谁劣后的相互之间优先效力问题；实行登记对抗主义的抵押权类型，例如特殊动产（船舶、机动车与航空器）的抵押权，未登记的抵押权要劣后于质押权，但是质押权要劣后于留置权。已然登记的抵押权，要优先于质押权，但是劣后于留置权。

（三）物之有体与否对物权性强弱的影响

在我国的法律制度中，物权项下的有体物亦为特定物，故本书对有体物的讨论，在"有体"与"特定"双重意义下进行。首先，就制度配置来看，"物"若无体，其支配性自然欠佳，由此必然衍生出诸多特殊的制度以弥补"无体"所带来的支配性欠缺的弊病，例如应收款债权的质押，为权利处分时与物的质押的方式不尽相同，"锁定"权利与"锁定"物以形成支配秩序，前者一般以"通知"而为，后者直接依赖于交付；其次，就物权的绝对性而言，物若无体且未确定，其绝对性就会十分虚弱，例如，我国《民法典》中所规定的动产浮动抵押，于抵押权设定到实现抵押权之前这一阶段，抵押物未能确定，一直处于浮动之中，此时抵押权不能对抗债权，在此期间基于正常营业而发生的各类对抵押物的交易债权，抵押权均不能对抗；最后，权利质权，视其是否具有外在物的体现形式或者视不同的权利类型，其绝对性的发生要基于不同的事实：或背书交付，或登记，其中登记为对抗效力发生的常态。

总体而言，若单独考查某一物权，以支配性为标准，物权性最强者莫过于所有权，建设用地使用权、宅基地使用权与承包经营权次之，担保物权再次之，地役权为支配性最弱之物权。以绝对性为标准，则于物上权利之间的关系展开所谓的对抗关系的分析，须依情形而定，不能孤立地判断某种物权的绝对性。对物权的客体是否为有体物，对于物权性亦有较大的影响，无体物若要彰显其物权性，一般需要依赖外在的手段，例如通知、登记，等等。

第二节 用益物权的物权性

一、建设用地使用权的物权性

（一）建设用地使用权的支配性与规范配置

建设用地使用权的支配性，取决于物权法定之强度。而物权法定之强度，则取决于物权法的规范配置。其规范配置，既是一个立法技术问题，也是一个司法技术问题。[1]规范配置的类型，可分为强制性规范与任意性规范，在此，兹就我国《民法典》"物权编"、《中华人民共和国土地管理法》（以下简称《土地管理法》）第五章的相关条文予以分析。其中，《民法典》"物权编"与支配权特性紧密相连的共有 7 个条文，现结合《土地管理法》分析如下：

第一，强制性规范主要包括占有、使用、收益的权利法定的规定；[2]建设用地使用权人的转让、互换、出资、赠与或抵押等处分权法定的规定；[3]农村集体经济组织以土地兴办企业与其他单位或者个人以土地使用权入股、联营等形式兴办企业，应当经法定的申请批准程序进行的规定；[4]房（包括建筑物、构筑物、附属设施）随地走的规定；[5]土地用途不容当事人协议的规定；[6]土地使用期限法定的规定[7]。

第二，任意性规范主要包括：①建设用地使用权可针对地表、地下或者二者合并的规定；[8]②土地界址、面积，建筑物、构筑物及其附属设置占用空间的规定[9]。

总体情况是：强制性规范多，任意性规范少。权利的主要内容由强制性法律规范予以保证，排斥当事人的合同自治，从而保证了建设用地使用权人可以依法独断地取得和行使其物权；任意性规范只在局部予以规定，且实际上也并非真正地赋予当事人契约上的完全自由，这些自由要受限于其他法律法规的所规定的公权力的管制，

---

〔1〕　参见王轶：《论物权法的规范配置》，载王轶：《民法原理与民法学方法》，法律出版社 2009 年版，第 268 页。

〔2〕　参见《民法典》第 344 条。

〔3〕　参见《民法典》第 353 条。

〔4〕　参见《土地管理法》第 60 条。

〔5〕　参见《民法典》第 356 条。

〔6〕　参见《民法典》第 348 条第 2 款第 4 项、第 350 条，《土地管理法》第 56 条。

〔7〕　参见《民法典》第 348 条第 2 款第 5 项、第 359 条。

〔8〕　参见《民法典》第 345 条。

〔9〕　参见《民法典》第 348 条第 2 款第 1 项、第 2 项。

例如土地规划权、土地管理权。按照本书所设定的支配权衡量标准，建设用地使用权的支配性极大，可媲美所有权，这就使得建设用地使用权人，可以依法独断地行使其权利，可以最大限度地摆脱土地出让方的不合理限制。

(二) 建设用地使用权的绝对性

在我国法律的语境下，建设用地使用权依法律行为的变动采用登记生效要件主义[1]；非依法律行为的变动，采用处分主义，即依据登记处分主义规则[2]发生物权变动的，不登记也能生效，但是若为进一步的处分，则这种处分行为需要登记才能发生法律效力。结合《民法典》物权编关于登记生效要件主义与处分主义的规则设置，可以认定，由于我国法律要么直接赋予未登记建设用地使用权以物权效力（指处分主义），要么在依法律行为变动设定或者转让取得建设用地使用权的行为与登记公示规则进行捆绑，这使得无论登记还是未登记的建设用地使用权事实上都将具有绝对性。总之，对于建设用地使用权，名与实是紧密相连的，只要取得建设用地使用权的名义（依法直接发生或者依登记取得），那么它就有建设用地使用权之实，具有了物权效力之实，这与地役权形成鲜明对照。

正如上文所言，建设用地使用权的物权性可与所有权相媲美，但在实质意义上，建设用地使用权的物权性相较于所有权，其支配性还是较弱，这主要表现在，在建设用地使用权的形成方面，尚存在当事人之间一定的合同自由空间，从而使得建设用地使用权人的"自由意志"在某些局部仍不得不受到土地出让人的"合意限制"。而在绝对性方面，建设用地使用权与所有权在客体同一的层面上，其绝对性的发生规则基本相同，要不均依《民法典》规定的登记处分主义，其物权变动在条件具备时发生，不依登记公示而生效。两者都是名与实要么同时具备，要么均不存在。

---

[1] 参见《民法典》第349条。
[2] 参见《民法典》第229条至第231条。

二、宅基地使用权的物权性

宅基地使用权最基本的权利结构是：集体土地所有权与由其派生的宅基地使用权。其所体现的支配性，主要表现为宅基地使用权人依法自治地对宅基地行使其使用权，而排斥"集体"对其使用权的法外介入。法律对宅基地使用权的取得限制较多，比如地基须依法申请与审批始能取得、土地限额分配、资格准入、使用限制，等等。[1]当然，还有处分限制。这些限制客观上影响了宅基地使用权的支配性。这些法律限制表面上或许出于保障农民权益的考虑，但是这也许只是制度制订者的意思独断。[2]目前，我国正在进行宅基地自由流转的改革，改革能否真正去除自由流转的限制，尤其是去除宅基地向本村村民以外的人转让，以及自由抵押的限制，仍有待观察。

在《民法典》物权编以及《土地管理法》中，对于集体土地所有权人与宅基地使用权人相互关系予以规制的条款，其显性形式完全不见，只能由某些条款进行推论。例如，根据《民法典》的相关规定，[3]可以推知宅基地使用权人对宅基地的占有权、使用权是法定权利，不由当事人以契约予以商定，故属于宅基地使用权人"意思独断"的空间，虽然自由的空间显得有些狭窄。由宅基地使用权的规范配置方式，可以推知其与建设用地使用权的情形相似：强制性规范多而任意性规范少。并由此可以推知其支配性较强；同一宗土地上不可能设立两项宅基地使用权，故在设立上，宅基地使用权具有较强的绝对性。

---

[1]　参见郑尚元：《宅基地使用权性质及农民居住权利之保障》，载《中国法学》2014年第2期。

[2]　参见王崇敏：《论我国宅基地使用权制度的现代化构造》，载《法商研究》2014年第2期。

[3]　参见《民法典》第362条。

三、承包经营权的物权性

(一) 承包经营权的历史性转折: 由债权到物权

2003 年对于承包经营权的物权制度的确立, 是一个关键性的年份。在此之前, 我们可以看到, 学术界不少讨论都是针对承包经营权的物权建构的。在《中华人民共和国农村土地承包法》(以下简称《农村土地承包法》) 实施之前, 我国农村土地的承包事实上采用的就是债权契约的形式, 其 "保障性因契约的任意性而大大降低, 成为农民生活中最脆弱的财产权利。因此, 无故缩短承包期期限、随意调整和处置土地或终止撤消承包、随意提高承包费、干预种植经营、乱摊派等, 已成为农村比较普遍的现象, 侵害农民土地权利的问题尤为突出" [1]。到 2003 年《农村土地承包法》的实施, 土地承包经营权成了一项财产性权利。不仅包含了物权意义上的占有权, 也包括使用、收益与对承包经营权的处分权。[2] 最能体现承包经营权作为支配权意义的是该法的第 16 条的第 1 项, 该项规定, 法律保护承包人对承包地的使用、收益与对承包经营权的流转权利, 规定承包人 "有权自主组织生产经营和处置产品"。该项规定的衍生条文很多, 由此, 除了法律对承包经营权进行限制外, 承包人拥有了最大限度支配承包地与承包经营权的支配权。

《农村土地承包法》实施之后, 我国学术界不久便进入了对《物权法》中土地承包经营权的规范设置的探讨, 例如, 马新彦等在 2005 年撰文指出, 土地承包经营权的权利性质模糊、流转混乱、变动模式矛盾。学术界对土地承包经营权的权利性质的探讨最多, 计有债权说、物权说与混合权利说。其中债权说为通说, 最主要的理

---

〔1〕 参见夏建国:《农村土地承包经营权立法模式的选择》, 载《陕西师范大学学报(哲学社会科学版)》2002 年第 5 期。

〔2〕 参见刘金海、宁玲玲:《土地承包经营权: 农民的财产权利》, 载《经济体制改革》2003 年第 6 期。

由是：《土地承包法》中所确立的承包经营权具有明显的契约性质。[1]形成这种通说的原因有如下两点：第一，各种土地承包经营权的流转方式未进行物权性质与债权性质的区分，局面较为混乱；第二，土地承包经营权的创设取得采用意思主义，而流转取得采用登记对抗主义。不过，与此同时进入学界讨论视野的官方《中华人民共和国物权法（草案）》也遭到了学术界的批评。延宕至2007年出台的我国《物权法》，除了以移植形式重复了《农村土地承包法》的相关规范外，在这方面似乎也没有太多建树（承包期普遍有所延长）。2018年《农村土地承包法》在前期试点的基础上，进行较大的修正，三权分置的政策具体化为所有权、土地承包权与土地经营权。2020年5月28日通过并于2021年1月1日实施的《民法典》承袭《农村土地承包法》修正的成果，除土地承包权的物权属性被继续承认外，另增加了土地经营权的物权类型。

（二）土地承包经营权的物权性

至现在，对于承包经营权究竟为债权，抑或为物权，学术界几乎已经停止了讨论，盖因《物权法》实施之后，承包经营权系属物权已经盖棺论定。但是，原来存在于《农村土地承包法》中的规范内容，由此也顺利地过渡于《物权法》中，使土地承包权的纯粹性受到影响，例如《物权法》规定的土地承包经营权的流转方式，[2]不仅堂而皇之地仍保留着"转包"这种债权流转方式，而且该条的表述方式是开放式的，条文的结尾以"等"收束，这意味着存在更多的债权性流转方式进入《物权法》空间的可能性，从《物权法》规范体系的纯粹性来看，自然并不妥当。不过，《民法典》对《物权法》上述规定进行了修订，除删除"转包"这种债权流转方式外，也收紧了文字表达可能形成的债权流转方式的空间，删除了

---

〔1〕　参见马新彦、李国强：《土地承包经营权流转的物权法思考》，载《法商研究》2005年第5期。

〔2〕　参见《物权法》第128条。

"等方式流转",仅余两种法定流转方式,即互换、转让,稳固了其核心。[1]

除上述内容外,《民法典》的主要规范体现了承包经营权作为支配权的典型特性,这些规范主要包括:明确规定了承包经营权人的承包经营权内容;[2]规定了承包经营的期限;[3]规定了发包人不得擅自调整和收回发包地的义务。[4]这些规范的存在,事实上使得发包方无法依契约而限制承包经营权,承包经营权人可在法律规定的范围内,"意思独断"地占有、使用、收益承包经营地,并依法独断地处分承包经营权。从私法自治的角度看,承包经营权人的支配权范围在中国共产党的十八届三中全会之后,因《中共中央关于全面深化改革若干重大问题的决定》中关于农村土地承包经营权的全面流转建议而得以进一步扩展,[5]根据这一决定,抵押试点由此而得以推广,相关的法律规定,例如《民法典》已将之落实到具体的法律条文。[6]

总体上,承包经营权虽以契约方式设立,并因契约而无疑将受到发包方一定程度的牵制,但是其支配权的属性并未因此而受到太大影响。同时,承包经营权具有明显的"一物一权"的特性,其绝对性也较为明显。

四、地役权的物权性

(一) 地役权的弱支配性

有学者曾撰文指出,在物权体系中,物权的支配性,也就是

---

〔1〕 参见《民法典》第334条。

〔2〕 参见《民法典》第331条、第342条。

〔3〕 参见《民法典》第126条。

〔4〕 参见《民法典》第332条与第337条。

〔5〕 参见《中共中央办公厅 国务院办公厅印发〈关于引导农村土地经营权有序流转发展农业适度规模经营的意见〉》,载中国政府网:https://www.gov.cn/gongbao/content/2014/content_2786719.htm。

〔6〕 参见《民法典》第342条。

"意思独断"地支配物的属性，事实上存在细微的差异[1]：一是通过契约方式设定的物权，其支配性取决于物权法定与契约意定的比例，一般来说，物权法定的内容愈多，借由物权的强制性规范配置，物权人可以在仅受法律限制的前提下，独断地支配外在物，而无须过多地受到对方当事人的牵制。在这种情况下，契约自治受到很大的限制，但是物权法的自治反而得到了保证；二是非由契约而形成的物权，包括两种情况：原始取得与继受取得。原始取得的物权，一般是指所有权，其内容非由契约设定，其内容完全由法律规定。非经由法律行为的继受取得，如果取得的权利为所有权，所有权的内容并不由契约而创设；如果取得的权利为他物权，则应视所取得的物权的类型，依物权法定与契约意定的比例定其物权性之强弱。

根据《民法典》第 372 条及相关条文的规定，地役权人是通过地役权合同取得地役权的，且地役权的内容，完全是依照合同而定。在实证法的层面，地役权在我国首次出现是在《物权法》中。《物权法》之前的其他规范性法律文件，均未规定过地役权，尽管对地役权的叙述早就存在于法学教科书中。《民法典》实施之后，对地役权属性的实证分析，应当主要根据物权编"地役权"一章的相关条文。通过对该章的 14 个条文的分析，可以发现主要涉及地役权支配性的条文是其定义条文[2]。根据该条的内容可以初步判断，地役权的内容并非法定，而是由当事人自由约定，也就是说，地役权的内容实行契约自治，而非物权法定。或许正是因为如此，有关学者得出了"涉及地役权的产生与否，而且决定着地役权的具体类型及其内容……物权法定原则对地役权的制约相当有限，换句话说，作为他物权的地役权，对物权法定原则具有强烈的叛逆倾向"[3]的结论。当然，这种"叛逆倾向"事实上使得地役权除了在权能上尚能

---

〔1〕 参见雷秋玉：《地役权的"物权性"解读——基于"物权性"的解构与重构》，载《河北法学》2016 年第 6 期。

〔2〕 参见《民法典》第 372 条。

〔3〕 参见孙宪忠主编：《中国物权法：原理释义和立法解读》，经济管理出版社 2008 年版，第 399 页。

体现出一定支配性外，譬如地役权人可以占有、使用供役地，而在支配权的本质意义即"意思独断"上，并不能体现出丝毫的支配性，地役权人只能依合意"支配"供役地。

支配权的本质，则恰恰在于权利人对物掌控的"任意性"，即"意思独断"，如果地役权的内容均为或者几乎为双方意思"合致"的结果，则权利人行使权利的"意思独断"性无疑将消失无踪，地役权则何由得为支配权？

（二）地役权的弱绝对性

在比较法上，彰显地役权的绝对性的立法模式有两种：一是物权的发生与绝对性的统筹模式。这种模式主要体现在《德国民法典》当中。《德国民法典》的这种统筹立法模式，将依法律行为的物权创设与物权的公示进行捆绑规定。也就是说，依法律行为取得不动产物权的，没有经过登记公示，不动产物权即不能发生，不动产物权既然都没有发生，又何来不动产物权的效力呢？但是，如果不动产物权系通过"合意"＋"登记"的方式创设，[1]则经由"登记"这一法定的公示手段，不动产物权得以发生，其对抗第三人的效力（绝对性的外部形式）也就自然而然地发生。《瑞士民法典》第731条采用了与德国民法典相同的不动产物权变动模式；二是物权的发生与绝对性的分立模式。这种模式以法国、日本为代表。法国民法与德国民法相似的是，他们对依法律行为取得地役权的立法模式分别都采用意思主义与物权形式主义。依法国民法，在以契约方式创设地役权的时候，只需要当事人的合意，地役权就可以取得。但是不登记，即不得对抗第三人。[2]日本民法未就地役权的变动模式另作具体规定，而是于其民法典"物权编"以两个统一的条文分别规定物权变动效力与对抗效力发生的规则，即地役权的设定及移转，依

---

[1] 参见《德国民法典》第873条。
[2] 参见［法］弗朗索瓦·泰雷、菲利普·森勒尔：《法国财产法》（下），罗结珍译，中国法制出版社2008年版，第1027～1028页。

意思主义〔1〕,地役权之对抗第三人的效力非经登记不得发生〔2〕。

我国地役权的变动模式,类似法国模式,也就是地役权的生效与地役权的对抗效力的分立立法模式。理由在于:我国《民法典》明确规定了地役权的创设取得采用意思主义〔3〕;同时,对于是否具有对抗效力,我国《民法典》也明确规定了登记对抗主义的效力模式。〔4〕但是《民法典》第385条明显创制了一个例外,即已经登记的地役权,其变更、转让乃至于消灭,"应当"进行登记,这明显区别于该法第374条第2句前半段中的"可以登记"规定。从转让取得地役权的角度看,则以转让方式取得地役权,明显遵循的是登记生效主义。然而,无论是创设地役权的登记对抗主义,还是转让取得地役权的登记生效主义,地役权的原初对抗效力,都无疑来自登记这一法定的公示方式。从这一点看,未登记的地役权,事实上是不具有对抗第三人的效力,也就是说是欠缺绝对性的,在此意义上,可以断言地役权的绝对性极弱。

同时,在同一物上,除消极地役权外,积极地役权一般不具有排斥其他地役权的效力;消极地役权之间,如果不存在排斥性,也可能并存于同一物上,例如,A地役权禁止供役地上建高楼,B地役权禁止供役地上建商铺,它们可以并存于同一供役地上。

五、本节小结

综上,用益物权的物权性呈现着相当的可变性。首先,从支配性来看,建设用地使用权、宅基地使用权、承包经营权的支配性都较强。在依契约取得这三类物权时,虽然这三种物权的内容均不同程度上受到契约合意的影响,但是基于物权法的规范配置,物权法定决定了其核心的内容。相较而言,依支配权的本质,地役权无支

---

〔1〕　参见《日本民法典》第176条。

〔2〕　参见《日本民法典》第177条。

〔3〕　参见《民法典》第374条第1句。

〔4〕　参见《民法典》第374条第2句。

配性，而仅从其占有、使用功能意义上，体现出支配权的外在形式；其次，从绝对性来看，依法律行为取得建设用地使用权、宅基地使用权与承包经营权均以登记为生效要件，权利的取得与对抗效力同时发生，其绝对性较强。地役权的创设取得系依合意主义，对抗效力的发生则依登记对抗主义，权利的发生与对抗效力的发生并不同步，故其绝对性较弱。自另一角度观察，建设用地使用权、宅基地使用权与承包经营权都具有"一物一权"的特性，故其绝对性较强，与所有权无异。而地役权一般来说不具有"一物一权"的特性，通常情况下，同一宗土地上可以设定多个地役权，且相互之间并无排斥作用，故其绝对性较弱。总之，在用益物权的物权体系中，由于各种类型的法定用益物权存在物权性的强弱变化，从而呈现出极为明显的类型特征，由此似乎可以断言，在物债二分的体系之下，地役权处于债权向物权过渡的中间形态，依次朝向所有权的用益物权类型为建设用地使用权、宅基地使用权与承包经营权，显示出明显的类型体系特征。

第三节 担保物权的物权性

我国《民法典》规定的担保物权类型，包括抵押权、质权、留置权。抵押权可以分为一般抵押权与最高额抵押权。一般抵押权的规范中，事实上还包括特殊的抵押权，即动产的浮动抵押权[1]与买卖价款抵押权[2]；质权分为动产质权与权利质权；留置权又有民事留置权与商事留置权的区分。担保物权体系下的物权性讨论，涉及的问题较多。首先，虽然是一个老问题，本书仍试着正面回应担保物权是否为物权这一问题；其次，权利质权的物权性，因其存在有体性要素的独特性，需要单独探讨。

---

[1] 参见《民法典》第 396 条。
[2] 参见《民法典》第 416 条。

一、一般性的讨论：担保物权是物权吗？

（一）担保物权作为物权的质疑

最早产生对担保物权是否为物权的质疑予以回应的冲动，是看到孟勤国教授的一篇名曰"东施效颦"的文章。[1]在这篇文章中，孟勤国教授对于担保物权的作为物权本身以及我国《物权法》的这种体系的安排，均提出了疑问。尽管后来也有人对此予以回击，[2]但这种回击不仅提出得太晚，而且不够准确和有说服力。直至今天，孟勤国教授所说的"主流学者"都可能不屑于回击，或者说不知道如何回击担保物权是否为物权的这个问题，这在学术界几乎成了一桩悬案。

孟勤国教授在"东施效颦"一文中提出的疑问，相当具有冲击力，在此不妨将其主要观点与论证思路摆出来：第一，物权是直接支配物的权利，但是按此德国式的公式，导不出"担保物权"是物权的结论。理由有六：①"担保物权"人对于担保物既没有现实的支配力，也没有最终的支配力，一切仰仗担保人，自己做不了主；②"担保物权"人"支配"的不是物，只不过是价款。其实对价款的支配也不是绝对的，例如当存在处于优先顺位的权利时；③交换价值不是物本身，支配交换价值的说法也过不了关；④处分权不是物权才有，再说法院强制执行是公权力，而且"担保物权"也只能要求处分，而不是自己处分；⑤就质权与留置权来说，占有是权利成立和存续的条件，而非权利的内容；⑥"担保物权"是一种优先受偿权，而优先受偿权所处理的，只是特定的几个"李四"之间的关系，不具有物权的对世性。再者，优先受偿的本质是取得财产，而非"支配财产"，这与债法上的受领没有本质区别。第二，《物权法》

---

[1] 参见孟勤国：《东施效颦——评〈物权法〉的担保物权》，载《法学评论》2007年第3期。

[2] 参见郑冠宇、赵守江：《担保物权的物权属性解读——与孟勤国教授商榷》，载《河南省政法管理干部学院学报》2009年第1期。

立法将"担保物权"纳入，对体系性造成了伤害。理由有三：①以大量篇幅所规定的"担保物权"，事实上不是物权，破坏了物权法的权利分类体系；②肢解了现行的担保法；③割断了担保方式之间的联系，压缩了担保方式的发展空间。总体而言，孟勤国教授认为，《德国民法典》以及效仿《德国民法典》将"担保物权"置于物权法的理由是，它们涉及物，而事实上，它们与债的联系更为天然与内在，如能像《法国民法典》那样，将之置于财产取得篇，则更为合理，事实上，如果仅因为与物有联系，就将之置于物权法中，那么买卖也不应置于合同法中了，而应放到物权法里面去。

不能不说，孟勤国教授对"担保物权"在《物权法》中的体系性安排提出的疑问，可谓点中了"主流学者"的软肋。从整体上讲，由于我国主流学术界对于物权的物权性之构成，尚无清晰的认识，对于整个物权体系的概念类型之间的连接，也欠缺深入研究，所以对于孟勤国教授提出的疑问基本上无法予以回应。我们可以简单回顾一下郑冠宇、赵守江教授对该文主要观点的回应：首先，这一回应十分犯忌。因为孟勤国教授一文中已经提到了所谓的"主流学者"学术暴力问题，郑赵两位教授回应内容的第一部分，就开始侃侃而谈"大部分"学者的观点，这无疑是在说，孟勤国教授所说的情况属实；其次，在回应孟勤国教授的"不能事实支配"问题时，不仅没有正面回应，而且似乎还将这个漏洞捅大了，指出更多的物权不具有"事实支配"权能的情况，且所用的例子是日本法上的；最后，在回应能否对交换价值进行支配的问题上，论证十分无力，事实上"交换价值"的确是不可能支配的，该文顺着孟勤国教授布下的圈套直接下饵，掉进教授布置的陷阱里不能出来。

（二）对"东施效颦"一文的回应

孟勤国教授在"东施效颦"一文中所提的两大疑问，第一个质疑是关键，第二个质疑是由第一个质疑延伸而来的，其逻辑是："担保物权"不是物权，故将其纳入《物权法》破坏物权体系。所以只要解决第一个质疑，回应"担保物权"是否为物权，并为"担保物权"的物权性正名，即可破除教授所提的两大疑问。按照本书提出的物权性要素体系，作为物权，应是对物权、支配权、绝对权，且物必有体。但是物权体系内的物权性，有强弱之分。具体内容已在上文述及，在此不拟重复，且专注于孟勤国教授提出的问题予以回应：

第一，"物权作为直接支配物的权利"并非德式公式，再说，也不存在什么物权法上的德式公式。德国民法学界主流的物权性界定方式，并非定义式的，而是要素构成式的。故以"直接支配物"作为批判"担保物权"的起点，这一起点就存在问题。德国民法学上的主流观点，是从对物权、支配权、绝对权、有体物等四个要素来考查物权的物权性，而非只抓住"支配"这一个要素。只从一个要素出发，显得过于偏颇。事实上，我国学者较为喜欢以定义的方式给物权下定义，从而导致要素的缺失。

第二，担保物权之所以为物权，理由在于：

（1）担保物权是对物权。按照本书的界定，对物权体现的是物权中的人-物关系，但是其首要意义在于，这种权利是存在于物上的权利，从而具有随物走的特性。担保物权，无论是哪种类型，都具有这一特性，并在外在形式上表现为担保物权的追及效力。也就是说，无论被担保之物流落于何方，在权利存在时效期限内，物权人都可以追及该物，对占有该物之人主张担保物权。这是物权之所以作为物权最为基本的特性，若不具有这种存在物上的特性，则非物权。这一特性，即便在权利质权中，也同样存在，例如，被用来质押的债权，一旦被特定化，则无论该债权如何转让，质权人均可追及该债权，以债权实现其担保利益。

（2）担保物权是支配权。支配权的本质意义，在于"意志自由"，即物权人得以"独断意思"支配物权项下之物。但是物权作为支配权的特性，因权利类型而异，存在支配权的强弱变化。就担保物权而言，担保之物或由担保物权人占有着，或不是由担保物权人占有着，其支配性都较弱。但不论何种情形，均不妨碍担保物权人对担保物的处置，例如请求就担保物，以拍卖、变卖或折价的方式予以处置，再就处置的价款优先受偿。在这种处置当中，抵押权的处置有其特殊性，因为抵押权为抵押人所占有，故抵押人于抵押权的行使时，会"请求"抵押人予以配合。然而，似乎不能因为有此"请求"前置的一般情形存在，就认定抵押权事实上亦为"请求权"，而非"支配权"。事实上，在"请求"的结果不能实现的情况下，包括在未"请求"而预知"请求"的结果不能实现的情况下，担保物权人也可以不经"请求"而直接取得司法权的协助，径行对担保物行使处分权。从我国民事诉讼法的配套制度设置来看，采用非讼机制而直接强制执行乃是担保物权强制执行的一般途径，仅在存在争议的情况下可引入诉讼机制。[1]这与"请求权"实现的路径还是有很大的差异，请求权实现的首要路径是请求相对人为履行行为，在相对人不履行的情况下，也可以以诉的方式，强制相对人履行，仅在特定物之债，才有可能在万般无奈的情况下，直接对物进行强制执行，所谓"对物"强制执行，在债权请求权的实现中，不过是对人强制执行的替代。抵押权之诉，为对物之诉，法院所要确认的是："担保物权人"是否对物存在担保物权；债权请求权之诉，为对人之诉，法院所要确认的是："债权请求权人"是否拥有请求相对人为特定行为的权利。在抵押权的实现过程中，因为制度性的安排，抵押权人不能私力救济，而只能公力救济，但是不能据此就认为，此处的"处分权"，实际上是公权力。此一事，彼一事，将实体权利本身与作为协助手段的公权力如此混淆，则无道理可讲。

质权（指动产质权）、留置权与抵押权不同的是，此二者的存在以占有为前提。然此处的占有，是相对于担保人的占有，也就是从担保人处取得占有。此处的占有只能是直接占有，而不能是间接占有。一旦质权人、留置权人将占有物返还给担保人，则质权、留置权消灭。但若占有物非出于质权人、留置权人的意愿被担保人取回，

---

[1] 参见任重：《担保物权实现的程序标的：实践、识别与制度化》，载《法学研究》2016年第2期。

例如被质押人以强力抢回，或者第三人盗取后返还给质押人，或者被三人取得，质权与留置权的实现虽然受到影响，但并不导致质权、留置权的消灭。故从设定的角度上，直接与现实的占有担保物，是质权、留置权发生的条件；但从存续的角度看，丧失占有并不必然导致质权与留置权消灭。故孟勤国教授对此发表的观点，并不完全正确。再者，占有虽然并非质权与留置权的内容，却在事实上，加强了质权与留置权的绝对性。

（3）担保物权是绝对权。这种绝对性，在担保物权上，主要表现为：在担保物权实现上，当用以担保之物通过拍卖、变卖等手段变为价款之时，担保物权人可以就该价款优先受偿。这种优先受偿性，首先表现为担保物权人优先于一般债权人受偿，其次表现为担保物权人之间按照优先顺位受偿。从担保物权的实现来说，一般来说，担保物权人不可能就物本身优先受偿，而必须将物转换为价款后，方可以实现其优先受偿的目的，这是由物本身的物理特性所决定的。当然，这也并不尽然。在担保物本身具有可自由分割的特性的时候，优先受偿性也可以直接通过对物本身的分割予以实现，例如，质押物为可分割的黄金时，质权人于实现其质权时，未尝不可以通过实物分割的方式留下与担保价值相当的部分。但是通常情况下，变换或者换价方式具有适用的普遍性，因为大部分情况下，担保物并不具有可以进行实物分割的条件。于是，物权法不得不借助于另一项法律技术，"物上代位"，即当物被置换为价金的时候，将"价金"视为担保物的"代位物"，这是一种拟制技术，从而使得物权得以在物被置换为"价金"的时候，继续存在于"价金"的整体之上，"价金"在整体上被视为"一个"物，可在技术上予以分割的物。担保物权作为物权，即为绝对权。这种绝对权的特性，体现在排他效力上。当对于同样价金，债权人亦享有请求权时（金钱债权就债务人的一般财产存在），担保物权人优先于债权人受偿，即优先分走该"物"的一部分，债权人劣后于担保物权人受偿；当对于同样的价金，由于代位效应，而存在数个担保物权时，不同的担保物权人按照优先顺位受偿。担保物权的绝对性，并不是指某一担保物权绝对的、不受任何他人的干涉的意思，而是指当担保物权在"物"实现时，具有排他效力，而且此种排他效力，不是指排除所有的他人，而是指按照既定的优先顺位优先于他人受偿。优先受偿是担保物权绝对性的体现，而非支配性的体现。

（4）担保物权乃至于物权，从来就不应是什么对世权。本书在上文对此已经有深入论述。再说，孟勤国教授所用来否定担保物权作为对世权的论据，乃是担保物权的优先效力只存于特定人之间，与相对权相似。恰如本书所述，物权作为绝对权的特性，在于其"一物一权"与优先顺位的制度性安排所体现出来的排他性效力，且排他性效力，只能在"物"上展开。所谓"一物一权"，是指同一物上不能并存两个不相容的物权，譬如 A 物上已经设定一个所有权，则不能再设定另一个所有权，或者 A 物上已经设定一个建设用地使用权，则不能再设定另一个建设用地使用权或者宅基地使用权；所谓优先顺位，是指当同一物上设定两个以上彼此相容，但于实现时却要相互排斥的物权时，则于实现时，按照法定的顺位，处于优先顺位的物权优先实现，依此类推。在实然的状态下，任何法律关系都是发生在特定人之间，不可能发生于某人与不特定的人之间，例如，某人对 A 物享有所有权，不能据此认为某人与世界上所有的他人均存在某种实然的法律关系，充其量只能说，世界上所有的人都可能来侵犯他的所有权，这是一种可能发生的状态，但不是实然的状态。实然的状态只可能是，当某甲来侵夺其对 A 物的所有权时，其可以以所有权为对抗，这种对抗是发生在某人与某甲之间的，而不是发生在某人与世界上所有他人之间的。将债权作为相对权，如本书第一章所述，是一种误解。应然状态下的债权，可发生于特定的某人与不特定的任何他人之间；而在实然状态下，则只可能是发生在特定人之间。我们不能将某种可能性当作一种法律关系的状态。相对权的本质不在于它发生在何人与何人之间，而在于：理论上对于同一人可以设定 N 个契约之债，或者存在 N 个债，这些债之间是相容的、平等的，于实现之时，并不具有优先顺位的制度安排。故债权在实现时，遵循机会主义原则，即先到先得，这是债权区别于物权的一个重要原则，非出于特别重要的理由，且基于个案，这一原则不应被破除。

综上所述，担保物权是对物权、支配权、绝对权，在某些情况下其客体不是"物权"，但基于拟制技术，可以拟制为"物"，故担保物权是物权，这是没有问题的。孟勤国教授的诸多观点并不成立。既然担保物权是物权，则其列入《物权法》，并不会破坏物权法与物权的体系性，相反，由于担保物权的列入，物权的体系性反而更具有合理性、更加完整，同时由于担保物权所具有的弱物权性，使得物权的体系呈现出真实的强弱对比，有助于形成物权的类型谱系。

二、担保物权的对物性、支配性与绝对性

（一）担保物权的二阶性对支配性与绝对性的影响

担保物权的二阶性是可观察的一种权利现象，而非主观臆想。以抵押权为例，抵押登记完成之后至抵押权实现，其中有一阶段，抵押权处于可实现而储备、等待的阶段，须待抵押权实现的条件具备，方可以对物采取行动。在不少情况下，抵押权最终无疾而终，等不到实现那一天的到来。在其他法定的担保物权类型中，包括质权与留置权，似乎都具有这种特征。仅依据这种状态特征将处于待实现阶段的抵押权称之为期待权似乎不太合适，[1]按照学术界的一般看法，这种状态下权利并不是处于形成阶段，而是于完成抵押登记时，业已完成。通常认为，期待权在以下几种情形存在：所有权保留、已经提请登记而尚未完成登记的不动产权利、次位继承人于继承开始后对次位继承权归属的希望，等等。[2]既然如此，处于等

---

[1]　参见申卫星：《期待权研究导论》，载《清华法学》2002 年第 1 期。

[2]　参见［德］卡尔·拉伦茨：《德国民法通论》（上册），王晓晔等译，法律出版社 2003 年版，第 294~295 页。

待实现中的担保物权，只能解释为一种受限制的物权，在这种状态下，其所有的支配权能都处于类似休眠的状态之中，既不能享受占有的利益（如前所述，以占有为条件的担保物权，占有并非其权能），亦不能处分。一旦解除这种休眠状态的条件具备，譬如抵押权、质权和留置权的实行条件具备，此时，担保物权进入活跃的状态，可以依法占有，但最为关键的是，担保物权人可以对担保物为处分行为，并由此取得担保物的担保利益[1]。不过亦不能一概而论，质权人在质权的待实现期间，可以行使转质权，这可视为支配权行使。民法上转质有两种：责任转质与承诺转质。关于转质的立法例，各国和各地区不尽一致。德国民法与法国民法未设转质规定。瑞士民法虽然设有转质的规定，但仅承认承诺转质。我国台湾地区所谓"民法"似乎既承认责任转质，也承认承诺转质。我国《民法典》434 条的规定责任转质规则，在解释论上应同于我国台湾地区所谓"民法"责任转质规则；《民法典》第 443 条第 2 款对股权的责任转质的规定，应可理解为另设特别规范对转质进行限定。

单就抵押权而言，处于完成登记而等待实现阶段时，不具有任何排他性，即欠缺绝对性。在这一阶段，已经进入抵押权控制范围内的抵押物，同样可以为其他债权设定抵押担保，并且同样可以再一次进入抵押登记，设定其他抵押权。这些抵押权之间可以同时并存，都在一定时间内处于休眠状态之中，就好像沉睡在一起的蚕宝宝，等待着春风的唤醒。处于此状态中的抵押权，与就同一标的所设定的合同债权似乎并没有什么区别，抵押权与抵押权之间不仅在设定的时候不具有"一物一权"的排他效力，在设定之后的等待阶段，大家也均是彼此相容。当然，在此阶段，动产质权与留置权却不相同。这两种担保物权均以现实交付作为其生效的条件，而一旦完成交付，同一物就不可能被质押人或者被留置人为第二次现实交付。于是，占有不仅成了动产质权与留置权生效的条件，也事实上

---

[1] 在破产重整程序中受到限制，参见王真真：《破产重整程序中担保物权的限制与保护》，载《汕头大学学报（人文社会科学版）》2017 年第 2 期。

成了质权与留置权维系权利本身的一种手段。故就同一动产而言，质权不可能与质权并存，留置权不可能与留置权并存。权利质权通过准占有的方式，也可以实现此种排他效力。

与债权不同的是，处于休眠状态的这些或某一抵押权，经由制度的设置，已经牢牢地附着在抵押物之上了，即便在此时发生抵押物的流转，它或者它们也已经可以随物流转了，而无论抵押物辗转落入何人之手。这说明处于此阶段的抵押权具有了对物权的属性，这是债权所不可比拟的。债权是对人权，一旦标的易主，债权人不可以追至新的标的物所有权人主张债权的存在。由此也可见，对物权实乃所有物权的最为底色的特性，不离不弃。这一特性在质权与留置权上也都存在，只不过，由于质权人与留置权人本身占有着标的物，所谓的物的流转，通常不会发生而已。而且，处于此种状态的抵押权也具有保全自己的功能，这种保全自己的功能与债权的保全功能颇有几分相似性，虽然两者所针对的情形不太一样，但目的都是保全权利标的完整性（抵押权所针对的为特定物的完整性，债权一般指向债权人的一般财产），防止权利受到不测的损害；当然，这种保全功能与期待权的保全功能也有几分相似。大概无论是权利也好，还是期待权也好，在权利完全实现或者权利未完成之前，都带有几分风险，故法律设置了类似的保全制度。也正是因为这个原因，保全制度不能视为担保物权所特有的制度，不具有特异性。总之，由于二阶性的存在，担保物权的物权性至少在第一阶段，处于极为虚弱的状态，其对物权的属性尚存，而支配性似乎只存在于转质权之类的规定中。此时，绝对权的特性于抵押权中尚不存在，仅存在于质权与留置权中，因占有的缘故而得以留存。

（二）客体拟制对担保物权的物权性影响

此处系指权利质权。根据我国《民法典》第 440 条，我国权利质权的类型可以分为票据质权（以汇票、本票、支票为标的）、债券质权（以政府债券、金融债券、企业债券为标的）、存款单质权、仓单质权、提单质权、股权质权、基金份额质权、知识产权质权、应

收账款质权，共九类质权。此九类权利质权，以是否具有证券化的
形式分为有证券凭证的权利质权与无证券凭证的权利质权，分述
如下：

1. 有证券凭证的权利质权

有证券凭证的权利质权，包括票据质权、纸质债券质权、存款
单质权、仓单与提单质权、凭证式股权与基金份额。这些权利质权，
权利与证券不可分。占有证券，即占有权利。其物权性呈现出独特
的形式主义特点。

首先分析其对物权的特性。在上述有证券凭证的权利质权中，
除公司债券以背书"质押"为生效要件，其他均以证券的交付为生
效要件。在其他以交付为生效要件的有证券凭证的权利质权中，仅
票据质权规定以背书"质押"字样为票据质权人对抗第三人的要件。
有证券凭证的权利质权，质权的对物权属性，表现为质权存在于证
券之中，并随证券的流动而追及至证券之所在，其前提是：证券脱
离质权人并不是出于质权人的意愿，例如，遗失、被盗，等等。在
此情形下，质权人可追及证券所在处，行使物上返还请求权，以恢
复对证券凭证的现实占有。权利质权人此种质权的追及效力，与质
权人的追索权不同。追索权主要存在票据权利中，票据权利人于行
使付款请求权受挫后，可以对出票人、背书人、承兑人、保证人等
票据上债务人行使追索权。这种追索权并非票据质权的效力，毋宁
说是票据权利行使的结果。质言之，票据质权本身并不能赋予票据
质权人追索权，要行使票据权利中的追索权，票据质权人必须先依
照质权实现的方式，通过折价的方式将票据折为自己所有。但是一
旦票据被依照质权实现的方式折价为质权人所有了，在该票据的价
值范围内，质权已经实现了。质权因实现而消失，该票据上的票据
权利又因质权的实现而为原质权人的票据权利。此时，票据权利归
属于原质权人，原质权人自然可以行使票据权利中的追索权。

票据与有证券凭证的公司债券，在其形式的设置上，都有背书
的要求。即这两种证券，都要求以背书部分的"质押"字样来证实

自己的质权，无论是背书"质押"生效，还是背书"质押"对抗，如不能在背书部位以背书证实质权的存在，则不得主张权利质权的存在，或者不得主张可以证实权利质权的存在。这两种有证券凭证的权利质权的质权人，在向后行使物上返还请求权时，以背书部分的身份信息与"质押"字样来对抗第三人，如无，则不得以质权的存在对抗第三人。在立法上，关于票据质权的对抗效力，《物权法》实施前后实质上并无区别，票据质权的相关规则中，只是在票据质押合同之外增加了"票据质权自票据交付给债权人时设立"的规则。这意味着，如果欠缺票据上的质押背书，票据质权人将欠缺对抗第三人的效力。[1]在实务中，为使其基于对物权的追及效力保持完整，当事人于票据质权设立时大多需要背书"质押"字样[2]。

其他有证券凭证的权利质权，因证券上并无背书的设置，而仅以交付作为质权设立生效的要件。据此推论，在这些权利质权人非因自己意愿而丧失对票据的占有的，权利质权人可以如同动产质权一样，追及至证券处行使物上返还请求权，以恢复对证券的占有。恢复对证券的占有，也就是恢复了对权利的占有。在恢复不能的情况下，甚至有证券凭证补办、重办等手段作为支持，例如，《日本民法典》第605条的仓单重新签发，《中华人民共和国票据法》第15条的票据挂失规则，等等，这是权利质权的特殊规则。

其次分析其支配性。在所有的有证券凭证的权利质权中，质权人通过占有票据、债券、存款单，也就占有了权利本身。占有本身在担保物权中虽非支配权本身的内容，但至少让权利呈现出权利的外观，并通过扣留功能以确保权利本身的实现。权利质权人在休眠期内，可以行使转质权。在质权的实现条件具备时，权利质权人可以通过行使拍卖、变卖或者折价等变价权利，充分体现其支配权的特性，并通过对拍卖、变卖的价款的优先受偿权以实现质权，或者

---

〔1〕　参见姜煜溯、郭站红：《论质押背书和交付在票据质权设定中的意义》，载《宁波大学学报（人文科学版）》2015年第1期。

〔2〕　参见梁慧星、陈华彬：《物权法》（第5版），法律出版社2010年版，第354页。

通过将票据权利、债券所表彰的债权或者存款单所表彰的债权折价归自己的方式，实现质权。正如上文所述，权利质权通过这些方式优先受偿之后，其质权便已实现，并因实现而消灭。其中，在债权或者票据权利折价归自己所有之后，如何行使票据权利或者如何行使这些证券所表彰的债权，则已经不在权利质权的范围内了，而属于被质押权利本身范围内的事情了。在此，特别要注意仓单、提单质押与依仓单、提单而进行的指示交付之间的区别。目前，我国民法学界对于依仓单、提单而进行的指示交付，存在不同的学说观点，有所谓的债权行为说与物权行为说，两者效力差异很大。[1]不能将这些学说的争议延至仓单、提单质押之中。

最后谈其绝对性。有证券凭证的权利质权，都以对证券凭证的占有作为质权生效的必备条件之一。而占有本身，也就意味着排他性，双重占有是不可能的，即使存在转质的情形也不除外。占有本身的排他性，保证了不可能就同一有证券凭证的权利设定两个平行的质权。于实现时，按照担保物权的优先顺位受偿。

2. 无证券凭证的权利质权

无证券凭证的权利质权，包括无证券凭证的债券质权、股权、基金份额、知识产权、应收账款债权，等等。这些权利质权，均以登记作为其生效要件。其物权性如何？

首先，虽然欠缺了物质形式以表彰其权利，权利人也无法以占有证券的方式象征性地占有权利。但是，其对物权的特性依然如旧。在登记生效之后，无证券凭证的这些权利，无论如何转让，质权人均可追及被质权的权利，行使其质权。在这一点上，较之有证券凭证的权利质权，其追及效力更易于体现出来。就应收账款债权的准占有的形成而言，更多依赖于债权让与通知、债权证书交付等制度。

其次，虽然在休眠期内，基本不可以行使支配权（权利转质除外），于实现权利质权时，质权人仍然可以通过拍卖、变卖乃至于折

---

[1] 参见庄加园：《基于指示交付的动产所有权移转——兼评〈中华人民共和国物权法〉第 26 条》，载《法学研究》2014 年第 3 期。

价的方式，就质权项下权利的拍卖或者变卖的价款的相应部分优先受偿，或者折价取得这些权利。但是质权的实现效力，应至此为止，通过折价取得权利之后的权利行使问题，不在质权的范围之内。

最后，鉴于准占有（登记）的存在，同样一个权利，不可能设定两个相互排斥的担保物权，尤其不可能设定两个平行的质权。于实现时，按照担保物权的优先顺位受偿。

三、对债权质权造成物债二分体系"骑墙者"说的讨论

（一）"骑墙者"说

此处沿袭以上关于权利质权的讨论，以唐勇在 2013 年发表于《中外法学》的一篇论著（以下简称"唐文"）为讨论的对象。[1] 该文涉及债权质权的客体特殊性所引发的关于物债二分的争论，也涉及物权法与债权法各自范围的问题，涉及的问题意义重大，有必要将其主要观点及论据摆出来，重新加以探讨。其论著的主要内容如下：

第一，债权质权有物权之名，而无物权之实。有物权之名的理由在于：它既有类似于动产质权设定的准交付，也有动产质权存在之时的准占有之外观；无物权之实的理由有三点：①债权质权与保证本质上没有什么差别，甚至于作为担保方式还不如保证来得充分。因为无论是债权质还是保证，担保权的实现都有赖于该第三方的支付；且保证是以保证人的一般财产为保证，债权质以债务人的特定债权为担保，前者基础较之后者为宽；②债权质与债权让与也没有什么本质区别，而且在终局性的效果上还不如债权让与；③债权让与和保证是较债权质更"高端"的类型，尚未形成物权，更遑论债权质权了。当然，债权质权的物权属性本身也堪忧：因其客体的特殊性，而先天具有债权的本性，不会因为套上了"质权"外衣而"跃迁"为物权。

---

〔1〕 参见唐勇：《债权质权：物债二分体系下的"骑墙者"》，载《中外法学》2013年第 6 期。

第二，可以完全以债的方式来描述债权质权的形成过程。以债的方式来描述这一过程，取决于两个先决条件：一是债权本身在质上的可分割性，即可以分割为用益权与变价权；二是债权的可处分性，按照处分行为理论，这也不成问题。在解决这两个先决条件后，就可以按照债权让与的方式来形成所谓的债权质权了。也就是以债权让与的方式让与债权的变价权，以达到形成债权质的目的。这种方式较之以物权法的规则来形成债权质来得简便，以物权法的规则设定债权质权，会强制性地将从属性、有因与无因等问题捆绑在一起，债权质权的存续与消灭，也自然会受到从属性与有因、无因问题的影响。采用债权让与的方式则不然，是否受这些因素的影响，取决于当事人的意思自治。

第三，以纯粹债的方式解决债权质权的问题，对于现行法与实践有足够的解释力，较以物权的方式要好。理由在于：①它可以较好地解释债权凭证交付的法律意义，即它是合意的记录，不体现任何占有、物权，仅体现债的关系。也可以将之解释为附随义务；②它与《物权法》第176条（《民法典》第392条）的规定是协调的。《物权法》第176条是关于同一债权既存在人的担保，又存在物的担保时，如何协调这两种担保的规则。实务中存在否认将应收账款担保视为物的担保的案例，值得赞同。在债权质与保证同时并存时，债权质不是因为其为物的担保，而是因为准用而优先，这只是一种法政策上的考量问题，值得商榷；③债权质容易被钻空子和滥用，以套取信用，例如，通过串通，债务人以债权人对债务人自己享的债权出质，向债权人贷款。

总体而言，"唐文"的表达风格相当晦涩，细枝末节过多，如果不是条分缕析，很难知道其文究竟要阐述何种问题。通过分析可知，这篇论文的目的并不在于描述一个债权质"骑墙者"的角色，而实际在于论证何以应当以债权让与担保取代债权质。当然，在此过程中，它不仅将债权质权本质上视为债权，而且试图以债法的规则来描述、解释债权质，完全混淆债权质权与债权的关系，此做法值得深思。

（二）对"骑墙者"说的评析

第一，"唐文"存在左顾右盼、细枝末节过多的问题，恰如前述。但是正是在这些左顾右盼的细枝末节中，可以看出来，他这篇论文的立论基础是债权本身也具有支配权的属性。他一会儿说，债权也是对世权（例如债权也具有不可侵性），一会儿说，债权也有对自身的处分权。虽然说"债权也是对世权"的说法是对物债二分体系的一个美丽的误会，但是说债权对自身有处分权，却几乎说到点子上去了。不少法律概念要做严格的界定，并限制其边界。譬如，权利的不可侵性是所有权利的属性，而并非物权或者债权的专利。再譬如什么行为是对权利的侵害行为，需要严格加以界定，例如，在过错责任的范围内，可以采用德国民法中的"故意以违背善良风俗的方式"侵害债权，来界定何为对债权的侵害。再譬如，债权虽然对自身欠缺处分权能，但是却可以作为支配权的对象，这一点上文在阐述权利分层的观点时已经说道。不论是物权，还是债权，在归属和可供支配的意义上，均可以作为支配权的客体，这是无疑。但是物权本身与债权本身并不是对权利的支配权，物权是对物的支配权，债权是对他人的请求权。上文举过一个例子，说人不可能不借助外物，而将自己举起来，说的就是权利人不能依据权利自身的权能支配权利本身这个道理。总之，权利人对属于自己的权利有支配权，这是一个常识。借由对权利的支配权，物权得以变动，债权亦可处分，但不能说债权本身就是支配权。

第二，"唐文"说债权质与保证、债权让与本质上没有什么区别，因为最终都是取得向债务人请求付款的权利。这种观点是基于一些权威学说对于债权质权的效力的分析，应该是有一定依据的。然而，权威学说并不一定都是正确的，若依据一个不正确的、权威的学术观点，以此作为自己立论的基础，可能还是有害的。对于债权质权的效力中所谓的"直接收取质押债权项目的金钱"的观点，有学者曾撰文进行批判，指出其不仅在制度设置上存在无可逾越的法理障碍，而且具有不可测的风险。[1]既然将权利质权视为物权的一种，即应遵循物权法的规则，而非债法的规则。依物权法的规则，债权质权实现的方式包括拍卖、变卖或者折价，通过这几种方式将质押的债权作为整体进行处分。在很多时候，这种处分是将众多的质押债权打包，再予以拍卖、变卖。在现实的经济生活中，接受债权质押的主体一般是银行等金融机构，实行领域一般是质押贷款。在债不履行而须通过质权实现时，银行等金融机构通常并不是自己去收取债权，其主要原因可能在于，此类债权众多，由他们全部一一收取并不具有可操作性，故很多时候，拍卖或者变卖是可行的选择。而拍卖或者变卖质押项下的债权，其结果是他人取得质押的债权，而质权人取得拍卖或者变卖的价款，并从中优先受偿。折价只是其中一种方式，折价的结果是质权人取得质押项下的债权。但是也仅此而已，在质权人通过折价取得质押项下的债权时，质权的效力便已经用尽，质权消灭。之后向通过质权实现而取得的债权的债务人行使付款请求权，是债权的效力，而非债权质权的效力，这一点必须分辨清楚。"唐文"在前人已经混淆物权效力与债权效力的基础上，继续前行，无疑错上加错。

至此，可知债权质与保证的区别之所在了。保证实施的结果，就是债权人得以向保证人直接行使履行请求权。而债权质权的实现并非如此，一方面，它有拍卖、变卖的手段可供使用；另一方面，即使通过折价取得质押的债权，其内在机理与保证也完全不同。当然，通过上述分析我们还可以知道，通过折价的方式质权人取得质押债权，是质权实现的结果；而债权让与，仍是债权让与法律关系设定的结果，非某种权利实现的结果，这两者并非同一层面上的问题。再者，债权让与的结果只有一个，那就是受让人取得受让的债权，而债权质权实现的结果具有可变性，可能由第三人取得债权，也可能是由质权人自己取得债权。从私法自治的角度看，具有多种

---

[1] 参见雷秋玉、陈兴华：《应收款债权担保研究》，云南大学出版社 2016 年版，第 115 页。

选择的债权质，就个案而言，无疑较之只有一种选择的债权让与为优。

第三，"唐文"认为债权质权没有保证好，也不如债权让与效果好。先说后一点，"唐文"最终的目的就在于论证，可以用债权的让与担保取代债权质，例如：①该文在第［117］号脚注中就引用了德国学者的观点，以论证银行较为倾向于使用债权让与担保；②该文举了一个例子来说明债权质易于被操控，容易引发不必要的风险。银行更倾向于使用债权的让与担保的理由实际上很简单，因为让与担保具有溢价利益，也就是说银行通过债权的让与担保，有可能赚取更多的利益。让与担保的本质在于流质条款的运用，而通过流质条款的运用，担保人愿意将担保项下的权利，在债不履行的条件下，让与给债权人，这些用以担保的权利，其价值往往远远高于被担保的债权，银行由此有可能获得远高于其所付出代价的利益。而且由于用以担保的债权，其价值远高于被担保的债权，这也使得担保人，尤其是作为债务人的担保人，不敢轻易违约。这也是银行更乐于接受债权让与担保的理由之一。然而既然如此，如果不是由于迫切需要从银行获得贷款，贷款人有从容的余地，当然会选择更为稳妥的担保方式，例如债权质权，这对于贷款人来说，违约产生损失的利益风险，较之债权让与担保要低。故总体来说，不能因为银行更乐于或更倾向于接受债权让与担保，就认为这种担保的效果较债权质权要好，作为学者，在价值判断上应当保持中立，而不是站在银行的门槛上以银行的标准去判断某种制度的好坏。同时，债权质权制度易于被坏人操控，例如，银行接受以自己为债务人的债权作为质押，可达到非法提升存款业绩和非法贷款的双重目的，这种说法虽有一定的依据，但是并不客观。因为"唐文"所赞同的债权让与担保，也同样存在债权容易被伪造，以及多重让与担保的风险，这是其一。其二，认为债权质权作为一种担保方式，不如保证好，这种论断也有欠考虑。法律既然提供了诸多的担保方式，至少可以说明，各种担保方式均有其不同的优点。保证来得直接，这是纯从取得付款请求权的角度来说的。但是恰如本书前面所论述的那样，选择债权质权，实际上保证了债权人多种选择的可能性。单从具有多种选择可能性来说，债权质权未必就逊色于保证。再者，保证是以担保人（保证人）的全部财产为债务作担保，而债权质权是以担保人（质押人）的特定财产为债务作担保。从债权人的角度，保证由于是以担保人的全部财产为担保，似乎担保财产范围大，得到的保障亦大，但是从另一方面讲，由于保证担保欠缺物权的保护，不具有优先效力，其所得保障并不具有确定性。从这一角度看，债权质权虽然是以特定财产为担保，但是该财产被置于物权的优先效力之下，其对债权的保障力度似乎更大。这是物债二分体系的结果之一。而从担保人的角度看，以全部财产为保证，或以特定财产为他人债务作担保，两者风险不同，担保人更乐于选择后者而不是前者，这是相当自然的道理。

正是因为如此，不能认为保证与债权让与是较债权质权为优的制度，从而得出什么"高端"类型都没有成为物权，而债权质怎么可能成为物权的结论。当然，"唐文"这样说，可能自己搬石头砸自己的脚。因为"唐文"最终是想论述，债的方式是如何优于物权的方式的，这样说起来，不是自相矛盾吗？

第四，纯以债的方式展开的债权质权，事实上已经不再是债权质权了，而是一种纯粹的债权了。如果在我国现行的物权法框架内来讨论这个事情，不仅是不可能的，也是荒唐的。这是因为：①债权质权已经不再是什么"物权化"的问题，而是一个物权本身框架内的问题，如果以债权的方式去解读债权质，就是一个脱离现行立法框架去自由言说的纯学术话题，这就像现在很多学者探讨债权让与担保一样。既想在现行的物权法框架内讨论债权质权，又想游移于这个框架之外，以纯粹的债权方式来讨论这个权利，这是自相矛盾的。债权质权虽然受制于客体的特殊性，而不得不以拟制技术来达到使之形成物权的目的，但是拟制技术的运用，完全是在物权法的框架范围内的。②某些债权或许可以通过分割，分割为用益权与变价权，但是用来质押或者作为让与担保的债权，一般都是金钱债权。将金钱债权分割为用益权与变价权，再通过债权让与这一处分行为，把债权的变价权让与出去，作为某一债权的担保，完全没有意义。同时，把金钱债权的用益权与变价权分离，将使得金钱债权的变价权变得毫无意义，成为一具空壳。在这种情况下，将变价权让与出去，作为担保，几乎没有可能。③即便以债权让与取代债权质权，这种取代也没有什么意义。因为"唐文"的立论是解释论，而不是想破除现行的立法框架。如果只是解释论，不能脱离现行立法的框架，即使通过债权让与的方式提供了担保，这种担保恐怕只有债的效力，而不具有物权的效力。既然债权让与担保不具有物权的效力，它又如何可能在物权法的框架内，去取代债权质权呢？这也是相当矛盾的一件事情。④"唐文"试图通过债权让与来解释"债权质"，这就更不可能了。债权质权是债权质权，债权让与是债权让与，是两种完全不同的制度，如何互串？而且从各国、各地区在担保技术方面对债权让与的运用来看，也仅是用它来设定债权让与担保，例如日本的集合债权让与担保，不存在利用债权让与来设定债权质权的任何可能性，这是风马牛不相及的事，不知道如何扯到了一起。⑤"唐文"还认为，通过债权让与，可以避免处分行为的有因与无因、担保权与被担保债权的从属性问题，甚至可以避开物权变动的形式主义问题。这些想法均属于猜想，没有任何根据。债权让与行为是处分行为，而处分行为就会涉及与原因行为的效力关联问题，有因与无因的问题无法避免；如果是债权让与担保，则又必然会涉及其与被担保债权的关联问题。这些问题均无法以意思自治的方式予以解决，而须依赖于法律的规范配置。"唐文"所认可的物权变动意思主义，将某些形式主义的外观行为，例如债权证书的交付，视为合意本身，这也是错误的。如果物权意思完全不采用外在的形式，需要债权证书的交付做什么，不如干脆采用纯粹的意思主义？然而在物权变动领域，真正纯粹的意思主义，并无相关的立法例，这间接说明其适用性较差。

第五，"唐文"还存在将开法治与学术倒车的事情当作论据来使用的问题。该文中用了一个所谓的经典案例来论证债权质权效力并不优于保证的观点。这个案例是 2009 年江苏省苏州市中级人民法院的一个案件，且是《物权法》实施之后的一个案件，对此《人民法院报》曾有报道。[1] 姑且不说这是一个孤案，单说《物权法》当时已然实施，且于该法第 176 条明确规定人的担保与物的担保的效力规则，江苏省苏州市中级人民法院通过对"物"的狭义解释，间接推翻《物权法》的上述效力规则是不合适的，在我国这并不妥当。大陆法系国家对于司法权的运用，均有一定限制。拥有立法权的国家机关，行使创制法律的权力；拥有司法权的机关，行使适用法律的权力。后者不能僭越前者。在《物权法》已经将权利质权纳入该法的体系，并明确将之作为质权的一种时，"权利质权"已经被规定为"物权"，这是一件确定无疑的事情。即便法院在法律适用的过程中，觉得其不清晰，需要解释，这也不是法院的权限，而是立法机关的权限。在《中华人民共和国立法法》（以下简称《立法法》）的框架范围内，法院可以向立法机关提请解释，而不应擅权乃至僭越立法权与司法权的界限，代为捉刀，使法院成为立法者。同时，将权利作为物权的客体，乃是法治进步的一种表现，至少它表明了立法的一种以市场经济的需要作为立法基础的取向。市场经济的蓬勃发展，使得过去单纯以不动产为主的物的担保体系已经不敷使用，需要创制新的规则，将财产权利纳入到可用以担保的财产之中，以满足市场经济发展的需要。事实上，自从应收账款质押制度实施以来，这种制度深受市场的欢迎，至 2012 年，呈现出井喷的趋势。[2] 若真像"唐文"所说的那种，债权质权不如保证，保证的效力还要优先于应收账款质押的效力，那么银行更应接受的担保方式是保证，

---

〔1〕 参见戴顺娟：《应收账款质押不具有优先于保证的受偿权——江苏苏州中院判决亨通公司诉炀明公司等担保追偿权纠纷案》，载《人民法院报》2009 年 11 月 13 日，第 5 版。

〔2〕 参见中国人民银行征信中心：《应收账款质押登记公示系统专题报告》第 56 期，2012 年 10 月 23 日。

但是事实上并非如此。

综上所述，以债的方式来解释债权质权，那是完全不可能的，所谓"骑墙者"的说法，完全是学术拟制出来的幻象。债权质权作为权利质押的一种，虽然因为客体为债权，而在物权性上较之一般的物权为弱，这主要表现在支配性上，即它支配的权能方面，譬如占有，只能以拟制的方式行使，而不能如同动产质权那样，通过对实物的控制来实现占有，但是在总体上，它是对物权、支配权与绝对权，与债权作为对人权、请求权与相对权形成鲜明的对照，这一点在上文论述"担保物权的对物性、支配性与绝对性"时已有全面阐述。

四、作为担保物权的优先权之物权性分析

（一）优先权体系的清理

作为担保物权的优先权，见于《海商法》第 21 条至第 30 条、《民用航空法》第 18 条至第 25 条、《民法典》第 807 条的规定，它与一般的具有优先性的权利，具有本质区别。孙新强教授认为，我国优先权概念乃是移植中的一个败笔，是法国式一元化的法定担保制度与德国式的法定担保制度与优先破产债权制度这种二元化的制度杂交的结果，它原本来自法国，却被强行地植入到了德国式的二元法律制度之中，主要学术危害在于造成学术交流的障碍。所以孙新强教授建议以法定抵押权统合以上三种优先权，以符合我国法律传统。[1]笔者是赞成孙新强教授的建议的，但是囿于法律制度的现状，不得已而仍然使用优先权的概念。尽管如此，还是希望以"法定担保物权"作为"优先权"概念的限定条件，从而将这些原本为法定抵押权的优先权区别于一般性的仅具有优先性的债权区别开来，尽量恪守基于德国民法传统的二元范式，以免造成体系上的混乱。

---

〔1〕　参见孙新强：《我国法律移植中的败笔——优先权》，载《中国法学》2011 年第 1 期。

此外，还要特别声明的是，先买特权，在德国民法中也可能是一种物权，但是我国民法制度中，从未将之作为法定物权类型，且事实上也不存在物权性的先买特权，故此处也不将先买特权列入作为担保物权的优先权之内。

（二）船舶优先权的物权性

根据我国《海商法》第21条规定，可知船舶优先权是对物权的一种，它是某种可以对物行使的海事请求权，同时是一种优先受偿的权利（支配权）。而且具有一定的绝对性，主要表现为《海商法》第23条与第24条所规定的不同船舶优先权之间顺位优先效力，也表现为《海商法》第25条所规定的优先于船舶留置权的优先效力。船舶优先权具有对其所担保债权的附随性，可随所担保债权的移转而移转。与抵押权相似，其存在受到除质期间的限制，即自优先权发生之日起一年内不行使而消灭。它也具有对物权所应当具有的随物走的特性，《海商法》第26条明确规定了它不因船舶所有权的转让而消灭，但又有所限制，受让人可以通过公示催告程序对其进行涤除；这种随物走的追及效力，还受到《海商法》第29条关于法院强制出售规则的限制，即在法院强制出售的情况下，船舶优先权没有追及效力。总体而言，船舶优先权似乎是具有相当强大的物权效力的一种物权，但是与《民法典》"物权编"所规定的典型物权相比，它又受到诸多的限制。这是一种相当奇特的权利混合体。

（三）民用航空器优先权

民用航空器优先权，是指《民用航空法》第19条规定的援救与保管维护所产生的报酬或者费用请求权，对产生该类请求权的民用航空器具有的优先受偿权利（支配权）。这也是对物权的一种，从上述规定应可一目了然，也可以自《民用航空法》第25条第2款关于这种优先权随民用航空器的转让而流转的规定看出。这种对物权所具有的追及效力，也受到法院强制拍卖的阻断。它也具有一定的绝对性：一是《民用航空法》第19条规定了两类优先权的实现顺位；

二是第 22 条所规定的优先于航空器抵押权的效力。民用航空器优先权，虽然并非自登记时生效，但若自援救或者保管维护工作终了之日起三个月内没有向主管部门登记，则优先权消灭。当然这一规则又有两个例外，即诉讼开始或者就赔偿金额达成协议；这一特征与船舶优先权存在区别，后者虽然明确规定的除斥期间为一年，但是欠缺期间阻断机制，故其实际存续期间可能较前者要短。

（四）建筑工程优先权

源于《民法典》第 807 条的建筑工程优先权，其本身只有十分简略的规定。从该条规定中可以看出，它是一种优先受偿权利（支配权），也是一种对物权，具有明确的对物行使的特征。2002 年公布的《最高人民法院关于建设工程价款优先受偿权问题的批复》对其绝对性的问题进行了阐释[1]：一是它优先于抵押权与其他债权；二是不能对抗已经支付大部分或者全部购买款的商品房购买人；三是请求权的范围被限定在施工人员的工资报酬与材料款等材料费用请求权两类；四是规定了 6 个月的除斥期间。这一司法文件目前已经废止，但是其消费者保护条款在 2023 年《最高人民法院关于商品房消费者权利保护问题的批复》中得到加强，除第 4 项外的建设工程价款优先受偿权的核心内容也在上述文件中被保留了下来。

第四节　准物权的物权性

一、准物权的意义与构造

准物权并非属性相同的单一权利的称谓，而是一系列性质有别，但又在核心意义上具有同一性的民法财产权利的类型群集。此类权利一般由核心权利与辅助权利两部分构成。核心权利是取益权。辅助权利则视情况而定。

---

〔1〕　参见最高人民法院法释〔2002〕16 号（已失效）。

（一）取益权

取益权是取走某物的权利。其本质为他物权，其母权为并非同质的自然资源所有权，[1]但在特定情况下，并无母权存在。所谓的取益权，系以自然资源作为权利母体的派生性权利。"取益"，亦即从母体中取走其同质的某一部分；因为取益权为派生性权利，它的设立须经过母体物权人的同意，但通常情况下，自然资源的所有权人为国家，故通常其设立应取得自然资源管理权人的同意。分情况讨论：

1. 矿业权

矿产资源属于国家所有。矿业权，包括探矿权与采矿权，由矿产资源的国家所有权而创设，其母权为矿产资源的国家所有权。

2. 取水权

我国水法修改之后，我国地域之内的所有水资源，包括地表水与地下水，只要未被依法取益，一律属于国家所有，包括池塘里的水。这样一来，取水权作为取益权，其母权直接为水资源的国家所有权。但是作为取益权的产生，其途径却有默许与特许之别。所谓默许规则，也就是认可在某些情形下，无须经过特许程序而直接享有取水权。其中明确规定默许的规则，有《中华人民共和国水法》（以下简称《水法》）第3条第3句和[2]第48条第2句。[3]

现行《水法》第3条第2句相较于修改之前的水法规范，关于村集体的"水塘"和"水库"中的水，其权属规定虽然有了较大变化，但是由于村集体对这些特殊地理形态下的水拥有自由处置的权

---

〔1〕 参见戴孟勇：《狩猎权的法律构造——从准物权的视角出发》，载《清华法学》2010年第6期。

〔2〕《水法》第3条第3句，农村集体经济组织的水塘和由农村集体经济组织修建管理的水库中的水，归该农村集体经济组织使用。

〔3〕《水法》第48条第1款，直接从江河、湖泊或者地下取用水资源的单位和个人，应当按照国家取水许可制度和水资源有偿使用制度的规定，向水行政主管部门或者流域管理机构申请领取取水许可证，并缴纳水资源费，取得取水权。但是，家庭生活和零星散养、圈养畜禽饮用等少量取水的除外。

利，本质上与"所有权"无异。而且事实上，村集体可以通过开挖水塘、水库而获取更多有自由处置权的水。这些特殊地理形态下的水，村集体乃至村集体组织的成员均有几乎无限制的取用权。

《水法》第48条第2句的默许条件相当宽泛，除日常灌溉农田、庄稼地的需要而自江河湖泊或者地下取水的，只要是少量取水，均在允许之例。而且该句的表述中用了"等"这种开放式的表述方式，"少量"也并无真正的量化标准，这使得自江河湖泊乃至于地下取少量日常水的取水权，变得与所有权几乎没有本质区别。

在《水法》之外，通过容器收集的雨水，例如通过屋顶雨水收集装置所得之雨水，它们并非地表水与地下水，显然不在《水法》第2条所规定的"水资源"之列，不受水法规范。这部分的水，属于私人所有无疑。

灌区用水由于历史惯性所致，并非采用特许制，供水反而系国家的义务。以江苏省为例，该省农村农业灌溉虽然涉"水"收费项目有四项，但是由于发展农业和建设农业灌溉工程是国家的义务，故这些收费项目，有些名存实亡，有些收费极为低廉。名曰收费，似乎所走的路子仍是市场交易，但是事实上，灌溉用水的取得不仅几乎无须支付费用，而且事实上无须任何特许。[1]再以湖南的欧阳海灌区为例，笔者所调研的村庄，农田及庄稼的灌溉绝大部分都依赖灌区的渠道放水。渠道放水的时间从春播至秋收。渠道放水之后，沿渠道的闸口完全开放，再沿溪或沟流向池塘、农田等。这些方式的用水，完全不收取任何费用。农业灌溉下的取水，其规模极大，用水量也非常大，但是由于国家体制方面的原因，灌区既不能收取水资源的费用，还要承担供水的义务，这很难用取水权的概念与水权制度予以涵摄。

故真正可置于母权（国家所有权）与子权语境之下的取水权，只有特许取水权一种。目前这种取水权，仅存在于具有经营性质的

---

〔1〕参见 http：//www.xzsl.gov.cn/ReadNews.asp？NewsID＝7416，最后访问日期：2017年5月12日。

大规模取水情形下。

3. 狩猎权

野生动物所有权的形态，在我国自 20 世纪 70 年代开始至 1988 年《中华人民共和国野生动物保护法》（以下简称《野生动物保护法》），经历了从所有的野生动物均属国家所有到只有"珍贵、濒危的陆生、水生野生动物和有益的或者有重要经济、科学研究价值的陆生野生动物"属于国家所有的历史变迁，在这一历史进程中，野生动物所有权一元的国家所有制发生了二元分化。

从本书写作所搜集的与野生动物保护直接相关的文献看，我国关于野生动物资源的所有归属的规定，是从行政法规、地方政府规章等文献中的模糊指称开始，最后通过法律层面的立法予以明确的：①行政法规、地方政府规章举例。1962 年《国务院关于积极保护和合理利用野生动物资源的指示》规定，野生动物资源是国家的自然财富，各级人民委员会必须切实保护，在保护的基础上加以合理利用。1981 年《四川省人民政府发布〈关于加强野生动物资源保护和狩猎管理的布告〉的通知》[1]称，野生动物资源是国家宝贵的自然财富。1983 年发布的《国务院关于严格保护珍贵稀有野生动物的通令》中，仍在最为广泛的意义上提及"野生动物是我国一项宝贵的自然资源"。这些立法文献中都没有明确提及野生动物的所有权归属，但是从"是……的自然财富"或"是……的自然资源"等表述中，可以看出，这些表述事实上表明了一种归属关系。另外，这些文献中所称的"野生动物资源"都没有任何限定。在国务院发布上述通令之后，1983 年发布的《广西壮族自治区人民政府关于贯彻执行〈国务院关于严格保护珍贵稀有野生动物的通令〉的通知》[2]一则，该则通知中称：珍贵稀有野生动物资源是重要的自然历史遗产，是国家的宝贵财富。对于这一表述，根据当时的法治环境，最为合理的解释是：野生动物资源是国家财富，而珍贵稀有野生动物资源

---

[1]　1981 年 1 月 23 日川府发〔1981〕7 号。

[2]　1983 年 5 月 31 日桂政发〔1983〕86 号。

是国家的宝贵财富，与上述各种文献中关于野生动物资源的归属的描述，并无不同。②法律层面的立法。1988年11月8日《野生动物保护法》制定通过（1989年3月1日施行），我国对于野生动物资源的所有权权属有了明确规定，根据该法第2条所规定的该法界域内的"野生动物"的范围，同时根据该法第3条所规定的"野生动物"的国有之资源权属性质，可以确定，在《野生动物保护法》实施之日起，我国的野生动物权属开始发生分化：一是属于国家《野生动物保护法》保护范围内的"野生动物"，属于国家所有；二是不属于该法保护范围内的"野生动物"，则应归于无主物的范畴。《野生动物保护法》自1989年之后，历经多次修订和修正，但其第2条与第3条的核心内容均无变化。我国2007年10月1日实施的《物权法》的第49条关于野生动物资源权属的规则，采用了引致规范[1]的形式，尽管有专家认为该条中的野生动物资源包括野生动物的全部，甚至于包括"蚊蝇蚁鼠"，[2]但是根据该条"法律规定的属于国家所有的野生动植物资源，属于国家所有"的表述方式，再结合1988年《野生动物保护法》第2条与第3条的表述内容来看，在法律层面，我国属于国家所有的野生动物应该仅指"珍贵、濒危的陆生、水生野生动物和有益的或者有重要经济、科学研究价值的陆生野生动物"，而不是野生动物的全部。

我国野生动物狩猎权，由于从未有正式的法律文件对其进行系统阐述，因此，其法律结构并不清晰。只是大致可以判断的是，在1988年《野生动物保护法》实施之前，对任何野生动物的猎取，都是对国有物的猎取，但是这种情况在《野生动物保护法》实施之后，有所变化。对于行猎方式，由于文献所限，很难加以准确描述。大致分述如下：①以《野生动物保护法》实施为分水岭的狩猎权分化。

---

[1] 参见谢鸿飞：《论法律行为生效的"适法规范"——公法对法律行为效力的影响及其限度》，载《中国社会科学》2007年第6期，第124~142页。

[2] 参见江平主编：《中华人民共和国物权法精解》，中国政法大学出版社2007年版，第75~76页。

我国野生动物狩猎权，在新中国成立初期到《野生动物保护法》实施期间，由于全盘的国有化，在权利形态上，事实上为野生动物国家所有权的权能一种，与野生动物国家所有权合而为一，由国家行使。这种权利状态，所猎取动物与驯化了的动物是一样的。可以试想，甲对其饲养的鸡、鸭、猪、狗有当然的取益或者获取它们的权利，那么国家对于位于其版图范围内的野生动物有相同的权利，这事实上不是真正的狩猎权。《野生动物保护法》实施之后，由于该法明确规定了野生动物只是部分属于国家所有，因此，另一部分溢出国家所有权的范围之外，成为无主物。作为无主物的野生动物，理论上任何人都有猎取的权利，其权利取得形态为先占。②狩猎权的历史形态以生产方式变迁为线索。新中国成立之后，生产方式曾经历过短暂的"小生产"形态，这是土地改革运动的结果，这一改革始于1950年冬，到1952年冬基本完成。一般认为，在土地革命完成之后的一段时间内，我国农村土地经营的基本经济形式，是以农民为主体的土地个体经营，作为这种经营形式的法权基础的是所谓的小土地私有制。然而，在1951年时，我国农村已经开始农业合作化运动，在实践中创建了临时互助组与常年互助组，并在互助的基础上，引导农民以土地入股，统一经营，于1953年至1955年间，在全国逐渐实现"初级社"的社会集体劳动形式。"初级社"初创之后不久便开始"高级社"，高级社之后演变为人民公社制度。直至1984年底全国根据1982年宪法基本完成政社分开建立乡政府这项工作，农村人民公社制度才不复存在。这种集体生产方式，在1953年之后的近30年时间内持续着，直到1984年。在这种集体生产经济方式的大背景下，狩猎权基本存在形态是集体性质的狩猎权。从1962年与1971年的两份国务院文件中，大致可以探知端倪。1962年的一份国务院文件中，国务院要求"各省、自治区、直辖市人民委员会结合本地区具体情况……制定临时性的狩猎管理办法或发布狩猎管理布告，建立猎民协会，逐步把城乡猎民组织起来，做到有组织、有领导地开展狩猎活动"。[1]另一份 1971 年国务院文件中，国务院要求各地"进一步树立爱国家、爱集体，为革命狩猎的思想"，"积极组织集体狩猎生产，合理解决猎人的收益分配问题。对于零星分散不宜于集体狩猎的野生动物，在不影响集体生产的原则下，要鼓励社员利用工余时间狩猎，收入归己"。[2]翻天覆地的变化发生在 1984 年，在这一年，作为一种不可逆的历史潮流，农业的集体生产方式渐渐被个体生产方式取代。该年年底，基于安徽小岗村经验的家庭联产承包责任制在全国范围内展开。在这一背景下，集体狩猎的经济基础已然丧失殆尽，个体狩猎取代集体狩猎，成为主要的狩猎类型。

4. 采集与伐木权

采集，是指对植物的根、茎、叶、果实等进行的采集。采集权作为准物权，是指对他人土地上的植物的根、茎、叶、果实等进行采集的权利。此处所指的植物包括无主的植物，也包括属国家所有、集体所有、他人所有的植物。无明确所有人的植物，均属无主的植物。对于植物，无明确所有人的，习惯上并不实行植物归属于土地的原则，任何人在有权进入他人土地、在不对他人土地实施破坏的情况下，自由采集，这是基于习惯形成的物权。如属他人所有的植物，采集权的取得，以他人同意为条件。在民法上，这里的"他人"包括国家。除依民法规则取得同意外，野生植物的采集受到保安权的管制，这种管制具体体现为采集证、伐木许可证、采药证等的申领与取得。

具体来说，分为以下两种情况：

第一，对国家重点保护的野生植物的采集。国家重点保护的野生植物，包括国家重点保护野生植物、国家重点保护的野生树木与野生药材。除《中华人民共和国森林法》（以下简称《森林法》）

---

[1] 参见《国务院关于积极保护和合理利用野生动物资源的指示》（1962 年 9 月 14 日公布）。

[2] 参见《国务院批转商业部、外贸部、农林部关于发展狩猎生产的报告的通知》（1971 年 11 月 29 日公布）。

对森林资源的权属有较明确规定外，法律对于其他野生植物的权属均无明确规定，故基本可以确定，除明确属于国家所有的森林资源外，其他的野生植物属于无主物。对于重点野生植物，事实上无论是否属于国家所有，均采用特许+采集证（采伐证、采药证）的制度。在属于国家所有的情况下，其所有权的行使与特许的安保管制的边界无法确定。

国家重点保护的野生植物，根据《国家林业和草原局关于规范国家重点保护野生植物采集管理的通知》，分为一级野生植物与二级野生植物，其安保管制的强度稍有区别。当事人要取得国家重点保护野生植物的采集权，被要求提交基于不同目的的相关文件，填写相关的申请表格；上述两种级别野生植物的采集，都需要向有关行政管理部门提出申请，得到其许可后，办理相关的许可证件。根据上述通知，一般情况下，国家重点保护野生植物的许可行政机关分为两个层级，一级野生植物采集审批、核发采集证的行政机关是国家林业和草原局或其委托的行政机关，二级野生植物采集审批、核发采集证的行政机关是省级林业主管部门或者其授权的部门。比较特殊的一种情况是，特殊区域内的国家重点保护野生植物，其采集证的取得，要经过两个层级的行政许可手续。根据该通知，这些区域包括自然保护区、城市园林以及风景名胜区，在这些区域内采集国家重点保护野生植物，首先要经过区域管理机关的同意，之后报第二层级的行政主管部门审批、核发采集证。以上规则适用药材的采集，但是一级药材，根据国务院颁布的野生药材资源管理条件，为禁止采集的植物物种。这一文件内容相较于此前的《国家林业局关于采集国家重点保护野生植物有关问题的通知》（已失效），简化了审批层级。

第二，非属国家重点保护的野生植物的采集。这一情形又可分为两种情况：一是林木的采伐，二是除林木之外的其他野生植物的采集。对林木的采伐，应当根据《森林法》的相关规定，根据法定程序取得采伐证后始能进行采伐。例外是农村居民采伐自留地和房前屋后个人所有的零星林木的情况。林木之外的非珍稀野生植物资源、野生药材物种，采用无主物自由采集的原则。

（二）关联权利

取益权的关联权利，不完全列举如下，其中部分权利，在下文阐释准物权的物权性时，再予详述。

1. 相邻权

相邻权，是指相邻不动产的权利人之间，因行使不动产权利而需要相邻各方给予方便和接受限制的权利。可从以下几个方面把握：①相邻权源于不动产的毗邻关系及相关法律调整。此处的不动产，包括土地、建筑物及其附属设施。②相邻权的主体是相邻不动产的权利人，包括土地所有人、建筑物的所有人、建设用地使用权人、宅基地使用权人、土地承包经营权人，但不包括租赁权人和借用权人。③相邻权的客体是行使不动产权利所引起的与相邻方有关的利益。④相邻权的内容是，相邻一方行使不动产权利时要求相邻他方容忍甚至提供必要的便利。⑤相邻权基于法律的直接规定而存在，只能根据不动产相邻的事实进行判断，不能以法律行为发生变动，不登记也能对抗第三人。史尚宽指出："土地所有权之行使，应限于其行使有利益之范围，故民法使依地方习惯，任他人入内樵采及放牧（樵牧权），并规定应许他人取回逸失物。然所谓他人，指一般人而言，并不以邻人为限。"[1]此处"不以邻人为限"之语，实指明，樵牧权之常态之一，其构成中应包括相邻权。

2. 土地自由通过权与自由进入权

根据《俄罗斯民法典》第 262 条，公民有权自由地、无须任何准许地处在国家所有和自治地方所有的并且不禁止公众通过的土地上，并在法律和其他法律文件以及该土地所有权人许可的限度内使用这些土地上的自然客体。如果土地未被围圈，而且土地所有权人"未以其他方式标明非经许可不得入内，则任何人均可以在不对土地

---

〔1〕 参见史尚宽：《物权法论》，中国政法大学出版社 2000 年版，第 117 页。

所有权人造成损失或干扰的条件下穿越土地"。[1]在我国，虽然未有法律明确规定土地自由通过权，但是习惯上，只要没有设置通行屏障的土地，任何公民都享有自由通过的权利，这是不言自明的。而且，土地的所有权人，在没有利益的情况下，不应设置通行障碍。

《瑞士民法典》还规定了一种自由进入权，其第 699 条第 1 款规定："在地方习惯允许的范围内，任何人得进入他人的森林、牧场采集莓类、菌类等野生植物。但是，主管官厅为土地的经营利益，有明文禁止的情形，不在此列。"此处"任何人得进入他人的森林、牧场"的习惯法上的权利，为自由进入权。

3. 地役权

地役权，是用益物权的一种，一般依合同设定，但不排除以其他方式取得，其方式是利用他人的不动产，无论是消极利用还是积极利用，其目的都是提高其不动产的利用效益。此处所谓的他人的不动产，是供役地；所谓的自己的不动产，为需役地。地役权具有如下法律性质：①地役权系存在于他人不动产上的物权；②利用他人的不动产是为了自己不动产的效益；③地役权是为了需役地而存在的物权；④地役权的内容原则上为不动产权利人的不作为义务；⑤地役权的主体为不动产的所有权人或使用权人；⑥地役权具有从属性；⑦地役权具有不可分性、非独占性。

4. 限制性人役权

限制性人役权为德国民法中的概念。[2]它是介于地役权与用益权之间的中间权利状态：与地役权相比，它们有内容上的共同性，即均以特定方面的使用为内容；而与用益权相较，其共同点为，权利之享有与特定的人相联系，也就是说，原则上权利不得转让、不得继承。对于限制性人役权，《德国民法典》第 1090 条规定，参照关于地役权的法律规定。与用益权一样，限制性人役权可为法人而

---

〔1〕 参见《俄罗斯联邦民法典》（全译本），黄道秀译，北京大学出版社 2007 年版。

〔2〕 参见［德］鲍尔、施蒂尔纳：《德国物权法》（下册），申卫星、王洪亮译，法律出版社 2006 年版，第 728~734 页。

设定，并因此也同样地得以"永久化"，从而在实践中达到与地役权相同的结果。在法人组织变更以及营业转让中，如同对用益权，《德国民法典》第 1092 条第 2 款以及第 1059a 条至第 1059d 条，也创设了关于限制性人役权转让的规定。第 1092 条第 3 款就供应管道设施、电信设施、交通设施，等等，甚至允许限制性人役权的单独转让，或者相应之设定请求权的单独转让。限制性人役权的内容，可与地役权的内容相同，其区别仅在于：在限制性人役权中，不存在所谓的"土地利益"，也就是不存在对于需役地的从属性，即可以在不存在需役地的情况下，创设限制性人役权。在这一制度上，英美法的地役权制度与大陆法系的役权性存在相通之处。

5. 租赁权

有学者认为租赁权的取得有两种方式，一是土地的租赁，二是土地使用权的租赁。第二种方式可以作为矿区土地使用权的常规取得方式，可为物权的一种。其优势在于：其一，租赁方式具有较大的灵活性；其二，租赁土地使用权的租期可长可短。[1]其中，土地使用权租赁的说法来源，是国土资源部于 1999 年出台的一部部门规章（《规范国有土地租赁若干意见》）。依据物权法定的原则和《立法法》的规定，部门规章不能创设物权类型。即便根据《民法典》第 10 条的规定，习惯可作为民法的法源，但是现在尚无任何根据，可用以确定存在使得土地使用权的租赁成为物权的习惯。

二、准物权的物权性展开

准物权的物权性，因其特殊的权利构成，故应对其核心权利取益权与辅助性权利分别探讨。[2]但是总体而言，除矿业权外，取益

---

〔1〕 参见黄锡生：《自然资源物权法律制度研究》，重庆大学出版社 2012 年版，第 190 页。

〔2〕 本书认为，属于用益物权的准物权，应当归于用益物权，例如水产养殖、航运用水，等等。剔除掉杂质之后，本书所说的准物权，实际上与罗马法时期役权中的获益权同义。参见雷秋玉：《民法获益权研究》，云南省教育厅科学研究基金 2014 年重点项目结题研究报告，未刊稿。

权的支配权特性不够明显，这是由取益权的特殊权利形态所决定的，它不是一种现实的对物权支配权，而仅是获取某物的权利，尚不可能对物实施占有，更不可能对物进行使用、收益与处分；辅助性权利的支配性：在物权部分，仅地役权具有微弱的支配性；其他辅助性权利，要么非为独立的物权，例如相邻权；要么为宪法所赋予的宪法权利，要么为物权化的债权，也都不具有支配性。故在此处不对准物权的支配权的属性予以单独讨论，而只讨论其对物权与绝对权的属性，重点放在绝对权的属性讨论上。绝对权的特性，主要体现为排他效力，包括"一物一权"的问题；对物权的属性，讨论其追及效力。同时，鉴于辅助性权利的地役权的物权性已有前文探讨，而"债权物权化"的问题将在后文再行讨论，故此处对于准物权物权性的探讨，主要着眼于取益权。

（一）矿业权的物权性

矿业权是对物权。在矿业权取得之后，其名下的矿区、工作区的矿产资源无论被何人占有，矿业权（矿业权）人均可向其主张矿业权，并排除其占有。《中华人民共和国矿产资源法》（以下简称《矿产资源法》）第39条关于非矿业权人在矿业权人的矿区、工作区采矿的，可以请求有关部门责令其停止开采的规定，即为对物权的具体体现。但是被他人偷采出来的矿产品，矿业权人并不能进行追及，同样根据《矿产资源法》第39条规定，该矿产品没收为国家所有。事实上，矿业权作为对物权的效力，为静态之效力，而非主动的追及。

矿业权人自取得矿业权之日起，即可对矿区或者工作区的矿产资源进行占有，对矿区或者工作区内的土地予以占有、使用，并可以用各种技术手段采取资产资源。其支配权的特性十分明显。

矿业权也是绝对权。在同一矿区或者工作区内，不能够同时并存两个以上矿业权。探矿权的排他性，在我国相关法律法规中有明确规定。[1]矿业权与区分建筑物所有权类似，亦存在所谓的区分矿业权，这是对土地不同空间分层利用的结果，因为不同地层深度的矿业权可能拥有各自不同的客体，由此形成不同的矿业权分层上下排列存在的现象。区分矿业权并非矿业权不具有排他性的例证，恰如区分建筑物所有权并不是"一物一权"之例外一样。矿业权的排他性存在例外：一是原《石油及天然气勘查、开采登记管理暂行办法》（已失效）第14条所规定的盆地评价勘查。这种勘查项目空间范围大，在同一空间内可以允许两个以上单位取得勘查的权利，权利范围存在重叠的问题；二是因空间分布而邻接的矿区，因矿床的位置或者形状必须掘进到邻接的矿区的，经当事人协商之后核准登记，可以由一方取得在另一方矿区内的特定部位取得采矿权。[2]

矿业权一般性的优先于债权以及矿产资源的所有权，除此之外，按照本书所确定的由物权绝对性所衍生的排他效力与优先效力均必须在物上展开的标准，一般性的某种权利的取得优先权并非物权性的表现，而只是债权之间的排序而已，故崔建远教授所列的矿业权的"申请优先权""优先补办登记手续，取得矿业权"的优先权、续登记矿业权申请优先于新矿业权申请人，以及其他基于各种理由或者政策而具有优先权和矿业权的情形，[3]本书均不认为是矿业权物权性的表现。

（二）取水权的物权性

取水权是水权的种概念，水权是属概念。水权除了取水权（汲水或者引取等）外，还包括水力水权、航运水权、排水权，等等。在解释论上、水力水权、航运水权、排水权等，均可以纳入相应的

---

[1] 参见《国土资源部关于探矿权排他性法律问题的复函》（国土资函〔1999〕28/号，已失效）；1996年《矿产资源法》（已被修改）第3条第3款；1987年国务院《矿产资源勘查登记管理暂行办法》（已失效）第25条；1998年国务院《矿产资源勘查区块登记管理办法》（已被修改）第9条。

[2] 参见崔建远：《准物权研究》（第2版），法律出版社2012年版，第288页。

[3] 参见崔建远：《准物权研究》（第2版），法律出版社2012年版，第290~292页。

用益物权类型之中，没有必要在此专门探讨。取水权是以水资源国家所有权为母权的他物权。

从物权性来考查，取水权的客体因水的流动不居而不具有特定性，即便是池塘中的水，也并不因其空间范围的限定而使得将被取之水具有"特定性"，试问，如果 A 自池塘中取水，其所要取之水，是池塘中的哪一部分水？这是无法确定的；严格来说，取水权是一种取得物的权利，而不是现实地占有某物的权利，加之自水资源中取水，均只能取其一部分，而不可能取其全部，故取水权的客体并非特定物。取水权人既不能对水进行占有，也当然不可能对水进行使用、收益和处分，故自权能观察，取水权并非支配权。

取水权也不具有设定上的排他性，理论上就同一水资源，可以存在无数个取水权。取水权的绝对性主要表现为，对同一水源内的水，存在多个取水权的情况下，取水权的实现存在优先与劣后的顺位。它与取水权取得的优先原则不同，后者主要有河岸权原则，[1]先占原则，等等。

取水权行使的优先顺位原则，似乎可根据我国现行《水法》的第 21 条从解释论上予以确定，即，从大类来看，取水权应当遵循家庭用水、农业用水、工业用水、生态环境用水和航运用水的优先顺位行使。这是一个依据取水用途的建构优先顺位。我国学者也提出了自己的方案，建议以用水的目的为标准，将取水权的实现顺序确定为：家庭用水、市政用水、灌溉用水、工业用水、水力用水、娱乐用水。认为这种取水权的顺位能够体现生存权、发展权、享用权这样的位阶体系。[2]这种顺位的科学性还有待考查，例如，将市政用水置于灌溉用水之前，可能有失考量。市政用水，主要用于市政清洁、园林及道行树的灌溉等，与灌溉用水（此处应指农业灌溉）相比，其重要性不如后者。大类确定之后，应当再定取水权行使的优先顺位。

---

〔1〕 See Getches, David H. , *Water Law in a Nutshell*, West Pub. Co. , 1997, p. 77.

〔2〕 参见崔建远：《准物权研究》（第 2 版），法律出版社 2012 年版，第 364 页。

一般来说，如果能够同时取水，自然不存在顺位问题。不能够同时取水，或者同时还存在水资源紧缺的问题，此时在大类的取水权优先顺位的确定之下，还应当按照每种取水权之目的门类，再定优先顺位。笔者认为，可区分为登记取水权与非登记取水权。登记取水权，在这种情况下，依登记的先后顺序取水；非登记的取水权，应当实行先到先得的原则；此种顺位规则，应当为任意性规范，当事人另有协议除外。当然，习惯做法也需要参考，例如，上游优先用水，堤坝用益物权人优先用水，等等。

（三）狩猎权的物权性：兼谈捕捞权的物权性

狩猎权，按照本书前面的界定，既包括对国有野生动物资源的猎捕或者猎杀的权利，这种权利，按照我国法律的规定，以取得狩猎许可为前提。不妨称为依许可的狩猎权；另有一类，对于国有野生动物资源之外的野生动物资源的猎捕或者猎杀的权利，此类权利，属于先主物先占取得的范畴。

狩猎权的客体，单就取益权这一核心权能而言，是野生动物资源。野生动物是有体物固然无疑。但是作为狩猎权客体的野生动物，是不确定的，不具有特定性。它不是用益物权，而取益权，也就是说，是物之获取权的一种，其直接结果就是获取野生动物，如无特别约定，获取野生动物将直接导致所有权的取得。取益与用益是两个完全不同的概念。一般来说，在获取到特定的野生动物之前，其客体一直处于不确定的状态。在依许可的狩猎权的行使过程中，这种特定化的状态的形成或许有可能提前，例如猎杀某头狮子的时候，猎枪的子弹已经伤到了它，此时，在该头狮子的范围内，狩猎权的客体提前特定。对于非依许可的狩猎权，譬如某狩猎权人击中一只金花鼠，它受伤逃跑了，狩猎权人当然可以再选择其他的金花鼠或者其他可自由狩猎的动物继续行猎，此时不存在狩猎权客体提前特定化的情形。但是，狩猎权人执意要猎捕这只金花鼠并跟踪狩猎的情况除外。总体而言，狩猎权的客体是不具有特定性的有体物。捕捞权与狩猎权在这一特点上相似。

由于它是一种获取物的权利，在获取的过程中，不可能实现对物的占有。因为一旦占有（猎杀或者猎捕到）物，对该物的狩猎权即行终了。既然不能占有，自然不能进行其他支配。狩猎权人能够支配的，是狩猎权本身，而非猎物。在狩猎成功之后，狩猎权人取得对猎物的占有和支配，当然可以对猎物进行处分，但是此时，这种行为已经不是狩猎权的行使了，而是基于占有或者是基于所有权的处分行为了。捕捞权与狩猎权这一特点上也是相似的。

狩猎权在取得上没有任何排他性的，虽然可能会出现狩猎权证或者特许狩猎权证稀缺乃至相互竞争的情况，但这种相互竞争以取得狩猎权的情形，并非本书中所说的作为物权性的排他性。在同一处狩猎地点，可供狩猎的野生动物众多，只要属于许可的范围，狩猎权人可以自由选择狩猎的野生动物对象。狩猎权人或许是一人，也可能是多人，狩猎权人都可以依法行猎，此时狩猎权不具有排他性。在大的狩猎范围确定的情况下，可以将狩猎点的动物作为一个整体来看待，在这个视为整体的物上，狩猎权可以并存，可以同时施展，故不具有排他性，因此它不具有"一物一权"的特点。这种不具有排他性的特点，在整个狩猎的过程中，也许被维系得很好，但是一旦出现猎物被提前锁定的情况，也是狩猎权的客体提前特定化的情况，此时排他性也随之发生，即对于特定的野生动物，某位狩猎权人的狩猎权具有了排他性。狩猎权的这一特点，捕捞权一般也同时存在。狩猎权的优先主要体现在优先于野生动物资源的所有权上，狩猎权在相互之间，依法一般也不存在谁优先于谁的问题，当然民间社会存在习惯的除外。我国《民法典》明确将习惯确定为法源，应考虑某些特殊的民间习惯。捕捞权之间存在优先顺位，这是指在同一水域上存两个捕捞权时，先成立的、经过特许的捕捞权可以优先行使；当然这种优先顺位的存在，应以特定水域不能同时展开两个捕捞权，且相互之间发生竞争为前提，但是这种情况一般很少见到；另外，无需特许的捕捞权，相互之间应当不具有优先效力。

狩猎权没有追及效力，这是确定的。但是它在客体特定化之后开始具有排他性，而且捕捞权之间还具有一定的优先效力，这些效力均只在物上展开，故可以确定狩猎权是对物权，而非对人权。这一论断也可以适用于取水权。

（四）采集权的物权性

采集的概念要大于伐木概念，这从《中华人民共和国野生植物保护条例》第16条可以看得很清楚，该条第4款明确规定，采集珍贵的野生树木或者林区内、草原上的野生植物，需要按照《森林法》与《中华人民共和国草原法》（以下简称《草原法》）的规定办理，由此可见，该法系将伐木权统一至采集权概念之中。为方便起见，本书在此统一仅用采集权的概念。

采集权，本质上也是物的取得权。在采集的物未被特定化之前，并非对物权，也不具有排他性、优先效力与支配效力。采集的物一经特定，一般来说，与狩猎权类似，就采集对象而言，采集权即告终，被采集的物依法成为采集权人的所有物。但是亦有可能存在提前特定的情况，而且这种情况在采集权中或许比较多见。与野生动物资源不同的是，野生或者培植的植物较易控制，而成为采集权项下的特定物。譬如，进入林区的两支采伐队，各自选定了不同的采伐区和植株并进行采伐，这实际上已经将采集之物特定化。一旦采集权的客体被特定化，则其迅速转变成对物权、支配权与绝对权。对因选定而被特定化的被采集物，采集权有追及效力，这主要是指树木，因为一般的植株，在特定化后通常被迅速采集，成为所有权的客体，唯有树木，可能存在采伐时期较长的问题。树木被选定之后，在未完成采伐之前，被任何的其他人占有，采集权人均可对之主张自己的采集权的存在，此为对物权特性之体现，乃追及效力；采集权人可对其进行占有、采伐，此为支配权的体现；同一树木上如已存在采集权，则排斥其他采集权的存在，此为采集权为绝对权之表现。

综上所述，准物权中的各种物权类型，就其核心权利组成，即取益权来看，虽然目的各异，但它们的物权性却基本趋同。但亦存在差异，这些差异存在的原因，是客体特定化的程度及时间不同。在各类准物权中，采矿权的物权性最强，狩猎权与采集权的物权性相对较弱，取水权则似乎物权性最为弱化。对于准物权支配性所存在的问题，王利明教授就客体的特定化曾提出一个方案，即"只要客体具有可被支配的范围"，也可认定其为特定物，从而肯定支配权意义的存在。比如对海水的支配。[1]我国也有学者认为取水权并非物权，或认为取水权为准物权之说没有定论[2]，固有其原因，但仍失之偏颇，其对取水权的物权性之考察，仍显不够周全。

---

〔1〕 参见王利明:《物权法研究》（第3版·上卷），中国人民大学出版社2013年版，第25页。

〔2〕 参见林柏璋:《台湾水权及其法律性质之探讨——公水之特许使用》，载《台湾水利》2001年第3期。转引自崔建远:《准物权研究》（第2版），法律出版社2012年版，第304页。

物上之债的提出与展开

第一节　概念提出与初步的体系化

一、物上之债提出及其体系框架

（一）物上之债概念的提出

从学术史的角度看，苏永钦教授是我国较早涉足物上之债的学者。然而，苏永钦教授论及与物上之债类似的概念文章虽然较多，大多却只是点到为止，仅在 2004 年发表在《厦门大学法律评论》上的一篇论文中，较为系统地阐述了其物权关联的理论构想，并提出物上之债及类似的概念。该文从关系论着眼，试图打通物权与债权串联的通道。[1]其论证逻辑顺序及本书的解读如下：

第一，德国民法传统下的民法典对债与物规范设置的切入点不同，前者以关系为切入点，后者以权利为切入点。德国民法典的第二编是"债之关系法"（Recht der Schuldverhältnisse），第三编则是

---

[1] 参见苏永钦：《物权法定主义松动下的民事财产权体系——再探大陆民法典的可能性》，载柳经纬主编：《厦门大学法律评论》（第 8 辑），厦门大学出版社 2004 年版；苏永钦：《可登记财产利益的交易自由——从两岸民事法制的观点看物权法定原则松绑的界线》，载张仁善主编：《南京大学法律评论》（2010 年秋季卷），法律出版社 2010 年版。

"物权"（Sachenrecht）。[1]其债之关系法的各章，规定的都是债的关系，而非强调债权。在德国民法学中，债权概念（Forderung）与债（Schuldverhältnisse）经常混用。相反在物权编中，却并不强调双方的权利义务关系，而是强调权利，在其绝大部分规范群中，很难寻找到关于义务的表述。但是物权人之间又怎么可能不处在关系之中呢？比如地役权人与不动产所有权人之间，原本存在由地役权契约搭桥的关系，怎么可能地役权设立之后，这种契约"关系"就消失不见了？再比如共有人之间，可以借由分管契约，分配彼此的权利义务，又怎么可能只见权利，而不见义务？德国民法学界并非没有注意到物权的这种权利义务并存的情况，且对这些义务有一个"伴随性债之关系"（Begleitshuldverhältnis）的学理称谓。但是物权在权利形成之后，即被抽象出来，而赋予所谓的对世效力，这与债权不同，债权始终是处于债之关系之中，即使通过特定的技术，将之从特定的债之关系中剥离开来，也始终与债之关系保持着藕断丝连的关系。正是因为如此，德国民法典在处置债权与物权时，采用不同方式，可谓各有偏重。事实上，仔细考查我国《民法典》"合同编"与"物权编"的规范设置，何尝不是如此呢？苏永钦教授从关系与权利的角度着眼，其意在于强调，民法典对于债权与物权在规范设置的技术上虽然各有偏重，或偏重关系，或偏重权利，但是无论对于债权还是对于物权，应该正视权利之间会不可避免涉及关系这一事实。

第二，应当正视物权所由生之关系。物权在很多时候，是基于定分的合意而产生的。物权即使从相对的关系中独立出来，但是其原始的关系仍有可能继续存在。将物权独立出来的这种权利与关系之间的切割，有时并不彻底。物权作为直接支配权的、独立不羁的形象，在很多时候是想象出来的，不是事实，唯有将物权还原至关系之中，才能看清物权的本相。例如，我国《民法典》"物权编"

---

〔1〕 Recht 在德文中有时指法，有时指权利。在 Recht der Schuldverhältnisse 中指法，在 Sachenrecht 这一组合词中则是指权利。Schuldverhältnisse 是指债的关系，简称为债。

对于关系与权利的规范处理，在某些物权类型中，似乎唯见权利，而不见义务，建设用地使用权、宅基地使用权的规范设置就是如此，翻遍所有的条文，唯有权利显现。但是，在其他一些物权类型及规范群中，比如地役权、承包经营权、不动产相邻关系、共有关系中，则作为关系规范的义务规范时有出现。但是恰如本书在第二章分析物权的物权性时所说的那样，即便是相当具有特立独行性质的物权类型，比如刚才提到的建设用地使用权、宅基地使用权，仍有可能经由契约的意思进入，而使得物权性变弱。德国民法中的人役权、土地债务，我国台湾地区地役权等概念及民事法律相关规范的设置，都有着浓浓的关系意味，在这些物权类型中，关系与权利并未偏执一端，由关系所生的义务，也赫然规定在物权编中。传统民法中的地上权与永佃权规范，较为典型地体现了关系特征。地上权人虽然取得地上权，但是要按照地上权设定契约关于付租的约定，定时支付租金。在法律构成上，地租债权从属于土地所有权，地租债务从属于地上权，各自结合而生一定法律地位。但是通说认为，地上权的这种地租的约定，非经登记不得对抗第三人，而仅能在原契约关系当事人之间，也就是原初的地上权与土地所有权人之间生效。[1]这种地租的负担，可能涉及地租的标的与支付方式、地租的增减，等等。永佃权规范也包含着佃租的支付义务，同时还可能包含生产用具报酬的支付义务、不得将佃租土地出租义务，等等。其中有些义务，例如佃租的支付义务、生产用具报酬的支付义务，不登记不能对抗第三人。类似地上权、永佃权当中的那些义务，可以称为"物务"。可以说，地上权、永佃权这样的规则，实际上打破了我们对于物权的形象认识，种种类似于债的规则，使得物权支配权的形象变得模糊起来，它似乎是某种特殊类型的债权。故于特定的物权类型来说，由于权利与关系的切割并不彻底，甚至于与债权规范一样，也偏重关系，此时，由于种种义务性规范的存在，使得物债之

---

〔1〕 参见谢在全：《民法物权论》（上册），中国政法大学出版社 1999 年版，第374~375 页。

间的区分变得逐渐模糊起来。

第三，从关系角度切入对物权的理解，也可以有助于厘清担保物权所涉及的复杂内容。总体而言，物权可以被理解为一种"物上关系的定分权"，考虑到物权的客体有时还包括权利，故又可以将物权理解为"一种物的或者权利关系上的定分权"。这是物权关系中切割出来的权利义务关系的一部分，而非关系的全部。要真正理解物权，还是必须将物权还原到关系当中，于关系中把握物权这种特殊的法律地位。

基于上述的观点，苏永钦教授不仅试图破除物债之间的僵硬区分所造成的物债之间的关联缺失的状态，也试图提出一些新的概念以诠释物权关系中的义务，如上所述，这些概念包括德国民法学中使用的"伴随性债之关系"，与"物务"概念（dingliche Leistungspflichte, Realobligationen）。从笔者所掌握的文献看，苏永钦教授也是首次提出"物务"概念的学者，其曾于某些文献中介绍过瑞士民法学上的"物上之债"（Realoblifation）概念[1]，这一概念的表述 Realobligation 与教授所提"物务"概念的表述 Realobligationen，只有分毫之差。盖 Realobligationen 所强调的，乃是债之关系；而 Realobligation 所强调的乃是义务。再者，无论是 Obligationen 还是 Obligation，都以 real 予以限定的意思，应是指这些义务或者债务，均是设立在实产（物）上的，或者是与实产（物）有紧密关系，而不是对人权。

（二）物上负担（real charges）与物权债务（real obligations）概念的提出

物上负担与物权债务这两个概念是与物上之债亲缘性较近的两个概念，在我国较早由王利明教授提出。[2]与苏永钦教授不同的是，王利明教授将物上负担与物权债务分别提出，但在实际界定它们的

---

〔1〕 参见苏永钦：《私法自治中的经济理性》，中国人民大学出版社 2004 年版，第91页。

〔2〕 参见王利明：《物权法研究》（第3版·上卷），中国人民大学出版社 2013 年版，第30~31页。

时候，却只界定物权债务，没有界定物上负担。由此只能推断，王利明教授系将两个概念同等看待，认为没有区别。当然两位教授虽然表达的同一个意义的事物，采用的术语却并不相同。再者，王利明教授所用的标注语言是英文，而苏永钦教授所用的标注语言是德文。而在英语世界中，real 一词相当多义，它可指"不动产的""物的，对物的""事实的，真实的""实际的"等多种意义。real charges 与 real obligations 中的 real 应是"物的，对物的"意义，与德文的表达同义。[1]亦即王利明教授所指物上负担与物权债务，事实上与苏永钦教授所说的"物上之债""物务""伴随性债之关系"并没有本质区别。

王利明教授认为，物权债务与一般债务的区别在于：第一，它直接由法律规定，而不能由当事人约定，所体现的是法律对权利人设定与行使物权的限制；第二，它与物权不可分割，随物权的存在而存在，随物权的移转而移转；第三，它是附着于物的义务，与物不可分离。假如物不存在或被转让，它也随之消灭或者移转，直接设定于物上，与物不可分离。当事人可以通过抛弃物权的方式放弃这种义务。

其中有两处值得再予以思考：一是物权债务是否确实都是由法律规定的？如前所述，地役权契约是地役权发生的根据，地役权的内容是约定，经登记发生对抗第三人的效力；其他物权类型，例如地上权、永佃权之类的权利，物权关系当事人的约定，经登记之后也具有对抗第三人的效力。因此，这一点区别存疑；二是物权债务究竟是附着于物权，还是附着于物？王利明教授的意见似乎是物权债务既附着于物权，也附着于物。但是依该意见，德国民法上的土地债务制度即无法得到合理解释，因为这种"债务"可以在不依赖相对应的物权存在的情况下独立设立。[2]

---

〔1〕 参见薛波主编：《元照英美法词典》，法律出版社 2003 年版。

〔2〕 参见［德］鲍尔、施蒂尔纳：《德国物权法》（下册），申卫星、王洪亮译，法律出版社 2006 年版，第 225～228 页。

(三) 物上之债体系的全面提出

2016 年常鹏翱教授提出了"物上之债"的概念并归整了其体系。[1]

常鹏翱教授明确提出的物上之债是一个瑞士法上的概念，有物上债权（Realforderung）与物上债务（Realschuld）之分。他指出，物上之债与一般债务的区别在于：物上之债法律关系主体与物权主体保持高度的重合。所谓高度重合，是指物权人同时又是义务人；但是也存在例外，比如，《瑞士民法典》第 837 条第 1 款第 3 项所规定的建筑工程劳务债权人所取得法定抵押权的设定请求权。

常鹏翱教授也对物上之债通过类型化的方法进行了体系建构。物上之债可以依法定与否划分为法定的物上之债与意定的物上之债。法定的物上之债依《瑞士民法典》的相关规则进行梳理即可，与意定的物上之债区分在于它是由法律直接规定的，后者由当事人议定。在《瑞士民法典》中，法定的物上之债不仅涉及所有权，也涉及他物权中的地役权、用益权、居住权、建筑权与不动产法定抵押权的设定请求权。同时，它还扩展至占有，例如恶意占有人有请求权利人支付必要费用的权利。意定的物上之债，主要涉及地役权的某些规范设置（第 730 条第 2 款，第 741 条第 1 款）、土地负担（《瑞士民法典》第二十一章第三节）及预告登记的债权（譬如先买权）与经预告登记的顺位权变更契约等。

通过以上程序，在概念与规范的层次上，物上之债的体系得以建立起来，呈现出由于学术整理而必然显现的体系性。

这种体系性建构的意义何在？

最为重要的意义在于，它展现了物权与债权之间的关联。这一构想与苏永钦教授所持的关系论的观点是相似的。物权规范的权利切入视角，使得权利自关系中剥离，这种剥离，用瑞士民法学的术

---

〔1〕 参见常鹏翱：《物上之债的构造、价值和借鉴》，载《环球法律评论》2016 年第 1 期。

语，叫做"主体物化"（subjektiv-dingliche Rechte）；用较为通俗的语言来表达，就是脱离关系语境而孤立地谈权利。而物上之债的概念构想的目的，事实上就是使学术界对此物务概念的思考回到关系的起点，注意到物权通常情况下，是与物上之债对应的，不存在没有义务的权利，或者说权利与义务相辅相成。这样一来，就将"物权"概念转换成了"物权关系"概念，而"物权关系"中，既包括物权，也包括物上之债。物上之债具有双重属性，一方面它是对物的（real），另一方面它又是对人的（Obligation）。这样一来，就可以很好地将物权与债权关联起来了。

物上之债体系的提出，还有一层重要的意义，即并合债权物权化的理论，形成共识化更高的理论体系。债权物权化的理论当中，存在一些致命伤，比如德国民法学界债权物权化理论的系统提出者格哈德·杜尔克凯特所讲的债权物权化概念显得过于宽泛，包含着《德国民法典》第 823 条或第 1007 条的占有效力。对此德国学者赫尔曼·魏特瑙尔提出了批判，指出不能把占有作为债权物权化的基点，只有当债权本身的效力扩及第三人的时候，即具有了物权的绝对性时，方能将之视为债权物权化的现象。具体类型包括预告登记的债权、为占有提供本权的债权与租赁、债权性的留置权、行纪委托人的法律地位和信托人的法律地位。[1]物上之债体系吞并债权物权化理论，以物上之债的概念纯粹化较为繁杂的、不具有同质性的所谓债权物权化体系，有助于形成体系更强的民法知识体系，也有利于民法知识的传承。

至此，物上之债的体系，已经由苏永钦教授的"物务"，扩张到了物权化的债权。这当然并非一个内容过于宽泛的体系，只要对可纳入物上之债的所谓的物权化的债权进行一些限缩，就可令之更为

---

〔1〕 Vgl. Canaris, Die Verdinglichung obligationscher Rechte, in: Festschrift füer Werner Flume zum 70. Geburtstag, Bd. 1, Koeln 1978, S. 372 ff. 本书认为，债权性的留置权与行纪委托人的法律地位以及信托人的法律地位，它们所指的方向均是债权性的。关于债权性的留置权的含义，可以参见楚清、田瑞华：《法国留置权制度探析》，载《云南大学学报（法学版）》2009 年第 6 期。

准确与纯粹。

二、物上之债依物权性的限缩

如上所述，物上之债经苏永钦教授在我国的最初提出，到常鹏翱教授，已经形成了包括物上债务与物上债权的宏大体系，填补了物债二分之间的巨大裂隙，为物债二分类型化体系构成，提供了理论的养分。但是物上债权的外延仍显得过于宽泛，有必要加以限缩。这主要是因为，作为物上债权的物权化债权，其类型及性质各异，难以将之糅合为一个同质的整体。

（一）债权物权化与物上之债的限缩匹配

债权物权化是指债权跨界取得某些物权性，从而具有一定的物权效力。债权物权化的基础是，债权同时处于债的关系与物的关系之中，同时受到债法与物权法的调整，同时具有债的效力与物权的效力，等等。

按照上述的这些标准，有不少债权的现象可归于债权物权化的范畴：①债权之间的优先顺位现象。例如，《企业破产法》所规定的破产财产分配债权顺位，经由最高人民法院法释〔2012〕8号[1]确立的动产与特殊动产买卖合同实现的优先顺位，都规定了一些具有优先效力的债权。优先效力是物权绝对性的表现：一是物权优先于债权；二是同一物上存在两个相容物权时，先成立的或者登记在先的物权优先于后成立的或者登记在后的物权。债权之间具有相容性，因具有竞争性实行机会主义原则，即先到先得，这是债权关系的一般原则。当债权之间竞争关系的这种先到先得的机会主义原则被法律所破除，特定的债权因此取得优先于其他债权实现的效力时，无异于在一定程度上具有物权的绝对性，故可将之视为债权物权化的现象之一。但是必须说明的是，这种绝对性不是以对物权的属性为

---

〔1〕 即《最高人民法院关于审理买卖合同纠纷案件适用法律问题的解释》（法释〔2012〕8号），2012年颁行，2020年修正。

基础的，权利之间的竞争不是在物上展开，客体并非特定物，充其量是一种十分浅层化的物权化现象。②买卖不破租赁。这是通说所认同的债权物权化现象之一。学术界目前对于买卖不破租赁的物权化的效力及途径，均还存在认识上的问题，需要进一步的澄清。[1]处于租赁期的租赁权，不仅具有对物性，也具有物权所通常具备的绝对性，足以不被他人受让的本权破除，或者不被新设立的抵押权破除。③预告登记的债权。预告登记的债权范围应当遵循法定的范围，在我国，应当仅仅是指《民法典》第221条所规定的涉及不动产物权变动的合同债权。

上述三类债权物权化的现象之中，债权之间的优先顺位现象应当排除在物上之债的范畴之外。对于买卖不破租赁与预告登记的债权，本章将辟专节予以讨论，在此不拟详细论述。而对于债权之间的优先顺位，将于本书第四章与第五章再予讨论。

（二）先买权等类似权利应排除在物上之债的范畴之外

先买权与买回权，在我国法律中，属于形成权范畴。形成权正当性的根据，或来源于法律的直接规定，或来源于合同的约定以及合同一方当事人于合同之外的单独授权。[2]先买权为法定的形成权，买回权为约定的形成权。

申海恩教授将上述两种权利称为择定权，认为系形成权的范畴。这种权利与原生权利不同，属于衍生权利，且属于衍生权利中的塑造性权利。[3]作为形成的择定权，对于原生权利起着加强、巩固的作用。德国民法典中的择定权，以先买权为例，分为物权性先买权与债权性先买权。设定物权性先买权，采用实物负担（Reallast）方

---

[1] 参见周江洪：《买卖不破租赁规则的法律效果——以契约地位承受模式为前提》，载《法学研究》2014年第5期。

[2] 参见［德］卡尔·拉伦茨、曼弗瑞德·沃尔夫：《德国民法中的形成权》，孙宪忠译注，载《环球法律评论》2006年第4期。

[3] 参见申海恩：《私法中的权力：形成权理论之新开展》，北京大学出版社2011年版，第47页、第16~25页。

式（第1094条）。根据《德国民法典》第1105条的规定，实物负担是指对权利人"支付来自土地的继续性给付"的负担。实物负担因物权合意与登记而成立。[1]但是显然，物权性先买权只是借用了实物负担中的"负担"（Last）的意义，而不太可能采用"支付来自土地的继续性给付"，也不太可能像实物负担那样只允许设定于土地之上，否则与先买权的意义与功能不太吻合。采用了实物负担方式设立的择定权，既有物权合意，也有登记，便具有大部分的物权属性，具有对物权的追及力，也有作为绝对权的排他性。然而，未按照《德国民法典》第1094条规定设定的先买权，不具有物权性的全部，它应当只有两种效力：一是在"先买权被行使时，权利人和义务人之间的买卖，依义务人和第三人所约定的条款订立"（第463条），即有强制性的同条件缔约权效力；二是在与同条件或者弱于己方条件的买卖合同竞争时，义务人应当优先履行先买权人的买卖合同。这种区分，秉承了德国民法中的物债二分思路与传统。将物权性先买权与买回权等视为物上之债中的物上债权，是合理的。但是，将债权性的先买权与买回权等视为物上之债，则与德国民法传统不符，也将对交易安全造成极大的隐患。

债权性的承租人优先购买权与物权性的承租人优先购买权存在如下区别：①前者只能设定权利人（先买权人）与义务人（出租人）之间的债的关系，而后者具有物权的追及力，即便出租人已经将房屋出售于第三人，承租人仍可追及第三人主张其优先购买权。在德国民法中，这种追及力表现为《德国民法典》第1098条第2款的规定："对第三人，先买权具有旨在保全因行使权利而发生的所有权转让请求权的预告登记的效力。"②前者的客体可能是任何物，而后者的客体只能是不动产。③前者的设立无须登记，而后者的设立须有物权合意加登记。[2]两者最为主要的差别，在于第一点，有追

---

〔1〕 参见［德］鲍尔、施蒂尔纳：《德国物权法》（下册），申卫星、王洪亮译，法律出版社2006年版，第735页、第739页。

〔2〕 参见孙宪忠：《德国当代物权法》，法律出版社1997年版，第170~172页。

及效力的物权性优先购买权体现了物权的对物权特性，而无追及效力的债权性优先购买权体现了债权的对人权特性，两者之间区别是明显的。

我国民法制度上的优先购买权，包括两类：一是承租人对租赁物的优先购买权，二是共有人对共有份额的优先购买权。根据物权法定原则，租赁物的优先购买权原系规定于《合同法》之中，且规则极为简略，无法看出其具有创设一种独立物权类型的意图。第二类优先购买权，乃是份额之优先购买权，而非是对物的优先购买权。这些问题，容下章详述。总体而言，我国并不存在制度上的物权性的先买权。故对于我国制度上的上述两种优先购买权，都不宜将之视为物上之债。

三、物上之债的外延依体系的适度扩张与完成

（一）物权体系下的优先权再阐释

物权法定原则，依一般解释，包括"类型强制"与"类型固定"两个方面。而物权法定原则中"物权"，依一般理解，就是指由法律所规定的那种权利类型，而且一般意义上的"物权"，就是指《民法典》"物权编"规定的那些权利类型，包括所有权（包含共有、建筑物区分所有权、相邻关系）、土地承包经营权、建设用地使用权、宅基地使用权、地役权、抵押权、质权、留置权、探矿权、采矿权、取水权、养殖权与捕捞权。《民法典》"物权编"之外的特殊物权，还应有《中华人民共和国海域使用管理法》所规定的海域使用权，《水法》所规定的水资源的开发利用权（包含取水权），《草原法》《森林法》所规定的采集权，《野生动物保护法》认可的狩猎权，等等，这些都是传统意义上的物权类型。

此外我国学术界尚认可部分优先权为物权，比如孙宪忠教授就认为，优先权概念具有异质性，可能在多重意义使用：物权的优先效力、独立的物权类型、给予优先保护的法律地位与事务的优先处

理权力。但是，民商法意义上的优先权，仅指前两种。在前两种之中，作为独立物权类型的优先权，包括本书前面已经分析的德国民法上的优先购买权与我国《海商法》第 23 条所规定的船舶优先权。[1]单就船舶优先权而论，我国现行的立法尚有类似的权利存在，例如民用航空器优先权（《民用航空法》第三章第三节）、承包人就承包建筑工程的优先权（《民法典》第 807 条）。这些优先权具有一个共同的特点，它们本身都是债权，这与传统意义上的物权有相当大的差异；但它们又与普通债权不同，它们本质上都是物上债权。在此意义上，我们可否接受，物权法定原则中的"物权"，事实上也包括这些特殊类型的物上债权呢？事实上，取掉其"优先权"的耀眼外罩，它们不是物上债权是什么？不过，基于物权法定原则，本书还是将其纳入到物权体系之中分析。这与孙新强教授的法定抵押权的思路是一致的，[2]就是干脆将优先权转正，将其纳入到传统的物权类型之中。对此，本书第二章已有详述。

（二）物上之债的体系表述

通过上述整合分析之后的物上之债，应当包含如下几个部分：①物上债务，或曰物务。它包括无独立意义的物上债务，与可独立的物上债务，如德国民法上的实物负担、土地债务（《德国民法典》物权编第七章第二节）。②物上债权，包括部分"债权物权化"现象——我国民法上的买卖不破租赁、预告登记债权。

物上之债具有强弱不同的物权性，故毫无疑问应当类推适用"物权法定原则"，也适用类型强制与类型固定的法律限制，以保证其不致过于宽泛、随意而危及交易安全。尤其是其中的预告登记债权，不宜扩大，如果任何债权都可以通过预告登记取得一定时期内的排他性效力，则将大大增加交易成本，不利于市场经济的发展。

---

[1] 参见孙宪忠：《中国物权法总论》（第 2 版），法律出版社 2009 年版，第 152 页。

[2] 参见孙新强：《我国法律移植中的败笔——优先权》，载《中国法学》2011 年第 1 期。

四、物上之债与易混淆规范的区分

我国《民法典》"物权编"存在不少纯粹的债务规范，这些规范一不小心就会被当作物务来处理，但是由于它们具有明显的随人走的特性，所以事实上并非物务。主要包括共有人之间基于共有关系而发生的权利义务、基于物权行使而形成的补偿义务，以及同样基于物权行使而造成的损害赔偿义务。

（一）共有关系规范

1. 以《民法典》"物权编"规范为主的分析

我国《民法典》"物权编"第八章"共有"共计 13 个条文。真正明确关涉到物务的条文，一条都没有。这与《民法典》"物权编"以权利为切入点配置其条文的立法意旨有直接关联，但是这里面又直接将债法中的条文置入其中，比如第 305 条关于按份共有人的优先购买权的规定，第 307 条关于共有人债权债务的对外对内效力规则。这些债法上的条文，原本可以置于其他法律文本或者已经在其他法律文本中进行了规定，但它们仍在《民法典》"物权编"中被规定了。其中，第 300 条及其下属条文第 301 条至第 303 条所规定的内容，是极易被误解为物权规范从而被认为其包含着物务，事实上并非如此。

第 300 条至第 303 条所涉及的权利义务，均非物权规范，毋宁说它们是关于物的管理规范或者与纯粹的债务有关联的规范。试分述之：①第 300 条所规定的共有物分管权利义务，在《瑞士民法典》中规定其可以登记于登记簿（第 647 条第 1 款）。我国《民法典》"物权编"既然未规定其可以登记于登记簿，就不可能产生内部协议对抗第三人的效力。事实上，即使采用了《瑞士民法典》类似的规定，从而产生对抗第三人的效力，那也不过是对外效力依据特别规则所产生的对人效力的延伸，而非真正的对物效力。因为这种效力不是随物走的，不具备基本的对物权的属性。《中华人民共和国合伙

企业法》（以下简称《合伙企业法》）第37条明确规定了内部权力
约定不具有对抗善意第三人的效力，就是内部协议不具有对外效力
的适例。②第301条规定的重要修缮征求共有人同意的义务，也非
物上义务，它不可能随物走，且不具有对抗共有人之外的人的效力。
③第302条规定的共有人管理费用以及其他负担的分摊义务，它们
虽然与物权有直接的关联。但是当费用已经发生，共有人若未履行
分摊义务，在其不再作为共有人而不再享有共享物权时，其他共有
人仍然有权利追及该人，对其行使请求履行义务的权利。这种实际
发生的分摊义务有明显的对人权特性。且这种费用及负担的分摊约
定，由于欠缺登记的规定，是不可能对第三人发生效力。即便是登
记了，并依法对第三人发生效力，这也不是对物的效力，如同前文
的分析一样，它也只不过是一种对人效力的依法延伸。④第303条
所规定的共有物分割的权利义务，也仅仅只是在共有人内部有效，
且这种效力是无论如何也不会关涉到外人，它也不是一种随物走的
权利义务。

2. 对《合伙企业法》相关规范的分析

我国《合伙企业法》关于合伙关系的不少规则，可以作为对共
有关系的参照。其中，尤其值得关注的是入伙规则。

新加入的共有人对于共有人的债务承担规则，可见《合伙企业
法》第44条第1款。根据该条的规定，如无相反约定，普通合伙企
业的新入伙的合伙人与原合伙人一样，承担同等的义务，享受同等
的权利。有限合伙的普通合伙人与普通合伙企业的入伙规则相同。
由于普通合伙人对于合伙企业的财产，属于按份共有。新入伙的合
伙人系因加入合伙而负担系因按份共有而产生的债务，还是仅仅因
为其所取得的合伙人身份而承担了债务，辨明这两点，有助于厘清
其是一种物上之债，还是一种普通债务。

首先，它是一种可以进行相反约定的债务承担。《合伙企业法》
第44条第1款属于任意规范，而非强制性规范。物权规范也并非全
部都是强制性规范，故单凭此不足以否定该条规范为物权规范。如

无相反约定，新入伙的合伙人在取得对共有财产的共有身份时，即承担合伙的债务，这使得该类债务似乎呈现着一种物上之债的外观。

其次，将之作为物上之债的基础事实上并不存在。最为主要的原因在于，该款所规定的合伙企业对外承担的债务，本身并非物上之债，而是普通债务，具有典型的对人权特征。它所针对的是全体合伙人，而非合伙企业的财产。根据《合伙企业法》的相关规定，在合伙企业解散之后，合伙企业的债权人可以追及各合伙人行使债权，而非追及合伙企业的财产行使债权，除非是债权人就合伙企业的财产设定有担保物权，或者债权人的债权，本身就是物上之债。但是显然，《合伙企业法》第 44 条第 1 款所说的债并不是指担保物权或者属于物上之债，它是一种普通的债。这种债是典型的对人权。

最后，加入共有人关系，但是之后退伙，对于合伙企业的债务，仍然还要承担责任。也就是说，这种债是随人走的，这显然并非物务。

（二）对物权人的补偿义务与损害赔偿义务

对物权人的补偿义务产生的原因很多。有非物权人对物权人的补偿义务，例如，基于征收、征用而产生的对物权人的补偿义务；也有基于物权的行使而产生的补偿义务，例如，地役权人行使地役权给供役地的权利人造成损失的，即应当承担补偿义务。在第一种情况下，它不是对物的义务，这是相当明显的。假设 A 是某地块的使用权人，因 B 政府的征收而丧失使用权，B 政府即应当依法进行征地补偿。但是此时 A 已经丧失土地的使用权，B 政府对其承担补偿义务虽然是基于其土地使用权丧失，但是该补偿义务却非对于土地的义务，而是对人的义务。将来即使 A 进城务工，B 政府无疑仍然对其有进行补偿的义务。在第二种情况下，地役权人也只是对损害发生时的供役地权利人承担补偿义务，后来如果因为土地权利的变更，原供役地权利人已经不复是土地权利人，地役权人因原损害而对其承担的补偿义务并不消灭。所以，此类情形下的损害补偿义务亦非物务，而是一般债务。

同样，在《民法典》"物权编"中也规定了一些损害赔偿义务，比如因相邻权利的滥用造成相邻不动产受到损害，造成损害的相邻关系人对另一方要承担损害赔偿义务，这种赔偿义务并不具有随物走的特性，仅在特定的相邻关系人之间发生，之后相邻关系人的不动产物权发生变动，于该种债务的仅存在于原特定相邻关系人之间的特性并不会产生什么影响。所以，类似这种的债务也是一般债务，而非物务。

(三) 租金债务

涉及租金债务的规范较多，例如地上权人的租金债务、地役权人的租金债务、永佃权人的佃租债务，等等。

这些债务都有相同之处，可以以地上权人的租金债务为例予以统合分析。谢在全教授曾就此论述道：地上权的租金债务，为债之关系，而地上权则为物权关系，两者之间究竟属于何种关系，学者之间存在争议。有认为租金债务为单纯的债之关系，仅由地上权合同所定之债务人或者地上权人承担支付义务，即便将来地上权发生移转，租金债务也仅存在于原地上权合同所定租金债务的当事人之间，不得向受让人主张。也有认为租金债务是一种物上负担，与地上权合为一体，地上权移转，则租金债务亦随之移转，且无论此种租金债务是已经事实上发生的，还是尚未发生的，均随着地上权的移转而由新地上权人承担，此情形不以登记为必要。但也有认为，租金债务随地上权移转，需要具备登记条件，已经登记的，可以对抗第三人；没有登记的，则不可对抗第三人。[1]

笔者认为，地上权的租金债务，有所谓的抽象债务与具体债务之分。所谓的抽象租金债务，即由地上权合同所约定的租金债务，此项债务，地上权登记时如果已经将此项债务登记于内，受让地上权之人应承受无疑；如果未登记，则此种租金债务关系仍存在于原

---

〔1〕 参见谢在全：《民法物权论》(上册)，中国政法大学出版社 1999 年版，第 374页。

地上权人与土地所有权人之间，受让人无义务承担此种租金债务。所谓具体租金债务，是指已经发生的租金债务，无论是否已经到期，例如，甲已取得地上权 3 个月零 6 天，则这 3 个月零 6 天的租金债务为具体的租金债务。具体的租金债务，由原地上权人承担，无论具体的租金债务登记与否均是如此，受让人无义务承担。谢在全教授认为，以登记与否定租金债务由谁来承担，此系我国台湾地区所谓"民法"的通说，这一通说极不合理。但若地上权租金未交已经到了土地所有权人可行使地上权撤销权的地步，则此撤销权，系由抽象租金债务的违反而生，可对抗地上权之受让人。

第二节 物务规则的规范分析

一、我国物权法规范上的物务

物权法规范涉及的物务规则，有所有权、他物权以及占有，本节从这三个方面展开：

（一）所有权规范中的物务规范

所有权规范中的物务规则，基本只是出现在不动产的相邻规则及建筑物区分所有权的相关规则之中。不动产系属不可动之物，物不动而权利人或许恒动，于是存在于物上的债务，可能依法而随物递送，使得承担物之权利之人，同时得因物权的授受而得承担物上债务。

1. 相邻关系中的物务规则

相邻关系中的物务，是不动产所有权或者使用权扩张或者相互协调的必然结果，与一定的权利扩张或协调关系紧密相连。具体包括：①与"袋地"通行权相对应的物务。土地无适宜的通道与公共道路连通，影响到土地的通常使用的时候，土地权利人有权利从相邻土地以最小损害的方式通过。相应的邻地土地权利人负有容忍义务。②与邻地管线设置权相对应的物务。相邻不动产权利人需要以最小损害的方式通过相邻土地设置相应的管线或者其他必须的设施，否则将无法正常使用其不动产，或者虽然可以通过其他方式设置上述管线等设施，但是成本过高时，其便有权利通过相邻不动产予以设置。在此种情况下，相邻不动产权利人也有容忍的义务。③与邻地使用权相对应的物务。土地权利人在其土地与相邻土地邻接的地方从事修筑工作，而有利用相邻土地的必要时，相邻土地权利人有容许的义务。④与用水产生的相邻权对应的物务。按照《民法典》"物权编"的规定，相邻用水关系的基本规则是，尊重水的自由流向，按照先近后远、由高到低的原则依次使用，任何一方都负有不得改变水的自然流向及堵截水路的义务。在水资源不足的时候，高地土地权利人不得独占水流，断绝低地用水；当水资源过于丰富时，低地土地权利人负有不得筑坝堵截的义务。⑤与排水产生的相邻权对应的物务。因生活需要必须通过相邻土地排水或者因水流成患而必须通过相邻土地疏泄的，相邻土地权利人有容忍的义务。⑥与建筑权相对应的物务。土地权利人可以根据需要在自己的土地上修建建筑物与构筑物，但同时承担不妨碍相邻土地权利人的通风、采光和日照的义务。⑦相邻不动产的权利人负有不向相邻土地排放有害物质的义务。⑧对因越界果实的自落而产生的相邻权对应的物务。关于越界果实的所有权归属，罗马法与日耳曼法有不同主张。前者采用"母物主义"，主张果实归树木所有权人所有，因此得有自落果实的"取回权"。后者不采用"母物主义"，主张果实归所落相邻土地权利人所有，因此无取回权。[1]我国文化传统历来以温柔敦厚、谦和容让为主线，对于近邻自落于自家土地的果实从不主张予以夺取，故罗马法的"母物主义"更为可取。⑨越界建筑物与越界竹林的适度容忍义务。越界建筑于形成之始，相邻土地权利人明知而提出异议，待其建成之后再提出拆除意见，不符合诚实善良之民法基本原则，故物权法规则对此课之以容忍义务。越界竹木，在所难免，

---

〔1〕 参见温世扬、廖焕国：《物权法通论》，人民法院出版社 2005 年版，第 292 页。

因竹木的自然长势非人所能控制，若因为延展至相邻土地，相邻土地权利应在无害的前提下予以适度容忍。⑩因相邻逸失物取回权而承受的容忍义务。相邻逸失物，应不限于非因出于自己意志的原因致使的其所有的动物进入他人土地的情形，还应包括无生命物非因自己意志进入他人土地的情形，例如，自家的鸡飞入邻院，自可取回；被风吹落的衣物飘落于相邻院内，也应可以取回。此时，相邻土地权利人负有容忍义务。

相邻关系中的上述诸多物务，均由法律规定，或者依习惯发生，从广义的法的角度看，属于法定物务。纵观我国《民法典》"物权编"的物务规范，唯此处最为密集、数量也最多。相邻权利并非独立的物权类型，而是系从不动产所有权或者使用权（例如建筑用地使用权、承包经营权，等等）等原始权利衍生而成。

2. 建筑物区分所有权中的物务规范

建筑物区分所有权人行使所有权，须限定在一定范围内，以防侵害及其他业主的利益，确保居住的质量。

因专有部分所有权所衍生的义务较为广泛。我国《民法典》第272条第2句与第279条对于业主行使专用部分所有权规定了相应的义务：一是不得危及建筑物的安全，损害其他业主的合法权益；二是不应当违反法律法规或者管理性规约，擅自将住宅改变成经营性用房。如果确须做这种改变的，除应遵守相关法律法规的规定外，须经有利害关系的业主一致同意。当然，除《民法典》上述规定外，我国对业主建筑物区分所有权的行使，还有更为具体的规定，比如《物业管理条例》《建设工程质量管理条例》这两部行政法规，以及《住宅室内装饰装修管理办法》《建筑装饰装修工程施工质量验收规范》这两部部门规章，在这些法规中，对于业主装修专有部分作了一些禁止性规定并要求装饰装修时应事先告知邻里。

业主作为专有权人，承担着大量义务：①不得对建筑物存在不当毁损行为。例如，在装饰装修过程中，不得变动建筑主体和承重结构。②按照专有部分本来用途与使用目的使用专有部分的义务。

日本一般公寓大厦管理规约规定了相当广泛的业主禁止义务：[1]将专有部分作用途或目的之外的使用，例如在公寓里经营餐饮业、卡拉 OK、色情店等；饲养有危害或困扰他人的动物等。③维持区分所有建筑物专有部分存在的义务。④出资维修其专有部分，等等。

因共有部分的使用权而衍生的义务，主要包括：按照共有部分的本来用途使用之，例如，载人电梯不得作为运输工作使用，停车场不得堆放杂物；不得侵占共有部分为私人之用；维护与保存共有部分的义务，等等。但是在我国现行法的框架内，分担共同费用和负担，虽是业主的义务，但是并非属于物的义务，具有随人而走的特性。在比较法上存在不同于我国的制度设置，例如美国法规定了这种义务具有附着物的特性，管理人或者实施管理、修理行为的人可就共有部分优先受偿，这种优先权除税捐与登记在先的抵押权外，优先于其他"优先权"。[2]可是我国并没有规定此类优先权，此类债权仍只具有对人权的特性，非对物权。

（二）用益物权中的物务规范

1. 土地承包经营权中的物务规范

我国《民法典》"物权编"仅规定两项土地发包人的义务：不得在承包期内调整承包地（第 336 条）；不得在承包期内收回承包地（第 337 条）。对此《农村土地承包法》规定得更为详尽：①承包期内不得单方面变更承包经营权的内容（第 15 条第 1 项）；②应当尊重承包经营权人的生产经营自主权，不得干扰（第 15 条第 2 项）；③与《民法典》物权编简略地规定不得在承包期内收回承包地的规则不同，还规定了即便在承包期内，承包经营权人全家迁入了小城

---

〔1〕 参见［日］川岛武宜编集：《注释民法（7）》（物权 2），有斐阁 1978 年版，第 366 页，转引自梁慧星、陈华彬：《物权法》（第 5 版），法律出版社 2010 年版，第 173 页。

〔2〕 参见［日］川岛武宜编集：《注释民法（7）》（物权 2），有斐阁 1978 年版，第 366 页，转引自梁慧星、陈华彬：《物权法》（第 5 版），法律出版社 2010 年版，第 185 页。

镇落户，也应当尊重承包方的意愿，不得擅自收回承包地，且应允许其对承包经营权依法进行流转（第27条第3款）；④规定了发包人收回发包地的不可抗力情形，并同时指出，即使存在不可抗力，如在承包经营合同中已有约定不许收回的话，发包人仍不得收回发包地（第28条第2款）；⑤承包人在自愿交回发包地时，负有提前半年的书面通知发包方的义务（第30条）；⑥承包方转让承包经营权取得发包人同意的义务以及采用其他方式流转向发包人备案的义务（第38条）；等等。

2. 建设用地使用权中的物务规范

第十二章"建设用地使用权"规定的物务规范只有两个条文：第345条所规定的承受设立在先的用益物权的义务；第350条规定的合理利用土地，不改变土地用途的义务。

土地合理利用的方式及用途，最初均须通过出让合同予以厘定。1990年《中华人民共和国城镇国有土地使用权出让和转让暂行条例》（已被修改）第17条第1款即明确规定，土地使用者应当按照土地使用权出让合同的规定和城市规划的要求，开发、利用、经营土地。其第18条同时规定，土地使用者需要改变土地使用权出让合同规定的土地用途的，应当征得出让方同意并经土地管理部门和城市规划部门批准，依照本章的有关规定重新签订土地使用权出让合同，调整土地使用权出让金，并办理登记。后来我国《城市房地产管理法》第18条大体上继受了该条规定。这些条款所规定的义务，无疑都是物务，具有随物走的效力。它们事实上也均采用了合同的方式予以厘定，这是相当有趣的事情。事实上此种义务法定的外在形式掩盖了一件更为本质的事情：在建设用地使用权出让中，国家是作为合同一方当事人出现的。在这种法律关系中，国家既是裁判员，又是运动员，两种不同的身份纠缠在一起，难解难分。国有土地管理部门一方面是作为国家土地出让合同的代理当事人，另一方面又作为出让合同的审批方。究竟是在审批，还是只是一种象征性的意思表示？其中边际有时确难把握。将之视为合同义务的法定化，应该并非过当；同样，将这种义务的法定化，同时也赋予这种义务以物的效力，无论当事人是谁，只要承受了建设用地使用权，即必须遵守此种义务。此种义务与建设用地使用权不可分割，亦与建设用地不可分割，具备物务的本质特征。从这一角度论述，也可以将当前正在热议的"自动续期"视为国家对于建设用地使用权人的一种物务，无论管理机关如何更迭，均须承受的一种合同义务。[1]

3. 宅基地使用权中的物务规范

我国《民法典》"物权编"对于宅基地使用权规定的极为简略。究其原因，或许在于这方面的权利义务内容，早就已经约定俗成。且自我国历史传统来看，宅基地历来具有永久性，是百姓自己的土地，以公权力不干预作为最基本的原则。宅基地使用权人最为基本的物务，就是按照村里同意并经核准的土地用途使用宅基地。

4. 地役权中的物务规范

我国《民法典》"物权编"对于与地役权相关的物务，规定得较为简略。明确的规定仅有三个条文：第 375 条规定的供役地权利人按合同约定允许地役权人利用其土地的义务；第 376 条规定的地役权人按照合同约定利用供役地的义务；第 384 条所涉及已登记的租金债务。在理论上，我国学术界一般还认为地役权人还有维修地役权设施（或设置）的义务，此为物务。规范设置简略的原因，在于地役权诸多内容均是由当事人约定的。地役权法律关系中的法定物务虽然较少，但经由约定并登记的物务应当十分丰富。

对于这些约定物务，或许我们可以从法考常用的考题中获得一些感性的认识，例如，2006 年第 3 卷第 56 题涉及观赏风景的消极地役权。该题中乙方负有不得在自己土地上建筑高层建筑的义务。地役权的通常被用于积极用途，一般为通行地役权，功能上与相邻关系相同。但是事实上，地役权还有着更为广泛的消极用途，通过限

---

[1] 学术界几乎无人从物务角度考察自动续期的问题，而是均单纯地自国家权力的角度看待这一问题。这方面较为典型的观点，可参见王利明：《住宅建设用地使用权自动续期规则》，载《清华法学》2017 年第 2 期。

制相邻土地的使用，达到提升自己土地价值的作用。英美法上有一种较为特殊的地役权，即限制性约据，其功能便是如此。

这种限制性约据也是我国香港地区"法"上的一种特殊役权类型。限制性约据一般以某种特殊的消极义务为内容，比如，被约据所限制的土地上不得建工厂或者商店，也可以规定不可以做某种生意。它的目的一般是为了维护良好的居住环境，可采用如下表述：土地保有人除了将其房屋及其附属建筑、基地作为私人居住房使用外，不得从事任何商业行为。刚开始的时候，限制性约据仅只有合同法上的对人的约束力，只在土地或者房屋的出卖人和实际买受人之间发生效力，对于第三人没有任何约束力。也就是说，如果土地或者房屋的购买人将其再行出售，再买受人便不受限制性约据的约束。相对性的突破始于1848年的伦敦。争议的土地位于伦敦市中心，它是一片居住区的正中间区域。最初出卖人与买受人在交易时订立了限制性约据，后来又再被出售。限制性约据的内容是：不得在这片区域内搞建筑以保护中央广场的绿茵。再买受人不拟遵守这种约定，按照普通法的规则，限制性约据仅能在约据当事人之间生效。但是，当时受理此案的衡平法院以保护环境为起点，创设了一个新的规则：知悉限制性约据存在且未充分支付对价的土地后买受人，须受限制性约据的约束。之后的发展是，这种知悉加上未充分支付价款的规定被更为广泛的登记规则所取代。经过登记公示的限制性约据，具有物权效力，它是贴附在供役地的一种消极性约定，任何取得附有此种约据义务的土地的人，均须受到约据效力的约束。总之，英美法上的此种限制性约据，其制度发展的历程可分为三个阶段：第一个阶段为效力相对性阶段；第二个阶段为对第三人相对有效的阶段；第三个阶段为登记后的限制性约据具有普遍的物权效力。在英美国家，这种约据与地役权相并列，被视为一种新类型的消极地役权。[1]对于限制性约据的物权化，英国学者曾表示："19

---

[1]　参见雷秋玉：《论我国香港法上的限制性约据》，载《云南大学学报（法学版）》2016年第1期。

世纪所发生的将以往纯粹的合同义务向财产性义务的转变，乃衡平法对不动产法发展所作贡献之著例。"[1]

(三) 担保物权中的物务规范

单从权利的角度考查：①抵押权人基本没有物务。②质权人的物务主要包括：《民法典》第 432 条规定的动产质权人妥善保护质物的义务；以与自己财产同一注意义务收取孳息；不擅自使用、处分质物；返还质权。③留置权人的物务主要包括：《民法典》第 451 条规定的留置权人妥善保护留置物的义务；不擅自使用、处分质物；返还留置物。

自关系的角度考查，作为与担保物权人相对的一方，因为担保物权的存在而受到限制，其物务规范则主要有：①抵押人的物务。其一，为确保抵押物的价值，抵押人应当妥善保护好抵押物，务须不减损其价值或致其损毁，与这种义务相对应的抵押权权能是抵押权的保全。当然，抵押人更不能对抵押物为事实上的处分；其二，抵押人虽然对抵押物仍可为法律上的处分，但是根据《民法典》第 406 条的规定，抵押期间抵押人转让抵押物的，须经抵押权人同意。②质押人与被留置人的物务：在质权与留置权存续期间，不得自行取回质押物或者留置物。

(四) 占有中的物务规范

自占有人角度观察，主要包括：①拾得人的物务，如《民法典》第 314 条规定的拾得人对拾得物的返还义务及通知义务；第 316 条规定的拾得人妥善保护拾得物的义务。②占有人的返还义务，如第 460 条包含的占有人向权利人返还占有物的义务；无权源占有人自本权请求时，负有返还原物的义务。

自被占有人角度观察，主要是指讼争期间，本权人负有容忍占有人占有的义务。

---

[1] See Robert Megarry, *William Wade: The Law of Real Property*, 7th ed, London: Sweet & Maxwell, 2008, p. 1328.

二、比较法上的土地负担

（一）土地负担的概念及意义

1. 土地负担的概念

土地负担，英译为 real burdens，我国学术界或译为实物负担，或译为物上负担。由于这种负担仅设于土地上，故译为土地负担或更为准确，较少歧义。至于物上负担，我国学术界对此认识的歧义更多，有学者将其用来泛指英美法中的各种 interests[1]，例如地役权、限制性约据、抵押，等等；还有学者将物上负担与土地债务相混淆[2]。实物负担称谓，恐怕也同样产生歧义。

对于土地负担，《德国民法典》与《瑞士民法典》（第 782 条至第 792 条）都有规定。此处仅谈德国民法上的土地负担，因两者的规范体系极为相似。根据《德国民法典》第 1105 条，土地负担就是以向他人支付来自土地持续性给付的方式设定在自己土地上的债务性负担。虽说《德国民法典》将之设定在用益物权之中，但是它实际上只是一种债务性负担；而从此负担的相对方来说，则表现为一种收益权，而非"用"益权，所以有点名不符实。这种负担本质上是一种物上之债，其特征主要有[3]：

（1）其法律关系的表层为对人关系。承担"继续性支付"义务的土地权利人（一般为土地所有权人）对权利人负有继续支付义务。支付不必是"定期"的，支付的标的可以是金钱（支付每月的养老金），也可以是土地的出产物，或者其他实物（过圣马丁节时送一只鹅来），甚至于劳务（终老财产人生病时要对其服侍）。这种继续性

---

[1] 参见孟勤国、张淞纶：《英美法物上负担制度及其借鉴价值》，载《环球法律评论》2009 年第 5 期。

[2] 参见申惠文、杜志勇：《农地融资法律模式研究》，载《河南工程学院学报（社会科学版）》2016 年第 2 期。

[3] 参见［德］鲍尔、施蒂尔纳：《德国物权法》（下册），申卫星、王洪亮译，法律出版社 2006 年版，第 736~737 页。

支付关系在实然的意义上，与发生在特定人之间的债并无实质区别。例如 E 为 K 设定一项土地负担，内容是 K 取得土地所产的某类果物，在这种情况下，E 必须从事耕作并从土地所产向 K 继续性地给付土地所产果物。E 与 K 的表面关系是：E 承担向 K 给付土地所产果物的义务；E 与 K 也可以以纯粹合同之债的方式达成类似目的。当然，此种继续支付关系，也不同于德国民法上的限制性人役权。如果以限制性人役权的方式设定同种关系，则 K 必须自己在 E 的土地从事劳作，以获取土地所产果物。

（2）其法律关系的本质是人对物的关系。土地负担所产生的继续性支付义务，是以义务负担人对土地的权利为前提条件，如果义务负担人已经对土地不再享有权利，则其负担即刻解除，由新的土地权利享有人来继续承担这种继续性支付义务，或者因为物的灭失而绝对消灭这一负担。《德国民法典》第1105条所说的继续性支付，是从土地进行支付，其意义并不在于继续支付之物必须产自土地，而是指此种支付以对土地享有权利为前提条件。否则继续性支付的标的可以包括其他物、金钱甚至于劳务的情况，就难以想象了。当然，由土地权利的享有而承担劳务的制度设置，容易引发关于封建社会的服劳役之类的制度联想；只不过封建社会业已成为过去，即使制度功能类似，在当代社会也已经用于实现不同的社会目的。

（3）土地负担所对应的权利，是权利相对人因此获得收益的权利。德国民法将土地负担置于用益权的类别之中，应该就是基于这种考虑。但是在立法技术上，却并非基于权利考虑，而是基于关系，这体现在其在进行规范设置的时候，主要是从义务的角度进行规范的。单从权利角度考虑，土地负担涉及极为复杂的权利关系链条，作为其核心部分的继续支付请求权，既是对物的权利，也是一种对人的权利，不仅通过将义务与土地绑定，从而间接地实现了权利的对物性，它本身也可以最终对物施行。

2. 土地负担制度的意义

在德国民法中，土地负担通常与终老财产权利关联。例如，老农将农庄移转给继受人，同时为自己设定终老财产权利。这项终老财产权利计划，应该包括一项居住权，可采用《德国民法典》第1093条限制性人役权的方式，将建筑物或者建筑物的一部分作为住宅加以使用。作为限制性人役权，即不具有可转让性。当然，这项权利计划，也一般包括一项或者数项土地负担，例如按照终老财产人的需要提供实物和农庄的产物。但是也不仅限于农民养老，在工业方面，也有它的应用，例如，某铝制品厂的老板，在发电厂所在的E土地上以发电厂为义务主体为自己登记了一项土地负担，发电厂负有每日向其供应一定数量电量的义务。[1]

除了以上用途外，土地负担也在相邻关系、地役权关系中发挥着积极的作用，可用于设定因相邻关系用地、地役权关系使用他人土地而产生的费用或者报酬支付。故《德国民法典》第1105条第2款也规定："土地负担可以为另一块土地的现时所有人的利益而设定。"

总之，土地负担是一种十分具有德国文化色彩的物权制度，尤其是它所具有的养老功能，体现了农业社会特有的制度残留的韵味，但是即便在当代社会中，也还是有其积极的意义。虽然随着城市化、工业化的发展，养老已经进入到职业化的阶段，各种专业性的养老机构也随之产生，但是在农村社会，这种特殊的、作为养老财产权利制度中的一分子的用益权，仍有其在当代社会的生命力。譬如我国的遗赠扶养协议制度，甚至于遗嘱制度，如能够与土地负担结合起来，使之物权化，或许对于养老制度的完善，能够产生较大的助力作用。

（二）土地负担的设立与效力

土地负担的设立采用物权合意加登记的原则。

在设立时，土地负担可以设定为一项可以继承、转让的权利，但是德国民法对于土地负担采用了与用益权不同的原则，即只要从

---

〔1〕 参见〔德〕鲍尔、施蒂尔纳：《德国物权法》（下册），申卫星、王洪亮译，法律出版社2006年版，第738页。

土地登记簿中不能推导出相反的约定，则该土地负担为可继承、可转让的。也就是说，只有土地登记簿明确登记该土地负担为不可继承、不可转让的，它可仅能系于权利人之人身，当然义务人则并不限定，义务随物流转。对于因土地负担所取得的用益物权的转让，可以设定为主体物化（subjektiv-dingliches recht）的权利[1]，也就是说，被以权利主体物化的方式设定的土地负担的权利人，仅能通过移转关联土地的方式，移转因土地负担而产生的用益物权，例如，设定在供役地上的土地负担所产生的用益权不能单独转让，应与需役地所有权一同转让。同时，我国台湾地区自己地役权类型相似，土地负担也可以以所有人的土地负担的方式设定。

土地负担的设定行为系有因行为，其效力受作为其原因的基础契约的效力的影响，如基础契约无效或失效，土地负担也不具有效力或失去效力。

由土地负担而产生的法律效力，可自三个相互关联的层面予以解析：

一是土地对负担的兜底责任。这实际上也是一层负担，即兜底的存在于设定负担的土地或者土地一部分上的责任。在所设定的继续性给付义务不能实现时，权利人可主张物权性换价权。这层责任与抵押权相同。

二是自土地负担中所产生的单项给付的请求权，例如土地产物的给付请求权。这种请求权是一种物上之债，既有对人的效力，也有对物的效力，即这种请求权恒定地存在设在负担的物上，且不因其分割而受到影响。权利人的土地分割的，除非土地负担只对一部分土地有实益，否则应对分割后的所有部分的权利人负担。

三是作为土地负担的基础性契约而产生的债权债务。这种债权

---

[1] 参见常鹏翱：《物上之债的构造、价值和借鉴》，载《环球法律评论》2016 年第 1 期。

债务关系，基于德国民法的抽象技术[1]，可以被置于与土地负担隔离的状态下观察。在这种视角之下，因基础性契约而产生的债权债务与自土地负担所产生的单项给付的请求权或者被请求权的义务被分割开来，它们属于纯粹的债的领域。

第一层法律效力与第二层法律效力存在着规范上的关联，举例如下：

A 与 B 达成一项契约，约定 A 将其土地 V 让渡给 B，前提是 B 从约定的时间开始，每月向其支付 1000 马克的定期养老金。为实现契约的约定，A 将土地 V 让渡给了 B，但同时按照物权合意加登记的方式在其上设定了一项每月给付 1000 马克定期养老金的土地负担。此时，B 作为土地 V 的所有人，基于土地负担的约定，负有向 A 每月支付 1000 马克定期养老金的义务；土地 V 将在 B 不能履约时被 A 行使物权性的变价权。

这一例子中，第一层法律效力是：A 对 V 地有物权性变价权。第二层法律效力是：B 基于土地负担对 A 每月支付 1000 马克的义务，这是物上债务。物上债务不能实现时，A 可对 V 地行使物权性变价权，例如强制拍卖。

第三层法律效力与第二层法律效力之间的规范关联，亦举例分析如下[2]：

A 与 B 达成一项契约，约定 A 将其土地 V 让渡给 B，前提是 B 从约定的时间开始，每月向其支付 1000 马克的定期养老金。为实现契约的约定，A 将土地 V 让渡给了 B，但同时按照物权合意加登记的方式设定在其上设定了一项给付 1000 马克定期养老金的土地负担。此时，B 作为土地 V 的所有人，基于土地负担的约定，负有向 A 支付 1000 马克定期养老金的义务；土地 V 将在 B 不能履约时被 A

---

[1]　参见［德］罗尔夫·施蒂尔纳：《附随性与抽象性之间的不动产担保物权及其在欧洲的未来》，王洪亮译，载《清华法学》2006 年第 2 期。

[2]　参见［德］鲍尔、施蒂尔纳：《德国物权法》（下册），申卫星、王洪亮译，法律出版社 2006 年版，第 742~743 页。

行使物权性的变价权。后 B 将土地转让给 D，商定由 D 承受对 A 的
定期金债务，A 未同意。D 受让土地所有权后不久，又将土地转让
给 F。A 向 F 要求支付定期养老金，此时将发生什么样的法律效果
呢？首先，基于土地负担，F 既然已经受让了土地，那么对于物上
之债的定期养老金，负有支付义务，因为作为土地负担的定期养老
金支付义务具有随物走的特点，F 受让了土地，也就承受了由土地
负担所创设的定期养老金的支付义务。F 在向 A 支付之后，享有对
B 的追偿权，因为 F 虽然对外不能拒绝承担土地负担所创设的定期
养老金支付义务，但是由于 F 并未由 D 承担定期养老金的债务，D
承担定期养老金债务的事情未得到 A 的同意或者追认，D 未承担定
期养老金债务，根据传来取得的法律原则，D 就不可能向 F 传递这
一债务，那么 F 当然没有承担这一债务。真正应该承担债务的人是
B。B 通过与 A 之间的契约，设立这项债务。故 F 在承担定期养老金
的支付义务之后，有向 B 追偿的权利。F 和 B 对 A 事实上承担着连
带的定期养老金支付责任，这是一种物上之债与纯粹债法上的债务
之间的连带，也是一项不真正连带债务。同时，根据《德国民法典》
第 415 条，B 在被 F 追偿之后，享有对 D 的追偿权，B、D 之间亦存
在不真正连带债务关系。[1]

　　由第三层与第二层法律效力之间的关联，尤其是由土地负担所
创设的继续性给付义务，因为土地所有权的连续转让，而随之被移
转至 F 这一事实，可知这种给付义务是一种物上之债。它一方面与
物权相关联，另一方面也与债法上的纯粹债务相关联，或者不如说
它游走在物法与债法之中，以不同的面相出现，兼具物法与债法上
的效力。

　　我国民法尚未有这种兼顾附随性与抽象性之法技术，但是恰如
前述，由于土地负担制度原本就具有一定的养老功能，若能妥加吸
收，或许可以开出一条农村养老制度发展的新路。例如，或许可以

---

〔1〕《德国民法典》第 415 条第 3 款：只要债权人（A）未予追认，有疑义时，承担
人（D）就对债务人（B）有义务适时地使债权人受清偿。债权人拒绝追认的，亦同。

将之与我国的不动产继承制度衔接起来，让老年人在以遗嘱处分其不动产时（包括遗赠扶养协议的使用），为自己设定不动产负担，从而使老年人可以赢得更为主动的地位，而不是被动消极地等着子女们去养老。德意志法律上的这项制度，看似不近人情，而实际上它可以将情感与经济考虑更为贴切地融合在一起，解决我国农村社会单纯依靠情感的力量保障养老可能产生的问题。

（三）土地负担与土地债务的区分与关联

土地债务的法条表述与土地负担十分相似：《德国民法典》第1191条第1款将土地债务界定为"一块土地可以以须从该土地中向因设定负担而受利益的人支付某一特定金额的方式，被设定负担"。这一款与第1105条的区别，在于支付方式的不同，第1105条所规定的支付方式是"支付定期给付的方式"。但是两者的区分是本质性的，土地债务是一种法定的担保物权，而土地负担是用益物权的一种。

在法律关系的结构上，土地负担有三层结构，其中最为关键的一层，是基于土地负担而形成继续性支付义务，也就是物上之债。土地债务则抽除了这一层构造，仅剩下两层结构：第一层，对设定债务负担土地的物权性变价权；第二层，作为土地债务基础性契约所产生的债法上的债权请求权。土地债务的这种结构与抵押权是相同的，其不同于抵押权的地方，在于抵押权对于所担保的债权具有附随性，而土地债务则没有对所担保债权的附随性。[1]它们之间的联系，主要表现在第一层法律效力与第三层法律效力结构的趋同，毕竟土地负担也具有一定的担保功能。

土地债务与土地负担，都是德意志习惯法的产物，[2]这是它们之间的另一个共同点。习惯法对我国法制建设同样重要。鲍尔等人

---

[1] 参见王洪亮：《土地债务制度上的抽象构造技术》，载《比较法研究》2005年第4期。

[2] 参见王利明：《论习惯作为民法渊源》，载《法学杂志》2016年第11期。

曾如此评论当代欧洲担保法律制度的统一化进程，说："将所有国家的不动产担保物权只用一种不动产担保物权统一起来的后果，是具有灾难性的，因为这种统一将会取消为了形成更好的法律而进行的法律制度之间的竞争，破坏了不断成长的、旗鼓相当的法律制度多样性的活力。"[1]这种评价对于土地负担与土地债务这种德意志习惯法上的制度，是同样适合的。

第三节　预告登记的物上之债

一、何为预告登记

（一）预告登记的概念

预告登记，是为了保全对于他人不动产权利的请求权，而由请求权人提供不动产权利登记名义人的同意及印鉴证明，向主管不动产登记机关所为的限制不动产登记名义人处分其不动产权利的登记。登记的目的在于阻止不动产登记名义人对于该不动产权利进行妨害该请求权的处分行为，以保护请求权人的权益。预告登记一般应当具有以下特征[2]：

第一，预告登记是意定的限制登记。在我国台湾地区，限制登记包括的门类较多，包括预告登记、查封、假扣押、假处分或破产登记，也包括其他依法所为的禁止处分的登记。其中，查封、假扣押、假处分或破产登记，都需要法院或者行政机关以嘱托方式，委托不动产登记机关办理登记，唯预告登记，需要登记申请人以取得登记名义人的同意后，方可向不动产登记机关申请登记。

第二，预告登记本质上为保全登记。被保全的权利的类型，包

---

〔1〕　参见［德］鲍尔、施蒂尔纳：《德国物权法》（下册），申卫星、王洪亮译，法律出版社 2006 年版，第 60 页。

〔2〕　参见雷秋玉：《我国台湾地区不动产登记制度研究》，法律出版社 2012 年版，第 290～292 页。

括不动产权利设定、移转或使其消灭的请求权，不动产权利内容以及顺位的变更或者确定的请求权。

第三，预告登记具有排除新登记的效力。经过预告登记之后，不动产权利人对于不动产所为的处分，妨碍保全的请求权无效。但是对于因征收、法院判决或强制执行所为的新登记，没有排除效力。我国《民法典》第221条所确定的规则与此稍有不同，统一规定未经预告登记权利人的同意所为的处分无效，而非以是否妨碍保全为不动产登记名义人处分行为无效的标准。

（二）预告登记的性质之争

从翻译过来的文献看，德国民法学中对预告登记的主流认识，是将其作为一种担保手段，具一般认为预告登记具有"两栖性"：一方面，预告登记被列入在债法领域中，因为其所担保的对象，是以物权变动为内容的债法上的请求权；另一方面，它又可以归于物权法的范畴，因其具有物权性质。[1]这种观点对我国学者影响很大，例如，金可可对德国民法"预告登记的性质"阐述，基本就是按照这一套路展开对预告登记的物权性与债权性质的探讨。[2]庄加园将预告登记作为一种担保手段。[3]

从直接将预告登记作为一种权利现象到将其作为一种担保手段，继而直接探讨这种担保手段的效力，研究中所体现出来的笼统特点并未消失，而是以一种隐蔽的、回避本质的方式呈现出来。如上所言，预告登记只是一种民法上的登记程序，并非一种什么权利现象；它也不是一种担保手段，而应是一种保全措施。担保与保全，两者取向完全不同：担保者，无论是人的担保，还是物的担保，以优先

〔1〕 参见［德］鲍尔、施蒂尔纳：《德国物权法》（下册），申卫星、王洪亮译，法律出版社2006年版，第419页。

〔2〕 参见金可可：《预告登记之性质——从德国法的有关规定说起》，载《法学》2007年第7期。

〔3〕 参见庄加园：《预告登记的破产保护效力》，载《南京大学学报（哲学·人文科学·社会科学）》2014年第6期；庄加园：《预告登记在强制执行程序中的效力》，载《当代法学》2016年第4期。

受偿为目的，例如保证、抵押，等等，无不如此；保全者，是维护权利本体的存在为取向，务必使其能经得起法律上的风浪，不至于因不动产登记名义人的行为或者其他原因而灭失。与其说预告登记是一种担保手段，不如说它是一种对权利的保全程序，以使预告登记的概念从德国民法学译著中的暗影下走出来，还其不动产登记程序的本真面目。登记程序作为一种权利的公示方式，在民法中的作用主要体现在两个方面：一是将以法律行为创设或者变动权利的行为与登记公示捆绑，不登记不生效；二是将以法律行为创设或者变动权利的行为的对抗效力与登记公示结合起来，不登记权利不能对抗第三人。作为权利公示方式的预告登记，其作用究竟是以何种方式体现出来的，目前的研究尚未对其加以揭示，而只是笼统地谈效力却不谈效力何以发生，回避了问题的本质，不能不说是一种缺憾。

将预告登记直接视为一种权利，进而从债法、物权法不同领域展开对其物权性质的探讨，则显得更为笼统。因为预告登记本身是一种登记程序，何以会具有物权性质或者债权性质。这就如同不动产所有权的移转登记一样，对于不动产所有权，固然要谈其物权性质，因其本身就是一种物权，但是对于不动产所有权的移转登记，似乎就不能将之与不动产所有权本身等同起来，它只是一种公示方式，并非权利本身，这是显而易见的。德国民法学上尤其是卡纳利斯的学术观点，具有很大的误导性："这是一种混合形式，其按照其请求权基础是债权性的，而就其处分保护以及在破产或强制执行中的效力而言，却具有对物权的特点。"[1]不能不说，卡纳利斯的很多学术观点都对民法研究具有很大的启示，包括他此处言论中所提到"混合形式"，假如不是囫囵吞枣式地照搬的话，从这段语句中，我们还是可以参悟到很多意想不到的讯息，从而揭示出预告登记在权利生成上的初始效力，以及这些效力在不同方面的表现。

---

[1] 参见金可可：《预告登记之性质——从德国法的有关规定说起》，载《法学》2007 年第 7 期。

二、预告登记效力的规范结构

与所有的民法上的登记公示方式一样，预告登记具有某种权利生成与效力赋予的功能。其一，必须揭示其权利的生成结构；其二，才是在权利生成的基础上展开对已被公示的权利的效力的分析。

(一) 作为预告登记原因的债法上的契约

作为预告登记原因的是某种债法上的契约。由这种债法上的契约，产生了某种债法上的请求权的结果。例如不动产买卖契约，在这种契约中，约定 A 方向 B 方支付一定的价款购买某宗不动产，它是负担行为，由此 B 方负有向 A 方移转某宗不动产权利的义务，而 A 方则负有向 B 方支付该宗不动产价款的义务。当然，A 方与 B 方可能在这一买卖契约中还约定在合同订立后，向不动产登记机关对契约进行预告登记，当然这种约定也可能在契约之外，但是它必然构成契约整体的一部分。

这就是预告登记得以发生的原因，它是基础行为，或者称为原因行为，当然它也是债权行为。关于原因行为与结果行为的划分，或者债权行为与物权行为的划分，是德国民法学的传统之一。划分的通常结果是，将原因行为与结果行为作为自然因果链中两个不同环节来进行历时性考查，原因行为导致结果行为的发生，而后原因行为的法律效果就消灭了，往往是因为履行而消失，但是结果行为的效果却保存了下来。我们看到诸多例子都是如此，例如，买卖合同的结果是双方的给付义务，双方的给付义务履行完毕之后的结果是物权发生了变动，此时作为买卖合同结果的给付义务消灭，而作为结果行为即履行行为的结果，物权变动得以发生并暂时固化下来。但是，还有另外的可能性，原因行为导致了某种结果行为，但是原因行为的效力并不消灭，而是也依然保持着。这一种现象在原因行为与票据行为的因果链接中表现得尤其充分，预告登记制度中的因果链接也存在这种现象，即作为预告登记发生的原因行为，其效力在预告登记发生后依然保持，从而其债法上的效力依然存在，双方仍负有对待给付义务。这种现象在预告登记中之所以存在，是因为作为预告登记原因行为的债法上的契约，并没有得到履行或者充分履行。而没有得到履行或者充分履行，实际上又恰恰是需要预告登记的原因。

在预告登记制度中，属于债法中的内容，就是作为预告登记原因行为的合同之债，而非预告登记本身，这是确定无疑的。这种特殊的结构，可以从民法物债二分的体系化特征中找到其依据。

（二）作为债法契约结果的预告登记

1. 物上债务的创设

作为预告登记制度的一部分，债法契约的结果之一，便是预告登记的发生。预告登记，虽然在整个物权制度的体系中，只是作为一种临时性的请求权保全措施而存在，但是它仍有其丰富的内涵。可以将预告登记视为某些权利义务发生的公示方式。预告登记的作用，并不是使已经发生的物权具有对抗效力，而是创设了某些临时性的权利与义务，它所秉承的，是登记生效要件主义，需要物权合意加登记，这种临时性的权利与义务才能发生。通观我国民法学界，从未有从此角度进行阐释的论著，究其原因，无疑是仅仅将预告登记作为一种简单的程序看待，而未从预告登记作为权利或者义务发生的角度来考虑它。我们已经看惯了不动产所有权的移转登记、不动产他物权的创设登记，等等，这些典型的不动产物权变动登记的公示方式，使得我们很容易忽视某些细微的，甚至于带有隐蔽性的物权变动，即预告登记实际上也是一种"物权变动"的公示方式，且这种公示方式是某些"物权变动"发生的生效要件。形式或许从来就与权利相关，在法律中或许也并不存在什么单纯的与权利义务无关的形式。

从关系的角度看物权，是本章阐述物上之债的出发点之一。与预告登记相关联的物权变化，在这一角度下，首先进入我们视域的，事实上并非权利，而是义务。如上所述，预告登记本质是一种限制登记，它所限制的是不动产登记名义人对其不动产进行处分的权利。因此，自物权合意看，预告登记这一外在的形式所隐含的内在意义，是对不动产登记名义人处分权的物权限制合意。这一物权限制合意，经过预告登记后，发生物权效力，不动产登记名义人的不动产物权从而发生局部的质变，变成了受限制的物权，而非完全的物权，即其法律上的处分权受到限制。从这一物权变动的结果，导致在预告登记的有效期限内，不动产登记名义人无法行使其对名下的不动产物权的处分权，或者不能以妨害于所保全债权的方式行使其对名下不动产物权的处分权，否则无效。

我国《民法典》第221条第1款第2句所规定的"预告登记后，未经预告登记的权利人同意，处分该不动产的，不发生物权效力"，所表述的就是这种意义。依文义，这句话是告诉我们，经过预告登记之后，不动产登记名义人已经暂时性地丧失了处分权，无处分权的物权处分行为，当然不发生物权变动的效力。物权行为的生效要件之一，就是要有处分权，欠缺处分权，物权行为不能生效，也就不能发生物权变动的效力。总之，该句话的内在逻辑包含这么几个环节：预告登记导致处分权暂时丧失——处分权为物权行为的生效要件——无处分权的物权行为不生效。

这一款的第2句还蕴含着另一层意义，即经过预告登记的权利人同意的处分是有效的处分。我国《民法典》的条文表述较为简略，难以推知它所包含的具体意义是什么。依据不动产物权变动的一般规则——物权合意加登记的规则，预告登记的权利人同意，仍是一种物权合意，通过该合意，预告登记的权利人放弃了其经由预告登记创设的权利，但是最终这种经由合意而放弃物权的意思，应通过不动产登记的公示方式表现出来，亦即通过涂销预告登记的方式表现出来，否则不生效力。这是最合体系的一种解释。但是，从该句的文意看，最为可能的意思是：经过物权合意即可发生放弃预告登记所创设的权利，而无须登记。这是不合体系的，可是我国《民法典》规范不合体系的规则并非唯有此处，地役权的登记对抗主义亦是另一典型的例子，在此不拟赘述。

总之，经过预告登记而发生的权利义务变动的首要环节，是一种义务的产生。依此义务，不动产登记名义人负有不得处分其不动产物权的义务，此为强制性规范，违反此规范的，处分行为不生效力。这种义务，事实上是一种物上债务，与纯粹的债法上的债务不同的是，它具有物权效力。

2. 物上债权的创设

由预告登记所创设的物上债务，并无物权相对应。它既不对应所有权，也不对应他物权中的任何一种物权类型。因此，据此不能得出这样的结论：不动产登记名义人享有某种物权，因此它就要承担某种物权法上的义务（前文称之为物务）。预告登记所创设的限制处分的义务，并非这些物权类型所固有的，而是经由双方合意而强加的。不能据此认为，这种物上债务没有对应的权利，在预告登记制度中，它所对应是经由预告登记而创设的一种物上债权。这种物上债权当然是一种请求权，而非支配权，但是它具有对物权与绝对权的属性。所谓的对物权的属性，此处是指它具有随物走的特性，随物之所至，可对任何占有或者控制它的人主张其债权的存在；所谓的绝对权的属性，此处是指该种债权，不因他人取得物权，而当然适用物权优先债权的原则予以排斥，[1]而是在他人取得预告登记债权的标的物之后，可追及该他人请求履行，这种履行请求权具有物权的优先性效力，优先于一般的债权获得清偿。这种追及效力与优先效力，主要体现在预告登记债权的标的因法定继承、债务人破产或者被法院强制执行而易主等场合。预告登记具有绝对的对抗他人的效力，其排他性极为强烈，根据《最高人民法院关于适用〈中华人民共和国民法典〉物权编的解释（一）》第4条的规定，未经预告登记的权利人同意，转让不动产所有权等物权，或者设立建设用地使用权、居住权、地役权、抵押权等其他物权的，应当依照

---

[1] 参见雷秋玉：《地役权的"物权性"解读——基于"物权性"的解构与重构》，载《河北法学》2016年第6期。

《民法典》第 221 条第 1 款的规定，认定其不发生物权效力。

三、基于预告登记创设的物上债权的物权性展开

因预告登记所创设的物上债权，与作为原因行为的债法上的契约所创设的债权有本质上的不同：债法上的债权无物权效力，物上债权具有一定的物权性，从而具有因物权性而产生的追及效力与对抗效力。此种效力可通过如下例示得到确证：

（一）与《企业破产法》相关规则的协调

我国 2006 年《企业破产法》规定的破产程序有一般破产程序与重整程序，重整程序是破产程序的特殊程序。作为物上债务人的不动产登记名义人进入破产程序，相应的物上债权的标的物，应将进入破产程序，受到破产程序的限制。涉及破产法相关条文对预告登记的物上之债的适用问题，共有四处：第一处，第 18 条规定的管理人的解除合同的选择权；第二处，第 38 条规定的不属于破产债务人财产的取回；第三处，第 75 条所规定的重整期间有毁损可能的担保物的取回权；第四处，第 109 条规定的优先受清偿不被列入破产财产的物权性权利。如果将经预告登记的物上之债与作为预告登记原因行为的纯粹的债法上的契约之债混为一谈的话，当然，探讨这些问题都没有什么意义。[1]但若承认预告登记所具有的权利创设与权利公示的功能，则必然要面对这些问题。

2006 年《企业破产法》第 18 条的规定，本身也存在一些问题。从该条的文义看，只要是破产申请受理前的双方均未履行完毕的合同，管理人都有选择解除的权力。这是不是意味着，即便是受担保物权保护的此类合同，也在管理人的解除权行使的对象之列？事实上并非如此，担保物权人对所担保债权合同项下的标的物，有别除权。这是该条表述不周延的地方。即如已经履行完毕的单务合同，

---

[1] 参见庄加园：《预告登记的破产保护效力》，载《南京大学学报（哲学·人文科学·社会科学）》2014 年第 6 期。

和双方均已履行完毕的合同，都是已成过去式的合同，也就是说，此类合同如果涉及物，是动产的业已交付，是不动产的业已登记完成权利移转，当然不在解除权的权力支配之下。解除权只面向未来，而不能指向过去，这是解除权与撤销权的本质区别，立法者不可能不明白。故"双方均未履行"的语句表述，可视为对此种可被解除合同的范围限定的强调，固然没有什么问题，这种表述不存在不周延的问题。但是，双方均未履行完毕的已然临时性地过渡至预告登记程序的纯粹债法的合同，是否在此解除权之列？如果在此解除权之列，可被管理人解除，则预告登记制度就没有意义了。作为预告登记的原因行为与作为结果的预告登记之间的关系，不似原因行为与票据行为之的关系那样具有抽象性，一如德国民法上的土地负担，作为原因行为的债法上的合同一旦被解除，则预告登记所产生的权利义务随之归于无效。因此，为了确保预告登记所具有的体系性意义，《企业破产法》第 18 条所规定的解除权，当然不适用于预告登记中作为原因行为的纯债法上的合同，否则预告登记毫无意义。根据举轻明重的原则，则由预告登记所创设的物上之债，更无置于管理解除权项下的理由。

上述《企业破产法》的第 38 条与第 75 条的规定可以合并在一起，因为都涉及取回权。但是第 38 条涉及的是不属于破产债务人财产的取回权，第 75 条涉及的是破产重整期间受限制担保物权的标的在面临毁损危害时的保全性的取回权。这两个条款可否类推适用于预告登记创设的物上债权？庄加园对此的观点与金可可的观点完全相左，理由有二[1]：一是金可可笼统地使用取回权以概括不同的预告登记的效力。事实上预告登记可区分为取得所有权的请求权的预告登记、抵押权设立请求权的预告登记等，假使取回权的规则可以适用的话，也只能适用于所有权取得类别的预告登记，而不应将之作为所有类型的预告登记的效力；二是庄加园认为预告登记的请求

---

[1] 参见庄加园：《预告登记的破产保护效力》，载《南京大学学报（哲学·人文科学·社会科学）》2014 年第 6 期。

权，都是债权性的请求权，不应当具备取回权这种由所有权所发生的效力。笔者基本同意庄加园的观点，然而必须指出，尽管其观点具有较大合理性，但是将预告登记所创设的物上债权与作为基础的债权性请求权相混淆，是其明显的一个缺陷。预告登记所创设的这种物上债权，就其所处在法律状态看，只是被赋予了对物权的效力与绝对权的效力，且在规范结构上并无其他物权法规范对其进行助力。对物权的效力使其附着于物，权利人可以随物追及。绝对性的效力，虽然不是令其具有排除其他物权的积极对抗效力，但是至少有不被排除的消极对抗力。预告登记没有支配权特性。本书在第二章较为详尽地介绍了物权作为支配权的特性，指出支配权特性的外在形式特点，表现为占有、使用、收益与处分；内部精神特质，表现为物权人的自由意志。有支配权，就有取回的效力。所有权是支配权，故依据《企业破产法》第38条，不属于破产债务人的财产，所有人或者所有权人可以取回；抵押权也具有一定的支配权能，否则如何进行最后的法律处分呢？故在抵押权有受到实际损害之虞时，抵押权人可以取回（恢复控制）以行使别除权。预告登记创设的物上债权，并不以支配权为内容，不具有支配性，故事实上不可能具有取回权能。《企业破产法》第109条所规定的担保物权的别除权规定可否类推适用于预告登记所创设的物上债权的问题，其分析思路同上，预告登记不应产生别除权。

在无法将取回权、别除权等规则类推适用于预告登记所创设的物上债权的情况下，接下来的问题是：①预告登记创设的物上债权与抵押权实现的关系如何确定？②预告登记创设的物上债权是否面临着《企业破产法》第113条的适用？

如果预告登记创设的物上债权是与所有权取得请求权相关的，且与抵押权的登记同存于一物之上，基于预告登记的制度功能，抵押权的登记在预告登记之前的，应优先实现抵押权，预告登记所创设的物上债权对抵押权实现之后的物之取得人无权进行追及。若允许这种追及，则与物权的顺位制度相违背了。抵押权的登记若在预告登记之后，抵押权人应当可以行使别除权，但是因抵押权的实现而取得抵押物的所有权人，要承受预告登记所创设的物上债权的追及。

如果预告登记所创设的物上债权与抵押权相关，则主要涉及的问题是将来实现抵押权的本登记时，它与已经设立的抵押权的顺位应当如何确定？这是一个普遍性的问题，并非仅与破产情形所关联。通说认为，预告登记具有顺位保留功能，即，如果预告登记在不动产登记簿上的顺位先于其他抵押权，则将来推进至本登记时，由预告登记所保全的抵押权，其顺位优先于其他抵押权。[1]预告登记抵押权本身不应当具有优先受偿的功能，这一点是清楚的。未进行本登记的预告登记抵押权本质上只是一种推进至本登记的请求权，而非支配权，怎有支配权能？即便因预告登记，这种请求权具有了一些物权性，形成了物上债权，但是它尚未推进为物权。它还只是一种抵押权的设定请求权，并非抵押权本身。目前我国实务界对此存在分歧，学术界也是聚讼纷纷，但是这种争议实不应该存在，因为不动产登记的基本原理是清楚的，预告登记与本登记具有不同的效力，也是清楚的，何至于形成这么大的分歧？

相较于《企业破产法》第 113 条所规定的债权，无论其为共益债权，还是破产费用债权，它们都是债法上的债权，预告登记所创设的仍是物上债权。在这种情况下，如果预告登记所创设的物上债权与所有权的取得相关，物上债权应当优先于所有这些纯粹的债权，这是基于"物权优先债权"规则的合理推论；如果预告登记所创设的物上债权与抵押权的取得相关，则其并不优先《企业破产法》第 113 条的债权，而是在该条适用之后，追及至物的取得人，向其主张抵押权设立登记的请求权。

（二）与非依法律行为发生所有权变动规则的协调

我国《民法典》第 221 条所要阻止的，仅是预告登记债权的债

---

[1]　参见程啸：《论抵押权的预告登记》，载《中外法学》2017 年第 2 期。

务人对作为合同标的物的处分。对于债务人处分行为之外的原因，并无阻止其发生的功能。故如果因强制拍卖、法定继承、征收等原因导致合同标的物的所有权发生变更的话，应当如何处置预告登记所创设的物上债权呢？

首先，对于强制拍卖导致合同标的物所有权易主的情况，应承认预告登记所创设的物上债权的追及效力，物上债权人可以在拍卖人完成所有权移转登记的同时或者之后，向其主张由预告登记转入本登记。[1]本登记可以是所有权的移转登记，也可以是抵押权的设定登记。对于强制拍卖前的预备性的，或者独立性的查封登记，预告登记所创设的物上债权人负有容忍义务，只能待其涂销后，方有可能主张本登记。

其次，对于因法定继承而取得预告登记债权标的物的继承人，在其完成标的物继承登记的同时或之后，预告登记权利人也同样可以追及至标的物向其主张本登记的进行。

最后，对于征收而取得预告登记债权标的物的情况，因征收本身所依法具有的洗除功能，预告登记将被涂销，涂销预登记之后，物上债权消灭。此时，作为预告登记基础的普通债权依然存在，但是普通债权不具有追及效力，故不得向征收人主张。同时，因为普通债权的标的物因不可抗拒的外力而丧失，债务人亦可因此而免责。

（三）预告登记债权与建设工程优先权的关系

这一问题在本书第二章已经介绍，即在购房人已经支付全部或者大部分房款的情况下，建设工程优先权不得优先于购房人的债权，虽然这一规定并不是针对预告登记设计的，但是事实上赋予了预告登记债权在特定情形下优先于建设工程优先权的地位。从预告登记债权作为物上之债的角度看，这仅仅只是一个基于权利行使的"便利性"制度安排，并不改变权利的实质。理由在于：即使允许建设

---

[1] 参见庄加园：《预告登记在强制执行程序中的效力》，载《当代法学》2016年第4期。

工程优先权优先于预告登记债权行使，建设工程优先权人于拍卖或者出售建设工程之时，因为预告登记本身所具有的公示作用，将使得拍卖或者出售的受让人不会以高于预告登记债权人购房款的价格买受它。理由在于：预告登记使得预告登记债权人可就其债权追及至买受人，请求以原价款购买，买受人不得拒绝。既然如此，使预告登记债权人直接取得房屋的所有权，建设工程优先权人就该价款受清偿，岂非更为直接便利。2023 年通过的《最高人民法院关于商品房消费者权利保护问题的批复》对于预告登记债权与建设工程优先权关系的处置，使得原本清晰的法律关系变得复杂化了。故在预告登记制度之下，可以直接规定预告登记债权人优先取得所购房屋，而建筑工程优先权人优先就房屋所售价款受偿，无须受"支付全部或者大部分房款"的条件约束。

但是，若不存在预告登记，上述最高人民法院的批复，还是具有一定的现实意义，符合一般的社会观念。因为在普通人看来，已经支付大半或者全部价款的购房人，在经济意义上就是房屋的所有权人。

（四）预告登记的物上债权的放弃

预告登记所形成的物上债权是完全可以放弃的，[1]在房地产开发企业破产导致工程烂尾无法交付的情况下，购房人放弃物权性权利乃至合同履行的权利，转而主张损害赔偿，仍是明智之举。只是如此一来，预告登记所产生的物权性效力消除，由放弃合同履行所产生的损害赔偿请求权，将作为普通债权受偿。

四、商品房预售的预告登记效力

尽管我国《不动产登记暂行条例实施细则》第 85 条与第 86 条明确规定了商品房预售的登记程序，但是学术界对此存在争议。

---

[1] 参见陆晓燕：《保障生存利益与维护交易安全的平衡——房地产开发企业破产中购房人权利之顺位研究》，载《法律适用》2016 年第 3 期。

（一）　预售商品房抵押的预告登记效力

预售商品房抵押的预告登记，是我国商品房预售制度一个组成部分。在预告登记未推进至本登记前，按理说不应当具有优先受偿的功能。常鹏翱教授说："这种预告登记具有弹性架构，随着商品房建设的进度，其义务人会从预售人扩张到开发商，标的物会从预购商品房转变为现房，预购人或开发商处分现房的行为会受影响，从而能保障银行取得房屋抵押权。"[1]这句话的意思就是，预告登记的抵押权，不是本登记意义上的抵押权，银行要真正取得抵押权，还需要静待预购商品房变成现房，至预告登记推进至本登记始有可能。对此，司伟教授是表示赞同的，他也说，预告登记与本登记所保障的权利是不一样的，预告登记所保障的权利，还不是现实当中存在的物权，而只是一种将来可能发生物权的请求权。因此，不能将抵押权的预告登记等同于抵押权的本登记，只有办理了抵押登记，才算是取得了抵押权。只有取得了抵押权，才有可能据此在符合条件的情况下，行使优先受偿权。[2]

现实中的一个折衷的方法是，有条件地承认抵押权预告登记的优先受偿效力。即在商品房的抵押预告登记已经办理完毕之后，进行抵押权现实登记的条件已经完全具备，但是预告登记义务人拒不办理抵押的本登记，以至于预告登记权利人无法取得抵押权。在这种情况下，法院责令预告登记义务人限期协助银行办理抵押登记手续。可是作为预告登记义务人的购房人仍迟迟不愿协助办理，致使抵押的本登记无法进行。在这种情况下，法院为了维护交易安全，可以根据《物权法》第28条（《民法典》第229条）的规定，判令

---

〔1〕　常鹏翱：《预购商品房抵押预告登记的法律效力》，载《法律科学（西北政法大学学报）》2016年第6期。

〔2〕　参见司伟：《预购商品房抵押权预告登记权利保护的法律基础与路径选择》，载《人民司法（案例）》2016年第14期。

作为债权人的银行，对抵押房产的处置价款行使优先受偿的权利。[1]这一观点可谓与上述观点截然相反，针锋相对。上述观点都要求至本登记完成，债权人取得抵押权时，方可行使基于抵押权的优先受偿权，而本处观点却认为可得权衡处置。为方便评论起见，本书将上述观点称为正方，将此处的观点称为反方。

反方的观点过分地扩张了《物权法》第 28 条赋予公权力的物权形成权。法院的裁判固然所依据是司法权这种公权力，但是法院的形成判决有其合法性的限度。任重指出，通说认为，生效的形成判决，所变动的只能是既有法律关系，而且原则上这种变动也总是消极的，而非积极地在当事人之间创设某种新的法律关系。当事人之间欲形成新的法律关系，还需要由当事人自治，而非法院代办，法院不应、也不能以国家行为主动地介入当事人之间的意思自治领域。但是为了给我国《物权法》第 28 条的规则正名，任重认为，该条所创设的，是一种新型的依据公权力所形成的形成权。[2]这种看法是否恰当？从任重所举的论据来看，笔者认为任重的观点不能成立。理由在于：任重所举的论据是我国《合同法》第 54 条第 2 款（《民法典》第 148 条）因为欺诈而行使合同撤销权的情形。任重认为，我国司法实践的惯例是，撤销因欺诈而订立的房屋买卖合同的同时，法院或者仲裁机构的裁判也同时使得房屋的所有权恢复至原所有人，也就是说，我国法院或者仲裁机构的裁判，既有消极的否定形成效力，也有积极的形成效力，比如，使得房屋所有权恢复至原所有权人。同时他还指出，这种倾向在坚持传统形成判决意义的德国法中，就不是这样了，在德国民法中，法院或者仲裁机构的裁判只具有消极的形成效力，在同类案件中，只能起到撤销合同的效力，但是并不能起到使房屋所有权恢复至原所有权人的效力。权利人在合同撤

---

〔1〕 参见林秀榕、陈光卓：《抵押权预告登记权利人无过错时有权对商品房优先受偿》，载《人民司法（案例）》2016 年第 14 期。

〔2〕 参见任重：《形成判决的效力——兼论我国物权法第 28 条》，载《政法论坛》2014 年第 1 期。

销之后，依德国民法，权利人不能行使物上返还请求权，而只能行使不当得利请求权。事实是否如此？德国民法上还有一种规则，即瑕疵同一规则，当同一瑕疵，例如欺诈，同时存在债权行为与物权行为之中的时候，撤销权的行使，所指向的，并非只是债权行为中的欺诈，也同时指向物权行为中的欺诈，故此，同一撤销行为，所撤销的，并非只有作为债权行为的合同，而是同时连同物权行为也一并被撤销掉了。恐怕我国《合同法》第54条第2款（《民法典》第148条）的司法实践中所指向的，并非创设某种新的法律关系，而不过是消灭某种既存的法律关系。在物权行为被撤销之后，房屋所有权既恢复至原有状态，为原所有权人所有。

总体而言，不应对《物权法》第28条的形成判决赋予过多的含义，也不应为了为现行法辩护，而刻意地为其正名。反方所依赖的《物权法》第28条事实上并不具有使得抵押预告登记具有优先受偿的根据。对该条的含义，还是应当限定在对既有法律关系的消极形成方面，而不应当赋予其积极形成的意义，否则无异于鼓励公权力向私人意思自治的空间进发，如此一来，私人自治将面临风险，应依法限缩其适用范围。[1]作为正方的司伟教授所提供的两条解决思路是合乎法理的：第一条思路是，在办理本登记条件已经具备的情况下，预购人故意不办理或者迟迟不办理房屋所有权本登记，可将之视为不正当地阻止房屋设立抵押权登记的条件的成就。此时，根据我国《合同法》第45条（《民法典》第159条）的规定，将其视为条件已经成就。处理的办法是，将开发商追加为诉讼中的第三人，判决开发商协助将房屋产权转移登记到预购人的名下。同时判决抵押预告登记的权利人持上述判决单方办理抵押权登记，从而实现抵押权；第二条思路是，在预购人能够办理房屋所有权登记但却故意不办理或迟延办理的情况下，抵押预告登记权利人可以根据《合同法》第73条（《民法典》第535条）行使代位权，请求开发商协助

---

[1]　参见王俣璇：《判决文书引起物权变动之限制与规则》，载《山东大学学报（哲学社会科学版）》2017年第2期。

办理房屋所有权登记，由此形成抵押权的登记条件。此时，若预购人还迟迟不协助办理抵押权的本登记，可由法院判决由预告登记权利人单方办理抵押权登记，完成本登记，以取得抵押权。这两条思路，第二条显然较为简便，且符合法理。

（二）商品房预售的预告登记所面临的法理问题及解决思路

我国商品房预售的预告登记所面临两个需要解决的法理问题：一是不动产登记簿的问题；二是客体特定化的问题。[1]不动产登记簿的问题是，我国现行的不动产登记簿设置的制度基础是权利登记制，而非契据登记制。具备登记能力的权利，才有可能进入到不动产登记簿的设置之中，从而在不动产登记簿中有一席之地。预告登记所登记的实际上是物上债权，一般包括所有权移转请求权，抵押权设定请求权，而非真正的物权。物上债权并不在法定的物权类型之中，故不可能在不动产登记簿中为其准备恰当的位置。客体特定化的问题，即商品房预售时，房屋实际上尚未建成，在某些情况下，甚至于只是一张图纸。在这种情况下，作为登记的标的都未形成，无法完成物的登记，例如标示登记，物的登记是权利登记的前提。物的登记不能完成，则无法完成权利登记。[2]

这两项问题解决方案，在张双根教授看来：不动产登记簿缺失的问题，可经由"临时性登记簿"或者"预登记簿"的创设而解决；而客体不特定的问题，现实中多借由"在建建筑物"之类的名目予以充任，但是这并未解决商品房预售预告登记中的客体缺失问题。这种客体缺失的问题，在"楼花"炒作的大制度背景下，恐怕难以消失，唯一的解决方案，也是最根本的解决方案，是取消商品房的预售制度，商品房未建好之前不允许销售，这样才能使得预告登记制度可以建立在客体特定的基础上，方能与不动产物权变动的

---

〔1〕 参见张双根：《商品房预售中预告登记制度之质疑》，载《清华法学》2014年第2期。

〔2〕 参见雷秋玉：《我国台湾地区不动产登记制度研究》，法律出版社2012年版，第311~312页。

客体特定原则不相违背。张双根教授的此番从民法原理下对预售制度的反思，不可谓不用心良苦。与此思路比照，常鹏翱教授的线性发展的观点则显得有些折衷。如果取消商品房预售制度，则所有的折衷都是不必要的，预告登记所创设的物上之债也将有坚实的附着基础。事实上，对于商品房预售而言，现在正在推行的商品房销售的网签制度即有着一定的保护购房者利益的作用，具有取代此制度下的预告登记制度的趋势，更为合理的折衷办法，是取消商品房预售的预告登记制度，[1]使预告登记制度复归其不动产预告登记的本质。

第四节　买卖不破租赁的体系分析

一、买卖不破租赁体系性的历史展开

（一）买卖不破租赁的"交付不能"形成路径

买卖不破租赁（Emptio non tollit locatum）在法史学上可以追溯至罗马法时代。罗马法时代最初的规则并非买卖不破租赁，而是"买卖破除租赁"（Emptio tollit locatum）。对此，周枏教授的著述也有记载：在帝政前期，新的所有权人基于物的追及权，可以驱逐承租人而夺回标的物。不过，出租人在租赁期间负有使承租人使用收益标的义务，承租人基于出租人的违约事实，可以提起承租之诉（actio conducti），向出租人主张损害赔偿。[2]虽然承租之诉对于出租人来说，相对于出售可能获取巨大利润，由此可能承担的责任还是显得较小，承租人还是希望能够借助于一些手段来获得额外的保护，也就是在出租物出售的契约中，加入特殊的条款，借此影响作为买受人的第三人，使其可以在受让出租物之后，保留承租人的法

---

〔1〕　参见常鹏翱：《预告登记制度的死亡与再生》，载《法学家》2016年第3期。
〔2〕　参见周枏：《罗马法原论》（下册），商务印书馆1994年版，第780页。

律地位。这种办法并没有给承租人以直接的保护，因为它并没有赋予承租人直接起诉第三人的法律地位。它只是间接地保护了承租人，因为承租人在考虑是否违约之时，不得不斟酌一下，违约有可能使其承受来自出租人（出卖人）的卖物之诉（actio venditi）。

关于何为"买卖破除租赁"，齐特曼的解释显得别出一格："买卖契约并没有破坏出租人与承租人之间的契约，它只是出租人通过买卖契约让渡占有与所有权之后，出租人不能履行自己对租赁契约的义务，以至于使承租人面临着被第三买受人驱逐的命运。"理由在于，租赁契约并未被出租人与第三人订立的买卖契约以及所有权与占有的让渡所破除，它依然存于出租人与承租人之间，而且承租人还可以通过承租之诉获得救济。无论在出租人与第三人之间发生什么，都没有影响到承租人在租赁合同中的地位，只是破除了其对租赁物的持有（detention）。[1]总体而言，"买卖破除租赁"，并不是随意的制度性产物，而实际上是物权与债权二元区分的民法体系性的逻辑结果；它带来的结果也不是带有偏见的，由于承租之诉与卖物之诉的存在，它在遏制对承租人任性的驱逐方面所发生的作用也不可谓不大。

"买卖破除租赁"一度成了欧洲罗马普通法的核心部分。在法典化的前夕，它也代表着潘德克顿法学的体系化理念，并在德国一些地区得以沿袭。但也恰在那个时候，有一股强大的反对的暗流开始涌现，其根源有三[2]：一是《学术汇纂》本身包含着一个不协调的部分。这一部分似乎改善了承租人的法律地位。这主要是指D. 43. 16. 12 片断后的一个小条款，它强化了承租人在租赁期间的用益权（uti frui），因为它赋予承租人以对抗买受人的权利。这些片断系来自 Marcellus 的言论，片断的末尾提到了出租人的占有保护令的效力问题，即只有承租人的占有是正当与合理的，他才可以拒绝移

---

〔1〕 Rein Zimmermann, *The Law of Obligation: Roman Foundation of the Civilian Tradition*, Oxford: Oxford University Press, 1996, p. 377.

〔2〕 See above.

转占有于买受人。而在这一意义上，承租合同可以视为构成"正当与合理"的理由，也就是说，当出租人与承租人签订租赁合同时，即已经赋予了承租人阻止租赁物从出租人或者出卖方移转给买受人的权利。D. 43. 16. 12 片断是一个具有后古典时代性质的例外，与这一时代占主导地位的古典罗马法显得格格不入。《法学汇纂》在这一时代仍得以适用，所要求并非基于历史的而是体系性的呈现。故D. 43. 16. 12 片断无异于是"买卖破除租赁"制度实施上的一块尴尬的绊脚石；二是 18 世纪时，这一制度遭到了自然法学派的攻击。根据自然法学派的观点，出租人通过签订租赁合同，允许承租人使用和享用其财产，则已经将其自由的一部分切割开去并已经让渡给了承租人，因此他不能就同一部分的自由再授予出租财产的买受人。对此，本书称为"交付不能"。但是自然法学派的该种观点对于同时代的司法实践并未产生影响；三是反对"买卖破除租赁"的另一根源是荷兰法，但是不是来自法学理论，而是来自当地的法律实践。法官在处理此类问题时，将其他领域中的习惯融入了进来，往往在法律适用时追溯至中世纪的日耳曼法[1]，因此严格地遵守着"买受人应当尊重被其前手授权的承租人"的规则。

19 世纪之交，受到自然法学影响的伟大法典化，以一种或多或少的触及根本的形式与罗马法背道而驰了，这在南非的法律实践与德国民法典中都可以看得出来。历史演变的结果先是租赁权被视为准物权（quasi-real position），买卖不破租赁的规则在自然法理论的架构下获得坚实的支撑。再持续下去的结果，就是不再区分"持有"与"占有"，从而承租人可以获得占有的保护。

无独有偶，在欧洲大陆的另一部分，英国财产法 17 世纪至 19世纪的变革也反映了这一租赁权由债权走向物权的倾向。英国 17 世纪资产阶级革命，按理说应该在财产法方面会有重大的变革，但是由于资产阶级与贵族阶层的妥协与联盟，并没有发生这种情况，古

---

[1]　日耳曼法讲究"以手护手"，或多或少地将承租人的地位视为"Gewere"，亦即它具有物权的特性，被法律授予了免于驱逐的特殊保护。

老的物权财产（real property）与人权财产（personal property）的分类得以保留。这种分类，据说是为了保护封建贵族的利益。在英国诉讼中心主义的影响下，与物权有关的才能提起物权诉讼。也就是说，"只有具备法律规定的附加条件和例外的土地上权利的贵族的世袭财产，在被非法剥夺时，才有权提起诉讼请求司法保护收回土地，而佃农'租借持有地产（leasehold estate）'被认为是人权财产，只能提起人的诉讼请求赔偿实际损失，而不能请求收回土地"。[1]这种状态在1925年法律改革中才得到最终的解决，这次改革之后，物权财产与人权财产的区分正式被取消，绝对定年限租借地产权取代了原来的租借持有地产，不附占有的法定地产权，与附占有绝对继承地产权一起，成为了现当代英国两大主要地产权。[2]至此，英国的租借地产权完成由人权财产向物权财产的完美转身。

（二）体系性的进展：买卖不破租赁的"物权化"进路

根据学者的具体考察，1794年的《普鲁士普通邦法》将租赁权作为一项物权。《德国民法典》的起草过程中，它的第一个草案仍遵循了罗马法的传统，既没有采纳《普鲁士普通邦法》的直接将租赁权作为物权的做法，也没有规定租赁权的对抗效力。因此，遭到了来自《普鲁士普通邦法》适用地区的强烈反对。最后《德国民法典》的第二个草案对此做出了折衷，在"债务关系法编"的第571条（现在的第566条）规定了"买卖不破使用租赁"规则，[3]这是一个体系与习惯折衷的产物。

罗马法时期的"买卖破除租赁"，在规则设置上，严格遵守了物债二分的体系要求，在债法的框架内配置其规范，这完全符合我国

---

〔1〕 参见何勤华、李秀清主编：《外国民商法导论》，复旦大学出版社2000年版，第21页。
〔2〕 参见由嵘：《1925年改革与现代英国财产法》，载《中外法学》1993年第1期。
〔3〕 参见黄文煌：《论租赁权的对抗效力——兼论〈合同法〉第229条的缺陷与修改》，载《清华法学》2010年第2期。

学者研究中所提到的罗马法时期的对人权与对物权的区分自觉[1]。欧洲大陆的罗马普通法传统坚持了物债二分的体系要求。

到买卖不破租赁制度的正式确立，自然法学派的分析思路，却是遵循着物权变动的分析思路，采用了传来主义的分析方法。依物权法原理，物权变动有物权的取得、变更、消灭等不同的类型。其中物权取得，又有原始取得与传来取得的区分。依法律行为让与不动产，是传来取得的一般方式。传来取得的观念中，最为核心的意义是：上手有什么权利，才有可能向下手"传来"什么权利；上手如果欠缺某种权利，则无法将这种权利向下手传递。自然法学派以传来主义作为分析方法来解释为何不动产的买受人不能对抗承租人，那么必然首先要确定一些事情，即出租人在与承租人签订不动产租赁合同乃至于让渡不动产占有之后，其对不动产的权利是否仍是完满无损的？按照自然法学派的观点，出租人既然已经将对不动产占有、控制的自由赋予了承租人，那么其已经失去对不动产占有、控制的自由。这是其权利中所欠缺的部分。既然其权利中欠缺对不动产占有、控制的自由，那么按照传来主义，他就无法再将这些自己欠缺的权能传递给买受人。故此，按照传来主义的法理，买受人虽然取得不动产的所有权，却欠缺占有与控制的自由，故其无法驱逐承租人。

德国民法学者梅迪库斯曾如此断言，按照体系化的分析方法，"买卖破除租赁"是自然而然的事情。然而，这种事情却没有发生：一是使用租赁没有被"破除"，而是继续存在于原当事人之间，只是其内容发生了一些变化。即按照《德国民法典》第566条的安排，买受人代替出租人，加入到原存于出租人与承租人的住房租赁关系中来；二是这种变动不是基于债的买卖，而是基于物权变动中的"交付不能"，出租人不能完成原来所负担的交付行为。在这两个要点当中，第一个要点现在比第二个要点显得重要，如果说第二个要

---

[1]　参见徐国栋：《论罗马法对物权与债权的区分》，载《江汉论坛》2015年第2期。

点只是重复了原自然法学派的"交付不能"的传来主义的观点，那么第一点就是在这观点上继续延伸：既然买受人因为无法通过传来取得而获得对租赁物的占有、控制自由，从而无法向承租人主张占有的取得，那么就让原来存在于出租人与承租人之间的租赁合同，在承租人与买受人之间继续生效。梅迪库斯认为，可以将这一情形视为租赁权的"物权化"现象。[1]总体而观，德国民法最后以"物权化"的思路，取代了自然法学派的基于物权变动传来主义的"交付不能"观念，完成了对买卖不破租赁制度的体系化建构。

不能不说，自然法学派的"交付不能"观点，按照现代民法的占有原理，已经不敷使用了。根据现代民法的占有原理，占有可以被区分为直接占有与间接占有，出租人虽然让渡了直接占有，但是仍以间接占有的方式控制着出租物。在出租人以出卖人的身份将房屋出售于买受人时，随之让渡了间接占有。买受人因间接占有的让渡，而取得对租赁物的取回权。再者，由于买受人与承租人之间并无租赁合同的约束，故从体系的角度来分析，很容易得出一个结论：买受人可以自承租人那里恢复对租赁物的占有，承租人不得以租赁权或者占有为对抗。所以，自然法学派"交付不能"的观点，无法应对将买卖不破租赁完全合理化的需要，这可能是"物权化"思路浮出水面的一个重要原因。当然，这只能是一种合理的推测。

二、基于物上债权概念的买卖不破租赁的体系再定

(一) 从债权物权化到物上债权的体系定位

对买卖不破租赁的债权物权化的体系定位，基本是由德国民法及民法学完成的，之后通过法律制度的移植与法学知识的传播，对我国民法与民法学影响甚大。但是这种现象的体系定位，事实上是一种很模糊的体系定位，因为作为其基础的债权物权化理论本身，

---

〔1〕 参见［德］迪特尔·梅迪库斯：《德国债法分论》，杜景林、卢谌译，法律出版社 2007 年版，第 190 页。

就是一个较为模糊的、建立在比拟与象征手法上的体系化理论。也就是，债权物权化的类型化，是建立在"此类债权与物权相似"的基础上。且相似点的撷取范围也相对宽泛，例如，杜尔克凯特所撷取的相似点是"占有"。对此卡纳里斯曾提出严厉批判，指出不能把占有作为债权物权化的基点，认为只有当"债权"的效力扩及第三人，也即有了物权的绝对性时，才构成债权物权化。[1]但是卡纳里斯所撷取的相似点，笔者也认为过于宽泛，因为这样一来，凡是具有一定绝对性的债权，都会被归入到债权物权化的范畴之中，造成债权物权化概念的过度膨胀。因为，按照卡纳里斯所撷取的相似点，先买权、破产债权中的优先排序，都将进入到债权物权化的范围里来，但是事实上，这些债权只是具备绝对性，并不具有"对物权"的特性，若将之纳入"物权化"的范畴，将使"物权化"显得过于宽泛。

事实上，卡纳里斯所提出的把"效力扩及第三人"作为"物权化"的观点，还有可能将完全没有任何关联的现象纳入到"债权物权化"的范畴里来，例如，共有物分管契约。这种分管契约所涉及的问题是：共有人内部的约定，是否具有约束第三人的效力。这种现象可以扩得很广，比如，它可以扩及合伙人的内部协议，是否具有约束第三人的效力；有限责任公司内部对董事权力的限制，是否具有约束第三人的效力此类问题上来。说到底了，它是一个组织法范畴内的事情，但是，我国有学者将之作为"物权化"的问题来探讨。[2]关键问题是：这里何来的"物"？在这些协议当中，有些是与物相关联，例如，共有物分管契约，有些与物基本上没有直接关联。即便是共有物分管契约，它只是一个事务性的约定，或者说是管理上的约定，并不是对物权利的约定。这些约定具有对外效力，

----

〔1〕　参见常鹏翱：《物上之债的构造、价值和借鉴》，载《环球法律评论》2016 年第 1 期。

〔2〕　参见张力毅：《通过契约实现的物之支配关系——债权物权化的另一种解释论框架》，载《东方法学》2015 年第 6 期。

那也只可能是外观主义的范畴，与"债权物权化"基本无甚关联。

买卖不破租赁所导致的债权效力扩张现象，从严格的"物权化"的角度看——本书认为，真正严格意义上的"物权化"，必须同时符合对物权与绝对权的特性，具有随物走与对抗效力——它是一种典型的债权物权化现象。但是，由于债权物权化理论存在体系性不足和稳定性欠缺的问题，将买卖不破租赁置于债权物权化的范畴内探讨，不能确保买卖不破租赁的体系定位的准确性。

在此，本书将回到物上之债的概念上来。在本质上，买卖不破租赁规则所导致的租赁权效力扩张现象，可归于物上债权的范围。关于其学理上的合理性，本书已在上文详述，此处不再展开。

（二）基于法律规定直接产生的物上债权：买卖不破租赁的再定位

如果我们将预告登记所产生的物上债权称之为基于登记的物上债权，那么买卖不破租赁规则所产生的物上债权，则是直接基于法律规定所产生的物上债权。此类物上债权与预告登记的物上债权不同之处有两点：

一是买卖不破租赁规则所产生的物上债权直接基于法律规定产生。当然，这种直接基于法律规定产生的规则，也存在一定的影响交易安全的隐患。对此，我国有学者提出，《合同法》第 229 条（《民法典》第 725 条）过度倾斜保护承租人利益，对租赁物新所有权人不公平，不利于建立安全便捷的交易环境。应当以租赁物新所有权人的恶意与否为兜底条款，区分长期与中短期租赁，分别建立不同的买卖不破租赁的要件。[1]诚乎斯言，笔者认为，为该条的适用套上一些前提条件，的确比目前这种笼统的简单粗暴式的规定要合理得多。季金华教授就曾经十分中肯地提出，我国《合同法》第 229 条（《民法典》第 725 条）只是一个原则性的规则，不能直接在

---

〔1〕 参见朱志峰：《"买卖不破租赁"原则释疑》，载《河南社会科学》2013 年第 6 期。

案件审判中适用，该原则的适用"应当受到物权化条件、租赁目的、优先权效力和租赁意思表示的限制"。[1]但是限制也不宜过细，应在租赁合同类型化的基础上，以公示制度作为配套的措施。

二是买卖不破租赁规则所产生的关系结构不同于预告登记。如前所述，预告登记所产生的关系结构包括：①基础性债权契约。这是预告登记得以发生的原因，属于原因行为。在预告登记发生之后，它并没有消失，而是继续存在；②物上债务。因为预告登记本身是不动产物权登记中的限制登记类型，限制登记所产生的直接结果就是对承租物所有权人的权利产生限制，即不得处分；③物上债权。限制登记的间接结果，就是预告登记权利人取得请求进行本登记的物上债权。这种复杂的关系结构，在买卖不破租赁上完全不存在，在此，只有一个结果：经由法律的规定，原本作为纯粹债权的租赁权，在出租人向承租人交付对租赁物的占有之后的租赁期间，同时具备物权性的特征，成为物上债权。这样一来，一旦发生出租人将租赁物出售的情形，承租人即可以其对原出租人的租赁权对抗租赁物的买受人。这是一个双层关系的规则设计：①基础性租赁契约。这一契约所形成的债法效力，存在于承租人与出租人之间；②物上债权。这是由基础性租赁契约根据一定条件依法形成的。物上债权可对第三人主张。但是这种物上债权与基础性租赁契约的关系，犹如一枚货币的两面，这同预告登记不同，预告登记所生成的物上债权与基础性契约存在一定的分离性。这两个层面的关系在一定条件下可以相互转化：一是基础性租赁契约依法产生物上债权；二是物上债权的行使，根据契约地位承受模式（下文详述），又可以产生出新的基础性租赁契约。而在新的基础性租赁契约的基础上，又生出物上债权。根据这一规则设置，处于租赁期间的租赁权同时具备对物权与绝对权的特性。其对物权的特性体现为它能够"随物走"，在租赁物易主的情况下，租赁权人的租赁权可以随物而至，向买受人

---

〔1〕　参见季金华：《买卖不破租赁原则限制适用的条件分析》，载《政法论丛》2016年第4期。

主张其租赁权的存在。其绝对权的特性则表现为它不为所有权破除。按照传统民法的观点，所有权的物权性最强，所谓住房"风能进，雨能进，国王不能进"的所有权绝对的观念，早就深入人心。既然如此，在原租赁契约并非为买受人订立的前提下，买受人原本可以直接驱逐承租人，但是，如前所述，根据特别的立法政策考量而制订的不动产租赁制度，作为所有权人的买受人并不能驱逐承租人，于是租赁权不为所有权所破，遂买卖不破租赁。这似乎不是一个逻辑的结果，但是最终在逻辑结构上得以呈现。这或许是历史与逻辑的关系的相互演绎：历史的成果，经由语言结构的封存，最终成为逻辑的一部分；而被逻辑固化的历史，又将作为历史进一步演化的起点，如此循环往复、生生不息。

三、基于体系性考量的买卖不破租赁的客体界定

（一）《合同法》第229条（《民法典》第725条）适用的当然客体为住房：基于价值分析

我国学术界较早否定将买卖不破租赁扩展至动产租赁合同的，有郭明瑞等，认为对动产实行买卖不破租赁不利于财产的流通。[1]继而又有朱庆育认为在动产租赁场合适用买卖不破租赁乃是对这一规则的误解的言论。[2]而最为中肯的观点，仍是常鹏翱自价值论而提出的反对动产租赁适用买卖不破租赁之论述。[3]最为强烈的反对声音就来自徐澜波教授。[4]

客体之争的背景是我国《合同法》第229条（《民法典》第725

---

〔1〕 参见郭明瑞、王轶：《合同法新论·分则》，中国政法大学出版社1997年版，第102页。

〔2〕 参见朱庆育：《评议："买卖不破租赁"的正当性》，载王洪亮、张双根、田士永主编：《中德私法研究》（2006年第1卷），北京大学出版社2006年版，第54页。

〔3〕 参见常鹏翱：《物权法上的权利冲突规则——中国法律经验的总结和评析》，载《政治与法律》2007年第5期。

〔4〕 参见徐澜波：《"买卖不破租赁"规则的立法技术分析》，载《法学》2008年第3期。

条）所规定的、几乎可以说是无条件的"买卖不破租赁"。该条规定之所以是无条件的，是因为该规定既不区分不动产与动产，也不区分租赁的功能系为居住抑或商用，同时，该条规定也没有对买卖不破租赁附加任何其他条件。在诸位学者的观点中，常鹏翱教授的价值论观点尤其值得关注，因为他依据价值方法所肯定的完全适用该条规定的租赁合同，只有住房的租赁合同。这一观点与德国民法仅将买卖不破租赁适用于不动产使用租赁的传统是相一致的。

应该说，常鹏翱教授的观点值得首肯，朱庆育、郭明瑞等教授的观点可以认同。从价值方法来看，只有住房的租赁才能与《合同法》第229条（《民法典》第725条）规定的保障力度相配，其他租赁如用这种力度进入保障，则的确有可能存在过度的问题。住房租赁不仅应当保持买卖不破租赁的法定化，而且保障力度还应当有所加强，理由在于：

首先，住房承租人是弱者。民法世界不应是一个弱肉强食的世界。在这个世界中，虽然遵循着合同自由，主张当事人意思自治，然而它必然承认强者恒强，弱者恒弱。利维坦有时越过公私分立的界限，借由立法或者司法的途径，干预市民社会的生活，为其设立权利的界限。市民社会的生活并非总是独立的私人生活，民法上的权利也并不总是摒除所有背景之下的孤立的个人权利，就像康德所强调的那样，在人与物的表面孤立关系背后，是人与人的关系，权利总是处于与众多的他人共存的背景之下，这实际也是康德在论述私人权利之时，始终将"我的和你的"作为私人权利一般外在原则的主要原因。[1]集体主义的精神与团体主义的德性，也应当在私人权利领域耀出它的光彩。保护弱者，在买卖不破租赁这一制度之下的意义前提，是假定承租人为弱者。在特定时代，承租人弱者的地位是不言自明的。拉伦茨教授曾如此描述第一次世界大战后，特别是第二次世界大战之后的德国："战争的破坏以及难民的涌入，住房

---

〔1〕　参见〔德〕康德：《法的形而上学原理——权利的科学》，沈叔平译，商务印书馆2011年版，第53~58页。

奇缺"，拥有住房的人占据着绝对优势地位，要租房的人就像一群待宰杀的羔羊。这一状况导致了住房租赁法的深刻变化。这是一个不同以往的时代，以往的时代，租赁制度在租赁权不被买受人破除的基础上，又向前推进了一大步："禁止房主提高租金，或只允许房主在有限的范围内提租；还规定取消出租人的终止合同权，出租人只有在具备某些理由时才能请求法院取消租赁关系；最后还授权行政机关，可以为寻找房屋者安排入住房，并强制住房占有人或所有人订立租赁合同。"[1] 20 世纪 60 年代之后，德国这种因战争灾难所造成的人地关系紧张局势得到最终的缓解，一些临时的管制措施退出了历史的舞台。但是《德国民法典》第 571 条（现在的第 566 条）仍得以保留并继续强化，因为在住房紧缺的年代，承租人与出租人相比，仍处于弱势地位。这种强化，现在主要表现为《德国民法典》第 563 条所规定的承租关系加入权等相关的规范之中。

其次，维护交易安全。在不动产交易之中，租赁也可视为交易的一种，房屋买卖也是交易的一种。相对于租赁而言，房屋买受人在掌握房屋权利的相关资讯方面，占据着更为主动的地位。以我国的情况为例，在房屋已经租赁出去的情况下，如果有租赁备案，自然很容易查阅而得知。即便欠缺租赁关系的登记备案，也可以经由房屋的现行使用的情况，很容易获知房屋是否已经租赁出去。通常情况下，房屋的出卖人（出租人）会主动告知房屋是否已经租赁的信息，这样买受人就容易获知租赁信息了。较为极端的情况是：出卖人隐瞒房屋租赁信息，买受人也无法通过房屋居住的现状获知房屋是否已经租赁。但是这种情况极为罕见，理由很简单：第一，房屋即便已经出租，通常并不会对房屋交易造成消极的影响。在很多情况下，出卖人会积极告知买受人，将之作为交易的一个噱头，因为已有租赁关系，意味着买受人买完之后即可收取租金，买受人无须为此再劳心费力，坐享其成即可；第二，由于我国现行法律制度

---

〔1〕 参见 ［德］卡尔·拉伦茨：《德国民法通论》（上册），王晓晔等译，法律出版社 2003 年版，第 75 页。

对于承租人保护力度不够，在买受人获知所欲购房屋已经存在长期租赁关系而不欲承受这种关系时，可以敦促出卖人及早解除租赁关系。出卖人一般也会将这种长期租赁关系告知买受人，征询其意见，以便下一步采取行动。相较而言，承租人则处于消极被动的状态，其对买受人的情况一无所知，甚至根本就不知道自己的房屋已经处于交易状态之中。大多数情况下，出租人会以房屋将进行装修或者打算清理房屋以备将来出售之用等为借口，寻求与承租人解除合同；或者在签订房屋租赁合同时，就已经约定将房屋出售或者装修作为租赁合同的解除条件了，在这种情况下，承租人的交易安全可以说朝不保夕。并非说不存在买卖不破租赁这样的规则，而是这一法律上的强制规定，被出租人巧妙地予以规避了。不少人曾经亲身经历这种事情，在购房时，出卖人信誓旦旦地告知，房屋虽然已经出租，但是出租时已经和承租人说好，一旦房屋出售，即解除租赁合同。果然不久租住在里面的人就搬走了，购房人也顺利地拿到了没有租赁负担的房屋。在住房租赁市场中，这一切似乎大家都心照不宣。而且在大部分情况下，承租人在根本不知道买受人是谁的情况下，就已经在出租人的劝说下或者督促下，完成了租赁合同的解除事宜，买受人不费一兵一马，就避开了买卖不破租赁的规定。

总体而言，在房屋承租人与房屋买受人之间，承租人是弱者，在房屋权利资讯的掌握方面，买受人较之承租人有较大的优势。因此在法律上直接规定无条件的买卖不破租赁，是合乎情理的。孙宪忠教授曾说："买卖不破租赁的原则，隐含着重要政治意义。"[1]此言不差。

（二）《合同法》第229条（《民法典》第725条）所规定的租赁不包括动产租赁

虽然反对我国《合同法》第229条（《民法典》第725条）可规定的买卖不破租赁包括动产租赁的观点，很难通过该条本身的解

---

〔1〕　参见孙宪忠：《中国物权法总论》（第2版），法律出版社2009年版，第88页。

释获得支持，毕竟从该条的表述中，即便想要获得一丝如此之类的暗示，也是不可能的。但是，通过将这一条文所规定的旨趣，与《物权法》第 26 条（《民法典》第 227 条）规定的旨趣进行比较，应当可以肯定动产租赁未被包括在《合同法》第 229 条之中。通过将两个法条进行串连，可以发现，动产租赁所采用的保护机制完全不同于住房租赁的保护机制：

第一，动产租赁的保护机制是通过限制返还请求权的方式实现。我们知道，动产物权变动与不动产物权变动的原理不同，动产所有权的变动，以交付为公示方式，通过交付才能发生动产所有权的变动。动产的交付方式很多，有现实交付、简易交付、指示交付、占有改定。在各类交付方式中，对于处在租赁中的动产，出租人无法以现实交付、简易交付、占有改定的方式进行交付，唯一可能的交付方式是指示交付。我国《物权法》第 26 条（《民法典》第 227 条）规定：动产物权设立和转让前，第三人占有该动产的，负有交付义务的人可以通过转让请求第三人返还原物的权利代替交付。该条所规定的通过转让返还请求权代替现实交付的方式，也可以称为指示交付。动产租赁，属于"第三人依法占有动产"的情况。处于租赁期间的动产，依民法典的上述规定，可以通过指示交付的方式进行交付。通过指示交付，动产所有权人完全可以不需要占有媒介人为任何协助，只需要向受让人移转返还请求权，让受让人取得间接占有的法律地位，也就完成了交付，动产的所有权随之发生变动。《物权法》第 26 条中规定的移转返还请求权的指示交付方式，表面来看，是一个授权规范，但是其实质，却是一个限制权利的规范。因为这一授权规范所授予的，只是受让人在占有媒介关系终止时的向占有媒介人的返还请求权，从而客观地取消了受让人在租赁期间向占有媒介人行使返还请求权的可能性。

《物权法》第 26 条从表面看，也是一条任意规范，但是鉴于动产租赁或者借用等关系的存在，在这些情况下，动产所有人通常只有指示交付这一种交付方式可得采用，故在实质上，置于这一特定情景下的该条交付规范，客观上成了一条强制规范。动产所有人只有这一种交付方式可以选择，而受让人也必然通过这一交付方式而使得其返还请求权受到限制。通过这一规范设置，动产租赁人一般来说，在租赁期间届满之前，无须向受让人返还租赁物。如果受让人为返还请求权，动产租赁人可以为对方无返还请求权的抗辩。德国有学者对于其《德国民法典》第 931 条所规定的指示交付的意义是如此理解的：该条所规定的"物的返还请求权的让与"这种交付方式，是因为符合简化原则而被引入到《德国民法典》中的，并无其他深意，其目的就是在于，如果物是被第三人占有的，那么他不必将物返还给出让人，以便出让人在取得物之后，再亲手将该物交给物的取得人。[1] 这种理解只看到指示交付对于简化交付的意义，没有看到指示交付在特殊情形下限制受让人返还请求权的意义，诚为遗憾。

既然动产租赁可以通过《民法典》第 227 条规定的指示交付所形成返还请求权限制的方式获得保护，这也就排除了《民法典》第 725 条对它的适用。

第二，不动产物权（含准不动产）变动，采用登记生效主义或者登记对抗主义，其中住房的所有权变动，采用的是登记生效主义。这意味着住房在不动产登记之后，所有权发生转让。登记是一种相当概括的公示方式，与指示交付完全不同，通过登记取得住房所有权的受让人，享有对房屋所有的权能。而这也意味着受让人可以自房屋的承租人处请求返还房屋，也就是可以要求腾屋还房。住屋交易这一特殊的机制本身，并不包含着对房屋受让人返还请求权的限制，如果要保护承租人的利益，则必须另寻其他途径，买卖不破租赁这一基于特殊立法政策的强制性规范，就是不动产物权变动机制本身不足以提供对住房承租人保护的情况下衍生出来的。在这种规范中，住房所有权人虽然可以行使返还请求权，但是承租人可以基于买卖不破租赁规范，以其租赁权本身进行对抗，从而使得租赁权

---

〔1〕 参见〔德〕鲍尔、施蒂尔纳：《德国物权法》（下册），申卫星、王洪亮译，法律出版社 2006 年版，第 381 页。

（此处主要是指基于租赁权而形成物的占有权）不被破除，得以继续享受物之租赁利益。

在此，不妨将动产租赁权的保护模式称为抗辩权模式，而将住房租赁权的保护模式称为对抗模式，后者的基础乃是租赁权作为物上债权。法律的规范配置相当自然地维系了物债二分的体系特征。

（三）住房以外的不动产租赁的保护

住房以外的不动产租赁不在《民法典》第725条的规范之内，此类租赁或基于商用，或基于工业，等等，但是不用于居住。按照本书上面所限定的范围，住房租赁在该条的规范范围内获得保护，动产租赁在《民法典》第227条的规范范畴内获得保护，而唯独住房之外的不动产租赁，却不能在法律规范中获得保护，这是说不过去的。笔者认为，此类不动产租赁的保护，应当弱于住房租赁，可以类推适用《民法典》第725条的买卖不破租赁，但允许此类不动产的受让人以善意为抗辩。一般来说，此类不动产租赁具有强烈的权利外观，不动产是商业或者工业等业务的进行地，不似住房租赁那样权利义务关系较为隐蔽，因此，不动产受让人以善意为抗辩一般极为困难，借此或可较好地平衡价值与规范之间的失衡与矛盾。

不过，当今世界，将住房承租人无区别地视为弱者的价值方法，或许亦有过于绝对的弊病。现实生活中，承租人与出租人串通，借用买卖不破租赁这一强制性规范而侵害房屋买受人利益的事件，也并非没有发生过。例如，发生2012年至2013年间的"刘某与梅某等房屋买卖合同纠纷上诉案"，出卖人在将房屋出售之后，与承租人合谋伪造租赁合同，将租赁日期提前并恶意地把租赁期限定得极长，以达到实际排除买受人，谋取不当利益的目的。[1]因此，对于价值方法的此处价值预设，有必要进行反思。时变而法变，我国现实的

---

[1] 参见雎晓鹏：《刘伟与梅玺等房屋买卖合同纠纷上诉案——买卖不破租赁规则中租赁关系的司法判定》，载北大法宝网：http：//www.pkulaw.cn/case/pfnl_1970324840446913.html？keywords=%E4%B9%B0%E5%8D%96%E4%B8%8D%E7%A0%B4%E7%A7%9F%E8%B5%81&match=Exact。法宝引证码：CLI.C.3472321。

状态是不区分不动产租赁的功能与目的，对其实施统一的保护，笔者认为，鉴于住房与其他不动产租赁的价值相当，不做这种区分也是可行的。不过，目前我国司法中完全不区分不动产租赁与动产租赁，对之统一适用"买卖不破租赁"的规则，则显得过于笼统，破坏了不动产与动产规则的体系性区分，逾越了不同规范的界限。

四、买卖不破租赁的对抗效力与对抗模式

（一）对抗效力与对抗模式的区分

我国有学者曾撰文质疑，《合同法》第 229 条（《民法典》第 725 条）规定中的"不影响租赁合同的效力"，所指的究竟是不影响出卖人与承租人的租赁合同效力，还是契约地位概括移转？[1]这一问题提得不可谓不及时，但是所指为何？却有些令人难以明白。

《合同法》第 229 条（《民法典》第 725 条）所规定的，是租赁权对抗买受第三人的效力，这是确定无疑的。这一规范是强制性规范，不容当事人自治，也是确定无疑的。但是该条并未规定对抗模式。对抗效力与对抗模式，毕竟是两个不同的问题，不至于混为一谈。

各国在立法时，对抗模式可能有不同的选择，在此略举几例：《德国民法典》第 566 条不仅规定对抗效力，也规定了契约地位概括移转对抗模式；《日本民法典》第 605 条所规定的仅是对抗效力，未规定对抗模式；《拿破仑民法典》第 1743 条仅规定了对抗效力，也未规定对抗模式，而且其对抗效力为任意性规范，当事人可以通过协议事先排除；我国《民法典》第 725 条所规定的，也仅是对抗效力，而未规定对抗模式。

在学术上以及司法实践中，对于对抗模式可能也存在不同的理

---

〔1〕　参见周江洪：《买卖不破租赁规则的法律效果——以契约地位承受模式为前提》，载《法学研究》2014 年第 5 期。

解，例如在我国学术界，主要观点是有权占有维持模式[1]与契约地位概括移转模式。而在司法实践中，《最高人民法院关于贯彻执行〈中华人民共和国民法通则〉若干问题的意见（试行）》[2]第119条第2款所确定的对抗模式是有权占有维持模式，至最高人民法院《关于审理城镇房屋租赁合同纠纷案件具体应用法律若干问题的解释》（以下简称《房屋租赁司法解释》）第14条则变为当事人有选择权的契约地位移转模式。

（二）作为任意规范的契约地位移转对抗模式

尽管学术界有不同的意见且针锋相对，但是我国司法实践中所确定的对抗模式却为当事人有选择权的对抗模式。司法实践所体现出来的开明程度，是令人吃惊的。如上，《房屋租赁司法解释》仅仅只是规定，在承租人选择让房屋受让人继续履行租赁合同时，人民法院应予以支持。该规定的意义在于，将对抗模式的选择权留给了承租人，而不是借由司法权而强行限制或者禁止承租人的选择权，只允许一种对抗模式——例如契约地位移转模式——的存在。这种司法实践的倾向，给承租人的意思自治留下了足够的空间。总而言之，我国在立法层面，《合同法》第229条（《民法典》第725条）中的"不影响租赁合同的效力"一方面强制性地确定了租赁权的对抗效力，另一方面可谓留白十足，为承租人选择"不破租赁"的对抗模式留下了巨大的意思自治空间；在司法层面，我国也没有偏离上述的立法精神，在对抗模式的选择方面，给予了承租人以选择契约地位移转或者占有维持等不同对抗模式的可能性。实务界的基本态度应是：对租赁权予以保护，可以以承受主义为原则，承租人另

---

[1] 参见黄凤龙：《"买卖不破租赁"与承租人保护 以对〈合同法〉第229条的理解为中心》，载《中外法学》2013年第3期。

[2] 即《最高人民法院关于贯彻执行〈中华人民共和国民法通则〉若干问题的意见（试行）》[法（办）发〔1988〕6号]，已经废止，但还具有历史解释的意义。

有主张的除外。[1]比较而论，我国学术界的态度反而显得有些偏执，要么力推占有维持模式，要么只是固执认为，契约地位概括承受是我国立法的态度；事实上，无论是前者，还是后者，都一律主张排除当事人的意思自治，无疑都偏离了民法的人本主义精神与作为其核心原则的私法自治。

---

　〔1〕　参见郭翔峰：《民事执行程序中买卖不破租赁规则的适用》，载《人民司法（应用）》2016 年第 13 期。

具有绝对性的债权

第一节　具有绝对性的债权及其形成机理

一、具有绝对性的债权的范围

按照本书所提出的物权性的四个要素：对物权、绝对权、支配权、有体物，绝对性的债权是指具有绝对权特性、指向有体物，但是欠缺对物权、支配权特性的债权。作为仅具有绝对性的债权，它们具有一定的绝对性，故在债权的实现存在竞争时，能得以处于优先的地位，优越于其他的债权。这种优越性体现为优先取得某一物权，或者优先于其他债权得到履行。其范围大致如下：

第一，各类优先购买权。

我国《民法典》第726条规定的承租人优先购买权是其中的一种。此种优先购买权，本书已在第三章述及，并将其排除在物上之债的范围之外。但是它与普通债权又存在一些区别，优越于普通债权，将之列入具有绝对性的债权，更为妥当，也更能体现出它在财产权体系中的位置。

民商法中普遍存在的各种"份额"的优先购买权也包含在其中，概括起来主要包括：《民法典》第305条规定的共有人对不动产或者动产份额的优先购买权；《合伙企业法》第23条规定的普通合伙人对合伙企业份额的优先购买权；《中华人民共和国公司法》（以下简称《公司法》）第71条规定的有限责任公司股东对公司股权的优先购买权。这些份额取得的优先权利，与优先取得物的权利还是存在着本质的区别。

崔建远教授在研究准物权时，曾指出准物权的取得存在优先顺位，例如，在矿业权的申请中，对于申请主体是否能够取得矿业权，有一套法定的遴选标准。这套遴选标准是从高到低的，符合最高标准的，即最为优先地取得矿业权，然后依次往下。[1]这一优先顺位的排列所形成的矿业权之间的取得顺位，本书认为事实上并非什么物权之间的优先顺位，而是一种机会主义的竞选标准。如属于物权之间的优先顺位，则这种优先顺位应是已经形成的物权之间的对抗效力问题，比如登记在先的抵押权，优先于登记在后的抵押权，或者他物权优先于所有权，等等。

崔建远教授所说的优先顺位不是物权优先顺位，而是一套竞选方案，在两个以上的矿业权申请者申请时，符合更优标准者当选，只符合次优标准者落选。这套方案事实上造成了债权（至少类似于债权）形成时，有些可能成功，有些可能夭折。质言之，这种在申请竞选阶段的所谓优先顺位，只是取得债权的资格标准，远未达到优先购买权的程度，也与优先购买权的本质完全不同。

第二，承包人的优先受让权。

这是指《农村土地承包法》第38条规定的本集体经济组织成员的受让土地经营权的优先权。优先受让土地经营权的优先性所指向的主体与客体，均具有其特殊性：其主体必须是农村集体经济组织成员；其客体只能是"四荒"以外的土地。

第三，在动产或者不动产物权多重转让与租赁合同实现中居于优越顺位的债权。

动产多重买卖的履行顺位，是指由《买卖合同司法解释》[2]第

---

[1]　参见崔建远：《准物权研究》（第2版），法律出版社2012年版，第290~292页。
[2]　即《最高人民法院关于审理买卖合同纠纷案件适用法律问题的解释》（法释〔2012〕8号，已被修改）。

6 条与第 7 条所确立的一般动产与特殊动产的履行优先顺位；租赁合同的履行顺位，则是指《房屋租赁司法解释》第 5 条所确立的履行顺位。其中。一般动产多重买卖合同的履行顺位是指：已交付的优先于未交付的（其实质是物权优先于债权）、已支付价款的优先于未支付价款的、成立在先的优先于成立在后的。特殊动产（船舶、飞行器与机动车等）多重买卖的履行顺位是指：交付优先于登记、登记在先的优先于登记在后的、合同成立在先的优先合同成立在后的。

不动产物权转让合同的优先顺位，主要是指《最高人民法院关于审理涉及国有土地使用权合同纠纷案件适用法律问题的解释》（以下简称《国有土地使用权合同司法解释》）第 9 条所确定的多重转让国有土地使用权时转让合同的优先顺位，这一司法解释确立了如下规则：登记优先，先行合法占有投资开发者优先，先行支付转让价款者优先，依法成立在先的合同优先。类似的，还有在各省高级人民法院审判实务中所确立的房屋多重买卖合同履行优先顺位。《房屋租赁司法解释》也涉及房屋，故也归为此类，以便一起探讨，它确定租赁合同的履行顺位是：占有在先者优先，登记在先者优先，成立在先者优先。

第四，破产财产的清偿顺位中处于优位的债权。

破产财产的清偿顺位，是指由《企业破产法》第 113 条所确立的破产财产之清偿顺序，其顺序包括共益债权、社会保障性债权、公共负担类债权（社会保险费用与税收债权）、普通破产债权。其中公益债权、社会保障性债权与公共负担类债权处于优越顺位，系具有绝对性的债权。

总体而言，本书所指的具有绝对性的债权，就是指优先购买权、本集体经济组织成员的优先承包权、动产买卖中居于优先顺位的买卖合同债权、不动产转让合同中居于优先顺位的转让合同债权、破产财产清偿顺序中居于优先受清偿顺位中的债权。这些具有优先性的权利，有些是基于某种特殊的身份所致，例如优先购买权与优先承包权；有些是直接的债权之间的排序。这些优先性权利，常被我国学术界误解为优先权[1]。但是恰如本书上文所限定的那样，所谓的优先权，仅指物权性的优先权，即船舶优先权、航空器优先权、建筑工程承包人对承建工程的优先权，其本质是具有担保物权属性的物权。这一观点，与孙新强教授所持观点相同[2]。

二、具有绝对性的债权之形成机理

（一）突破债权平等性的体系化路径

我国上述四种具有绝对性的债权，可以概括为两类：优先受让的债权与优先实现的债权。优先受让的债权是指优先购买权与承包经营权的优先受让权；优先实现的债权，指在动产买卖或者租赁合同的实现中，及在破产财产清偿中，居于优越顺位的债权。无论是优先受让的债权，还是优先实现的债权，都违反了债权的平等性。

债权的平等性，乃是民法物债二分体系的当然推演，其隐含的判断是物权之间的不平等。与物权须以特定物为客体相比，债权所针对的是债务人的一般财产；与物权的"一物一权"的一般原则相比，对于同一标的物原则上可以形成无数个债权；物权在实现的时候，奉行先到先得，或者奉行其他物权优位的原则，故在实质上存在权利之间的不平等。债权在实现的时候，奉行任意性规则，故在实质上债权之间并无天然的优越地位；破产时，物权人有取回权与别除权，债权人原则上应当按比例分配。这种逻辑体系推演的结果，是对具体债权所承载的道德价值的漠视。[3]体系与价值之间的张力，始终存在规范体系的构成之中，体系的形成，原本就不可能只是一种逻辑上的推演，它也是价值介入其中的历史的、社会的过程。

价值思考的介入，使得我国学术界大概形成了两种反思债权平

---

[1]　参见田野：《优先权性质新论》，载《郑州大学学报（哲学社会科学版）》2016 年第 2 期。

[2]　参见孙新强：《我国法律移植中的败笔——优先权》，载《中国法学》2011 年第 1 期。

[3]　参见戴新毅：《债权平等及其突破模式选择》，载《河北法学》2013 年第 6 期。

等性的理路，用以限制债权平等的绝对性：一是普通债权平等说；二是多数债权平等说。其目的在于以价值思考介入体系思考，反思绝对的债权平等说所可以造成的实质不正义的结果，并提出解决的办法。[1]

债权平等性的突破，大致上有两种体系化的路径：一是类型论。所谓类型论，就是相同类型的债权同等受偿，不同类型的债权予以不同的对待。类型论的路径需要以类型划分与等级排序为条件。类型划分系以逻辑操作为基础，而等级排序则以不同类型的债权在价值上的优越性判断为基础。此种分析路径，较为适合于优先受让的债权与优先实现的债权中的破产财产。二是技术+类型化。所谓技术，就是允许某些类型的债权通过公示取得优越于一般债权的地位，例如预告登记的债权优越于一般债权，就是因为此类债权通过了登记这种公示技术的处理，从而得以强化其债权的效力。但是，债权的公示原本也是以债权的事先择定为前提的，在事先择定债权的过程中，价值判断肯定发挥着重要作用；所谓的类型化，与上述类型化的路径是一样的，强调政策的考量。

（二）体系化路径中的政策考量

鉴于对债权平等性突破的体系化路径中的类型化路径中必然存在的政策考量因素，故体系之中，又必然存在非体系化的因素。再者，学理上的类型化与权利位阶的排序只是一种思考的工具。不同权利之间的优越顺位，不排除私人之间形成的可能性，例如借由协商达成优越顺位，但是其不具有普遍性，故不足为凭。优越顺位的形成最终要借助于制度化、法律化的方式才可实现，制度化与法律化则又必然借助于优先规范。优先规范，事实上就是确立竞合性民事权利的法律标准。常鹏翱教授曾提出两个标准：管制强弱与时间先后。管制强弱之分，在于是否由法律直接赋予优先地位，如果权

---

[1] 参见曹宇：《债权的平等与优先——兼对债权平等理论的反思》，载《河北法学》2012年第10期。

利的优越地位还需要辅以公示手段，则管制程度较弱。[1]这两个标准存在交叉的可能性，何以需要管制，似乎尚欠缺原因的揭示。我国有学者认为，需要借由国家管制从而赋予强效的债权，一般具有如下功能：保障人权的功能；实现公平和对经济弱者予以保护的功能；保护公共利益或者共同利益的功能；保护经济秩序和实现某些社会观念的功能。[2]功能论的观点确有其新颖独到之处，至少其在努力揭示制度背后的目的；但是它也有其缺陷，因为它赋予了国家极为宽泛的介入民事生活的权力。所谓的功能论，在债权平等性突破这一领域，事实上就是国家介入论，也就是为国家借由政策考量介入民事生活提供理论上的依据。

在政策考量之中至少需要如下一些最为基本的判断：①公共利益或者共同利益优于个人利益，是一种的标准。这在破产财产的清偿顺位中，可以看得很清楚。共同利益不等于公共利益[3]，而且在某些情况下，共同利益优先于公共利益得到满足，这也在我国破产财产的清偿顺位制度中得到了体现。②保障基本人权，尤其是人的生存性权利与人的尊严权利，乃是重中之重。③对社会弱者予以特殊保护。承租人的优先购买权体现了这一价值考量。④尊重社会习惯中的秩序观念。社会秩序观念乃是自然的观念，违背这些观念势必惊世骇俗，也不利于社会稳定秩序的形成。例如，权利存在的明暗观念。明者，乃是为众人所知悉；暗者，是不为众人所知悉。权利关系明明白白显露于外的，势必得到众人的支持；权利关系暗藏者，势必为众人所疑。正是因为这一缘故，占有与登记可以作为权利的法定公示方式，且占有者优先于未占有者，登记者优先于未登记者。又比如，亲疏关系（最为典型的例子，是法定继承的顺位），

[1] 参见常鹏翱：《民法中的财产权竞合规范——以优先规范为中心》，载《法学研究》2010年第5期。

[2] 参见郭明瑞、仲相：《我国未来民法典中应当设立优先权制度》，载《中国法学》2004年第4期。

[3] 参见吕普生：《集合式利益、分布式利益抑或复合式利益？——公共利益本质问题论争的学术史考察》，载《江汉论坛》2015年第7期。

已得与未得的关系（最为典型的例子为物权优先于债权），最密切联系的规则（最为典型的例子，就是法定的三大类优先权），等等。政策考量要尊重社会习惯中的秩序观念，则必先对社会秩序观念洞然于胸。

（三）权利秩序形成中立法与司法的本位回归

在权利秩序的形成中，立法权与司法权起着举足轻重的作用。由于权利秩序的形成，对于社会生活影响极为重大，不由得立法权与司法权的滥权。若优先性债权无所不在，立法权或者司法权以所谓的重大价值保护的借口，随意地创设具有优先性的债权，则无法保障借由物债二分所形成的体系及体系价值。在存在"优先权"制度的法国，其"优先权"的体系原本就极为庞杂，加上后来的种种特别立法，"优先权"的体系就更为庞大和杂乱了，且有许多规定显得极不合理。例如，在动产特别优先权中，《法国民法典》第 2332条规定，出卖人就其未受支付的价金对债务人仍占有着出卖标的物的优先权，就显得极不合理。因为根据该法第 2367 条，出卖人本可以通过所有权保留的方式获得保护。既然如此，为何还要规定对出卖标的物的优先权呢？难道不会造成权利保护的严重失衡吗？

在我国上述的处于优越地位的债权中，比如经由司法解释权所确立的动产买卖的优先顺位排序，就极受学术界诟病，确有重新商榷的必要。学界一般认为，立法权与司法权对债权平等性的突破，应当保持在社会观念所能接受的限度内，不能破坏法律体系的内在尺度，否则就构成了滥权。对此，崔建远教授曾批评道："将少量判决的经验体会上升至普适性规则的层面，普遍适用，破坏了法律体系内部的和谐，在另外的案件处理时会造成不良的后果，需要检讨。"[1]崔建远教授的批评不可谓不及时，但也不可一概而论。事实上，债权形成优越顺位者，一般出现在广义的诉讼程序之中，无论是一般的

---

〔1〕 崔建远：《个案调处不等于普适性规则——关于若干债法司法解释的检讨》，载《广东社会科学》2014 年第 5 期。

合同诉讼还是破产程序。如果仅限于诉讼程序之中，很难说破坏了"法律体系"的内部和谐，严格来说，诉讼程序中存在债权优越顺位的问题，与实体法中的债权平等性，实际上并非一个体系内的问题。当然，即便如此，诉讼程序中的债权优越顺位亦不应当突破常理，或者带有严重的利益分配不均的痕迹，例如存在明显的部门利益倾向；如果存在这种情况，需要立即悬崖勒马、予以纠正。

第二节 具有绝对性的承租人优先购买权

承租人的优先购买权在民法中探讨得比较多，通常意义下的优先购买权，也多指承租人优先购买权，而非对份额的优先购买权。此处着重探讨承租人优先购买权，兼及竞合与否的角度论及份额的优先购买权。同时，鉴于农村集体经济组织成员对流转的承包经营权的优先受让的权利适用面较窄，且原理与对份额的优先购买权相同，故此处不对其进行专门的讨论。优先购买权，亦可称之为先买权，下面的讨论中不作区分。

一、承租人优先购买权的体系清理：德国民法中的先买权

先买权被一般性地说成是优先权。但是《德国民法典》中并无优先权一说，德国物权法学的著述，基本保持着与《德国民法典》相同的表述。[1]它是德国民法中一种权利，相当诡异地分身两处。它首先在"特种买卖"中以"先买"身份，出现在《德国民法典》的债务关系法中；接着以"先买权"的身份出现在《德国民法典》的物权法中。这种规范设计，充分体现了德国民法物债二分的特殊体系理念。再者，在《德国民法典》之外，存在依特别法所规定的法定先买权。试分述之：

---

〔1〕 参见〔德〕鲍尔、施蒂尔纳：《德国物权法》（下册），申卫星、王洪亮译，法律出版社 2006 年版，第 450~472 页。

（一）德国民法典中的物权性先买权

《德国民法典》"物权法编"第五章的名目，即为"先买权"。基于其所处的特殊编目背景，也基于便利的考虑，此处的"先买权"不妨称之为物权性先买权。该章的内容可以简略地概括分析如下：

物权性先买权是设定在土地上的一种负担，由土地所有权人为另一人设定，受设定之人因此取得以优先购买的方式取得该设定负担土地的所有权的权利。物权性先买权可以以对人的方式设定，也可以以对地的方式设定。所谓的对地的方式，就是以对另一土地（主要是指相邻土地）设定负担的方式设定先买权。按照《德国民法典》第1102条，对人的方式与对地的方式可以结合或者分离：一是为了土地的现时所有人的利益而设定的先买权，不得与土地所有权分离；二是为了某一特定人的利益而设定的先买权，则不得与土地所有权相结合。

同时，按照《德国民法典》第1097条，先买权负担的设定，可以仅限于设定时的土地所有人或者其继承人，只在他们出卖土地时，先买权人才能行使先买权；但是，也可以将先买权负担设定于一个以上或者全部出卖的情形，即将先买权负担设定于设定时的土地所有人或者其继承人之外的人，这些人可以是特定的人，比如土地所有人或者其继承人之后的土地所有人，也可以是不特定的任何人，比如土地所有人或者其继承人之后的所有土地所有人。如果将先买权仅设于设定时的土地所有权人或者其继承人，则先买权一次就用尽了；若将先买权设定于土地所有权人或者其继承人之后的土地所有人，则先买权在第一次未用或者放弃之后，新的土地所有人或者其继承人出卖土地时，先买权人可再次行使先买权；若将先买权设于设定时土地所有人或者其继承人之后的所有的人，则在理论上，先买权人可以追及之后的任何土地所有人或者其继承人行使其先买权。

物权性先买权是在双方合意的基础上，以登记的方式设立的。依法设定的物权性先买权，根据《德国民法典》第1098条，"即使土地被支付不能程序中的管理人任意出卖，先买权也可以被行使"。而且，如果先买权不是只针对一次性出卖而设定，则对第三人，先买权人可以针对买受人主张所有权转让请求权的预告登记。先买权不可转让，但是法人或者有权利能力的合伙人，在未约定先买权的转让限制时，可以依法转让。

（二）德国民法典中的债权性先买权

《德国民法典》第二编债务关系法第八章"各种债务关系"第一节"买卖、互易"下的第二目"特种买卖"之下，设有第三分目"先买"。由于该目处于"债务关系法"之中，故将此种先买所产生的先买权利，称为债权性先买权。

该第三分目，共有法律条文 11 条。比较特别的是，该分目没有界定何为债权性先买权，但学术界一般认为，该部分所说的先买权利，就是债权性先买权。物权性先买权参照适用其中的某些条款，例如先买权的行使要件（第 463 条）、先买权的行使方式（第 464 条）、不生效力的约定（第 465 条），等等。债权性先买权与物债性先买权的区别，主要体现在该分目的第 471 条：即在出卖系以强制执行或者支付不能程序进行的，债权性先买权即被排除。再者，债权性先买权没有追及效力，不能以针对现时标的所有人或者其继承人之外的方式设定。

（三）德国特别法规定的法定先买权

一是指《德国帝国垦荒法》与《德国建筑法典》所规定的物权性法定先买权。《德国帝国垦荒法》第 4 条规定，公益垦荒企业，对于一定面积的农地，于其出卖时，依法享有先买权。这种权利直至 1961 年才具有物权效力。《德国建筑法典》第 24 条以下所规定的乡镇先买权，是一种城镇官方所享有的法定先买权，也具有物权效力。[1]

二是指 1980 年所创设的使用承租人所享有的纯债法上的先买

---

[1]　参见［德］鲍尔、施蒂尔纳：《德国物权法》（下册），申卫星、王洪亮译，法律出版社 2006 年版，第 469 页、第 569 页。

权，其法律根据有二：《德国住宅约束法》第 2b 条，以及原民法典第 570b 条[1]（现为第 577 条）。值得注意的是，现行《德国民法典》第 577 条改变了第 570b 条的适用范围，[2]原条文所规定的这种纯债法上的先买权，适用于所有的住房使用租赁，现条文将之限缩为区分所有建筑物的住房使用租赁。

总体而言，德国民法典中的先买权，基本是遵循物债二分体系展开的，即其先买权可以分为意定先买权与法定先买权。其中，意定先买权可以划分为意定物权性先买权与意定债权性先买权，意定物权性先买权具有追及力与不因支付不能或者强制执行而消除的效力，意定债权性先买权无追及力，且不能对抗支付不能或者强制执行程序中的先买权标的之买受人。尤其需要注意的是，德国民法中将法定物权性先买权限于公共利益目的，其中非为公共利益而为私益存在的法定先买权，均为债权性先买权。债权性先买权，其标的可以是动产，亦可以是不动产；物权性先买权，其标的以不动产为限。物权性先买权与债权性先买权并非完全楚河汉界，在物权性先买权于设定时将效力限定于设定时的土地所有人或者其继承人的情况下，其与债权性先买权的区别也就微乎其微了。

二、承租人优先购买权的再次清理：法国及日本民法中的优先权

法国民法中的优先权，分为动产优先权与不动产优先权。试分别阐述如下：

（一）动产优先权

法国法上的动产优先权为动产担保的一种，动产担保除了动产优先权，还包括动产质权与所有权保留。动产优先权，是特定债权

---

〔1〕 参见《德国民法典》，郑冲、贾红梅译，法律出版社 1999 年版。
〔2〕 参见［德］鲍尔、施蒂尔纳：《德国物权法》（下册），申卫星、王洪亮译，法律出版社 2006 年版，第 469 页。

人就属于债务人的动产的价款，优先于其他债权获得清偿的法定权利。这一权利分为一般优先权与特别优先权，前者设定于债务人的全部动产，后者设定于债务人的特定动产。[1]

对于一般动产享有优先权的债权是指按照下列顺位行使的债权：第一，诉讼费；第二，丧葬费；第三，最后一次生病的治疗费；第四，报酬及劳动保障费用。主要包括：1979 年第 79-11 号法律规定的不与《法国劳动法典》的适用相抵触的受雇人员过去一年以及当年的工资、因劳动合同引起的推迟支付的工资；1989 年第 89-1008 号法律与 1999 年第 99-574 号法律所设置的健在配偶的债权；1989 年第 98-488 号法律所设置的薪金雇员与学徒最近 6 个月的报酬以及《法国劳动法典》所规定的雇主对开始就业实习的青年应给予的补偿金；1982 年第 82-130 号法律规定的合同终止补偿金及《法国劳动法典》所规定的引起工作不稳定的补偿金，以及《法国劳动法典》所规定的解雇应当给予的补偿金，等等；第五，最后一年内向债务人及其家庭提供生产资料而形成的债权；第六，事故受害人或其权利继受人有关医疗费、药费、丧葬费的债权，以及由于暂时失去劳动能力而应当取得的补偿金的债权；第七，管理机构或加入此种机构的雇主所欠工人与雇员的补贴费的债权；第八，作为补贴金管理机构的参加成员享受补贴而应承担交纳份额义务所产生的债权。[2]

对于特定动产享有优先权的债权，主要规定于《法国民法典》第 2332 条，此处不完全列举：①出租房屋与土地的租金，对于（承租人）当年的收获孳息，在租用的房屋或农场里配备的一切物品，以及用于农场经营的一切物品的价金有优先权；②债权人占有的动产所生的债权对该动产有优先权；③为保存物件而支出的费用对该物件有优先权；④购买动产未支付价金的，出卖人对该动产有优先权；⑤旅馆经营者就其提供的服务，对旅客带入其旅馆内的物品有

---

[1]　参见尹田：《法国物权法》（第 2 版），法律出版社 2009 年版，第 473 页。
[2]　参见［法］弗朗索瓦·泰雷、菲利普·森勒尔：《法国财产法》（下），罗结珍译，中国法制出版社 2008 年版，第 1187~1188 页。

优先权；⑥运输费用与附加费用的债权人，对其所运输的物品有优先权；⑦因公务员的滥权或者渎职而产生的债权，对公务员的保证金及其利息有优先权；等等。

（二）不动产优先权

法国法上的不动产优先权属于不动产担保权利的一种，除了不动产优先权，还包括不动产质权和抵押权。

不动产优先权包括特别优先权与一般优先权，其中特别优先权是指：①出卖人就其价金的支付，对其出卖的不动产有优先权；②为取得某项不动产提供资金的人，对其资金所用的不动产有优先权；③不可分物的共同继承人因分配而产生的对其他共同继承人的求偿权或者补偿权，对继承中的不动产有优先权；④建筑师、承包人、建筑工人与其他受雇从事工程施工的工人，对于不动产鉴定的价值，以增加价值为限，享有优先权；⑤借款用于支付或者偿付建筑工人费用的人，其所借款项确用于上述用途的，对建筑中的不动产享有优先权。前述提供资金及借款行为，均须有公证书作为证据。[1]

不动产优先权中的一般优先权是指对一般不动产有优先权的债权。根据《法国民法典》第2375条，包括：①诉讼费；②报酬及劳动保障费用。主要包括：1979年第79-11号法律规定的不与《法国劳动法典》的适用相抵触的受雇人员过去一年以及当年的工资、因劳动合同引起的推迟支付的工资；1989年第89-1008号法律与1999年第99-574号法律所设置的健在配偶的债权；1989年第98-488号法律所设置的薪金雇员与学徒最近6个月的报酬以及《法国劳动法典》所规定的雇主对开始就业实习的青年应给予的补偿金；1982年第82-130号法律规定的合同终止补偿金及《法国劳动法典》所规定的引起工作不稳定的补偿金，以及《法国劳动法典》所规定的解雇应当给予的补偿金；1979年1月3日法律规定的对带薪假期应当给予的补偿金；

---

[1] 参见［法］弗朗索瓦·泰雷、菲利普·森勒尔：《法国财产法》（下），罗结珍译，中国法制出版社2008年版，第1201～1202页。

相关法律与法令规定的解雇补偿金、薪金雇员的补偿。[1]

上列法国民法上的优先权，有着繁复的优先实现顺位，且这与本书主题关联不大，故在此不予列出。读者对此可参见法国民法典的相关条文。笔者在此不厌其烦罗列众多的相关规定，其目的在于通过详尽的列举以说明法国民法的优先权中，并无属于本章第一节所列的任何具有绝对性的债权类型。

鉴于法国民法典所采用的法学阶梯体例，尚不足以说明本章所列举的我国上述权利并非优先权，在此还拟对日本民法典的情况作一个说明，以补偿本书引用法国民法典相关规定所存在不足。

（三）折衷了法国民法典优先权编排体例的日本民法典中的优先权

日本民法典优先权编排体例较之法国民法典，不仅体例清晰，其抽象程度亦较法国民法典要更高，故更能看出其规则体系：

日本民法典虽然采用了类似于法国民法典的优先权的概念，并建立了相关规范，但是日本民法典所采用的编排体例，乃是德国民法典式的五编制，有清晰的物权编与债权编的区分，有利于在体例的范围内厘清优先权的权利属性。优先权规范群集在日本民法典中，集中于第二编"物权"编第八章"先取特权"一节。它将先取特权与质权作了区分，纯化了先取特权的体系。先取特权被划分为了一般先取特权、动产的先取特权与不动产的先取特权，不同于法国民法典编例，法国民法典是在动产优先权与不动产优先权之下，再区分动产的一般优先权与动产的特别优先权。不动产的一般优先权与不动产的特别优先权，这种体系清晰度更高，抽象性也更高。一般先取特权，在日本民法典中包括四类：共益费用、雇佣关系、殡葬费用、日用品供给。动产先取特权，则先用一个法律条文将这些先取特权发生的原因予以囊括，包括不动产租赁、旅店的住宿、旅客或者

---

[1]　参见［法］弗朗索瓦·泰雷、菲利普·森勒尔：《法国财产法》（下），罗结珍译，中国法制出版社 2008 年版，第 1203~1204 页。

货物的运送、动产的保存、动产的买卖、种苗或肥料的供给、农业劳务、工业劳务，共计 8 类（第 311 条）。继而用 13 个法律条文对上述特取特权分别予以详尽说明，条理十分清楚。不动产先取特权的规范编排，也遵循上述体例，先以 1 个法律条文即第 325 条规定了不动产先取特权发生的原因，包括：不动产的保存；不动产的施工；不动产买卖。继而以 3 个法律条文分别予以明确解说。[1]日本民法典中的"先取特权"也无任何本章第一节所列的绝对性债权类型。

三、承租人优先购买权体系清理的初步结论

第一，通过清理几大民法典，可以大略推知，我国《民法典》第 726 条规定的优先购买权，其渊源极可能是德国民法的"先买权"。王利明教授主编的《中国民法典学者建议稿及立法理由：物权编》中，梅夏英所编的优先购买权部分的规范，基本是对《德国民法典》相关规范的描摹，虽然不能直接说明该条的法源，但也间接支持了这一观点。梅夏英在对"优先购买权"进行界定之后，有一段简短的条文说明提到了德国民法中的约定性优先购买权，即意定先买权的概念。[2]梁慧星教授所主编的《中国民法典草案建议稿：附理由》中建议稿第 1046 条所规定的优先购买权，与王利明教授主编的建议稿几乎一样，在比较法上也只提到了《德国民法典》的第 577 条。[3]这些代表性的著述都间接支持了本书关于我国《民法典》第 726 条比较法渊源的判断。但是梁慧星教授与王利明教授主编的这两部专家建议草案对于优先购买权有一明显差异，即梁慧星主编的专家建议草案并未明确其属于物权还是债权，而王利明主编的专家建议草案则明确将之列入物权类型之中。

---

〔1〕 参见渠涛编译：《最新日本民法》，法律出版社 2006 年版。

〔2〕 参见王利明主编：《中国民法典学者建议稿及立法理由：物权编》，法律出版社2005 年版，第 214~215 页。

〔3〕 参见梁慧星主编：《中国民法典草案建议稿附理由：合同编》（上册），法律出版社 2013 年版，第 405~408 页。

　　然而，前文提到，《德国民法典》中的确没有规定法定的物权性先买权，其第 577 条以及《德国住宅约束法》第 2b 条的规定，德国学者认为系属债权性的法定先买权，而非物权性的法定先买权。物权性的法定先买权，也仅见于《德国民法典》之外的特别法，例如《德国帝国垦荒法》与《德国建筑法典》，且都有公共利益目的的约束。由此可见，我国两部民法典草案对于法定优先权的"物权化"式的引进，在比较法的法源上都存在一些问题。当然，我们可以用"法律移植应当进行本土化"的观点来回避这一问题，可是我们的本土化不够彻底，还相当模糊，故为防止这种模糊性可能带来的不利影响，多采用规避的手段。例如，法律实务界由于对《民法典》第726 条规定的优先购买权的属性存在误认，在实务上，就多采用规避这一条款的做法，也就是在企业破产时，推迟破产宣告的时间，待租赁合同终止始宣告破产，以规避《民法典》第 726 条的适用。[1]虽然这可能是一个误解，但是由此也反映出《民法典》第 726 条对实务产生不良影响的问题。

　　《民法典》第 726 条原本就是一个债权性先买权，根据《德国民法典》"债务关系法"第八章第一节第二目第三分目的相关规则，它并不具有对抗破产管理人或者强制拍卖的效力。既然如此，又何必规避呢？当然，这种权利的定性在我国法律体系中，并不是一清二楚的事情，上文也已经述及。原因可能是多方面的，但首先是体系上的，即学术界对于《民法典》"合同编"中的规则是否容纳了物权规范，以及在何种程度上，以何种方式容纳了物权规范，尤其是，假如承认了《民法典》"合同编"中容纳了物权规范，对于该编中的物权规范，是否能够准确地予以辨识，至少未能达成共识；其次，原因也可能是移植时的知识准备不足。当时的移植很有可能是借鉴我国台湾地区关于优先购买权的立法，而我国台湾地区关于优先购买权的规范，主要移植于德国民法。

---

　　[1]　参见何震、王勇：《破产程序中承租人优先购买权解析》，载《法律适用》2008年第 7 期。

第二，优先购买权不属于优先权。在明列优先权或者先取特权的法国民法典与日本民法典中，均无法找到类似于德国民法典"先买权"这样的法律规则。由此可以初步断定，在法国法与日本民法中，优先购买权也不属物权中的任何一种；尤其是在日本民法中，由于采用物权法定原则，在其民法典物权编中采用如此之多的条文来界定先取特权，其中却找不到优先购买权的踪影，由此可以断定，优先购买权绝非日本民法中的先取特权类型。也就是说，即便基于比较法的视角，我国优先购买权制度的渊源可追寻至法国民法或者日本民法，也难以得出优先购买权是物权的结论。

四、承租人优先购买权与份额优先购买权的竞合

（一）份额优先购买权的性质及构造

份额优先购买权是基于按份共有人或者股东身份所具有的份额优先购买权，前文已有介绍。共同共有人由于不分份额，不存在份额转让的问题，只存在转让共有财产时共同共有的同意权等相关规则。份额优先购买权的存在，目的在于维系某种程度的人际关系，以保证经由熟人关系而构建的社会团体或者单纯的人的组合单位能以相应默契的方式运作。毋庸置疑的是，份额是财产权的一种，但是它并非单纯的财产权，它通常由一系列相关财产权组成，其中包括成员权。因此，购买份额并不等于购买某一物或者几种物。购买按份共有的物，也不等同于购买份额。

按份共有关系中，关于份额的转让，有的有严格限制，有的没有严格限制。例如，《民法典》第 305 条规定，在按份共有关系中，共有人无须经其他共有人同意，即可以转让其份额，只不过其他共有人在同等条件下，享有优先购买权。《合伙企业法》第 22 条与第 23 条规定，除非有相反约定，合伙份额的转让须经全体合伙人同意。且在转让时，其他合伙人有优先购买权。《公司法》第 71 条与第 72 条规定，有限责任公司股东转让其股份，须经公司一半以上的公司

股东同意。且在同等条件下，公司其他股东有优先购买权，这种购买权适用于股东股份被强制执行的情形。

而处分按份共有的物，则有完全不同的规则。例如，《民法典》第 301 条规定，如果没有相反约定，按份共有人处分共有的不动产或者动产，需要经过占份额 2/3 以上的按份共有人同意。否则构成无权处分，其效力一般需经过其他按份共有人追认，善意取得者是个例外。此时，是不可能存在优先购买权的。同样的，在《合伙企业法》第 21 条所规定，普通合伙企业的合伙人不得擅自处分合伙企业的财产，但是即使擅自处分了，合伙企业也不得对抗善意第三人。而根据《民法典》第 504 条的规定，法人成员的对法人财产的无权处分行为，一般根据表见代表的规则处理。

由此可见，份额的优先购买权仅适用于份额，而不可能适用于公司的财产，比如公司名下的动产与不动产。既然份额优先购买权不是对于物的优先购买权，那么它与承租人优先购买权是否会发生竞争呢？

（二）承租人优先购买权与份额优先购买权的竞合假像

通说认为，按份共有人的优先购买权为物权性优先购买权，这是由《民法典》物权编直接规定的一种购买权，而承租人的优先购买权为债权性优先购买权。按照物权优先债权的原则，可以推定，按份共有人的优先购买权要优先于承租人的优先购买权。从逻辑上看，这种思路是符合物债二分的体系化思想的。但是，近期有学者研究指出，按份共有人的物权性优先购买权具有优先效力，即其优先于承租人的优先购买权的规则设置，实际上这在实务上毫无用处，纯属一种臆想。[1]这种研究结果与笔者的想法不谋而合，一种对份额的优先购买权是如何与一种对物的承租人优先购买权竞合的呢？又是如何因其物权性而优先于债权性的优先购买权的呢？的确，如果不是出于臆想，它是如何发生的？这一结论恐怕彻底地击溃了将

---

[1]　参见张鹏：《共有人优先购买权和房屋承租人优先购买权竞合之证伪——兼评〈房屋租赁司法解释〉第 24 条第 1 项的理解和适用》，载《法学》2014 年第 12 期。

按份共有人优先购买权视为一种物权性优先购买权的学术构想。

无论是何种优先购买权，既然享有优先性，就可以在一定程度上被认为具有一定的物权性。当然，如果已经在制度上进化为与德国民法中物权性的先买权相同的财产权，那么它就已经是物权了，依物权法定的原则，其类型、内容、效力等均应由物权法来规定；即便它只是在某些方面具有了物权性，例如具有物权的绝对性，这种绝对性的效力也应当由法律直接规定，否则有何依据可以认可其优先效力呢？它又凭什么可以对抗第三人？我国法律虽然规定了不同种类的份额优先权，但是从未设置其有关对物效力的规则，从未赋予其对物方面的绝对性和优先效力。因此，目前学术界关于"按份共有人的优先购买权优先于承租人的优先购买权"的学说，完全是一种误解。事实上不仅如此，我国学术界所持有的"合同法上的优先购买权是物权性的优先购买权"的认识，也存在根本性的错误，这是在体系不分的基础上，所形成的解读性错误。只可惜这种体系性的解读错误，最初在我国通过司法解释得以实现，即 2009 年《房屋租赁司法解释》第 24 条第 1 款第 1 项即明确规定，在房屋共有人行使优先购买权的情况下，承租人主张优先购买权的，法院不予支持。这一规定在最高人民法院 2020 年修正《房屋租赁司法解释》时已然废止，但是却又出现在《民法典》第 726 条中，不能不说是一种遗憾。

五、承租人优先购买权的绝对性形成效力

（一）承租人优先购买权的绝对性

对于承租人的优先购买权的属性，我国《合同法》未提及，而仅仅只是规定了同等条件下具有优先购买权利，留下较大空白。于是最高人民法院先以法释〔1988〕6 号[1]予以补白，规定了 3 个月的提前通知期限、同等条件下的优先购买权与违反规定出卖房屋时

---

〔1〕 即《最高人民法院关于贯彻执行〈中华人民共和国民法通则〉若干问题的意见（试行）》（已废止）。

承租人申请确认买卖合同无效的权利，后最高人民法院以《房屋租赁司法解释》予以阐释补正，部分推翻了法释〔1988〕6号的上述规定，认定即使在出租人违反规定的情况下，也不能据此确认房屋买卖合同无效，且在第三人善意购买房屋完成不动产登记后不得主张优先购买权限制。[1]《房屋租赁司法解释》的上述规定在2020年修修正后被彻底删除，相关的规定也未体现在《民法典》的相关规则中，涉及处理承租人优先购买权的规则由此似乎处于无规可循的状态。《民法典》第926条对承租人优先购买权的规定显得十分原则，其操作性恐怕还要依赖此前存在的司法解释文件。

我国《房屋租赁司法解释》于2009年出台，应有其特殊的背景。2004年与2005年刘某昌与安徽省黄山新街商城发展有限公司等房屋租赁合同纠纷上诉案中，安徽黄山市屯溪区人民法院与黄山市中级人民法院分别于一审与二审审判中作出一致的判决，法院于判决中指出，在承租人行使优先购买权的案件中，若能认定承租人有购买承租房屋之意愿，则在认定出租人与第三人所签订的房屋买卖协议无效后，可以径行判决承租人直接依据该协议内容受让承租房屋；否则，应将出租人与第三人之间的买卖协议作为效力待定合同，考虑善意第三人的合法权益保护。[2]这两则判决不仅肯定了承租人优先购买权的消灭他人房屋买卖合同的形成权，也承认了其以同等条件与出租人订立房屋买卖合同的形成权。2009年最高人民法院颁行《房屋租赁司法解释》后，类似于上述判决的裁判路径将很难推行。然而2020年最高人民法院对《房屋租赁司法解释》进行了重大修正，修正后原第21条、第24条均消失不见，其中原第24条的规定内容，被《民法典》第926条所继受，而原第21条的内容，则不知法律将作何处理。我们不能因为2020年最高人民法

---

〔1〕　参见《房屋租赁司法解释》（法释〔2009〕11号，已被修改）第21条、第24条。

〔2〕　参见安徽省黄山市屯溪区人民法院、黄山市中级人民法院刘某昌与安徽省黄山新街商城发展有限公司等房屋租赁合同纠纷案判决书（2005）屯民一初字第268号、（2005）黄中法民一终字第120号。

院修正《房屋租赁司法解释》，删除了第 21 条的内容，即确认该条规则废止。

表面看来，司法制度的立场转变似乎很大，但是实际上并非如此。最高人民法院《房屋租赁司法解释》只是推翻了承租人在出租人违法操作的条件下确认合同无效的权利，而没有否认承租人在条件符合时主张优先购买权的权利。按照 2009 年《房屋租赁司法解释》第 24 条的精神，第三人恶意购买承租房屋时，即便已经完成登记，承租人仍可以主张优先购买权。但是此时若承租人不可以主张原买卖合同无效，又怎么可能行使其优先购买权呢？

对于 2009 年《房屋租赁司法解释》第 21 条第 2 句的含义，应结合该条第 1 句予以阐释。该条第 1 句所强调的，乃是出租人违反法律的强制性规定，而非承租人违反法律的强制性规定；该条第 2 句与第 1 句结合起来的意思是，仅有出租人违反法律关于承租人优先购买权的规定的情况，不能据此认定出租人与第三人之间的买卖合同无效。这样解释应该是符合该条的本意的，也符合 2009 年《房屋租赁司法解释》着意平衡承租人、出租人与第三人利益的解释宗旨，与该法释第 24 条关于已登记善意第三人保护的规定形成呼应。于是，在第三人恶意购买承租房屋时，即使已经完成登记，承租人仍可主张买卖合同因违反法律的强制性规定无效，从而使已经出售的房屋回归于出租人，并同时根据优先购买权的形成权效力，强制在与第三人购买房屋的同等条件下与出租人成立房屋买卖合同，出租人应按照房屋买卖合同履行，否则构成违约，承租人可强制实际履行并请求违约损害赔偿。

笔者认为，我国法律规定的承租人优先购买权的效力，应到此为止。其一，在 2020 年之前，按照物权法定的原则，承租人的优先购买权并未在《物权法》中加以规定；其二，如果要由《合同法》对其物权效力加以规定，那么至少这种效力应当在《合同法》得到规定。但是事实上，《合同法》并未规定其物权效力，这不符合物权法定的原则。好在《民法典》第 936 条部分吸收了 2009 年《房屋租赁司法解释》第24条的内容，至此，承租优先购买权在物权效力角度上，已经有了最基本的规则依托；而且其规定较之2009年《房屋租赁司法解释》第24条的表达亦有不同，采用了"按份共有人的优先购买"而非"按份共有人对于共有份额的优先购买"的表述，这种优先购买权显然不同于后者。对此，也可以比较德国民法典中的相关规定予以阐释。《德国民法典》第1097条明确规定，意定物权性先买权的设定可以只限于设定时的土地所有人或者其继承人出卖的情形，也可以就一个以上或全部出卖的情形而设定。这一规定保证了物权性先买权的追及效力。同时，通过其第1098条关于不被破产程序与强制执行程序破除的规则，使得此种物权的特性得以强化。而对于法定物权性先买权，则通过《德国帝国垦荒法》第4条与《德国建筑法典》第24条以下的条文，明确授予其一定期间的物权效力。总之，法定承租人优先购买权的物权效力不应是司法解释的结果，而应当是立法权行使的结果，但是在立法条文比较原则的情况下，司法解释与司法实践仍有法律解释的空间。

（二）承租人优先购买权的形成效力

按照现行法律制度，债权性的承租人优先购买权具有形成权效力，尽管这种形成权效力并不是物权性的，也就是不具有物权的追及效力，但是这已经给予了承租人足够的保护。对这种形成权的效力，可从以下几个方面展开：

首先，确认出租人与第三人房屋买卖合同无效不是形成权的效力，而是因为第三人违反了保护承租人优先购买权的强制性法律规定，依法无效。承租人优先购买权的形成效力不及于出租人与第三人的房屋买卖合同。

其次，在确认出租人与第三人房屋买卖合同依法无效之后，形成权的效力促成了同等条件下的强制缔约；

再次，强制缔约之后，出租人仍有可能不履行合同。形成权的效力，无论系债权性的还是物权性的，都不具有直接形成物权的效力，例如，不能依物权性的承租人优先购买权直接认定承租人取得租赁物的所有权，而仅能承认，依"买卖不破租赁"的法理，承租人在放弃行使第一次优先购买权之后，还可以在租赁物的买受人，甚至于在买受人等出卖原租赁物的时候，主张同等条件下的优先购买权，但是不能据此认定承租人优先购买权的物权性效力。我国法律中的承租人优先购买权，由于没有法定的物权性效力内容，故没有任何追及力，当然，也不可能具备物权性承租人优先购买权都没有的、直接取得租赁物所有权的效力。

最后，应当承认《房屋租赁司法解释》第 24 条第 1 款第 2 项与第 4 项所确定规则的合理性：一是基于疏不间亲的原则，承租人的优先购买权不得对抗出租人近亲属的优先购买权；二是承租人不能以其优先购买权对抗善意取得的第三人。

第三节 债权实现的优先顺位

如上所述，《买卖合同司法解释》《国有土地使用权合同司法解释》与《房屋租赁司法解释》三大司法解释中，分别确立了动产多重买卖、国有土地使用权多重转让、房屋多重租赁中债权实现的优先顺位规则。此外，《最高人民法院关于适用〈中华人民共和国合同法〉若干问题的解释（一）》[已失效，以下简称《合同法解释（一）》]基于债权法定代位权所创设的法定形成权，实际上造成了债权之间不平等的结果。下文将对这些优先顺位规则展开分析与思考。

一、动产多重买卖顺位规则

（一）普通动产多重买卖的顺位规则

最高人民法院《买卖合同司法解释》第 6 条确定了普通动产多重买卖的顺位规则，其核心内容如下：

第一顺位：先行受领者优先。普通动产的所有权变动，以交付为其公示方式，随着交付的完成，所有权的变动也完成了。动产的交付，是动产物权变动的外在形式，也是内在的过程。这种内在的过程，自交付者一方观察，表现为物权让渡的意思，例如，卖马人牵着 A 马并把牵马的缰绳交到甲买马人的手中，说道："老兄，现在马归你！"这是一种很直接的关于马的所有权让渡的意思表示。甲买马人接过牵马的缰绳，口中说道："好！现在马归我了。"当然，这也是一种很外露的物的所有权受领方式。事实上有其他的更为含蓄的动产所有权让渡与受领的方式。不论如何，一旦完成了动产的交付，所有权也就发生了变动。此时，即使卖马人还曾经就 A 马与甲之外的乙、丙、丁达成买卖合同，由于 A 马的所有权已经归属于甲，按照物权优先于债权的原则，如无其他特殊情形的存在，A 马稳稳地归属于甲，非乙、丙、丁的债权所能撼动。这是物权法的一条基本规则，《买卖合同司法解释》予以重申，并无新意，学术界对此也不存在争议。现实上存在另一种情况，即以占有改定的方式完成对第一买受人的交付，嗣后以现实交付的方式完成对第二买受人的交付，似此情况应当如此处置？似可运用无权处分的规则予以处理，如果第二买受人可以依善意取得规则取得动产，则第一买受人取得标的物的愿望将落空。但是，这是第一买受人应当承担的风险，自其选用占有改定的方式时起，就可以推定其愿意承受占有改定交付方式所带来的风险。

第二顺位：先行支付价款者优先。所谓先行支付价款者优先，用俗话说，就是谁先付钱谁优先。程啸教授认为，虽然《买卖合同司法解释》的起草者宣称该规则制定的目的在于维护诚实信用，防止恶意违约。可是先行支付价款者优先，其实际结果可能与规则制定的目的截然相反，因为先行支付价款者，完全有可能是合同订立在后而出价更早者。[1]张力等教授也认为，这种规则并不能真正排除

---

[1]　参见程啸：《论动产多重买卖中标的物所有权归属的确定标准——评最高法院买卖合同司法解释第 9、10 条》，载《清华法学》2012 年第 6 期。

出卖人的选择权，且容易诱使当事人做出更多的不诚信的行为。[1]这些评价不可谓不妥当。笔者认为，法律规则制订者在确立规则制订的目的时，很多时候都不得不将自己立于道德的高地，即便是在制订一些技术性相当强的法律规则时，也不得不一再宣称这一技术性规则的道德目的。法律与道德的关系，是一个老生常谈的话题，近期还有学者在研究中指出，现代西方法律与道德作为两种不同的行为规范存在着的紧张关系难以消除。[2]事实上何尝只是现代西方，法律与道德之间的矛盾与张力，是一种普适性的规律。法律与道德之间的关系，在不少时候或许就表现为道德对法律的居高临下的地位。不得不宣称的道德性的立法目的，事实上可能与立法的局部内容并无太大的关涉。毋宁说，有些法律规则与立法的道德目的是没有实际关联的，如果处处都要与立法者所宣称的道德目的相关联去解释法律规则的合理性，恐怕有些强人所难。

在动产买受人均未受领交付的情况下，先行付款者优先，未必不是一种较好的解决纠纷的方案。"先付先得"，是一种朴素的社会观念。崔建远教授也认为"先付先得"的规则具有一定的正当性，在日本民法中，赖泽尔教授所提出的俗称"削梨说"的学术观点有不少的拥趸，其中就包括鼎鼎大名的铃木禄弥教授。按照"削梨说"的学术观点，物的所有权随着价款的支付而逐渐转移，已经付清价款者在一般人的眼中就是物的所有权人。[3]"削梨说"极易与我国《最高人民法院关于建设工程价款优先受偿权问题的批复》中所确立的建设工程价款优先权不得对抗已经支付了大部分或者全部价款的购房人的规则联系起来，这一规则包含着一种朴素的社会观念：一

---

〔1〕 参见张力、郑志峰：《普通动产一物二卖履行纠纷类型化思考——兼评〈最高人民法院关于审理买卖合同纠纷案件适用法律问题的解释〉第9条》，载《广西社会科学》2014年第2期。

〔2〕 参见丁社教：《法律与道德的张力——兼论现代西方法哲学的内在困境》，载《西北大学学报（哲学社会科学版）》2017年第1期。

〔3〕 参见崔建远：《个案要调处不等于普适性规则——关于若干债法司法解释的检讨》，载《广东社会科学》2014年第5期。

个已经付清大部分或者全部购房款的购房人，就是房屋的所有人。"先付先得"虽然未必符合什么道德标准，但是作为一种社会中存在的朴素交易观念，还是应当得到尊重。

问题是，如果先行支付价款的买受人并非一人，此时应如何处理？笔者认为，此时应以支付价款的时间先后确定优先顺位。当然，这样处理对于后支付价款者并非公正，但是依"削梨说"，如果出卖方已经通过"削梨"的方式，将其权利的大部分或者全部事实上移转于先行支付价款者，则其事实上不可能再将已经"削"出去的权利，再行移转于后支付价款者。也就是说，其事实上将处于"移转不能"的状态。故在逻辑上，后支付价款者应当劣后于先行支付价款者。

第三顺位：先成立的买卖合同优先。在既未完成动产的交付，也未有买受人支付价款的情况下，最高人民法院认定先成立的买卖合同优先得以实现，这一规则不仅违背一般的社会观念，也与合同履行的任意性规则和债权平等性规则相抵触。这在学术界已成公论。首先，它有损交易安全。由于合同订立本身具有极大的私密性，动产的出卖人就动产是否已经先行与他人订立买卖合同，后买之人是无从知晓的，仅凭订立时间的先后定动产的归属，显然不够正当。其次，它也有损出卖人的意思自治的权利。虽然出卖人"一物数卖"，道德上存在瑕疵，但是其还是物的所有权人，在任何一方均未支付价款之前，其还是拥有决定物的交付对象的权利。再说，民法上还有其他用以矫正出卖人不当行为的规则，在出卖人选择对特定买受人履行之后，其他买受人可以债不履行为由，主张损害赔偿或者违约金的支付。

（二）特殊动产多重买卖的顺位规则

最高人民法院《买卖合同司法解释》第7条第1项、第2项、第4项分别确立了两条特殊动产多重买卖的规则：一是交付优先规则；二是登记优先规则。

从上述《买卖合同司法解释》的这两项规定出发，我国有学者从"意思主义"而非"形式主义"的角度进行了阐释。有两条结论尤其值得注意：第一，《民法典》第225条（《物权法》第24条）所确立的特殊动产的物权变动规则为意思主义的变动规则；第二，《民法典》（《物权法》）所确立的特殊动产的交付生效与登记对抗的规则，人为地割裂了权利的变动效力与对抗效力，应当将其合二为一，即依意思主义统合特殊动产物权变动与对抗效力。[1]这一观点所依据的理论是所谓的合意说。[2]

必须承认，合意说有其合理之处，它秉承了意思主义的传统，重视物权变动中的物权合意在其中的作用，并使物权合意的意义在物权变动的过程中被凸显出来了。但是本书认为，它忽略了《民法典》相关条文的体系关联。与特殊动产相关联的物权变动，有三种：一是所有权变动；二是动产质押；三是动产抵押。《民法典》第224条所确立的是动产物权变动的一般规则，依此规则，动产物权的变动采用交付生效主义，这是动产物权变动的总规则，但是又附有除外规定：法律另有规定的除外。基于这一规则，动产所有权的变动，除依《民法典》合同编第641条进行所有权保留外，应于交付时发生变动。动产质押，依《民法典》第429条的规定，也于交付时起生效。动产抵押，依《民法典》第403条的特别规定，自抵押合同生效时设立。一般动产，物权变动生效的时间与对抗效力发生的时间是一致的，但是特殊动产是个例外，根据《民法典》第225条的规定，特殊动产的物权变动发生后，不登记不能够对抗善意第三人。这种不登记不能对抗善意第三人的情形，由于法律没有特别的除外规定，故应当一般性地适用于特殊动产的所有权取得与质权取得。

其中，对于特殊动产的所有权变动，要厘清《民法典》第224条与第225条之间的关联。按照这两个条文的规定，特殊动产的物权变动有两种公示方式：一是动产的交付；二是动产的登记。两者

---

〔1〕 参见戴永盛：《论特殊动产的物权变动与对抗（下）——兼析〈最高人民法院关于审理买卖合同纠纷案件适用法律问题的解释〉第10条》，载《东方法学》2014年第6期。

〔2〕 参见戴永盛：《论特殊动产的物权变动与对抗（上）——兼析〈最高人民法院关于审理买卖合同纠纷案件适用法律问题的解释〉第10条》，载《东方法学》2014年第5期。

分别产生不同的效力：物权的变动效力与物权的对抗效力。这两种效力是分离的，但是也可以结合。所谓分离，是指仅有交付，不产生对抗善意第三人的效力；所谓结合，是指以交付作为基础的登记既发生物权的变动效力，也发生对抗善意第三人的效力。特别需要阐明的是：仅有登记，而无交付，不发生特殊动产的所有权变动；由于所有权并未发生变动，故作为物权变动附属效力的对抗善意第三人的效力，也无从发生。

经由上述解释所得的结论，可以用来分析《买卖合同司法解释》第 7 条第 1 项与第 4 项的规定。第 1 项规定，特殊动产买卖已经完成交付的，当然发生所有权的变动，买受人取得所有权之后，有权利要求出卖人配合完成所有权的移转登记，以完善物权变动的效力。这完全符合民法原理。第 7 条第 4 项的规定是，在交付与登记的权利人不一致的情况下，交付的优先于登记的。例如，甲将其 A 船分别卖于乙、丙两人，将 A 船交付给了乙，但却将 A 船移转登记于丙的名下，按照《买卖合同司法解释》第 7 条第 4 项的规定，此时乙的所有权要优先于丙的所有权，乙有请求丙配合将 A 船移转登记于自己名下的权利。这也不存在法理上的问题。

《买卖合同司法解释》第 7 条第 2 项规定的依据并不清楚，周江洪教授认为，其目的也许在于维护官方登记制度的权威性、鼓励登记以加强行政管理，抑或是为了课税的便利，[1]但这些说法都很难有说服力。毋宁说，《买卖合同司法解释》第 7 条第 2 项完全是基于惯性的判断，基于一般可接受的社会观念，即人们一般性地认为，经过官方登记的权利是真实的、可信的。对于特殊动产，这种观念更为强烈，普通人的观点是，这类财产只有经过官方的登记，才能真正拥有对它的权利。这一项规定迎合了普通人的这种观念，在实际纠纷发生后，依此裁判，不会招致一般人的反对，因此，它客观上也可以起到维护法院此类判决权威性的作用。

---

〔1〕　参见周江洪：《特殊动产多重买卖之法理——〈买卖合同司法解释〉第 10 条评析》，载《苏州大学学报（哲学社会科学版）》2013 年第 4 期。

对于《买卖合同司法解释》第7条第3项规定的成立在先规则，学术界基本上持质疑的态度，认为它破坏了债权平等原则与债务人财产为所有人的共同担保的原则，仅以维护交易道德作为理由，存在正当性严重不足的问题。

二、善意取得是否适用于租赁合同实现顺位

《房屋租赁司法解释》所确立的租赁合同履行的优先顺位，有利于解决"一房多租"的纠纷。这里拟探讨一个问题：房屋租赁是否存在善意取得的情形？

房屋租赁与动产租赁不同之处在于，在交付房屋于承租人之后，不少情况下还存在出租人依然掌握着房门钥匙的情形。房屋租金飞涨的年代，出租人单方面毁约的情形并不少见。如果出租人趁承租人外出，打开房门，清除出租的痕迹，再将之出租于第二承租人而承租人不知情。又或者，某人承租房屋后，数月不来居住，出租人以为其已经放弃租赁权，遂将之又出租于他人。此时，对于第一承租人与第二承租人的权利应当如何定其顺位？

这实际上是一个单纯的占有能否善意取得问题。我国《民法典》物权编规定的是物权的善意取得，学术上的探讨也基本集中在物权的善意取得上，对于单纯占有的善意取得问题，从未有学者进行过探讨。此问题超出了《房屋租赁司法解释》第5条第1款第1项所规定的合法占有者优先规则所能处理的范围，因为按照该项规定，由于后占有者也可能是合法占有，则无法厘清权利的顺位。笔者认为，对于这种情形或许可以考虑类推适用盗赃物（遗失物）无权处分的善意取得规则。不经承租人的同意，将已经出租的房屋擅自再行出租，与偷盗无异。我国《民法典》对于盗赃物的无权处分并无规定，但是一般认为，盗赃物无权处分的规则与遗失物无权处分的规则相同。故可以依据《民法典》第312条关于遗失物无权处分的规则确定出租人无权处分出租房屋的规则。按照《民法典》第312条，所有权人或者其他权利人对遗失物有返还原物请求权，该返还

原物请求权的除斥期间是 2 年。将此规则类推适用于出租人无权处分出租房屋，可以确定两条最基本的规则：一是先行占有出租房屋的承租人有权向后占有出租房屋的承租人请求返还占有，出租人有协助的义务；二是先行占有出租房屋的承租人在合理的期间内未行使占有返还请求权的，将不能再请求返还占有。鉴于对不定期租赁，我国《民法典》合同编明确规定出租人有随时解除合同的权利，故上述占有返还请求权的规则不适用于这一情形。行使返还占有的请求权的期间，可以为 30 天，自出租人违法处分出租房屋的占有之时开始计算。若在 30 天内先占有人请求返还占有，则后占有人不得以租赁权为对抗；若在 30 天内先占有人未向后占有人请求返还，则后占有人可以租赁权为对抗。

故依本书的观点，已出租房屋的房屋租赁权可以有条件地适用善意取得规则，即使已经完成了租赁物的交付，仍有可能存在善意取得租赁物占有的后承租人与之进行对抗的情形，此时可依上述规则确定其优先顺位。

三、因代位权的行使形成优先顺位

（一）基于合同法的考查

根据《合同法解释（一）》第 20 条的规定，债权人对其债权行使代位权时，可以不遵守"入库规则"，而在债权人与次债务人之间直接形成的债权关系，债权人可以直接自次债务人处得到清偿。最高法这一规则的本意，在于通过赋予债权人以优先受偿的权利，鼓励债权人积极、主动地行使债权人的代位权。

在最高人民法院召开的法释研讨会上，绝大多数入会专家对上述解释规则都表示反对。我国《合同法》第 73 条虽然规定了债权人的法定代位权，但是对于法定代位权如何行使，并未作出规定。学术界此前的通说是"入库规则"，即债权人代位债务人对次债务人行使债权时，由代位权行使所取得的财产，要先归于债务人；债权人于债权履行期限届至时，再向债务人请求权履行，而不得直接以代位权行使自次债务人处取得的财产优先获得清偿。但是《合同法解释（一）》并未遵守学术界的通说，而是我行我素地确定了代位债权人直接自次债务人处受偿的规则。

为什么说债权人直接自次债务人处受偿，实际上是授予了债权人较之债务人的其他债权人以优越地位呢？简单来说，如果适用入库规则，次债务人的财产经过代位权的行使之后，要进入到债务人的总财产这个"池子"当中来。将来债权人要与其他债权人一起，自这一"财产池"中得到清偿。如果允许债权人直接自次债务人处受偿，等同于债权人获得了类似于担保物权的"别除权"效力，可以单独就其代位权行使所取得的那部分财产优先于其他债权人受偿。假如债务人财产充足，足以清偿所有的债务，债权人直接自次债务人处直接受偿也不会产生不良的后果。但是设若债务人破产，则其不良后果即刻就显现出来了。

代位权直接受偿规则在学术界可谓毁誉参半。2002 年张玉敏教授等曾撰文明确赞同《合同法解释（一）》的上述规则，[1]此后出现不少质疑"入库规则"的声音。2014 年崔建远教授著文指出，代位权直接受偿规则作为个案，以价值衡量的方式突破"入库规则"并无大碍，但不宜将之普适化。[2]这一观点深得中庸之道，也符合衡平的法律精神。按此观点行事，可将代位权直接受偿规则对民法制度及理论造成的破坏降至最低。事实上，恰如崔建远教授所言，代位权直接受偿规则的正当性不够充分，它仅仅只是为了鼓励债权人积极主动地行使代位权。仅依这一目的就将民法所确定的一些最基本的规则破坏掉，例如债权平等原则、共同担保原则等重要的民法原则因此被局部地破坏掉了，它所造成的破坏远较它所带来的积

---

〔1〕 参见张玉敏、周清林：《"入库规则"：传统的悖离与超越》，载《现代法学》2002 年第 5 期。

〔2〕 参见崔建远：《个案要调处不等于普适性规则——关于若干债法司法解释的检讨》，载《广东社会科学》2014 年第 5 期。

极意义要大得多。在《合同法解释（一）》通过 17 年之后，重新反思这一规则所造成的危害，让代位权的行使回归"入库规则"的常规运用，并以个案予以衡平，应是无奈之中的最优方案。

徐澜波教授也曾主张对《合同法解释（一）》第 20 条进行修正，以其他债权人的撤销权作为代位权直接受偿规则的补偿，即当债务人的财产不足以清偿所有债权的时候，其他债权人可以行使撤销权，使因代位权行使而出库的财产"入库"。[1]笔者认为，既然迟早要"入库"，不如直接实行"入库规则"。再者，不做区分地全部赋予其他债权人以撤销权，是否合理，仍须斟酌。

（二）基于保险法的考查

侵权损害赔偿请求权与商业保险并行时，商业保险人予以赔偿后，通说认为，在对致害人的追偿权方面，保险代位权优先于侵权损害赔偿请求权。侵权损害赔偿请求权与社会保险并行时，保险人予以赔偿后，被害人的损害赔偿请求权与保险人的代位权请求权之间，有补充、选择、兼得、替代等多种关系模式；[2]抑或这两种请求权之间关系为：被保险人的请求权优先，或者保险人的代位请求权优先，又或者按比例分配。但无论如何，在致害人的财产不足以清偿两者的情况下，应坚持被保险人优先受偿原则。[3]

第四节　破产财产清偿中的优先债权

一、破产财产清偿中优先债权的体系清理

破产财产清偿程序中的破产债权，所指向的财产是破产财产。

---

〔1〕　参见徐澜波：《合同债权人代位权行使的效力归属及相关规则辨析——兼论我国合同代位债权司法解释的完善》，载《法学》2011 年第 7 期。

〔2〕　参见周江洪：《侵权赔偿与社会保险并行给付的困境与出路》，载《中国社会科学》2011 年第 4 期。

〔3〕　参见武亦文：《保险代位权与被保险人损害赔偿请求权的受偿顺序》，载《比较法学》2014 年第 6 期。

根据《企业破产法》第 107 条，破产财产，是指债务人被破产宣告时的财产。它是一个"财产池"，不限于动产或者不动产。换言之，破产财产清偿程序中破产债权的标的物不是特定的物，而是破产人的所有财产，也就是说破产人以其全部财产作为参加破产财产清偿程序中受清偿的债权的担保。

这相当于日本民法中的一般先取特权。按照日本民法，一般先取特权是一种特殊的物权类型，包括共益费用、雇佣关系、殡葬费用、日用品供给，它们是以债务人的一般财产为标的的优先权。这是日本民法脱离物债二分体系的特征之一，历史原因可能在于其民法典是对法国民法典优先权制度的移植。正如本书第一章所说的那样，法国民法典并没有采用潘德克顿体系，而是采用了法学阶梯的体系，因为没有经过学说整理的潘德克顿体系委实过于混乱，相较之下法学阶梯体系较为简洁明了。法学阶梯体系存在过于求简的弊病，不能反映权利的内在结构，这在客观上促成了法国民法物权与债权不分的格局。物权与债权不作区分的权利结构观念，最终形塑了法国民法典中的优先权制度。由于物权与债权不分，所以法国民法中对物权与债权的客体也没有明确的区分，这与德国民法严格地将物权的客体限定于特定物的体系化特征完全不同。故此，法国民法典中的优先权，如果以德国民法的知识对其进行梳理的话，可以划分为债权性的优先权与物权性的优先权，其中，凡以债务人的一般财产为担保的优先权，事实上不过是具有优先性的债权。日本民法典于移植法国民法典的相关规则时，将债权性的优先权放到了物权编中，使其成了物权类型之一。

有人或许会说，现代民法已经不再严格地把物权的客体限定为特定物，例如，我国《民法典》"物权编"规定的浮动抵押、财团抵押，那么为什么其标的物并非特定物的先取特权或者"优先权"的就不是物权呢？在此，我们可以把不以特定物为客体的担保物权与日本民法中的先取特权比较一下，看看它们之间有什么区别。

不以特定物为客体的担保物权，虽然客体并非特定物，甚至有

些担保物权的客体还需要特定化，且在特定化之前处于变动不居的
状态，但是这些担保物权的客体是为特定人的特定债权而设定的，
而不是为了某些债权而共同设定的，也就是说，你不可能以甲的全
部财产作为乙、丙、丁三个人的债权的共同担保，而只能用来为乙，
或者为丙，或者为丁进行担保。这些担保物权，在客体并非特定物
的情况下，通过主体的特定化形构物的范围的民法技术，使客体特
定化。相较之下，日本民法中的一般先取特权不仅标的物不特定，
而且主体也不特定，标的物并不是为特定债权担保的，而是为所有
处于优先顺位的债权担保的，这些债权共同指向同一堆财产，或者
说以债务人的"财产池"为标的；反过来也可以说，债务人的"财
产池"为所有优先性的债权服务。这与债务人以其所有财产为所有
债权的共同担保的债权的特性是一致的。

通过以上比较，可以发现，即便拿日本民法中的一般先取特权
与我国民法中的不以特定物为客体的担保物权相比，一般先取特权
也不具有明显的物权特性。

日本民法中的一般先取特权，从物债二分的角度看，确属具有
绝对性的债权。《日本民法典》第329条第2款规定：一般先取特权
与特别先取特权竞合时，特别先取特权优先于一般先取特权。日本
民法中的特别先取特权，事实上不是法定留置权，就是法定抵押权。
从我国民法观念看，所谓的一般先取特权劣后特别先取特权，其实
质就是债权劣后于物权。

破产财产清偿程序中的优先债权制度，与日本民法典中的一般
先取特权制度相比，虽然类型上存在一些差异，但本质上应是一样
的：首先，它劣后于所有权人的取回权，担保物权人的别除权，这
与《日本民法典》第329条第2款所规定的一般先取特权劣后于特
别先取特权的规则是相同的；其次，它的标的物是破产人的"财产
池"，而不是特定物；最后，破产人的"财产池"用以清偿的这些
破产债权，不是特定的债权，而是一个由不同债权组成的债权群。
因此，基于纯化体系的目的，应还原破产财产清偿顺位中居于优先

顺序的破产债权之债权本真地位，而不是将其视为"优先权"从而将其纳入物权的类型中来。

二、破产法清偿程序内的债权优先顺位

（一）实际上处于优先受偿顺位的无担保债权

通过对破产法相关规定梳理，可以发现，有两类无担保债权事实上处于优先受清偿的法律地位：一类是根据《企业破产法》第40条享有抵销权的债权，另一类是根据《最高人民法院关于适用〈中华人民共和国企业破产法〉若干问题的规定（二）》［以下简称《破产法解释（二）》］第16条不允许撤销的提前受清偿的债权。

享有抵销权的债权是指债权人在法院受理破产案件之前对债务人负有债务的债权。我国《企业破产法》允许此类债权抵销，但又设定了一些限制条件：第一，主体方面。原则上只允许债权人向管理人主张抵销，不允许管理人向债权人主张抵销。《破产法解释（二）》第41条第2款对此规定了一项例外，抵销使债务人财产受益的除外。第二，时间方面。债权人对债务人负有债务，须在法院受理债务人破产案件之前。第三，主观方面。债权人对债务人负有债务，须出于善意。这主要表现为：债务人的债务人在破产案件受理前通过受让的方式，取得他人对债务人的债权，须为善意（不得明知破产在即而为），因破产受理一年前的原因取得受让的除外；债权人对债务人负有债务也须出于善意，但因破产受理一年前的原因取得受让的除外。第四，取得方式[1]。我国《企业破产法》只对债务人在破产案件受理后通过受让方式取得债权进行了禁止，即债务人的债务人不得在破产案件受理后通过受让的方式，取得他人对债务人的债权，随后用来抵销，而没有禁止债权人在案件受理后通过受让方式取得他人对债务人的债务。这或许是一个漏洞。

根据《企业破产法》第32条的规定，企业法人在已经明知自己

---

[1] 参见罗欢平：《论破产抵销权的限制》，载《河北法学》2015年第1期。

不能清偿到期债务且欠缺清偿能力的情况下，在法院受理破产案件的前六个月内，仍对个别债务进行清偿的话，在破产案件受理后，管理人可以请求法院予以撤销。但是该条第2句又明确规定了一个例外，即对使债务人财产受益的个别清偿不得撤销。关于何为"使债务人财产受益的个别清偿"，《破产法解释（二）》的第16条对其范围作了明确规定：为了维系企业基本生产而支付的水费、电费；支付劳动报酬与人身损害赔偿；其他使债务人财产受益的个别清偿。实务界的人士认为，我国相关规定存在过于宽泛的免于撤销例外规定，应当以"正常商业往来"对这些例外进行限制[1]，如果不是"正常商业往来"，则系属恶意，管理人即可行使撤销权。如果以"正常商业往来"来透视《破产法解释（二）》的第16条，其中的"人身损害赔偿"个别清偿规则既显得人性化，又显得有些突兀。

（二）破产费用

法院受理破产案件后所产生的下列费用，属于破产费用：一是破产案件本身的诉讼费用；二是管理、变价和分配债务人财产的费用；三是管理人执行职务的费用、聘用人员的费用以及他们的报酬。

担保物权本身所涵盖的"费用"，不在破产费用之列。实现担保物权的费用，本身就被涵盖在担保物权担保的范围之内，[2]这是秉承"谁受益，谁支付"的原则的结果。[3]

在无担保的债权中，破产费用所形成的债权，优先于一切债权行使，也优先于共益债务。[4]各类不同的破产费用之间，无履行的先后顺序，在破产财产不足清偿全部的破产费用时，各破产费用债权按比例受偿。

---

[1]　参见徐彪、许雄峰：《对〈企业破产法〉第32条个别清偿撤销权的思考——以虹桥公司管理人请求撤销银行个别清偿为视角》，载《浙江金融》2015年第10期。

[2]　参见《民法典》第389条（《物权法》第173条）。

[3]　参见王欣新：《论破产程序中担保债权的行使与保障》，载《中国政法大学学报》2017年第3期。

[4]　参见《企业破产法》第43条第2款。

（三）共益债务

破产费用与共益债务都不属于破产债权，它们都是破产案件受理之后产生的，因为根据《企业破产法》第107条第2款的规定，企业宣告破产，破产案件受理时对债务人所享的债权才称为破产债权，才能依破产清偿程度受偿。破产费用与共益债务都是法院受理破产之后形成的对债务人的债权，故不属于破产债权的范畴。

根据《企业破产法》的规定，共益债务是人民法院受理破产后产生的以下债务：管理人未解除的合同的履行所产生的债务；债务人的财产被无因管理所生之债；债务人受有不当得利所生之债；债务人继续正常营业所产生的劳动债务、社会保险费用债务及合同债务；管理人或者其工作人员因职务行为造成的人身损害赔偿之债；债务人的财产直接导致的人身损害赔偿之债，例如库房倒塌造成他人人身损害。《破产法解释（二）》的第30条第2项、第31条第2项与第32条第1款第2项对此略有扩张。

一般认为，法院受理破产后，由担保财产直接造成的损失，包含在担保的范围内，应由担保财产直接支付，不包括在共益债务之中。

（四）劳动债权

所谓劳动债权，是指由《企业破产法》第113条第1款第1项规定的"债务人所欠职工的工资和医疗、伤残补助、抚恤费用，所欠的应当划入职工个人账户的基本养老保险、基本医疗保险，以及法律、行政法规规定应当支付给职工的补偿金"。这种债权，除了优越于普通破产债权外，还在程序上享有优待，即《企业破产法》第48条所规定的"不必申报"由管理人调查后列出清单并报人民法院的待遇。

对于《企业破产法》实施之前存在的劳动债权，《企业破产法》第132条规定了一条特殊待遇，即如果按照第113条无法获得足额清偿的话，剩余部分可就第109条规定的属于担保物权人别除权项下的特定财产优先于担保物权人受偿。

　　尽管劳动债权劣后于担保物权在立法上已成定局，仍有学者对此提出疑问，认为它体现了对银行等金融机构的个体呵护，而忽略了对劳动者权益的保护；对物权优先于债权的体系规范存在路径依赖而无视劳动者的生存利益。[1]的确有可能存在担保物权行使之后债务人财产已经荡然无存或所剩无几的情况，但是若对民法的体系性进行无底限的放弃，则民法体系将遭到破坏。劳动债权虽然重要，可是它事实上可以通过其他途径予以保护，《企业破产法》只是众多法律规范中的一种，没有必要执着于一端，而无视民法的体系性。对此，许德风教授曾评论道："劳动者公益的保护，应通过社会保障制度、劳动法等综合完成，破产法只是其中的一环，并不适合做最终解决方案。"[2]1973年石油危机爆发之后，日本企业大量倒闭导致欠薪潮，"优先权"作为主要法律工具开始失灵，迫于无奈，日本开始效仿欧陆诸国尤其是德国的立法经验，制定欠薪垫付法。这一制度依托较为完善的法律程序制度将欠薪纳入"劳灾保险"基金垫付，[3]从而解决了"优先权"制度之不足。的确，破产法有时候并不能够给劳动者提供足够的保障，尤其是在危机发生的时候，需要另寻思路。在这方面，德国与法国的做法值得效仿。例如，德国法虽然也将劳动债权列入破产优先分配顺位，但是同时为避免劳动者陷入生活困境，建立了破产欠薪保障基金。法国则通过1973年第73-1194号法令建立了"工资担保计划"，强制雇主交纳一定的费用，在此基础上建立国家工资担保基金，以雇主破产时以受益人的名义垫付企业对职工的欠薪。[4]我国香港企业破产之后，雇员的权利也

　　〔1〕　参见丁亮：《劳动债权受偿优先性的经济法解读——从经济法之分配正义观谈起》，载《学术交流》2015年第10期。
　　〔2〕　许德风：《论破产债权的顺序》，载《当代法学》2013年第2期。
　　〔3〕　参见赵新龙：《日本企业欠薪垫付法律制度及其启示》，载《现代日本经济》2013年第5期。
　　〔4〕　参见侯玲玲、王林清：《从民法到社会保障的工资债权保护——以德法两国工资保障为视角》，载《法学杂志》2013年第7期。

更多地依赖于破产欠薪保障基金。[1]可见，试图依赖一种法律制度解决所有法律问题的思路，难以应对复杂社会生活的变化，建立综合法律保护体系正当其时。

（五）不划入职工个人账户的社会保险费用与税收债权

不划入职工个人账户的社会保险费用，包括基本养老保险与基本医疗保险不划入职工个人账户的部分。

税收债权，是行使国家基本税收征收的行政权力而依法直接产生的向符合条件的纳税义务征收税款的债权。《中华人民共和国税收征收管理法》（以下简称《税收征收管理法》）第45条对此有明确规定，且将其法律地位提至较《企业破产法》第113条规定更高的程度：发生在担保物权之前的税收债权，可优先于担保物权行使。李慈强认为，破产程序中的税收债权并不具有同质性，应区分不同情况予以确定：一是作为非破产债权的税收债权，优先于破产债权受偿。包括两种：第一种是作为共益债务的、在破产清算过程中产生的税收债权；第二种是可纳入担保物权担保范围的税收债权，它可作为担保物权的实现费用。二是作为破产债权的税收债权，又包括两种：第一种是税收本金及利息；第二种是税收的滞纳金、罚款。[2]在此分析基础上，李慈强还提出，税收利息、滞纳金与罚款，应当劣后于普通债权受偿。由此，实际上形成了三个层次的税收债权受偿顺序：一是优先于破产债权受偿的税收债权；二是优先于普通债权劣后于劳动债权的税收债权；三是劣后于普通债权的税收债权。关于劣后普通债权受偿的税收债权，事实上可以从《最高人民法院关于审理企业破产案件若干问题的规定》（以下简称《企业破产案件解释》）第61条中找到其适用的规则，不应列入破产债权。

鉴于税收债权与担保物权的关联，主要通过时间的先后关系予

〔1〕 参见陈夏红：《香港破产机制中的雇员权利及其保障》，载《中国劳动关系学院学报》2016年第4期。
〔2〕 参见李慈强：《破产清算中税收优先权的类型化分析》，载《税务研究》2016年第3期。

以调节，故判断税收债权发生的时间十分重要。税收债权发生的时间，即应纳税企业欠缴税款的时间。如何判断应纳税企业何时欠缴税款，实务中有两种观点：一是以纳税企业纳税义务发生的时间为欠缴税款的时间起点；二是以税务机关课税决定做出时间作为欠缴税款的时间起点。综合来看，以税务机关课税决定做出时间作为欠缴税款的时间起点较为合理。[1]通过比对这一时间与担保物权发生的时间，可以确定何者发生在先、何者发生在后，从而据以确定税收债权与担保物权的优先顺位。

学术界对于税收债权的优先性问题，历有存废之争。学者认为，在整体上，税收债权作为公共利益的体现，在破产债权清偿顺位中占据优先地位具有道德上的合理性，但是正当性仍显不足。理由在于：一是随着社会经济发展，福利国家的发展趋势愈发明显，国家通过课税使企业的税负负担急剧增加，已经大大挤占了普通债权获得清偿的渠道；二是破产实践中，破产财团的价值往往十分有限，国家参加破产程序常常得不偿失，故多有弃之不用者；三是国家自破产程序中所能获得的利益仅占其财政收入中的极小比例，几乎可以忽略不计。[2]但是这仍然不足以作为在整体上废止税收债权优先顺位的理由。公共权力的膨胀与税负的加重，是现代福利国家的特征之一，但是中国仍远在福利国家的名录之外。破产程序中的税收债权利益虽小，也不足以成为在立法上放弃税收债权优先顺位的理由，所谓积少成多，积小溪之水以成江河，仍是自然之理。如果真要整体废止，不如局部修正。其中，通过"部门立法"的方式确立起来的《税收征收管理法》第45条第1款所确立的税收债权与担保物权之间的成立在先的优先顺位规则，有其失据之处，不能仅从税收执行便利的角度设置此种规范，应考虑维持民法的体系性特征，首先将其予以废止。

---

〔1〕 参见黎东、周建鹏：《税收优先权优在何时——从一起偷税执行案看税收优先权产生的时间》，载《经济研究参考》2016年第29期。

〔2〕 参见许德风：《论破产债权的顺序》，载《当代法学》2013年第2期。

三、人身损害赔偿请求权优先顺位的构想与反思

(一) 我国人身损害赔偿请求权优先顺位的制度及反思

1. 作为共益债务的人身损害赔偿请求权

这种共益债务分为两种情形，规定在《企业破产法》第 42 条第 5、6 项中：

一是管理人或者相关执行人员在执行职务的过程中，造成他人人身损害所形成人身损害赔偿债务。

二是债务人的财产造成他人人身损害所导致的人身损害赔偿债务。

与这两项共益债务所对应的人身损害赔偿请求权，得以作为共益债权，而非破产债权，优先于破产债权受偿。

2. 作为不可撤销的个别清偿的债权

原本《企业破产法》第 32 条第 1 句规定：在法院受理破产案件前 6 个月内，已达破产界限的企业法人不得对个别债权进行提前清偿。但是同条第 2 句又规定了一个例外的情形，即如果个别清偿可以使债务人的财产受益者除外。鉴于该条第 2 句留下太多空白，故《破产法解释（二）》第 16 条进行了补白，其目的或许在于限制司法权的任意性，该条第 2 项规定对于人身损害赔偿的支付，管理人不得主张撤销。这实际上给予了部分因此而受到支付的人身损害赔偿请求权以超级优先性权利的法律地位，事实上助长了机会主义的倾向。

关于这些在法院受理破产案件前 6 个月内受到支付的人身损害赔偿请求权，司法解释的理由确难以成立。对人身损害赔偿请求权的支付，只有可能使债务人的财产权益受损，而怎么可能会使之受益呢？例如，已达破产界限的企业法人因为损害了甲的名益，对甲赔偿了 20 万元，结果是使该企业的财产权益损失了 20 万元。似乎不能颠倒过来说，该企业因此受到了 20 万元的益处。即使这种人身

损害赔偿请求权的支付是对企业员工，也只能看成是企业的财产权益受损。我们只能说，最高人民法院找了一个难以信服的理由，将人身损害赔偿请求权塞进了司法解释之中。一个较为合理的解释是，最高人民法院认为，人身损害赔偿请求权既然已经支付，便不宜将之撤销，否则有违伦理。不论现代社会的观念发生怎样翻天覆地的变化，人们还是较为容易将人身损害赔偿与人自身的价值联系起来，赔偿既然由人身损害引起，便具有非同一般的人格价值，而非通常的钱财可以比拟。再者，对人身损害赔偿的支付，很容易引发救命钱之类的想象，而且在不少时候，这种支付的确是救命钱或者说救人于危难之际的财产。如此一来，将之撤销，将造成重大价值的损失，故有本项之设。

作为与共益债务对应的人身损害赔偿请求权有很顺畅的法理逻辑，唯有作为不可撤销的受个别清偿的人身损害赔偿请求权被放到了一个过于优越的法律地位上，又被给予了一个有点解释不通的理由。产生的这种现象的根本原因在于：法律未给予司法解释相应妥当的空间以安置这样的解释性规则。试想，《企业破产法》第 32 条第 2 句只给了一个"使债务人财产受益"的条件，最高人民法院再怎么腾挪，也难以跳出这个圈；而在圈里跳，又想安置一个非同一般的价值，这就不能不闹出尴尬的结局。

（二）人身损害赔偿请求权优先顺位的学术方案评价

1. 侵权请求权的"优先权"顺位：一个统合的方案

其提出者为杨立新教授，依据是《民法典》第 187 条［《中华人民共和国侵权责任法》（已失效，以下简称《侵权责任法》）第 4 条］所规定的私权优越于公权的规则。[1]杨立新教授认为，既然法律规定侵权请求权可以对抗刑事责任或者行政责任中的财产性责任，那么举重以明轻，自然也就可以对抗税收"优先权"，从而在破产财产清偿时，可以优越于税收"优先权"得到清偿。

---

［1］　参见杨立新：《论侵权请求权的优先权保障》，载《法学家》2010 年第 2 期。

但是杨立新教授又同时认为，侵权请求权不能对抗普通债权。这与现行的破产债权清偿顺位制度存在明显的矛盾，除非税收"优先权"一点都不优先，甚至于无法通过破产还债程序受偿，否则侵权请求权既优先于税收"优先权"，又不能对抗普通债权的说法，就完全说不通。

2. "最少受惠者"说与人身损害赔偿请求权的优位方案

林一教授从"最少受惠者"的理论着手，提出人身损害赔偿请求权应享有优先顺位。由这一方案所产生的破产财产清偿方案是：破产费用→共益债务→人身损害赔偿请求权→工资债权和社会保险费用→劳动补偿金债权→财产侵权债权→国家税收→一般交易债权。这是一个完全被打碎了的、杂糅在一起的破产财产清偿方案，与现代法律制度完全不吻合，也很没有条理，论证也不够严密。当然，其目的在没有得到充分论证的基础上已经实现了，即将人身损害赔偿请求权列为破产债权之首。

林一教授提出的"最少受惠者"理论的依据是罗尔斯的正义观念，即给最少受惠者最大利益。[1]但是林一教授对于何为"最少受惠者"界定得并不清楚，只是简单地转述了罗尔斯的生涩表述，就急匆匆地对最少受惠者进行了法律上的确认。罗尔斯的"最少受惠者"理论的提出，是为了抨击功利主义所导致的社会不公，因为功利主义只关心"最大多数人"的"最大利益"，而忽视财富不同社会群体之间分配的差异，尤其是忽视了"最少受惠者"群体的利益。他认为，"最大多数人"的幸福并不能弥补在利益分配中利益受到牺牲者的损失，只关注"最大多数人"幸福的财富分配制度是不道德的，应给予"最少受惠者"以最大利益。"最少受惠者"的界定标准有二：一是特定阶层的经济地位。经济地位的衡量可根据社会地位的高与低，也可以根据收入与财富的多寡；二是个人的某些客体

---

〔1〕 参见林一：《侵权债权在破产程序中的优先受偿顺位建构——基于"给最少受惠者最大利益"的考量》，载《法学论坛》2012年第2期。

条件，例如，家庭出身和阶级出身，自然资质，机遇与命运，等等。[1]罗尔斯的"最少受惠者"理论存在一些本质缺陷，那就是"最少受惠者"的标准存在相当大的模糊性，比如自然资质的似是而非，机遇与命运所带有的偶然性，使得"最少受惠者"的群体边界难以确定。

依据"最少受惠者"理论给债权排序，应当做到一点，就是确立一个客观的、可计量的受惠量的标准，对每种不同的债权进行数理上的分析，得出一个数值，依此数值进行债权的排序。如果不能做到这一点，则至少应当有一个模糊的值。但是林一教授没有给出任何数据，几乎是依主观标准进行了排序，不仅如此，其主观标准还不统一。总体而言，将一个标准模糊的理论运用到法律规则的评价与建构上来，对于这一理论本身又欠缺深入的研究，如此一来，得到的结果恐怕也很难说是正确的、合理的。本书作者也是诚惶诚恐，毕竟，对于罗尔斯的正义理论，本书作者也未有深入的研究，甚至根本谈不上研究，因此，对于林一教授的研究，也只能就事论事地予以评价。林一教授的研究，最初的设想或许是好的，只是未能一以贯之，也未能真正地提出"最少受惠者"标准，恐怕这才是其研究的真正不足之所在。

3. 大规模侵权中的人身损害赔偿请求权：诉诸人权价值的方案

有学者试图在"大规模侵权"这一限定范围内，继续阐释人身损害赔偿请求权在破产财产清偿顺位中的优越地位的合理性。其所诉诸的标准主要有：维持社会稳定；人权的价值高于财产权的价值；人身损害的不可计划性与合同损害的可计划性的区别。其所建议者，要求与劳动债权的地位等同。[2]

维持社会稳定的标准似乎不应直接纳入法的价值考量之内，但

---

〔1〕　参见郭夏娟：《"最大多数人"与"最少受惠者"——两种正义观的伦理基础及其模糊性》，载《学术月刊》2011年第10期。

〔2〕　参见袁文全、马晶：《大规模人身侵权之债在破产债权中的清偿顺位考量》，载《重庆大学学报（社会科学版）》2014年第2期。

当其与公共利益可以等同时，可以以公共利益的名义介入法的价值考量之中。唯在人身损害赔偿请求权时，不宜将诉求者直接与公共利益等同，从而赋予其在清偿顺位中的优越顺位。

有计划性损害与无计划性的损害的区别更加难以取得共识。合同的可计划性绝不应与损害的可计划性相等同，毕竟订立合同的人是希望借此实现美好的人生愿望，即使在合同中订有违约条款等，也不应当认为当事人在订立合同的时候，已经打算承受违约的损害了，以至于将来出现这种损害，也可以从轻处理。如果以这种逻辑进行推演，那么买了人身损害保险的人，是不是也对人身损害的发生有了计划，因此在发生人身损害的时候，可以对致害人从轻处置呢？显然这种逻辑是行不通的，也是很荒唐的。

人身损害赔偿请求权的确与人身相关联，但与人身相关联，并不必须就与弱者、人权这样的范畴有必然的联系。法律实践虽然可以在个案中对于人身损害的弱者给予特殊的人文关怀，但是不能将这种个案的关怀提升为普遍性的法律规则。毕竟，因侵权导致人身损害的损害赔偿请求权人并不必然个个都是弱者。人身损害赔偿请求权并不必然独占"人权"价值，财产损害的赔偿请求权在很多时候，也与"人权"价值紧密关联。人身损害赔偿请求权并不必然涉及生存权，财产损害的赔偿请求权也并不必然就与生存权这样的人权价值没有关联。人身权的人权价值并不必然大于财产权的人权价值。举例来说，穷人的几元钱或许就关乎生死，难道这几元钱与人权价值没有关联吗？似乎不应抽象地谈论什么人权价值，人权价值只有在具体的情境中才能够充分地呈现出来。

（三）对于人身损害赔偿请求权顺位问题的结论

侵权之债，不必区分人身损害与财产损害，可整体考察。一般来说，对于侵权之债的顺位问题，可从两方面探讨：一是它与行政责任与刑事责任的关系。关于这一点，《民法典》第 187 条（《侵权责任法》第 4 条）以及众多的实体法都确立了个人财产优先用于清偿侵权之债的规则。我国《企业破产案件解释》第 61 条第 1 项已经明确了行政、司法机关对破产企业的罚款、罚金以及其他的费用等，不列入破产债权，不能从破产财产中获得清偿；二是它与其他民事债权的关系，虽然有不少学者力举人身侵权债权应当优位，但是的确不存在一般性给予其优先顺位的正当理由。笔者认为，应当采用个案衡平的办法，对于除可作为共益债务的人身侵权债权外的其他人身侵权债权，均应只于个案中予以衡平，而不应确立普适性的破产清偿程序中的人身侵权债权优先之顺位。即个别学者所提出相当具体的破产财产清偿顺位中的人身侵权债权优先顺位，作为一种学术争论，或许是好的，但是要谋求制度上实现，恐怕仍存在正当性不足的问题。

四、劣后债权顺位的提出及本书的评价

（一）劣后债权学术讨论的制度基础

劣后债权，有两种截然不同的意义：一是不能在破产程序中获得清偿的债权。这一意义主要来自《企业破产案件解释》第 61 条、第 62 条的规定；二是可以在破产程序上获得清偿的债权，但是其顺位劣后于普通债权。这一意义更多地来自比较法上劣后债权制度的讨论。

最高人民法院的上述法释通过列举的方式列出了共计九种不同类型的劣后债权：①行政、司法机关对破产企业的罚款、罚金以及其他的费用等；②破产案件受理后破产债务人未支付的滞纳金；③破产宣告之后的债务利息；④债权人因参加破产程序而付出的费用；⑤股东的股权权利；⑥破产财产清偿程序开始后才申报的债权；⑦已过诉讼时效之自然债权；⑧债务人开办单位尚未向债务人收取的承包费与管理费；⑨通过财政拨款方式拨付给债务人的资金。

许德风教授认为，劣后债权主要有：利息请求权、惩罚性赔偿请求权、罚金、行政罚款、滞纳金、股东债权。[1]

---

〔1〕　参见许德风：《论破产债权的顺序》，载《当代法学》2013 年第 2 期。

于新循等教授认为，劣后债权包括法定劣后债权、约定劣后债权与裁定劣后债权，其范围相当宽泛。以英美法为例，美国法上的法定劣后债权主要有：未及时申请的债权、非补偿性的债权（例如惩罚性赔偿）、破产债权的利息；劣后破产债权主要是指依据债权从属规则对某些特殊债权做劣后于其他债权的安排，例如，对于关联企业的债权，按照"衡平居次"的规则令其劣后受偿。英国法上的法定劣后债权主要有：破产开始之后的债务利息，个人破产时其配偶对其享有的债权，欺诈性交易所生之债权，等等。大陆法系中，《德国支付不能法》规定了几类劣后债权：破产程序开始后的利息，债权人因参加破产程序而支出的费用，刑事或者行政罚金与罚款，因慷慨行为产生的债权，等等；日本法上的劣后债权主要有：破产程序开始后的利息，破产程序开始所产生的债不履行之违约金与损害赔偿金，因破产程序开始后的原因发生的与破产财团有关的税收债权，各类刑事或者行政上的罚款或者罚金，债权人参加破产程序而支出的费用，约定劣后债权，等等。[1]这些比较法上存在的劣后债权，较为繁多，无法一一列举。

（二）对于劣后债权的学术讨论及顺位方案

许德风教授之所以列举劣后债权的类型，其目的在于建构关于破产程序中债权清偿的"六顺位"。所谓的"六顺位"是指：债权实现的费用（第一顺位），例如抵押物的拍卖费用和破产费用；留置物或者抵押物上的共益债权和其他优先权（第二顺位）；各类法定或者约定的担保物权（第三顺位）；破产财产的共益债权（第四顺位）；一般破产债权（第五顺位）；后顺位的破产债权（第六顺位）。这一个顺位方案中，有些表述令人迷惑，需要加以解释：处于第一顺位的拍卖费用与破产费用，笔者认为它们都是破产费用，其依据为《企业破产法》第 41 条关于破产费用范围的规定；处于第二顺位

---

〔1〕 参见于新循、彭旭林：《论我国破产债权例外制度——基于劣后债权的制度构建视角》，载《四川师范大学学报（社会科学版）》2015 年第 3 期。

的留置物或者抵押物上的共益债权和其他优先权，如果笔者的推测没有错的话，应当是指担保物权的实现费用、保管费用等，因为根据《民法典》第 389 条，实现担保物权的费用与保管担保物权的费用，属于担保物权的担保的范围，可以列为共益债务。这两个顺位中破产债权的表达，不知为何，许德风教授没有使用学界所熟知的概念，而使用了很生涩的表达。确定了这两个顺位中的权利类型，可以重新清理一下"六顺位"：破产费用→担保物权实现的共益债务→担保物权→共益债权→一般破产债权→后顺位破产债权。

"六顺位"的顺位方案与《企业破产法》所确定的顺位并不相同：

第一，破产费用列为第一与第二顺位，与《破产法解释（二）》第 3 条规定和《民法典》第 389 条的精神均不相符。按照《破产法解释（二）》第 3 条，一般意义的破产费用，其顺位应在担保物权之后，其基本原理为"物权优先于债权"；根据《民法典》第 389 条的规定，实现担保物权与保管担保物的费用既然已经包含在担保物权担保的范围内，那么这些费用就不应当单列，也不具有独立的意义。

第二，排在第六顺位为"后顺位破产债权"。"后顺位破产债权"这一概念与《企业破产案件解释》第 61 条有一定的关联，与这一条文类似的规定在《企业破产法》中没有出现，在最高人民法院之后的两个法释中也都未出现过。仅从《企业破产案件解释》第 61 条规定的精神看，既然它们不属于"破产债权"，也就意味着这些债权无法得到清偿，这一规则应当部分地体现了破产程序的"破产免债"功能。许德风教授将之列入第六顺位，并称为"后顺位破产债权"，意味着其希望这些债权在破产程序内仍有被清偿的可能性，这与现行的立法与司法实践是相矛盾的。在《企业破产案件解释》第 61 条尚未废止的情况下，仅根据比较法的研究，提出与现行法完全不同的顺位方案，是否合适？这还有待商榷。

《企业破产案件解释》未被废止的理由有两个：理由之一，根据

《破产法解释（二）》第 48 条规定，与该法释规定相抵触的其他相关司法解释，于该法释实施之日起不再适用，但是《企业破产案件解释》与《破产法解释（二）》并无明显抵触的地方；理由之二，2013 年颁布的《最高人民法院关于废止 1997 年 7 月 1 日至 2011 年 12 月 31 日期间发布的部分司法解释和司法解释性质文件（第十批）的决定》[1]间接证实了本书的判断，该年公布的被清理废止的 1997 年 7 月 1 日至 2011 年 12 月 31 日期间发布的部分司法解释和司法解释性质文件中，并无《企业破产案件解释》。

于新循等教授也在介绍英美与欧陆的劣后债权体系之后，提出了其所谓的破产程序中债权受偿的"优先—普通—劣后"的"三顺位"论。"三顺位"论试图通过"三顺位"的建构，为劣后债权在破产程序上受清偿提供理论依据。但是"三顺位"论中的劣后债权并未超出《企业破产案件解释》第 61 条所列举的劣后债权的类型，且外延上有所限缩。其不同者，乃在于主张将劣后债权纳入破产程序受偿。

（三）本书对"劣后破产债权"顺位理论的评价

学者们建议在破产财产清偿顺位中增加"劣后破产债权"，目的在于将这类债权纳入到破产程序中，勿使其陷入不能获得清偿的境地。本书认为不妥，理由如下：

第一，这与"破产免债"的立法目的有悖。制定《企业破产法》的目的并非只是为了清偿债务，因为企业法人既然已经达到了破产界限，通常都已经资不抵债且欠缺清偿能力，债权人一般也不能就其债权获得足额清偿，若只是为了让债务人偿清债务，最好的办法或许不是让企业法人破产，而是让讲诚信的投资人源源不断地往僵尸企业上注入资金，投资人不断地想办法筹钱还债。当然，狡猾的投资人或许就此扔下僵尸企业不管，任其自生自灭，又因为法

---

[1] 2013 年 2 月 18 日最高人民法院审判委员会第 1569 次会议通过的法释〔2013〕7 号。

人独立责任制度的存在，可以逃避个人责任。

保障诚信投资人的办法之一，就是使其投资的企业法人依法破产，按照《企业破产法》所规定的破产程序清偿债权，并在破产程序终结之后，终结企业法人，快刀斩乱麻地使其从破产企业的债务泥坑中走出来，获得新生。[1]

保护投资人的利益，还有一种路径，就是使得投资人可以获得破产企业财产的"剩余权"。如果破产清偿之后，确有剩余财产，已是不幸中之万幸。此时，若增加劣后破产债权的种类，无疑将挤占投资人的"剩余权"空间，可能使得"剩余权"实现的机会变得更加微乎其微。这无疑与"破产免债"的立法目的有悖。

第二，增加"劣后破产债权"的意义不大。如果增加劣后破产债权，使其债权人得以在普通债权之后，再来分破产财产的一杯羹，意义并不大。大部分破产企业陷入破产程序，仍是因为资不抵债，破产财产分配到普通债权时，一般所剩无几，遑论劣后破产债权。许德风教授曾经提出，在不少破产案件中，作为优先债权的税收债权，大部分时候都会面临着分无可分的境地，由此而论，至普通债权，估计已经没有剩余了。再往下到了劣后破产债权，有可能连财产的影子都难看到，在这种情况下，把劣后债权打造成劣后破产债权，没有太大的实际意义。

综上，在有剩余财产时，劣后破产债权的加入将会挤占投资人的"剩余权"的空间，与投资人争利，可能导致投资人重生概率的下降，不利于培育市场经济的发展。中国古有不"涸泽而渔"的训语，今何不将之施于破产企业的投资人？再者，大部分企业破产清算，至普通的破产债权时，已没有多少利益，何不退一步海阔天空，也可使破产程序更为简洁明快。

---

[1] 参见王欣新：《破产法原理与案例教程》（第2版），中国人民大学出版社2015年版，第12页；徐学鹿主编：《商法学》（第4版），中国人民大学出版社2015年版，第241页。

第五节　执行竞合与参与分配中的顺位

一、执行竞合中的债权顺位

（一）问题的提出

执行竞合，是指在民事执行程序中，"两个或者两个以上的债权人同时或者先后以不同的执行依据，对同一债务人的特定财产，申请法院强制执行，而各债权人的权利难以同时获得完全满足的一种竞争状态"。[1]

执行竞合最为重要的、区别于参与分配的特点是：它所针对的是同一债务人的特定财产。"特定财产"，一般是指特定物，包括特定的动产与不动产。为简化论述的脉络，本书仅从标的为特定物这一角度予以展开。同时，为避免与书中其他内容交叉重合，此处所涉及的债权，限定为无担保的普通债权。同时，执行竞合有多种类别，本书仅以终局执行竞合为内容。

与本节内容关联最为紧密的执行竞合问题有两个：一是因金钱债权请求强制执行的标的，恰恰又是某一买卖合同标的情况下，应如何断其优先顺位？二是金钱债权之间的竞合问题。对于前一问题，目前学术界尚未有人涉及，但现实纠纷中这一问题不容回避，有进行深入探讨的必要。

（二）金钱债权强制执行与买卖合同标的竞合

1.《执行异议和复议规定》[2]确立的规则

对于不动产买卖合同与金钱债权强制执行的标的竞合问题应如

---

〔1〕 齐树洁主编：《民事诉讼法》（第4版），中国人民大学出版社2015年版，第334页。

〔2〕 即《最高人民法院关于人民法院办理执行异议和复议案件若干问题的规定》（法释〔2015〕10号，已被修改，以下简称《执行异议和复议规定》）。

何处理,《执行异议和复议规定》中有较为明确的规定。根据该法释第 28 条、第 29 条,分两种情况:

第一,对于购买个人不动产的买受人,在金钱债权的债权人提请强制执行的时候,满足下列条件,可提起执行异议,法院应当予以支持:查封前已经签订合法有效的书面合同;于查封前已经合法地占有该不动产;已经支付了全部的价款或者虽然只是支付部分价款但是在法院提出要求的时候将剩余的价款交付执行;没有办理不动产登记不是出于自身原因,而是自身以外的原因所致。

第二,对于购买房地产开发企业的不动产的买受人,在金钱债权的债权人提请强制执行的时候,满足下列条件,可提起执行异议,法院应当予以支持:查封前已经签订合法有效的书面合同;所购房屋是用于居住的,且购房人名下无其他用于居住的房屋;已经支付房屋价款的 50% 以上。

《执行异议和复议规定》第 28 条与第 29 条所对应的《中华人民共和国民事诉讼法》(以下简称《民事诉讼法》)条文为第 234 条。现行 2021 年《民事诉讼法》第 234 条与 2012 年第一次修正后的《民事诉讼法》第 227 条一样,被学术界称为"实体性救济"条款。[1]实体性救济与程序性救济虽然存在区分,即实体性救济可以直接发生程序法上的效力,而程序性救济则不能直接发生程序法的效力,不能自动引起执行程序的中止或者终止。但是,在本质上,两者并无不同,即它们所产生的法律效果都只是程序上的,而非真正的实体法上的后果,即使是实体性救济的执行异议或者执行异议之诉,也不能最终解决当事人之间的实体权利争议。然而,作为实体性救济的《民事诉讼法》第 234 条以及《执行异议和复议规定》第 28 条与第 29 条,所确立的实体性救济的前提条件,是实体权利的成立,《最高人民法院关于适用〈中华人民共和国民事诉讼法〉执行程序若干问

---

〔1〕 参见赵秀举:《论民事执行救济——兼论第三人执行异议之诉的悖论与困境》,载《中外法学》2012 年第 4 期;丁宝同:《执行异议之诉:比较法视野下的谱系解读》,载《比较法研究》2015 年第 4 期。

题的解释》（以下简称《民诉法执行程序解释》）〔1〕第14条对此有明确的规定。但是从这些规则并不能得出如下结论：如果执行异议能够成立或者执行异议之诉能够胜诉，那么实体权利义务的争议也基本上可以说是尘埃落定。

因此，《执行异议和复议规定》第28条与第29条，也可以视为金钱债权与买卖合同债权在实体法上竞合的一种规则。即达到以上两个条文所规定条件的买卖合同债权，在与金钱债权的竞合时可以优先于金钱债权得到执行。对于查封后，签订合法有效买卖合同的情况，上述两条规定并未明示其法律效果，但是可以反推其法律效果，即其不能对抗已经受查封保护的金钱债权。《最高人民法院关于人民法院民事执行中查封扣押冻结财产的规定》（以下简称《查封抵押冻结规定》）〔2〕第26条〔3〕第3款还规定，查封、扣押、冻结没有公示的，不能够对抗第三人。查封登记为限制登记的一种，由于它对于被限制的行为能够产生实体法上的效力，故也应采用登记生效要件主义。〔4〕故查封的法律效果尚有一例外情形存在，即如果查封未予以公示，善意第三人于查封之后签订合法有效的买卖合同，且符合《执行异议和复议规定》第28条与第29条所规定的其他条件的，也应当可以对抗已经提请强制执行的金钱债权。

2.《查封抵押冻结规定》确立的规则

第一，需过户登记的财产。

该规定第17条〔5〕对于被执行人让渡其名下的需过户登记的财产，以买受人是否已经支付价款及占有为标准，区分为两种规则：已经支付部分或者全部价款但是并不确定，且已实际占有该财产，

---

〔1〕 法释〔2008〕13号。

〔2〕 法释〔2004〕15号。

〔3〕 最高人民法院在2020年对该法释进行了修正，修正后的对应条文为第24条第3款。

〔4〕 参见雷秋玉：《我国台湾地区不动产登记制度研究》，法律出版社2012年版，第228页。

〔5〕 最高人民法院在2020年对该法释进行修正，修正后的对应条文为第15条。

但未过户的，法院可以予以查封、扣押或者冻结；已经支付全部价款，且已占有该财产的，虽然未过户，法院也不得查封、扣押或者冻结。

对于需过户登记的财产为不动产的情形，该条规定应当结合《执行异议和复议规定》的第 28 条与第 29 条予以修正。

对于需过户登记的财产非为不动产的情形，主要应是指特殊动产，即船舶、航空器与机动车，由于法律、法规及司法解释没有其他规定，故应当认定，被执行人让渡这些财产时，直接适用上述第 17 条的规定，即在其让渡这些特殊动产时，如果已经支付全部价款且已经实际占有，即使未进行过户登记，也可对抗法院的查封、扣押与冻结。

第 19 条[1]是针对被执行人所购买的第三人对其让渡的需过户登记的财产的情形。所执行的标准，与第 17 条相同。

在司法实务中，《执行异议和复议规定》尚未出台之前，很大一部分执行异议之诉的案件，都是由已经支付全部价款却尚未取得所购房产物权的购房人作为业主提出来的，且其依据，大都是《查封抵押冻结规定》的第 17 条。对此，法院倾向于将它们作为《民事诉讼法》第 234 条规定的实体救济问题来处理。即购房的案外人的权利，在符合上述规定的情况下，"已经非常接近于物权"，[2]可作为一种特殊的债权予以对待，或者换句话说，它已经是一种所有权的期待权，有值得保护的实体法价值。因此，在实体法的意义上，既然它能够对抗查封、扣押与冻结，应可认定为这些买卖合同的债权可以对抗由金钱债权提起的强制执行。

第二，不需要过户登记的财产。

不需要过户登记的财产，为一般动产。《查封抵押冻结规定》中

---

[1]　最高人民法院在 2020 年对该法释进行修正，修正后的对应条文为第 17 条。

[2]　参见李馨：《案外人作为原告提起执行异议之诉的审理要件》，载《人民司法》2013 年第 2 期。

与此相关的条文是第 16 条与第 18 条。[1]

第 16 条确立的是买受人自被执行人买受动产的规则：一是已经支付部分价款，交付占有，但被执行人保留所有权的，法院可以查封、扣押或者冻结；二是除外规定，买受人在上述情况下，如果能够在合理期限内支付全部余款，则裁定解除查封、扣押或者冻结。

第 18 条确立的是被执行人自第三人买受动产的规则：一是被执行人已经支付部分价款且实际占有了动产，但第三人所有权保留，强制执行的申请人如果自愿支付且实际支付了剩余价款，或者第三人书面同意剩余的价款人财产强制执行后的价金中受偿，则法院可以查封、扣押或者冻结；二是因被执行人不能支付剩余价款，致使第三人解除买卖合同的，已经采取查封、扣押或者冻结措施的，法院应当解除上述措施，并经申请执行人的申请，强制执行第三人已经收受的价款。

由第 16 条的规定，举重以明轻，可以推知：①被执行人所有权保留时，已经支付部分价款且占有动产的买卖合同的债权人，不能对抗由金钱债权所提起的强制执行。但是此种情况下，买卖合同的债权人可以通过按规定支付剩余价款，对抗因金钱债权而进行的强制执行。②在被执行人作为卖方，未进行所有权保留时，已经支付部分价款且占有动产的买卖合同的债权人，应当可以对抗由金钱债权所提起的强制执行，但是其有义务支付剩余的全部价款。不过此时已非买卖合同债权对抗金钱债权，实际上乃是物权优先于债权。③即使已经支付全部价款，但未占有动产的买受人，不得以其买卖合同债权，对抗因金钱债权而提起的强制执行。不过，此时，买卖合同债权可以转让为损害赔偿的金钱债权，请求参与分配。

由第 18 条的规定，也可以举重以明轻，确知以下规则：①第三人所有权保留时，被执行人已经支付部分价款且实际占有动产，申请强制执行的金钱债权的债权人可能通过自愿支付剩余价款或者取

---

[1] 最高人民法院在 2020 年对该法释进行修正，修正后的对应条文分别为第 14 条与第 16 条。

得第三人愿意从强制执行财产的价金受偿的书面同意的方式，取得金钱债权强制执行优先于买卖合同债权的效果。②第三人未进行所有权保留，被执行人已经支付部分价款且实际占有动产，申请强制执行的金钱债权的债权人可以直接对抗第三人。这是因为动产的所有权已经通过交付而移转于被执行人，此时金钱债权无法对抗买卖合同债权。

（三）金钱债权与金钱债权之间的竞合

金钱债权相互之间的竞合，根据《最高人民法院关于人民法院执行工作若干问题的规定（试行）》〔1〕第88条第1款〔2〕的规定，一般情况下，按照执行法院采取执行措施的先后顺序受偿，带有随机性，也充分体现了金钱债权之间债权的平等性。〔3〕"先到先得"乃是债权平等性最为基本的特性之一。如果"先到"却不能"先得"，则债权的平等性被打破了。但金钱债权的这种平等性是有条件的，即债务人的被执行财产是足够用来清偿所有的金钱债权的。

有一个问题是：发生竞合时，财产保全申请人有无优先受偿的权利？一般认为，我国现行的财产保全制度并未赋予申请人以实体法上的优先受偿权，而仅产生限制当事人处分其财产权利的效力。〔4〕故当被执行人的财产不足以清偿数个有竞合关系的申请执行人的债务时，我国民事诉讼法所坚持的是平等清偿原则，而不是赋予财产保全人以优先受偿的权利。

债务人的被执行财产不足以清偿所有的金钱债权时，又有其他有执行依据的债权请求权参加分配财产的，应当由执行竞合程序转为参与分配程序。

---

〔1〕　法释〔1998〕15号。

〔2〕　最高人民法院在2020年对该法释进行修正，修正后的对应条文为第55条第1款。

〔3〕　相反观点参见刘敏：《论金钱债权执行竞合解决的原则》，载《学习与探索》2007年第5期。

〔4〕　参见石朝晶：《执行竞合时财产保全申请人有无优先受偿权》，载《人民司法》2015年第15期。

二、参与分配中的债权顺位

(一) 参与分配的概念及构成

参与分配，是指对于被执行人是公民或者其他组织的执行案件，在执行过程中，申请执行人以外的其他债权人发现被执行人的财产不足以清偿全部债权时，经依法申请参与到执行程序中来，从而将被执行人的财产按照法定的顺位在各债权人中进行公平清偿的诉讼制度。

按照上述界定，参与分配应当具备以下构成要件：

第一，在时间上，应当是执行过程中。如果已经执行完毕，或者尚未启动执行程序，则不能参与分配。

第二，必须在被执行人的财产执行过程中，其他有执行依据的债权人发现被执行人的执行财产不足以清偿全部债权，从而申请参加到执行程序中来。关于这一条件，《民事诉讼法》并没有为其他有执行依据的债权人提供发现被执行人财产不足清偿全部债权的条件，例如，欠缺对被执行人的执行情况的公告制度，包括可被执行财产状态的公告制度，所以其他有执行依据的债权人要发现被执行人的财产不足这一状况，只能靠自己的勤勉。《最高人民法院关于适用〈中华人民共和国民事诉讼法〉的解释》（以下简称《民诉解释》）[1]第509条规定[2]，其他有执行依据的债权人申请参加分配，必须提交书面申请，申请书中必须载明被执行人不能清偿所有债权的事实及理由。也就是说，申请参加分配的债权人必须证实被执行人财产不足的事实。

第三，申请执行的债权与申请参与分配的债权，必须都是金钱债权。理由很简单，不是金钱债权，客观上无法参与分配。

---

[1] 法释〔2015〕5号。
[2] 最高人民法院于2020年、2022年对该解释进行了修正，2022年修正后对应的条文是第507条。

第四，被执行人原则上应当是公民或者其他组织。如果被执行人是企业法人，根据《最高人民法院关于人民法院执行工作若干问题的规定（试行）》第89条[1]，法院可以告知当事人申请企业法人破产。但是《民诉解释》第513条[2]提供了另一条思路，即执行法院经过其中一个申请执行人或者被执行人同意后，应当裁定中止执行，向被执行人所在法院移送，由其决定是否进入破产程序。因此而未能进入破产程序的，应当恢复执行程序。企业法人未经清理或者清算[3]而被注销、撤销或者歇业[4]的，可以参照参与分配程序进行债务清偿。

（二）参与分配的债权清偿顺位

目前我国在国家层面并未对参与分配制度进行立法。其制度建立的基础，全部依赖于司法解释所制定的规范，依年代排列，主要有《最高人民法院关于人民法院执行工作若干问题的规定（试行）》的第90条至第96条，《民诉法执行程序解释》的第25条与第26条，《民诉解释》的第508条至第516条[5]。法释中涉及参与分配的顺位规定都较为原则，例如，《民诉解释》第510条[6]规定的清偿顺序为：执行费用→优先受偿的债权→普通债权；《最高人民法院关于人民法院执行工作若干问题的规定（试行）》第94条规定[7]的清偿顺序为：优先权与有担保物权的债权→普通债权。目前

---

[1]　最高人民法院于2020年修正后，删除了该条文。

[2]　最高人民法院于2022年修正后，修正后的条文为第511条。

[3]　被执行的企业法人被撤销、注销或歇业，其主管部门、清算组织或其他负有清算责任的主体向登记主管机关或其他有权机关出具了债权债务清理、清算完结的证明或负责清理、清算债权债务的文件的，不适用《最高人民法院关于人民法院执行工作若干问题的规定（试行）》第96条参与分配的规定。

[4]　根据《中华人民共和国企业法人登记管理条例》第22条的规定，企业法人领取营业执照后，满6个月尚未开展经营活动或者停止经营活动满1年。企业法人被吊销营业执照满1年且未注销的，视为该规定中的"歇业"。

[5]　最高人民法院于2022年修正后，对应的条文为第504条至第514条。

[6]　最高人民法院于2022年修正后，对应的条文为第508条。

[7]　最高人民法院于2020年修正后，删除了该条文。

学术界对此探讨也较少。[1]在此，拟列出北京市高级人民法院制订并 2013 年 12 月 18 日发布的《北京市法院执行工作规范》（以下简称《工作规范》）第五章的相关规范，其内容较诸最高人民法院司法解释更为详尽，其内容经整理描述如下：

第一，可归类的顺位。

顺位一，参与分配的程序费用。根据《工作规范》第 347 条，在发放案款的时候，要先行扣除案件受理费、申请保全费、执行申请费、评估费、鉴定费、公告费、保管费等因诉讼、仲裁或者执行所支出的费用。这些费用中与参与分配直接相关的，为参与分配的程序费用。

顺位二，建筑工程优先权（例外有两例：一是消费者购买用于生活消费居住的住房，其购房款优先于建筑工程优先权；二是案款分配时本地区上一年度职工平均工资范围内的工资部分，与建设工程优先权同一顺位受偿），或者船舶优先、民用航空器优先。这些"优先权"优先于担保物权，故列为第二顺位。

顺位三，对执行标的物有担保物权的债权。也就是担保物权，它们之间按照法律所定的顺位受偿。

顺位四，职工劳动债权。包括劳动报酬、经济补偿、职工基本医疗保险费、失业保险费、基本养老保险费。

顺位五，普通债权。

第二，不可归类的顺位。只有一个顺位，即根据《中华人民共和国民办教育促进法》（以下简称《民办教育促进法》）第 59 条第 1 款，民办学校应退受教育者学费、杂费和其他费用。

上述顺位制度，本书认为，它们基本上与《企业破产法》规定的破产还债程序相同，但又有一些较为特殊的地方。特殊地方在于：

---

〔1〕 较典型的论文，可以参见杨立新：《民事执行程序中的参与分配制度》，载《法律科学（西北政法学院学报）》1994 年第 1 期；刘敏：《论金钱债权执行竞合解决的原则》，载《学习与探索》2007 年第 5 期；丁亮华：《参与分配：解析与检讨》，载《法学家》2015 年第 5 期。

第一，它将参与分配的费用，置于优先权、担保物权之前。这与《民诉解释》的精神是一致的，部门利益的痕迹较为浓重。

第二，随意添加的痕迹比较重。比如，消费者购买用于生活消费居住的住房的购房款债权优先于建筑工程优先权，并没有任何法律或者司法解释作为根据，它可能参照了《最高人民法院关于建设工程价款优先受偿权问题的批复》（法释〔2002〕16号）第2条关于建筑工程优先权不得对抗已经支付全部或者大部分购房款的买受人的规定，但是上述批复中该条文的意旨，并不是用来解决金钱债权之间的对抗效力问题的，而是针对建筑工程优先权对于房屋买卖合同的对抗效力问题。两者的角度不同，恐怕很难参照。再比如，案款分配时本地区上一年度职工平均工资范围内的工资部分，与建设工程优先权同一顺位受偿的规定，也完全出于法院的创造。

第三，《工作规范》第328条第2款似乎把民办学校的应退受教育者学费、杂费和其他费用，列到了与参与分配费用同等的地位，但是又不是很确定。根据《民办教育促进法》第59条，这些费用债权的顺位是列在职工工资与社会保险费用债权之前的。但是《民办教育促进法》第59条是一个相当孤立的条款，其所列的顺位只有三个：应清退的受教育者的费用；职工工资与社会保险费用；其他债权。很难据此推断出受教育者的费用之前是否有更优越的债权存在，当然也无法据此直接推断它就是一个绝对优越的债权。从价值判断的角度看，很大程度上或许是为了维持社会稳定，而将清退受教育者的费用置于绝对优越的地位，因为毕竟受教育者的人数众多。

基于维持社会稳定的考虑，可能也可以适用于购房者价款、本地区上一年度职工平均工资范围内的工资部分的"优先权"。但是维持社会稳定能否作为优先顺位给予的"法定"价值标准，本书主张应慎重考虑。维持社会稳定所涉及的价值标准，太过于宽泛，如果仅从这一角度来考虑，建筑工程优先权又何尝不会涉及维持社会稳定。从"人权""弱者"等价值角度着眼，均很难找到其妥适的依附点。单就购房者的利益，有学者研究指出，按照我国《企业破产法》的相关规定，房地产企业破产之后，如果破产管理人可以选择解除购房合同，则购房人的购房利益即转换为金钱性的损害赔偿利益；也可以选择不解除购房合同而继续履行。在破产实务中，多出于维持社会稳定的需要，或多或少地以"变通"方式，对购房人的损害给予实质性的优先顺位的安排。如何变通呢？其一，房产价格上升，选择不解除合同或者捆绑变价，使得购买人得以以较低的价格取得价值已然升高的房产，且在实质上使得购买人的债权获得类似于所有权的地位，因为这样一来，购房人事实上行使了取回权；其二，如果选择解除，则往往以"生存利益保障"的名义给予购房人利益以优先保护。破产实践中的这些做法，赋予了购房人债权以对抗普通债权人的对抗效力。[1]

本书并非一概反对给予特殊债权以特殊保护，更非反对维护社会稳定，而是希望司法机关在考虑以维护社会稳定为理由给予某些利益以优先保护地位时，能够将维护社会稳定的理由更加精细化，并使之法律化，将法的价值与判断融合在一起，有一个更为稳妥的、一以贯之的顺位方案。

通过对本章内容的研究，笔者发现，司法权的运用，大部分情况下是符合理性的。目前我国法律中存在的大量"优先性"债权的安排，均来自司法解释。司法解释为现实生活中大量相关问题的解决提供了切实可行的方案，也符合普遍价值。但是在本节关于参与分配的相关制度设置方面，笔者看到了司法权的任意与专断。维系民法的权利体系性，是法律人思维的起点，也是一条底线，如果需要打破，在突破基本遵守点的界限前提下，还应当有充分理由、充足论证，这在参与分配制度上似乎体现得不够。

总之，《企业破产法》所确定的破产程序中的债权清偿顺序，是经过充分论证，且久经实践检验的集中式债权清偿顺位方案，符合一般的价值判断，人们对此也已经形成了较为稳定的社会观念，应

---

〔1〕 参见陆晓燕：《保障生存利益与维护交易安全的平衡——房地产开发企业破产中购房人权利之顺位研究》，载《法律适用》2016 年第 3 期。

当予以遵守或者参照。《最高人民法院关于适用〈中华人民共和国民事诉讼法〉若干问题的意见》（法释〔1992〕22 号，以下简称《民诉意见》）第 299 条曾规定，参与分配的执行，参照《民事诉讼法》（1991 年）第 204 条的规定。《民事诉讼法》（1991 年）第 204 条的规定与现行《企业破产法》的规定是一致的。这一规定相较合理。虽然《民诉意见》已经被《民诉解释》废止，但是从法律史的角度考察，可以借古鉴今，发现不足。或许，单就参与分配制度而言，仅依据司法解释甚至于某些法院的内部操作来创设和确定这样一个非常重要的民事诉讼制度及其内容，是一件有失严肃的事情。参与分配制度，毕竟涉及公民的基本民事权利，也是诉讼制度的一个重要组成部分，根据我国《立法法》第 8 条，对于民事基本制度、诉讼和仲裁制度，只能制定法律。因此，作为法律未制订之前的临时举措，鉴于参与分配的司法解释乃至于法院的内部操作规范欠缺合理性，应该尽快制订法律，勿使"法律"长久地处于违法境地。

第五章
诉讼程序中的债权顺位

本章将第四章中涉及诉讼的两个问题单独抽出来并单独予以回应。本章与第四章的关系是：其一，补充。对于第四章未予阐释的不动产多重买卖的顺位规则予以补足。其二，拓展。对于在第四章提出的诉讼程序中的债权顺位规则的合理性，从普通动产多重买卖规则的合理性证成与不动产多重买卖规则的清理与证成两个不同的角度，予以展开，所得结论适用于诉讼程序中的债权顺位问题。其三，相异。与第四章质疑破产财产清偿程序与参与分配程序中的债权顺位态度存在些许差异，本章对于动产与不动产多重买卖中的债权顺位规则，持赞同与肯定的态度。

第一节　普通动产多重买卖规则的合理性证成

本节拟作为对上一章第三节"债权实现的优先顺位"部分内容的补充，其内容针对动产多重转让顺位，其结论也可适用于不动产多重转让顺位及其他诉讼程序中的债权优先顺位规则。

单就普通动产的多重转让而言，最高人民法院《买卖合同司法解释》的实施已有多年，学术界对其第6条所确立的普通动产多重买卖规则的消极评价至今仍未消除。质疑点有二：一是对出卖人自主决定权的剥夺；二是违反债权平等性原则。然而，这些质疑究竟有多大的合理性，罕有学者对此进行深入探究，司法实务界也几乎一同噤声。貌似正确的质疑，事实上可能是违背常识的大棒。《买卖合同司法解释》第 6 条，创设了一种被锁闭在程序中的特殊规范，可用"个案调处规范"[1]予以概括。它是基于漏洞补充的解释方法而创建的"类实体法"规范，不具有实体法通常所具有的普适性，同时与程序法存在深度的勾连。对它的学术批评，若忽略了作为其背景的程序法，忽略了基于个案调处而形成的"锁闭"状态，而试图将民法体系直接强制套用于其上，其结果只能是南辕北辙。

一、文献回顾：对普通动产多重买卖规则的持续误读

《买卖合同司法解释》实施于 2012 年 7 月 1 日。自 2012 年 7 月至今，学术界存在对该法释第 6 条的持续反思与学术批评。其中尤其以 2012 年至 2015 年之间的批评最具典型性。在 CNKI 上的检索显示，最早对该法释展开批评的是程啸教授，他于 2012 年年底撰文指出，《买卖合同司法解释》所确立的那些标准违背了基本法理，不符合《物权法》的规定，无法实现起草者的初衷，还会造成混乱。[2] 2013 年刘保玉教授也发表文章批评第 6 条第 2 款、第 2 款随意破除了普通债权之间的平等性，缺乏相应的法理基础，无法在债法制度中一以贯之。[3] 2014 年孙毅教授的观点有所突破，在原有的债权平等性破坏论的基础上，又加了一条侵害出卖人任意履行权利的批评意见。[4] 至 2015 年，李锡鹤教授针对同一问题，又从上述规则将诚实信用原则与民法法理对立起来的角度，对其进行了批判。[5]

主流学术批评观点的发生，与司法实务界自身对普通动产多重

〔1〕参见崔建远：《个案调处不等于普适性规则——关于若干债法司法解释的检讨》，载《广东社会科学》2014 年第 5 期。此处借用崔建远先生文题中的"个案调处"。

〔2〕参见程啸：《论动产多重买卖中标的物所有权归属的确定标准——评最高法院买卖合同司法解释第 9、10 条》，载《清华法学》2012 年第 6 期。

〔3〕参见刘保玉：《论多重买卖的法律规制——兼评〈买卖合同司法解释〉第 9、10 条》，载《法学论坛》2013 年第 6 期。

〔4〕参见孙毅：《我国多重买卖规则的检讨与重构》，载《法学家》2014 年第 6 期。

〔5〕参见李锡鹤：《多重买卖效力探讨——〈买卖合同司法解释〉第 9 条第 2、3 款之质疑》，载《东方法学》2015 年第 6 期。

买卖规则的误读有着内在的关联。2012年《买卖合同司法解释》颁布后,最高人民法院的法官也曾就此发表过如何"理解与适用"第6条和第7条的实务解读。这一解读首先解释了受领交付占有者优先的物权法法理。继而梳理了解释论论证过程中的四种观点:出卖人自主决定说、先行支付价款说、合同成立在先说、买受人先请求说。对于出卖人自主决定说,法官们认为舍弃该说的原因是该说可能放任出卖人与个别买受人恶意串通。先行支付价款说与合同成立在先说与《最高人民法院关于审理涉及国有土地使用权合同纠纷案件适用法律问题的解释》[1](以下简称《土地使用权解释》)第9条的精神相吻合,这是该两种学说得以采用的原因之一。对于先行支付价款者优先规则,法官们的解释是:先行支付价款的第一标准是支付时间;在支付时间相同的情况下,以买受人请求履行的时间的先后作为补充。[2]实务界的这种解读,成为触发学术界批评的导火索。不知是有意还是无意,实务界的上述解读都试图将司法审判中的裁判规则引向实体法规则。例如,对于先行受领交付占有者优先的解读,系从物权优先债权这一实体法的角度进行的;对于否弃出卖人自主决定权的问题,则从出卖人与个别买受人恶意串通的角度出发。而对于先行支付价款者说、合同成立在先说、买受人先请求说,实务界的解读又显得十分含糊,似乎唯一可作为其依据的是在历史解释角度上存在的《土地使用权解释》。

学术界的其他声音显得极其微弱,也极为罕见。在CNKI上检索的结果表明,仅在2015年《天津法学》发表的一篇论文提到,相关"法释"所创设的债权顺位规则"在形式上"有违债权的相容性,但是宜视为基于法院纠纷解决程序而衍生的实体规则,其作为法官对待个案"同案同判"的审判标准,于审判环节之外不构成优先债

---

〔1〕 法释〔2005〕5号。

〔2〕 参见宋晓明、张勇健、王闯:《〈关于审理买卖合同纠纷案件适用法律问题的解释〉的理解与适用》,载《人民司法》2012年第15期。

权现象。[1]"审判环节之外不构成优先债权现象"的观点是极为重要的，它揭示了主流学术批评观点的无针对性与盲目性。此类声音一方面自身也不够坚决，另一方面影响微弱，因此对于主流学术观点几乎没有起到丝毫的撼动作用。

主流学术观点的出发点是民法的体系性强制。民法体系性强制包括两个方面：一是遵循实质意义上体系强制的要求，即维持法律制度间价值取向的和谐。该要求有两条：其一，如无足够充分的理由，应当坚持强式平等；其二，如无充分及正当的理由，不得主张对民事主体的自由进行限制。二是遵循形式意义上的体系强制的要求。该要求也有两条：其一，遵守形式逻辑概念体系的科层制强制；其二，遵守以民法制度逻辑相关性为基础形成的体系强制。[2]目前我国关于普通动产多重买卖规则评价的主流学术观点，不论有无学术自觉，大都是以价值取向的体系强制为标准的。所谓普通动产多重买卖规则破坏债权平等性原则的观点，所依据的是强式平等的破坏；所谓其系对出卖人自主决定权侵害的观点，所依据的是对民事主体的自由进行限制或者排除。其核心观点是，依诚实信用原则突破民法的体系强制要求，需要正当而充分的理由，但是《买卖合同司法解释》恰恰未能提供正当、充分的理由，虽然我国最高人民法院透过法官释法，通过新闻发布会宣称立法初衷仍在于维系诚实信用的交易规范，但是在动产多重买卖规则的形成上却基本未能进行足够的论证。再者，学者们也普遍认为，即便依据诚实信用原则调整民法的具体规范，也应以不突破民法体系强制要求为底线。

应该说，主流学者具有相当敏锐的民法体系维持自发意识。然而问题是：民法体系强制能否突破民法或者民法研究之界域？民法及民法研究，有其方法论上的特殊性，体系强制的目的在于维持方法论之底限，以确保民法内部的价值、逻辑等能够自洽、和谐。若

---

[1]　参见吴才毓：《论多重债权顺位规则体系》，载《天津法学》2015年第2期。

[2]　参见王轶：《对中国民法学学术路向的初步思考——过分侧重制度性研究的缺陷及其克服》，载王轶：《民法原理与民法学方法》，法律出版社2009年版，第12~16页。

将这一体系强制之要求延至民法体系之外，尤其是将之延至民事程序的界域内，是否妥当，应需要进一步讨论。民事程序有其自身的独特的体系性要求，这又尤其以程序正义价值的独立性和摆脱工具理性价值为特征。主流学术观点多无视"个案调处规范"与民事程序深度勾连，而将其视为纯属民事实体法内的事情，未能看到在作为历时过程的程序中，出卖人自主决定权的展开与渐变及其因果的关联，而抽象地认为普通动产买卖多重规则导致当事人自主决定权的丧失，这是相当武断的，也不符合事实。同时，在对"个案调处规范"的构造进行评价时，主流学术观点也忽略了这一规范体系所处的诉讼背景。试想，在此特殊语境中，若对所有买受人的诉请依债权平等原则处置，将出现何等荒谬的结果？在多重买卖的情况下，债权平等原则主要体现为"先到先得"的随机性，这一原则与出卖人的自主决定权有着内在关联。而事实上，多重买卖之诉的前提是出卖人不愿或不能自主决定；普通动产多重买卖规则的适用也以出卖人不愿或不能为自主决定为条件。因此，既已进行多重买卖之诉，则债权平等原则已经失去其适用的前提。《买卖合同司法解释》第6条适用的诉讼类别为普通的共同诉讼，同类诉请中所有诉讼均处于在途状态，受普通共同诉讼的机制制约，法院也不可能对涉案同类个别诉请实行"先到先得"规则。再者，普通动产多重买卖的诉讼，以买卖标的物的经济上不可分为条件，若为可分，则无适用普通动产多重买卖规则的可能，例如，甲某一仓库的货物分别整体出卖于乙、丙、丁三人，后乙、丙、同意可取其中的一部分，此时即无适用普通动产多重买卖规则的必要性。最后，诉讼的处分原则、法院科学行使判决权原则（不得抓阄决定）等，也均限制了债权平等性原则的适用。强行将债权平等性原则评价和要求置于裁判语境中的普通动产多重买卖规则上，恐怕不合乎现实，亦将产生扭曲诉讼机制的不良后果。

二、普通动产多重买卖规则是否侵害出卖人自主决定权

《买卖合同司法解释》第6条第1句确定了普通动产多重买卖规

则适用的条件：出卖人就同一动产订立多个买卖合同；买卖合同均有效；买受人都要求实际履行。这说明普通动产多重买卖规则只有多重买卖合同的多个买受人均向法院诉请实际履行时，才有可能启动，法院也才有可能适用"个案调处规范"。如果某一买受人已经先行诉讼并获得法院支持的判决，则基于既判力，[1]同一法院不得就同一标的物对其他买受人的诉请再为矛盾或抵触判决，此时构成普通的共同诉讼的条件不再具备，无适用此"个案调处规范"的可能。同一动产的多个买受人均向法院起诉要求实际履行的背景是什么？假如出卖人已经向个别买受人为履行，在买卖合同均有效的前提下，这种履行是合法有效的，其他买受人的买卖合同既已不可能得到履行，只能向出卖人请求违约的金钱损害赔偿。此时，买受人都要求实际履行的诉讼程序便不可能合法启动，法院同样没有适用普通动产多重买卖规则的可能性。质言之，在诉前阶段，出卖人有充分的意志自由，可以决定向合法买受人之中任意一人为履行。即便未按照"个案调处规范"的顺位标准为履行，其履行也是合法有效的。在买卖合同均为有效的前提下，出卖人意志自由的边界在于：当其向合法买受人之中的一人为履行后，即不能再向其他的买受人为履行。

出卖人不能或者不愿于诉前作出履行的决定并践行之，是多重买卖合同关系中买受人诉诸法院请求实际履行的前提。自被通知应诉到法院作出的以出卖人向买受人之一履行为内容的判决生效前，出卖人是否已经丧失了自主决定权？根据民事诉讼的常识，只要诉讼当事人未对多重买卖合同的标的为保全，则出卖人在判决书生效前，可以就买卖合同的标的为处分。其处分行为的有效性并不取决于是否已经进入诉讼。限制出卖人的自主决定权的保全措施，可能发生在诉前，也可能发生在诉讼中。随着 2012 年《民事诉讼法》修正，法院被授予作出责令被申请人"作出一定行为"或"禁止作出

---

〔1〕　参见林剑锋：《民事判决既判力客观范围研究》，厦门大学出版社 2006 年版，第 17 页。

一定行为"的保全裁定的权力，这对于法院判决的实现和提高法院提供最终救济的充分性，都产生了积极影响。[1]在普通动产多重买卖的诉讼中，此种限制却非因多重买卖规则所产生，毋宁说，这是所有因买卖合同涉讼被诉的当事人都可能遭遇的事情。只要未采取保全措施，出卖人即使于二审期间，仍可就其所有物为处分，这种处分行为也不仅因与第一审判决相抵触而无效。

即便已经作出终审判决，终审判决的既判力也并不能杜绝出卖人为与生效判决相矛盾的处分。判决的既判力对于当事人的限制一般性地局限于"禁止当事人重复诉讼、恶意诉讼、虚假诉讼，也包括禁止当事人提出自相矛盾的诉求和主张，还包括禁止法院作出前后自相矛盾的判决"[2]等，它对于出卖人对其所有物为处分行为并无根本性的拘束力，不能据此对出卖人的处分行为为无效评价。法律制度对于已为终审判决后的出卖人的处分行为只设置了外在强制，包括一系列相互关联的法律规定：《民事诉讼法》第114条第1款第6项规定的"拒不履行已经发生法律效力的判决、裁定"为其基础；《中华人民共和国刑法》（以下简称《刑法》）第313条将上述行为规定为情节犯，并设定了有期徒刑、拘留或罚金的刑罚；全国人大常委会对《刑法》第313条所规定的"有能力执行而拒不执行，情节严重"的情形予以明确限定，但仍留下了空白；《最高人民法院关于审理拒不执行判决、裁定刑事案件适用法律若干问题的解释》[3]第2条填补了这一空白，其第3项将"拒不交付法律文书指定交付的财物、票证或者拒不迁出房屋、退出土地，致使判决、裁定无法执行"的情形确定为全国人大常委会上述法释"有能力执行而拒不执行，情节严重"的情形之一。司法实务与学说上对于"有能力执行"的节点有不同的判断，这种判断对于认定与本论题直接相关的

---

〔1〕 参见冀宗儒、徐辉：《论民事诉讼保全制度功能的最大化》，载《当代法学》2013年第1期。

〔2〕 参见王国龙：《判决的既判力与司法公信力》，载《法学论坛》2016年第4期。

〔3〕 法释〔2015〕16号。

"拒不交付法律文书指定交付的财物"的情节息息相关。这些观点包括诉前说、诉始说、宣判说、生效说、执始说等,现以生效说为通说。[1]假如遵循生效说,则从判决书生效时起,出卖人如为与判决书矛盾的处分行为,致使其无能力履行交付指定财物的判决,将使其面临被指控犯有"拒不执行判决、裁定罪"的危险。然而,"拒不执行判决、裁定罪"并非专为普通动产多重买卖而设,只要陷入诉讼而被判决履行特定给付义务,不予履行者均有涉罪的风险。

在进入强制执行阶段之后,普通动产多重买卖出卖人对其所有之物,可能因法院采取强制执行措施而失去自主处分的权利。此亦为所有涉及诉讼的被告可能遭遇的情形。

如果主流学说中所认定的普通动产多重买卖规则对于出卖人的自主决定权的侵害,是指诉讼程序对于其自主处分权的限制,至少有一半是违背常识的,还有一半是错误的。之所以说一半是错误的,是指即便因多重买卖陷入诉讼,在判决生效前后,出卖人的自主决定权并未因多重买卖而受到什么约束或者根本性的约束;之所以说一半违背常识,是指出卖人的自主决定权在诉讼中所受到的限制,与其是否为多重买卖无直接关联,而系诉讼中作为被告所常遭遇的事情,例如,因保全而使自主决定权受限制,判决生效之后其自主处分权受到外在强制,进入强制执行阶段后因强制执行受到限制或者强制,等等。其中尤其需要强调的一点是,依据诉讼程序规则而存在的出卖人的处分权及对其处分权的限制,均非只针对普通动产多重买卖的出卖人,而系针对所有类似情景而设。如果要从这一角度指控多重买卖规则对出卖人自主决定权的侵害,确属空穴来风;假如确要做如此指控的话,不如指控诉讼程序对出卖人自主决定权的侵害,建议取消诉讼程序。

---

[1]　参见安凤德:《拒不执行判决、裁定罪的犯罪构成要素新论》,载《学术论坛》2016年第2期。

三、普通动产多重买卖规则是否侵害债权的平等性

面对普通动产多重买卖之买受人的实际履行诉讼，法院最大的困境是：不能拒绝裁判而将这一难题抛回给出卖人或者买受人。有学者指出，面临一个不受既有法律规范调整的案件时，法官有几种选择：坚持或遵守法律；偏离法律；使自己从这个案中脱身；辞去法官职务。[1]很显然，选择从案中脱身或者辞去法官职务都不是一个尽职的法官所应为的事情。西方法谚"法官不能拒绝审判"，所指虽然为法官，其实也同样指向法院。我国台湾地区所谓"民法"第1条规定："民事，法律所未规定者，依习惯，无习惯者，依法理。"根据"审判官不得借口于法律无明文，将法律关系之争议，拒绝不为判断，故设本条以为补充民法之助"[2]的立法理由，该条的主要目的是为避免法官不能审判局面的出现。

我国《民法典》第10条规定，处理民事纠纷，应当依照法律；法律无规定时，可以适用习惯，但以习惯不违背公序良俗原则为限。在《民法总则》实施以前，我国民法规范仅有《物权法》第85条规定，可在没有法律规定的前提下，根据"当地习惯"处理相邻关系。在现行法的框架下，我国法院处理民事纠纷，要么依法律，要么依习惯。在没有现成的法律规则或者习惯作为裁判依据时，鉴于我国最高人民法院在《立法法》框架下的释法权，通过最高人民法院的司法释法，或为法律解释，或为漏洞填补，法院可以获得基于"法理"的释法行为所生成的规则支援。而在确乎无具体法律规则可为依据的时候，鉴于民法所定原则的弹性，法院依然可以有所作为，而不太可能落到无法可用从而不得不拒绝审判的境地。

对于普通动产多重买卖之买受人的实际履行诉讼这种普通的共

---

[1] See Jeffrey Brand-Ballard, *Limits of Legality: The Ethics of Lawless Judging*, Oxford University Press, 2010, p. 20.

[2] 参见陈忠五主编：《学林分科六法——民法》，学林文化事业有限公司2000年版，第1页。

同诉讼，在无法律、无习惯可为裁判依据的情况下，我国最高人民法院可以透过司法释法，通过漏洞填补的方式为司法裁判提供规则依据。司法释法的漏洞填补，应以合乎"法理"为条件。然而，对于应当符合何种"法理"，实务界有实务界的说辞，学术界有学术界的评价。实务界的说辞，最为典型地体现在2012年6月5日最高人民法院新闻发言人孙军工的《〈最高人民法院关于审理买卖合同纠纷案件适用法律问题的解释〉的新闻发布稿》中，在该新闻发布稿中，孙军工将动产多重买卖规则宣称为"坚持诚实信用和公序良俗原则制裁失信行为"的结果；而学术界的评价，则主要体现在上述批评性的言论之中。

按照上述新闻发布稿的内容，动产多重买卖规则制定的目的，在于依诚实信用原则限制出卖人的自主决定权。这种过于夸大的宣传行为产生了一定的消极后果，引导了学术批评的路径，使得学术批评误入歧途。通过上文程序制度的描述，可以看出，真正对出卖人的自主决定权起一定限制作用的是程序上的判决环节以及与判决环节直接相勾连的"拒不执行判决、裁定罪"与判决的强制执行制度，这与动产多重买卖规则无直接关联。诚实信用原则也与动产多重买卖规则本身没有直接关系，而更多地与民事诉讼制度的宏观目的相关联。[1]普通动产多重买卖规则作为"个案调处规范"，所体现的乃是实践理性，与依据诚实信用原则突破民法体系强制无关。它是一个锁闭的规范空间，与实体法上的权利顺位没有直接的关联，同时由于合同所具有的私密特性，对诉讼这一特定时空之外的生活空间的法律秩序产生实质的影响应该极少。

在"个案调处规范"这一锁闭的空间范围内，债权之间的不平等是必然的。在普通动产多重买卖的实际履行诉讼中，法院无论为何种裁判，终不免陷入将买受人分为三六九等之尴尬境地。法院不可能将出卖人出卖之物判给全体买受人，而只能判予买受人之一，

---

[1]　参见《民事诉讼法》第2条。

无论是依多重买卖规则而判，还是完全交由法官自由裁量，其结果都是，没有被判得出卖之物的买受人陷入低人一等之境地，其债权似乎也因裁判之故而劣后于被判得出卖物的债权人之债权。既然如此，完全交由法官自由裁量使得此类裁判完全陷入无序，两害相权取其轻，不如设定规则，依规则而判。

学术界批判现行裁判规则所设顺位不符合债权平等原则，那么将这一顺位完全颠倒或者完全打乱，是否就能够符合债权平等原则？例如，将未受领交付占有、未支付价款的后订立合同的买受人升至第一顺位，是否就符合债权平等原则了？恐怕对此更加难以达成共识。当然，也并非真的没有实现债权之间完全平等的办法，但是问题是，这些办法或许将突破诉讼程序制度所能允许的限度。例如：将出卖人之标的物判给全体买受人共有，或者判决出卖物归出卖人本人，由出卖人对全体买受人按所受损害予以赔偿，如果出卖人无能力赔偿所有买受人，则依申请转为执行分配程序[1]，又或者，法院通过抓阄或者占卜等方法来确定出卖人向何一买受人为处分，等等。这些做法似乎都可以在诉讼程序中实现债权平等性原则。但是，将出卖人之标的物判给全体买受人共有，或者将全体买受人的实际履行请求权全部转换为金钱损害赔偿请求权，不仅可能与买受人要求实际履行的意愿相违背，也违反了民事诉讼法的处分原则。[2]采用抓阄或者占卜等方法似乎与债权平等性原则所体现的随机性暗合，但是，一方面，如果能通过抓阄或者占卜解决问题，买受人或许无须通过诉讼解决，另一方面作为人类文明标识的民事诉讼等审判制度，素以科学性与祛魅为其特性，若将抓阄或者占卜等方法引入裁判之中，不仅显得粗鄙、不科学，也与诉讼制度能够提供的可预测结果的普遍性的法律原则相违反。

---

〔1〕 参见齐树洁主编：《民事诉讼法》（第4版），中国人民大学出版社2015年版，第334页。

〔2〕 参见江伟、肖建国主编：《民事诉讼法》（第7版），中国人民大学出版社2015年版，第56~57页。

从抽象的规范角度分析，债权之间的关系是绝对平等的，这是形式主义的平等，也是机会主义的平等。而从生活事实的角度观察，无论是通过法院裁判还是通过出卖人的自主履行，其结果都是不平等的。适用普通动产多重买卖规则作出裁判与普通出卖人确定向某一债权人履行的结果是相同的，两者都将造成某一债权人因此优先获得履行，而其他债权人处于劣后的地位，惨遭淘汰的结果。由此，抽象的规范世界与具体的生活世界的差异由此得到揭示，立法的形式理性与实践理性的差异也得以呈现。但不同的是，法院为维护裁判与法制的统一性，需要依多重买卖规则进行裁判，而出卖人虽然受道德约束，但是完全可以任性而为，这一区分是司法实践理性与个人实践理性之间的区分，司法实践理性是一种规则的、制度的理性，而个人实践理性是一种行为理性。

四、普通动产多重买卖规则"锁闭"状态的体系证成

作为与实体法隔离的"锁闭"状态中的普通动产多重买卖规则，就其本身具体的微环境而言，已经形成一个债权之间优先顺位系列。

最高人民法院《买卖合同司法解释》第 6 条只有一款三项，对其进行体系解读的关键是要准确解读该条的第一句话："出卖人就同一普通动产订立多重买卖合同，在买卖合同均有效的情况下，买受人均要求实际履行合同的，应当按照以下情形分别处理。"这句话的主要意义在于，它揭示了普通动产多重买卖规则适用的关键条件是买卖合同均未得到履行。如果已经得到履行，已发生所有权的变动，则不适用普通动产多重买卖规则这一"个案调处规则"，而是应当适用"物权优先债权"或者"善意取得"等一般物权规则。学术界对此存在误读，这一误读也影响到了对特殊动产多重买卖规则的正确理解。[1]

---

〔1〕 参见陈永强：《特殊动产多重买卖解释要素体系之再构成——以法释〔2012〕8号第 10 条为中心》，载《法学》2016 年第 1 期。

以此为基础，可以正确理解该条的第 1 项即 "先行受领交付的买受人请求确认所有权已经转移的，人民法院应予支持" 的真实意义。在买卖合同均未得到履行的前提下，即使先行受领交付，由于欠缺物权变动的合意，徒具占有之外在形式，例如，所有权保留的买卖合同。于此情形，先行受领交付的买受人请求法院确认其拥有买受物的所有权的真实意义，在于借裁判权拟制出卖人之处分行为，以完成 "履行"，实际方式或许表现为按照法院指定的方式付清款项，实现占有与 "所有权" 的统一，而非请求法院确认已经存在所有权。此情形下的受领交付占有的只能是多数买受人之中的一人，而不可能是数人；所为的交付也只能是现实交付或者指示交付，占有改定在本条的语境下是无意义的。前述最高人民法院的法官释法，似将该项规则排除在普通动产多重买卖规则之外，但本书认为，在所有权保留买卖合同这一狭窄的范围内，这一规则仍有其实际意义。

支付价款纯以时间为标准，而不以支付价款的比例为标准，可以避免支付价款比例相同的情况下出现无解的状况。对于为何将支付价款者优先的标准置于占有之后，最高人民法院并没有给予解释。交易推进的进程应是可能被主要考虑进来的因素。正常买卖合同的交易进程，始于合同的订立，进于付款，而止于交付。换言之，随着交易进程的发展，买受人一步步接近最终的目的，距离取得所有权的距离越来越近。上述法官释法中将请求履行的时间先后作为支付时间在先规则的一个补充，合理的解释应是考虑到了买受人积极行使权利的态度。这种奖勤罚懒的规范配置观念在民法中并不鲜见，例如诉讼时效制度。由此可以确定，《买卖合同司法解释》第 6 条的第 2 项所列顺位有其符合生活逻辑的正当性。以合同订立的时间标准为最后顺位，这在逻辑框架内有体系上的妥适性；而在更为微观的范围内，订立于不同时间的买卖合同也将因订立合同时间先后的不同形成一个顺位系列，这一微观范围内的顺位系列的合理性何在，恐怕只能依 "先到先得" 予以解释。

故就《买卖合同司法解释》第 6 条所确立的顺位标准的内部结

构而言，各条标准之间存在确定的逻辑关联，而非任意的排序。距离所有权的远近，是各条标准排序的内在尺度。受领交付占有与所有权的逻辑关系最近，排列第一顺位；先行支付价款的债权距离所有权的逻辑关系稍远，排列第二顺位；既未受领占有又未支付价款的债权距离所有权的距离更远，排列第三顺位。在更为微观的范围内，先行支付价款的标准因其在可操作性上优越于支付比例标准而得以确立，作为先行支付标准的辅助标准的先请求履行标准则因奖勤罚懒的民法观念获得其正当性；合同成立时间的先后在内部再行排序，因"先到先得"的生活观念得以解释。这一标准体系虽然并不完美，但是一方面考虑到了标准之间的逻辑关联，另一方面各个标准之间互不串联，在"个案调处规范"这一锁闭的空间内，逻辑上完全能够自圆其说。

以上第三者微观叙事式的解读似乎合情合理，然而"子非鱼，安知鱼"，又或者我之饶舌只不过是模仿他人的"眨眼"，但毕竟这是通往"深描"的精心策划的知识性努力。[1]由是观之，最高人民法院所确立的普通动产多重买卖规则，或许是诸多可选方案中，较为可取的方案。在法学批评上，只破不立，是较为容易做到的；既破又立，并确能提供一个达成共识的方案，则实为难得。目前学术界尚未提供较之现有方案更为科学的解决方案，且目前提出方案的也仅孙毅教授一人。

按照孙毅教授的方案，一个普适性的多重买卖规则应当包括五个层次的标准[2]：物权优先债权，已处于物权取得途中的债权、出卖人的选择、合同对价充分性安全性的考量、法官衡平裁量。对此方案评价如下：

第一，处于第一顺位的"物权优先债权"与第二顺位的"已处于物权取得途中的债权"标准，彻底颠覆了《买卖合同司法解释》

---

[1] 参见［美］克利福德·格尔兹：《文化的解释》，纳日碧力戈等译，上海人民出版社1999年版，第6~7页。
[2] 参见孙毅：《我国多重买卖规则的检讨与重构》，载《法学家》2014年第6期。

第 6 条第 1 项与第 2 项所确定的规则。这首先是一种误读，即将《买卖合同司法解释》第 6 条第 1 项"先行受领交付的买受人请求确认所有权已经转移的，人民法院应予支持"的意义误读为"物权优先于债权"。其次，选择"已处于物权取得途中的债权"作为顺位标准，可能因处于这种状态的债权为复数而使得顺位的选择功能丧失。

第二，孙毅教授方案中的前三个标准有可能陷入循环的怪圈，例如，在所有权保留的买卖中，出卖人在买受人未付清全部价款的情况下，通过指示交付的方式，也可以完成对第三人的交付，而无须依赖买受人的现实交付，即可完成标的物所有权移转。[1]这一观点在现行法上有《民法典》第 227 条所规定的指示支付规则的支持；学者中也有持相同观点的，有学者认为在解释论上，指示交付无需通过合法占有人也不必得到其行为作为支持，就可以完成交付，实现动产所有权的移转。[2]因此，第三人善意取得，即便在所有权保留的情形下仍有可能发生。当法院考虑到"出卖人的选择"时，出卖人对所有权保留买卖中出卖物的所有权处分与指示交付，将使得依出卖人的决定所发生的所有权变动跑到已处于物权取得途中的债权之前，此时"出卖人的选择"事实上已经转换为"物权优先债权"。

第三，该方案中的"合同对价充分性"有可能与"已处于物权取得途中的债权"相互串连。因为对价如果充分到一定程度，其实质就是期待权的发生。对此日本学者赖泽尔教授所提出的俗称"削梨说"的学术观点应可提供适当的解读。如前所言，"削梨说"的学术观点有不少拥趸，其中包括鼎鼎大名的铃木禄弥教授。按照"削梨说"的学术观点，物的所有权随着价款的支付而逐渐转移，已经付清价款者在一般人的眼中就是物的所有权人。[3]这一法理尤其

---

[1] 参见茆荣华、孙少君：《所有权保留纠纷审判实务研究》，载《法学》2005 年第 1 期。

[2] 参见庄加园：《基于指示交付的动产所有权移转——兼评〈中华人民共和国物权法〉第 26 条》，载《法学研究》2014 年第 3 期。

[3] 参见崔建远：《个案调处不等于普适性规则——关于若干债法司法解释的检讨》，载《广东社会科学》2014 年第 5 期。

可见证于所有权保留买卖合同中。在我国的相关司法解释中也可以觅到其踪影，例如《最高人民法院关于建设工程价款优先受偿权问题的批复》中所确立的建设工程价款优先权不得对抗已经支付了大部分或者全部价款的购房人的规则。

第四，该方案中的合同对价的"安全性"及"法官衡平裁量"标准，将给普通动产买卖合同的最终诉讼结果带来更多不确定性的因素，并最终危及其所提倡并作为体系根基的债权平等性原则。

第五，孙毅教授对于《买卖合同司法解释》第6条的法律地位缺乏清晰的判断。作为"个案调处规范"的第6条的适用前提是出卖人不能或不愿作为处分，法院从而不得不为裁判。就出卖人自主决定权的限制，目前实务界的通说是生效说，即在判决生效后，出卖人的自主决定权受到限制，这种限制表现为"拒绝执行判决、裁定罪"的威吓以及强制执行程序。将"出卖人的选择"纳入方案中，是方案最失败的地方。

总之，孙毅教授提出的顺位方案虽然以"与我国独特的物权变动立法模式相协调，与债权平等原则相统一，树立自由竞争理念，尊重出卖人任意履行决定权"为目标，但是这些目标事实上是给予了多重买卖规则以不可能完成的任务。把"物权优于债权"纳入多重买卖规则体系本身就是一种体系入侵行为，"尊重出卖人任意履行决定权"的提法也与多重买卖规则的制度目的相违背，"与债权平等原则相统一"不仅不可能做到，而且事实上其方案的现状已经与此目的背道而驰。较之平实、立足于实践理性、基本能够确定其体系地位的《买卖合同司法解释》第6条，该方案难以称得上是一个更可取的方案。

五、本节小结

普通动产多重买卖规则是一种与程序的实践理性有着内在关联的"个案调处规范"，是个相对"锁闭"的与民事实体法隔离的制度空间。主流学术界用民法体系强制中的出卖人意思自治、债权平等性原则对其横加鞭挞，显得不够理性。民法体系强制应当局限于民法的范畴之内，强行越界而介入"个案调处规范"已经造成了持续近五年的知识性误读，不应再继续进行下去。作为"个案调处规范"的普通动产多重买卖规则与程序既然有着深度的内在勾连，那么就应当从程序的历时进程中观察出卖人的自主决定权的现实状态，而不是想当然地认为普通动产多重买卖规则排除出卖人的自主决定权。就普通动产多重买卖具体的内部微环境而言，不得拒绝裁判的程序法上的强制，与必须维系裁判与法制统一的程序法的内在要求，使得作为司法实践理性的外在形式的、存在顺位排序的普通动产多重买卖规则成为必然之选，虽然它与抽象的实体规范的债权平等性原则不符，但在"个案调处规范"这一微观的"锁闭"的界域内，有其当然的正当性。

第二节　不动产多重转让顺位规则的清理与证成

一、问题的提出

不动产"一物数卖"的行为并不少见。经济理性为不动产所有人"一物数卖"的行为提供了正当性基础，市场自由竞争理论也论证了后买受人行为的合理性。就合同的效力而言，除非后买受人与出卖人恶意串通，损害国家、集体或者第三人的利益，否则后买卖合同有效。学界通说还认为，即使后买受人明知在先买卖合同存在这一事实，尚不足以构成恶意串通，不影响后买卖合同的效力。[1]故在排除恶意串通等原因导致后买卖合同无效的情形之外，不动产"一物数卖"无疑将造成数个不动产买卖合同的竞合，从而使不动产买卖合同的竞合效力问题浮出水面。

不动产买卖合同竞合的问题不仅可能存于不动产买卖合同之间，也可能存在于它与金钱债权之间。对此通常的解决思路是：根据债

---

〔1〕　参见许德风：《不动产一物二卖问题研究》，载《法学研究》2012 年第 3 期。

权平等性原则，由出卖人决定履行的对象，并对未获履行者承担违约责任，这主要体现为债权实现的随机性。但是若出卖人不愿自决或者不能自决，多数买受人因之诉诸法院，法院因不得拒绝裁判之司法责任约束而须为裁判，必将突破债权平等原则，依司法权配置不同不动产买卖合同的优先实现顺位，由此形成不动产买卖合同竞合的裁判规则。而在执行的情景下，进入执行的不动产买卖合同可能遭遇金钱债权的执行竞合问题，此时也须确定应当依何种竞合规则予以执行，由此不动产买卖合同与金钱债权执行竞合规则得以确立。应当承认诉讼程序中的不动产买卖合同竞合问题及竞合规则的确立有其情景的特殊性与规范正当性，目前存在的主要问题是：第一，我国相关司法实践存在相当的不一致，体系性较差，需要清理；第二，竞合规则本身的正当性需要论证。下文沿上述两个问题展开。

二、不动产买卖合同竞合裁判规范的清理

在《物权法》生效之后，各级法院曾发布内部操作规范，以摆脱不动产买卖合同出现竞合时无法律规范可用之困境。其中有两份文件值得重视：一是《重庆市高级人民法院关于当前民事审判若干法律问题的指导意见》（2007年11月22日重庆市高级人民法院审委会第564次会议通过，以下简称《指导意见》），二是《北京市高级人民法院关于审理房屋买卖合同纠纷案件适用法律若干问题的指导意见（试行）》（京高法发〔2010〕458号），以下简称《指导意见试行》）。《指导意见》第38条规定了对开发商一房多卖情形的处置规范，出卖人将商品房数次出卖所签订的合同，只要不违反法律的禁止性规定，均是有效合同。不能履行的，依法承担违约责任。在此情形下，先办理商品房登记手续的买受人取得商品房的所有权；未进行房屋产权登记但开发商已交付的，已经合法取得商品房的买受人取得商品房的所有权，但出卖人和买受人之间恶意串通的除外；既未登记，又未合法占有商品房的，先行支付购房款的买受人取得商品房的所有权；如果合同均未履行，依法成立在先的买卖合同的

买受人履行合同的请求应予以支持。《指导意见试行》第 13 条第 1
款规定，出卖人就同一房屋分别签订数份买卖合同，在合同均为有
效的前提下，买受人均要求继续履行合同的，原则上应按照以下顺
序确定履行合同的买受人：①已经办理房屋所有权转移登记的；
②均未办理房屋所有权转移登记，已经实际合法占有房屋的；③均
未办理房屋所有权转移登记，又未合法占有房屋，应综合考虑各买
受人实际付款数额的多少及先后、是否办理了网签、合同成立的先
后等因素，公平合理的予以确定。

《指导意见》与《指导意见试行》的区别在于：①适用范围不
同。《指导意见》系针对开发商一房多卖的行为，《指导意见试行》
则不论房屋出卖人是开发商还是存量房屋所有权人，均可一体适用；
②优先顺位稍有差异。《指导意见》明确肯定了先行支付价款者债权
的优先顺位，《指导意见试行》将支付价款与网签、合同成立的先后
等因素一并予以考量，且较为细致地考虑到了实际支付价款的多少
及先后。两者的相同之处在于均确立了房屋买卖债权优先性的三层
顺位：处于第一顺位者为已经进行了房屋所有权移转登记的债权；
处于第二顺位者为已经合法占有了房屋的债权；处于第三顺位者是
已经支付了价款的债权，或者基于对支付价款、网签、合同成立的
先后等因素综合考虑而赋予优先性的债权。

目前我国最高人民法院并未出台不动产买卖合同之间竞合的具
体裁判规则意见，仅《第八次全国法院民事商事审判工作会议（民
事部分）纪要》的第 15 条有所涉及[1]，以至于类似的由高级人民
法院乃至中级人民法院制定的《指导意见》与《指导意见试行》之
类的内部审判操作规范在此类案件中占据着重要的地位，但是相关
规范应当进行必要的清理：

第一，上述指导意见都存在一个根本性的错误，即将已经办理
了商品房登记手续的合同与请求履行的未履行合同等同视之。既然

---

[1] 参见杜万华主编：《〈第八次全国法院民事商事审判工作会议（民事部分）纪
要〉理解与适用》，人民法院出版社 2017 年版，第 289 页。

上述指导意见的目的是处理数个房屋买卖合同债权的竞合问题，而不是物权与债权的关系问题，那么其前提应当是：房屋的产权未完成过户登记。若已经完成过户登记，按照"先到先得"原则，彼此之间已经不存在竞合，也就没有必要设置这样的竞合规范。[1]

第二，基于司法实践的《指导意见试行》第 13 条第 1 款第 3 项事实上创设了一个不确定规则，扩大了法院自由裁量的权力，使得除登记者优先、合法占有者优先之外的其他确立优先顺位的规则呈现出极大的不确定性。

首先，应确定网签的法律地位。网签是否能够独立或者在其他因素辅助下确立房屋买卖合同的优先履行地位，需进一步讨论。有学者曾研究指出，在登记实践中实施的网签制度，使得预告登记制度已无存在必要。在网签的交易机制中，房屋买卖双方通过政府设置的网签系统签订买卖合同之后，就在事实上限制了出卖人将出售房屋再行出售于他人，网签的功能与预告登记制度的实际作用相同，因此，在实际交易中预告登记已无用武之地。[2]如果确乎如此，则网签规则将使得经过网签的房屋买卖合同获得超越一般房屋买卖合同的绝对优先效力，即便是已经通过交付合法占有和支付了全部价款的房屋买卖合同，也将无法与之对抗。另有一解释角度，认为网签制度经由政府的大力推行，在存量房领域中蔚然成风，成为属地性的、通常被采用的规则，老百姓也形成了从事此类交易须进行网签的确信，故可认为，网签制度已经成了一项习惯。[3]我国《民法典》第 10 条所确立的"法律没有规定的，可以适用习惯"的法律规则，依上述推论，将使得网签制度成为补充性的、正式的物权法法源。这种观点存在稍嫌夸大的成分：一是依物权法定原则，网签不可能取代预告登记制度；二是即便网签在事实上有排他效力，这种

---

〔1〕　相反观点，参见彭诚信、岳耀东：《房屋多重转让中权利保护顺位的确立依据与证成——以"占有优先保护说"为核心》，载《山东社会科学》2012 年第 5 期。

〔2〕　参见常鹏翱：《预告登记制度的死亡与再生》，载《法学家》2016 年第 3 期。

〔3〕　参见常鹏翱：《存量房买卖网签的法律效力》，载《当代法学》2017 年第 1 期。

排他效力也只是暂时性的，基于网签本身的时效性，如果网签未能顺利达至产权变动，则在网签失去效力后，合法占有、先行支付价款、合同订立先后仍将是考量因素；三是网签制度政府推行力度及普及面不宜作为"习惯"是否确立的判断标准，"习惯"形成与否应有更为充分的理由支撑。

其次，应结合已经发布的司法解释，确定上述法院内部操作规范合理性。最高人民法院通过法释方式确立不动产使用权与动产转让的优先顺位，共有两种法释。其中《土地使用权解释》第 10 条创设了土地使用权转让合同的优先顺位，其顺位分别为：登记、合法占有、先行支付土地转让款、成立在先；《买卖合同司法解释》第 6 条创设的普通动产买卖合同与上述顺位几乎完全一样；《买卖合同司法解释》第 6 条所创设的特殊动产买卖合同的优先顺位分别为：合法占有（或者合法受领交付）、先行办理移转登记、成立在先。这两种法释中，先行支付价款合同的顺位一般性地优越于成立在先的合同。在这两种法释中，《土地使用权解释》与不动产买卖合同有较近的亲缘性，应当可以将其确立的不动产使用权转让的优先顺位类推适用于不动产买卖合同竞合的情形，由此排除《指导意见试行》第 13 条第 1 款第 3 项的正当性。

经由上述整理，可以得出一个初步的结论：不动产"一物数卖"的情况下，其司法实践中的实现顺位应依次为：合法占有、先行支付价款、合同成立在先。

三、不动产买卖合同执行竞合规范的阐释与提取

这主要涉及不动产买卖合同与金钱债权强制执行的竞合问题，对此上文（第四章第五节"执行竞合中的债权顺位"）已经有深入阐释。这一问题与两个重要法释有内在关联，包括《执行异议和复议规定》与《查封抵押冻结规定》。

上述两个法释与前述法院系统内部的操作规范一起，确立了不动产买卖合同与不动产买卖合同，及其与金钱债权竞合中的优先顺

位规则。其基本的组成部分是：不动产合法占有者优先与先行支付价款者优先。法院对此的解释立场是：维系市场交易的道德性，强使交易者恪守诚实信用。然而，这只是一种主观愿望或者释法的目的，很难说是优先顺位得以确立的正当性依据。故对于此二者何以得确立其优先顺位，仍须进一步地阐释与论证。

四、作为裁判规则的合法占有者优先的规范正当性

从类型论的角度看，作为裁判规则的不动产买卖合同竞合规则有其内在的合理性。由于类型论并不执着于物权与债权二元概念划分，而更着重于类型的划分，故承认物权与债权之间类型的渐变性乃至于债权之间趋向物权的渐变性。[1]由此，经由清理而得的三个顺位标准，就其内部结构而言，各条标准之间存在确定的逻辑关联即为一种类型化的关联，而非任意的排序。距离所有权的远近，应是各条标准排序的内在尺度。如前所言，受领交付而合法占有者与所有权的逻辑关系最近，排列第一顺位；先行支付价款的债权距离所有权的逻辑关系稍远，排列第二顺位；既未受领占有又未支付价款的债权距离所有权的距离更远，排列第三顺位。合同成立时间的先后在内部再行排序，因"先到先得"的生活观念得以解释。这一标准体系虽然并不完美，但是一方面考虑到了标准之间的逻辑关联，另一方面各个标准之间互不串联，在"个案调处规范"这一锁闭的空间内，逻辑上完全能够自圆其说。

考查不动产买卖合同竞合规则作为裁判规则的合理性，必须考虑到这一规则所处的诉讼环境。崔建远教授曾坚决否弃按照合同成立的先后来确定合同实现的顺位[2]，然而，若能考虑到这一顺位的确定仅限于诉讼这一特殊的情景之下，且与实体法存在适度隔离，

---

〔1〕　参见［德］卡尔·拉伦茨：《法学方法论》，陈爱娥译，商务印书馆2003年版，第345页。

〔2〕　参见崔建远：《个案调处不等于普适性规则——关于若干债法司法解释的检讨》，载《广东社会科学》2014年第5期。

则所谓的民法的体系性特征将被摧残无余地指责，这在事实上很难站得住脚。

单就不动产买卖的合法占有者优先顺位规则，还可由权利外观效力推论其正当性。不动产占有的权利外观效力主要源于以下考虑：

第一，不动产占有具有权利推定效力。如果说不动产的官方登记具有从法律上确定其权利及归属的功能，那么不动产占有具有从事实上确定其归属的功能。这种占有的推定效力，在比较法上是存在的，例如美国若干州所承认的土地占有人的衡平法上的权利，美国学者对此不乏赞同者，比如梅纳赫姆·莫特纳（Menachem Mautner）教授。[1]在日本民法中，自20世纪中叶以来，因试图强化土地和建筑物的用益权，对于未登记于不动产登记簿的不动产物权，也从占有的角度，承认其对抗力和排他性。在不动产交易领域中，出现了一种除登记之外，还重视占有的一般性倾向。学术界也就此达成重要的共识。例如，甲将土地出卖于乙而未登记，乙在此上营造建筑物。嗣后甲又将土地出卖于丙，并完成登记。学说上赞成乙的权利优先于丙的权利的观点占有压倒优势。[2]日本民法学界开始采用的是"不问说"，也就是不问第三人善意还是恶意，一律不得对抗原占有人。但是后来反对"不问说"的观点较为普遍起来。在司法实务上，也开始采用"确定日期"的方式，限制对第三人采用恶意证据的举证权利。[3]但是总体而言，即使存在官方登记簿制度，但无论是学术界，还是实务界，对于日本民法对不动产占有所公示出来的权利状态，均十分重视并予以尊重。

第二，第三人合理信赖的不存在及交易效力。从生活事实的角度观察，第三人于买受人已经占有不动产的情况下仍购买，本身就

---

〔1〕 参见马新彦、邓冰宁：《论不动产占有的公示效力》，载《山东社会科学》2014年第3期。

〔2〕 参见［日］我妻荣：《我妻荣民法讲义Ⅱ新订物权法》，罗丽译，中国法制出版社2008年版，第76页。

〔3〕 参见［日］我妻荣：《我妻荣民法讲义Ⅱ新订物权法》，罗丽译，中国法制出版社2008年版，第168~170页。

极可能具有不正当性。[1]就购房而论，出卖人已经将房产置于买受人的管理之下，出卖人即使再卖，也无法带领第三人至现场看房，无法向其展示房屋权利的事实状态。在这种情况下，基于常理也可以推知，第三人应可对房屋权利的事实状态存疑，不太可能产生房屋尚未进行交易的合理信赖。不动产的购置乃是重大事情，不可轻率而为，这是常识。依笔者看来，第三人于此时有进一步调查房产交易真实状况的义务，如果轻率或者放任行为后果而采取行动，甚至于利用官方登记簿公信力而轻率购置并进行登记，则其即使取得房产登记，仍将欠缺法律上的正当性，其房屋买卖或可因为违背诚实信用的原则而整体上归于无效。第三人如果因过失而致自己失察，则其买卖合同应当劣后于合法占有人的债权而行使，并对房屋买卖合同与房产让渡的物权行为采用有因主义的关系构置，从而使合法占有人在取得债权优越地位的同时，得以通过优先权利的行使，消灭第三人可能已经取得的房屋产权，保证其可以通过优先权利的行使而顺利地获得房屋产权。

我国现行的法律制度，有鼓励第三人恶意购买行为发生的制度上的漏洞及倾向，因为现行法律制度将不动产登记提升至无与伦比的公信力的层面，只要存在不动产登记，则不论后买之第三人是否恶意或者是否存在重大过失，一律以物权优先于债权而置先买而占有之人于不利的境地，这是一种制度上的恶。在这种状况下，司法机关先行动起来，对不动产交易进行适当的纠偏，在力所能及的范围内还不动产交易以适当的公正性，承认先合法占有的不动产交易方优先于未占有的不动产交易方，确立不动产所有权转让领域内的债权优先顺位，这是值得赞美的法律创举。

同时，需要注意到，在商品房交易中，交付占有通常与支付大部分甚至于全部价款的行为结合在一起。如果价款支付未达到一定程度，卖方通常不可能将房屋交付于买受人。故合法占有的正当性

---

[1] See Menachem Mautner, "The Eternal Triangles of the Law: Toward a Theory of Priorities in Conflicts Involving Remote Parties", *Michigan Law Review*, 1991.

通常又得到支付价款这一要素的支持。

五、作为裁判与执行规则的先行支付价款者优先的规范正当性

(一) 基于"削梨说"的逻辑分析及困境

在动产买受人均未受领交付的情况下，先行付款者优先，未必不是一种较好的解决纠纷的方案。"先付先得"，乃是一种朴素的社会观念。崔建远教授认为"先付先得"的规则具有一定的正当性，前述日本民法学界赖泽尔教授提出"削梨说"的学术观点可用于某些情形的解释。按照"削梨说"的观点，物的所有权随着价款的支付而逐渐转移，已经付清价款者在一般人的眼中就是物的所有权人。[1] 同样，在保留所有权买卖中，动产的所有权也是随着买受人价款的支付，逐渐让渡至买受人的，保留买主需要清偿的剩余价款越少，其法律地位在经济上就越有价值。例如，价值 1000 马克的机器，买主已经支付了 100 马克，且约定每月支付 100 马克，那么至 8 个月的时候，保留卖主残存的对于标的物的价值是 100 马克，而保留买主累积的对于标的物的价值是 800 马克，此时，保留买主虽然未能取得法律上的所有人地位，但是经济上实际已是物的所有人。[2]

其实，不论是动产交易，还是不动产交易，先行支付价款均应当是买受人取得标的物权利的实质标准。"削梨说"在理论上也可以适用于不动产交易。

但是"削梨说"面临着民法形式体系维持的约束。事实上，我们不可能因为某一债权人付清了买卖标的物的价款而直接将其在逻辑上转化为所有权人。物权与债权之间的转换，仍需要特定的原因，在物权形式主义的体系性大格局之下，物权的变动需要自己的原因，比如物权合意，还需要自己的形式，比如不动产登记或者交付。既

---

[1] 参见崔建远：《个案调处不等于普适性规则——关于若干债法司法解释的检讨》，载《广东社会科学》2014 年第 5 期。

[2] 参见 [德] 鲍尔、施蒂尔纳：《德国物权法》（下册），申卫星、王洪亮译，法律出版社 2006 年版，第 665 页。

然无法完成这种特定的转换，即使将卖方的"梨"削减至极致，卖方仍是所有权人，付清全部价款的买方仍是债权人。总之，在物债二分的概念体系中，"削梨说"是一个很形象的比喻，由于欠缺体系性的考虑，它无法解决已经支付大部分或者全部价款的买方的债权优越性的基础问题。

（二）类型论的体系路径与政策考量

债权平等性突破，上文已有简要论述，它大致上有两种体系化的路径：一是类型论。所谓类型论，就是相同类型的债权同等受偿，不同类型的债权予以不同的对待。类型论的路径需要以类型划分与等级排序为条件。类型划分系以逻辑操作为基础，而等级排序则以不同类型的债权在价值上的优越性判断为基础。此种分析路径，较为适合于优先受让的债权、优先实现的债权排序、破产财产分配顺位等领域。二是技术+类型化。所谓技术，就是允许某些类型的债权通过公示取得优越于一般债权的地位，例如预告登记的债权优越于一般债权，就是因为此类债权通过了公示这种登记技术的处理，从而得以强化其债权的效力。但是债权的公示，原本也是以债权的事先择定为前提的，在事先择定债权的过程，类型择定也为一个先行的过程，价值判断肯定在其中发挥着重要作用，例如，我国《物权法》只选择了不动产交易债权作为可以进行预告登记的债权，其中必有价值考量因素在内。

鉴于对债权平等性突破的体系化路径中的类型化路径中必然存在的政策考量因素，故体系之中，又必然存在非体系化的因素。再者，学理上的类型化与权利位阶的排序只是一种思考的工具。不同权利之间的优越顺位的形成，不排除私人之间形成的可能性，例如借由协商达成优越顺位，但是其不具有普遍性，故不足为凭。优越顺位的形成最终要借助于制度化、法律化的方式才可实现，制度化与法律化则又必然借助于优先规范。优先规范，事实上就是确立竞合性民事权利的法律标准。常鹏翱教授曾提出两个标准：管制强弱与时间先后。管制强弱之分，在于是否由法律直接赋予优先地位，如果权利的优越地位还需要辅以公示手段，则管制程度较弱。[1]这两个标准存在交叉的可能性，何以需要管制，似乎尚欠缺原因的揭示。我国有学者认为，需要借由国家管制从而赋予强效的债权，一般具有如下功能：保障人权；实现公平和对经济弱者予以保护；保护公共利益或者共同利益；保护经济秩序和实现某些社会观念。[2]功能论的观点确有其新颖独到之处，至少其在努力揭示制度背后的目的，虽然它有其固有缺陷，例如，它事实上在为国家极为宽泛地介入民事生活的权力进行辩解。所谓的功能论，在债权平等性突破这一领域，就是国家介入论，也就是为国家借由政策考量介入民事生活提供理论上的依据。

在政策考量之中至少需要如下一些最为基本的价值判断，这些价值判断上文也已有阐述，作为本节内容的相对独立性，在此予以简要重述：一是公共利益或者共同利益优于个人利益，乃是一种标准；二是保障基本人权，尤其是人的生存性权利与人的尊严权利，乃是重中之重，劳动债权的优先顺位体现了这一价值思考；三是对社会弱者予以特殊保护；四是尊重社会习惯中的秩序观念。政策考量要尊重一定时空背景[3]下的社会习惯中的秩序观念，则必先对社会秩序观念洞然于胸。先行支付价款者优先，仍是基于社会习惯中的一般秩序观念。

在类型论上，先行支付价款者，乃是处于未得与已得之间的某种状态，并存在一定程度的差异。由未得之债权到已得之物权，乃是一个物权性持续得以强化的过程[4]，至一定程度，可以赋予债权以绝对性，从而产生对抗其他债权的效力。这种强化的过程，可以

〔1〕 参见常鹏翱：《民法中的财产权竞合规范——以优先规范为中心》，载《法学研究》2010 年第 5 期。
〔2〕 参见郭明瑞、仲相：《我国未来民法典中应当设立优先权制度》，载《中国法学》2004 年第 4 期。
〔3〕 参见李俭：《法律术语的社会符号学阐释——以"通常居住"为例》，载《浙江工商大学学报》2017 年第 4 期。
〔4〕 参见雷秋玉：《地役权的"物权性"解读——基于"物权性"的解构与重构》，载《河北法学》2016 年第 6 期。

通过价款支付的比例体现出来。我国《最高人民法院关于建设工程价款优先受偿权问题的批复》第 2 条之所以规定已经支付大部分或者全部价款的房屋买受人可以对抗建设工程优先权，无疑是考虑到了"量变"的程度。作为法院体系内部操作规范的不动产买卖合同竞合裁判规范，例如《指导意见》与《指导意见试行》均未明确规定支付价款的比例。对此，基于不动产交易的重要地位，或可结合《最高人民法院关于建设工程价款优先受偿权问题的批复》第 2 条，将其解释为 50% 以上。在只有一位买受人支付价款达合同价款 50% 以上时，可以确定该买受人优先于其他买受人实现其买卖债权；在多数买受人价款支付比例达到 50% 以上的情况下，以合同订立的时间来确定不动产买卖合同实现的优先顺位。执行竞合的两个法释，即《查封抵押冻结规定》和《执行异议和复议规定》都要求不动产买卖合同对抗金钱债权的价款支付比例达到 100%，在执行竞合的领域中，其原理与不动产买卖合同竞合的裁判规则是相同。

类型论可以容纳这种特殊的、基于预期程度差异而强化某些债权的规则存在。拉伦茨认为，类型可以其要素不同的强度及结合方式来显现诸要素之间的协作关系。其体系的形成，可以借助建构"类型系列"来达成："因其要素的可变性，借着若干要素的全然消退、新的要素加入或居于重要地位，一类型可以交错地过渡到另一种类型，而类型间的过渡又是'流动的'。在类型系列中，几乎并连但仍应予以区分的类型，其顺序之安排应足以彰显其同、异及其过渡现象"。[1]不动产买卖合同竞合规则所创造的诸多不同类型的债权之间的顺位，丰富了从债权到物权这一渐变类型谱系的内容，使得这一类型谱系的体系架构变得更为连续和完整。

六、本节小结

不动产买卖合同的竞合，是不动产"一物多卖"必然的伴生现

---

〔1〕 参见［德］卡尔·拉伦茨：《法学方法论》，陈爱娥译，商务印书馆 2003 年版，第 345 页。

象。既然存在竞合，就应有规范予以调整，以达到平衡利益纷争的目的。从民法概念体系维系的角度看，债权平等乃是物债二分的体系特征的自然呈现，随机履行规则与由出卖人自由选定的权利分配格局，乃是债权平等原则推导出来的最合乎体系的规范配置方案。但是事情没有那么简单，没有道德血液滋养的概念体系，是无生命的体系；再者进入诉讼程序的竞合合同也不可能再依随机履行规则或者出卖人自主处理的规则处置，以随机性为主要表征的生活理性此时应当让位于制度化的司法实践理性[1]。借由司法裁判与执行规则所建立起来的合法占有者优先、先行支付价款者优先与成立在先者优先的债权顺位规则，在类型论的角度上，较好地融合了体系的价值与道德的价值、实践理性与形式理性，为践行合同全面履行的原则、解决不动产买卖合同的竞合纠纷问题，提供了较为理想的解决方案。

---

〔1〕 参见张中：《法官眼里无事实：证据裁判原则下的事实、证据与事实认定》，载《浙江工商大学学报》2017 年第 5 期。

关系范畴中被削弱的所有权

第一节　处于关系范畴中的所有权

一、哲学中的关系范畴

从认识论的角度给关系下个定义：关系是事物间的相互牵连与作用的形式，这些形式反映在人类的认知之中。它既具有客观性，也具有主观性。在哲学上，关系范畴十分重要，这是因为[1]：第一，它是人类实践与认识的最为广泛的对象建构。这是因为关系普遍地存在于外在客观世界之中，具有无限多态的特征；同时它也是联系主观与客观的桥梁。它囊括了一切事情，从物质到精神，再到思维，人类认识任何事物，都必须从关系范畴着眼，否则就无法获得关于事物的真理认识。第二，人类的认识规律也指明，关系范畴对于人类从自身角度形成对世界的认识具有知识论上的重要性。最为古老相互的哲学观念，也体现了关系范畴是人类认识世界的重要工具，例如，我国春秋时代的《易经》就曾说："一阴一阳之为道"，道有天道、地道、人道之分，"道"的哲学就是寻找囊括天、地、人等一切领域中所显示出来的世界的统一性。阴阳二元一体，乃是我国最为古老而相互的关系范畴。其他，尚有五行学说，原子

---

〔1〕　参见陈伟群：《关系范畴是哲学的基本范畴》，载《中央社会主义学院学报》2008 年第 4 期。

论，亚里士多德的十大范畴学说，等等，无不在关系范畴中寻找世界的本真存在。自古老朴素的关系论到近代的形而上学的关系理论，是一大飞跃，大卫·休谟所提出的因果关系学说，便是对亚里士多德"四因说"的巨大发展。从近代形而上学再到马克思主义哲学的辩证关系论，才真正形成科学的哲学关系学说。第三，关系范围也是马克思主义哲学解决哲学问题的理论基石。它既是马克思主义世界观（包括唯物史观）的重要组成部分，也在其方法论中占据着重要的位置。

遗憾的是，马克思主义哲学虽然提供了最为基本的世界观与方法论，但对于关系范畴并未展开过详细的论述，需要对关系范畴以其他学说进行补充。孙学章教授指出，西方近代哲学所提出的关系范畴，本质上可以划分为三类[1]：第一类范畴是自身联系，包括自身同一、存在与规律。这些范畴可以陈述所有的存在者——最高的共相。第二类范畴是相对质料的相互作用关系，包括性质、结构与状态。任何现象都有性质，相对质料的固有关系为结构，相对质料关系的变与不变为状态。相对质料是现象与形式的结合体，而绝对质料是物自体本身，由此可见，绝对质料是不可见的，相对质料是可以为人类所感知与分析的。[2]相对质料的性质、结构与状态，是相对质料之间的具体关系状态。第三类范畴是属于形式的外在关系，包括比较关系、从属关系、依存关系，等等。这些关系并非相对质料之间的关系，而仅是形式之间的关系，属于纯粹偶然的联系，没有任何的必然性。例如，今天的天气与明天的天气之间的联系，属于形式联系；但是大气运动与天气状态之间的联系，则属于相对质料之间的联系，为因果联系。如果要本书给上述三类关系范畴归类的话，本书想采用更为通俗的表达：第一类关系范畴，是普遍联系

---

〔1〕 参见孙学章：《本质学——向物自体还原》，中国人民大学出版社 2014 年版，第 199~200 页。

〔2〕 参见孙学章：《本质学——向物自体还原》，中国人民大学出版社 2014 年版，第 162 页。

的范畴。这是世间万事万物存在的普遍规律，自身统一所指向的为矛盾的同一律，存在指向存在的形式（所有事物都在关系中存在），规律指向普遍联系的规律性。第二类关系范畴，是必然联系，这是普遍联系的一种。它是相对质料之间的带着必然因果律的联系，这种联系也具有多样性的特点，要揭示此种不同，发现联系的规律性。第三类关系范畴，属于偶然联系的范畴，它更多指向生活现实中那些零碎的、不成规律的联系。这三类关系范畴的关联是这样的：偶然联系背景有必然联系，偶然联系与必然联系都指向联系的普遍性，联系的普遍性不能脱离必然联系与偶然联系而存在。

二、物权与债权的关系范畴：苏永钦教授的四范畴

此处我们不考虑第一层次的关系范畴，只考虑第二层次的关系，因为就物权与债权这两种相对质料而言，就是要寻找规范关联，而不是散见于生活现实的那些带有偶然性的关联。散见于生活现实的偶然关联本身是不具有规律性的，例如甲与乙签订房屋买卖合同，完成房产的过户，就甲与乙之间的关系而言，这种联系不带有可复制性与可重复性的特点，因此他们之间关联属于偶然关联，而非规范关联。但是就房屋交易关系而言，先签房屋买卖合同，之后进行不动产所有权移转（过户），却具有规范性，因为就房屋关系交易关系而言，这是一种内在的、固定的交易结构。

苏永钦教授曾经提出物债与债权关联的四类关联状态，以期得出一些规律性认识，共有：选择—转换；原因—结果；基础—从属；融合—混合。[1]对此本书解释并评析如下：

选择—转换。债权关系与物权关系具有经济功能的一致性，人们为达一定的经济目的，可以基于利益、成本、风险等不同的考虑，选择进入债权关系与物权关系。在这种选择中，最为典型的是继续

---

[1] 参见苏永钦：《走入新世纪的私法自治》，中国政法大学出版社 2002 年版，第 99~104 页。

性的债权关系与用益物权关系，因为几乎所有的用益物权关系，都可以选择以租赁或者其他类似的债权关系予以替代。相似的还有担保物权与人的担保之间的关系，即担保物权关系也可以用保证或者其他的债权性担保予以替代。一般而言，物权关系进入的成本较高，也不够私密，而债权关系进入的成本较低，可以保障较高的私密性。例如买房与租房的关系便是如此，买房成本高，而租房的成本较低；买房需要登记公示，而租房通常并不以登记为必要。当然，反之亦然，物权关系较为稳定，而债权关系较为易变，从安全系数看，物权关系较债权关系为高。正是因为不少物权关系与债权关系具有经济功能的相似性，故司法机关在考虑物权关系无效的情况，更倾向于使之向债权关系转换，即物权设定行为虽然因为违反物权法定主义而无效，但如果当事人的行为具备其他法律行为的要件，则该行为仍可发生其他法律行为的效力，例如，当事人约定承租人就租赁物有物权效力的先买权，因为我国现行法并不承认先买权系物权，故这种约定不可能发生物权效力，然而，这并不意味着该行为没有任何其他效力，它仍具有债权的效力，出租人若违反约定，应当承担债不履行的责任。同样，由于债权关系与物权关系具有不同的经济功能，当事人之间事实上可以在选择物权关系的同时，搭配某些债权关系，以达到制约对方当事人、提高物的使用效率的作用。

原因—结果。债权关系可以作为物权关系的原因而存在，例如买卖合同、互易合同、抵押合同、建设用地使用权出让合同等，均为促成某种特定的物权关系的债权性合同。在民法的规则设置中，这些合同行为被设置为原因行为，而随后继之发生的物权行为，则被认为系结果行为。按照不同的立法例，原因行为与结果行为之间有不同的关系，有采用有因主义的，也有采用无因主义的。采用有因主义，则债权行为无效，作为其结果行为的物权行为随之无效；采用无因主义，债权行为无效，并不能作为物权行为失去效力的原因，物权行为是否有效，要从物权行为本身去判断。若其本身具备了无效的原因，则无效；若本身已经具备了生效条件，则即便作为原因行为的债权行为无效，物权行为也能够生效，从而使得物权变动得以独立发生。我国《物权法》并未明确有因主义与无因主义，这导致了学术上较为重大的争论，例如，梁慧星与陈华彬两位教授认为，我国《物权法》所规定的物权变动规则为债权形式主义，例外采用债权意思主义，[1]而孙宪忠教授则认为我国物权变动规则为物权形式主义，例外为债权意思主义。[2]此外，还有从解释论的角度，肯认无论系何种主义，物权合意都是其中的一个独立部分的观点，[3]这种观点可谓独辟蹊径，只可惜应者寥寥。物权关系也可作为债权关系的原因，例如，因添附致物权关系固定下来之后，可导致不当得利的债权请求权的发生；同样，采用债权行为与物权行为的无因主义，则有物权关系发生，及之后的不当得利之债权的发生。

基础—从属。此处所说的基础，办永钦教授认为，系债权关系跟着物权关系走，一旦脱离物权基础即无债权关系，即"物上之债"。但是苏永钦教授并未很好地界定物上之债的意义。例如，他所举的物上之债，有管理规约、基地使用权租金、邻地利用权租金等，但这些所谓的"物上之债"，事实上均非真正的物上之债。对此，本书上文已经基本辨明，但在此不妨多说几句。从高度抽象的层次来讲，租金之债似乎有随物走的特征，即谁承受了基地使用权或者邻地利用权，就得交租金，即都得负担租金债务。可是此债务已经非彼债务，为何这样说呢？比如，甲继受了邻地利用权，从而得向供役地权利人依约交纳租金，但是，这一租金交纳义务，是独立于原邻地利用权人的义务，也是一个不同于原邻地利用权人的租金交纳义务，它并不是从原邻地利用权人那里传递过来的原来的义务。例如，原邻地利用权人尚有 5000 元租金未交，这部分租金是由原邻地利用权人负担的，它并不会随着邻地利用权的移转而移转，邻地利

---

[1]　参见梁慧星、陈华彬：《物权法》（第 5 版），法律出版社 2010 年版，第 83 页。

[2]　参见孙宪忠：《中国物权法总论》（第 2 版），法律出版社 2009 年版，第 263 页；孙宪忠：《中国民法继受潘德克顿法学：引进、衰落和复兴》，载《中国社会科学》2008 年第 2 期。

[3]　参见葛云松：《物权行为理论研究》，载《中外法学》2004 年第 6 期。

用权人虽然继受了邻地利用权，但是其所承担的租金交付义务，是独立于原邻地利用权人的。因此，可以断定，这种租金债务，并非真正的物上之债。但是，前一章所阐述的买卖不破租赁所涉及的租赁权，却是物上之债，因为买受人所要承受的并不是一个新的债权，而是原本存在于承租人与出租人之间的债权。即如管理规约，本书坚持认为它系管理性规范，而非真正意义上的物权规范，内部管理规范何以对抗第三人，也不是物权法与债权法所应该关注的问题。当然，以债权关系为基础，也可以创设为从属于债权关系的物权关系，例如抵押权。从属性与有因性或者无因性不是同一意义上的概念，具有从属性的物权关系，因债权关系的发生而发生、消灭而消灭。前述预告登记所产生的物上之债，与作为其基础的债权关系，就是这种从属关系，作为其基础的债权关系如得到履行而消灭，则预告登记的物上债权也随之消灭。

融合—混合。苏永钦教授所举的实例，一为德国民法上存在的土地负担，一为物权性的先买权。德国民法上的土地负担，为其用益物权的一种。但是由于这种所谓的"用益物权"并无占有利益，也无使用利益，权利人所拥有的仅是一种向承担"负担"之人为特定给付的权利，几乎没有用益物权所应当具备的结构样态，故本书上文已将之列入法定的物上之债的范畴。它是一种具有很强的物权性的特殊债权。而德国民法上的物权性的先买权，也主要表现为一种追及性的订约请求权，基本欠缺支配性的特征，同时，基于物权法定主义，我国《物权法》未规定此类物权，故上文主要探讨了债权性的先买权，并分析了其债权性的形成效力。作为一对关系范畴，"融合—混合"所强调的应是两种不同的事物被融合或者被混合在一起，从而呈现出你我不分的状态，如果只用来描述或者分析同一事物的性质变异，似乎就不应当使用"融合—混合"这一关系范畴，此时"异化—同化"这样的关系范畴显得更为适用。

总体而言，苏永钦教授罗列的四大关联类型，与本章所要达到的目的存在一定偏离。弱物权性、物上之债的存在，虽然展现了物债二分体系在类型论意义上的交叉重叠，但并非本章所要说的独立意义上的债权与债权的相互作用范畴。再者，苏永钦教授的四大类型，对于物权与债权的规范关联，归纳得似乎尚不够充分，例如物权与债权的规范关联，至少还应当包括控制、平行伴生、条件等关系范畴，这些在这四大类型中，均没有显现出来。但是苏永钦教授的研究，系从关系角度进行的，这一特别的角度，为民法研究开拓了一片新天地，其研究虽然尚比较初步，未有前人，但未必就无来者。

三、物权与债权的关系范畴：常鹏翱教授的新四范畴

在2012年，常鹏翱教授撰文阐述了他对物权与债权规范关联的新认识，虽然有一部分知识继受自苏永钦教授，但其独立思考所产生的新思路亦颇具启发性。他指出，债权与物权在规范体系中的关联，可以归结为四大类型：引导—发展；伴生—协力；融合—并存；同质—异化。[1]下面试对此四大关系范畴进行解释并评析如下：

引导—发展。引导与发展关系，分为以债权为引导与以物权为引导。以债权为引导者，有意定债权引导出意定物权、意定债权引导出法定物权两种不同的类型。前者，为人的计划的产物，目的就在于通过意定债权逐步达到意定物权，以实现其不同的经济目的，例如，买卖合同最终的目的是获致物的所有权，抵押合同的目的则在于设定抵押权；后者则为非人的计划的产物，而是基于法律的直接规定，使得意定债权可以产生法定物权的结果，目前我国此类规范关系，主要是指《民法典》第807条所规定的建筑工程承包人对建筑工程所产生的优先受偿权，《海商法》第21条至第30条所规定的船舶优先权，以及《民用航空法》第18条至第25条所规定的民用航空器优先权。就前者而言，由于其是人为计划的结果，尚受到

---

[1] 参见常鹏翱：《债权与物权在规范体系中的关联》，载《法学研究》2012年第6期。

物权行为有因性或者无因性规范配置问题的困扰；而后者则因为法律的特殊规定，而自然而然地将债权关系置于物权关系的保护之下。以物权为导引的，则是法定物权引导至法定债权，这方面较典型的例子是不动产附合规范。这种类型，与苏永钦教授所说的"原因—结果"关系范畴基本不存在什么区别，所不同者在于，常鹏翱教授做了极为精细的归类，而苏永钦教授的描述则显得更为初步。

伴生—协力。伴生与协力关系的产生，与前述"引导—发展"关系不同。笔者认为，"引导—发展"关系范畴，最为常见的是债权关系消灭而物权关系产生；但也有另一种取向，即在引导发展的过程中，债权关系并不消灭，所产生的物权关系对于债权关系产生了更大的支持作用，例如《民法典》第807条、《海商法》第21条至第30条、《民用航空法》第18条至第25条所规定的意定债权引导发生法定物权的情形，债权关系不仅没有消灭，而且由于优先权的介入，得到了更进一步的加强；再比如，由物权关系引导出债权关系的，物权关系也并不消灭，此时物权与债权处于平行并存的局面之中。但显然常鹏翱教授所指的"伴生—协力"关系范畴，并不是指前述的那种并存加强的关系，而是另有所指。这一关系范畴被划分为以显性为特质与隐性为特质两类。以显性为特质的"伴生—协力"关系，在自治领域中，主要类型可能有四种：一是抵押设立合同中不仅约定了抵押权的设定，而且还约定了抵押顺位让与的请求权，也就是抵押权人取得抵押权，但是同时受到抵押顺位让与的请求权的约束。例如A在B的不动产上设定抵押权，同时约定，如果B再将同一不动产设定抵押于C，则B应当将自己的优先顺位让与给C，使C的顺位得以升进。二是质权在设定时同时约定排除质权人的孳息收取权，[1]此时，质权的取得与孳息收取权排除的债的约定伴生。三是共有物的管理合同。我国共有物的管理合同并无物权效力，只有债的效力。共有物的所有权与对共有物管理的债权性约

---

[1] 参见《民法典》第430条第1款。

定此时伴生、协生。四是地役权的设定协议，如包含同时租金协议，则租金债权与地役权伴生。在所举的四种例子中，实际上并不存在一种关系称得上协力关系：第一种难道不是一种制约吗？抵押权顺位的让与债务牵制着抵押权，将对抵押权产生不利影响，很难称之为协力；第二种质权孳息收取权，其实并不是对质权的协力，而只是出于孳息收取方便的考虑；第三种共有物的管理合同，应该更多的是对共有权人行使共有权的牵制；第四种地役权的租金协议，也很难说对地役权的行使存在什么协力作用，最好也就是说是平行并存吧？在法定领域，常鹏翱教授所举例子为遗失物拾得，但是本书认为，法定领域中的"伴生—协力"关系并不存在。"伴生—协力"关系范畴，应当限定在同一法律关系的条件之上。以遗失物拾得为例，遗失物的所有权归属于原所有权人，但是其有依法负有向拾得人支付必要费用的义务。在遗失物的拾得关系中，所有权与支付必要费用的义务并不是由同一法律关系所引发的，不存在相伴相生的关系；同时，不能说所有权与支付必要费用的义务存在什么协力关系。基于此，本书认为常鹏翱教授所说法定领域内的以显性为特质的"伴生—协力"关系并不存在。

常鹏翱教授阐述的以隐性为特质的物权债权伴生协力的关系，实际上也显得逻辑上不够周延。例如，其所举的例子为雇佣他人加工和承揽加工。常鹏翱教授认为，这两种情况均存在意定债权排除法定物权的假象，所以把这两种情形都称为隐性的伴生与协力关系。笔者认为，这两种情形下并不是意定债权排除法定物权，而是债权法规范优先适用，排除了物权法规范的适用。其排除机制就是民法的意思自治原则。雇工加工，毫无疑问用的都是雇佣人的材料；承揽加工中，若加工所用材料为委托人的，与雇工加工无异，所不同的唯有加工的地点。在上述两种情形下，受雇人和承揽人进入雇工加工或者承揽合同，应当视为其已经放弃适用物权法中的添附规则，我国《最高人民法院关于适用〈中华人民共和国担保法〉若干问题的解释》（以下简称《担保法解释》）第 62 条规定，抵押物因附合、混合或加工使抵押物的所有权为第三人所有的，抵押权的效力及于补偿金；抵押物所有人为附合物、混合物或者加工物的所有人的，抵押权的效力及于附合物、混合物或者加工物；第三人与抵押物所有人为附合物、混合物或者加工物的共有人的，抵押权的效力及于抵押人对共有物享有的份额。从该条规定看，抵押物加工后，加工物完全可以通过协商确定其所有人。在雇工加工与材料为委托人提供的承揽合同中，即便当事人没有做这种所有权归属的明确约定，也应该可以确定，加工人既然是通过合同进行加工的，自然也就排除了物权法添附规则的适用。当然，事实上我国《物权法》没有规定添附规则，《民法典》填补了空白。一般认为加工添附规则是：加工物的所有权，原则上属于材料所有权人，但是因为加工所增加价值明显超过材料的价值的，包括价值发生较大或者巨大的增加，那么加工物的所有权属于加工人。但是在上述雇工或者承揽加工的情况下，由于加工人通过意思自治明示或默示地放弃了添附规则的适用，故无论是否增值，也无论增值的数额有多大，加工物均属于材料所有权人。在材料由承揽人自己提供的情况下，承揽人系对自己所有的物进行加工，也不适用添附规则，加工物在向委托人交付之前，其所有权一直属于承揽人，不过承揽人须依约向委托人为给付履行，这里只有合同之债的规则可以适用。[1]总之，加工承揽，即便涉及债法规则的优先适用，也不会产生两类规范的伴生与协力问题，因为不存在伴生，只有一种权利现象，即债权得以发生；假使存在伴生，两者的关系也不是协力，而是相互排斥，即债权排斥物权，但这只是一种假设，在现行制度框架下不可能发生。故总体而言，常鹏翱教授所说的那种隐性的"伴生—协力"关系实际上并不存在，逻辑上也不够自洽。

融合—并存。这一关系范畴可分为法定与意定两种情况。法定的"融合—并存"，其适例为法定物上之债。这一点与苏永钦教授完

---

[1] 参见［德］鲍尔、施蒂尔纳：《德国物权法》（下册），申卫星、王洪亮译，法律出版社2006年版，第454页。

全不同，苏永钦教授将之作为"基础—从属"关系范畴的一种特殊的权利类型，如上所述，之所以从"基础—从属"关系范畴来描述物上之债，是因为这种特殊的债对物权的依赖程度极高。而常鹏翱教授之所以从"融合—并存"的角度来描述物上之债，是因为这种债填补了债权和物权区分之后存在的逻辑裂隙，圆融了物债二分的体系。所举的例子包括相邻关系中的物务，还有买卖不破租赁，上文对此均已经详述。故单从债权与物权的关系来说，比较确切的关系范畴，应当是"基础—从属"；同样，以意定为导向的融合与并存，则主要体现为意定物务，例如地役权供役地人的义务，它们较适合于归属到"基础—从属"关系范畴内。实际上，即使在体系意义上，物上之债也只是提供了一个物债二分体系中的一个中间的缓冲地带，使得这一体系更具有连续性，而非突然地断裂。可以设想一下，这个体系上是这样一个由两端向中间逐渐过渡的断变的体系：物权→弱物权性的物权→物上之债←债权；其中，物权对应物务；弱物权性的物权对应强化了的债权即物上债权；物上债权对应物上债务。这是一个相当合理的、自洽的物债二分的类型化体系。但是物上之债并没有体现出它是一个"融合—并存"的关系范畴内的事物，其中有并存的意味，例如有对应的物权，但是也不尽然，例如，德国民法中的土地负担没有对应的物权也可以设定；因预告登记而产生的物上债权，对应的并非物权，而实质上为物上债务，上文对此有详细论述。但其中融合的意味却并不强，更多地体现为依存，例如，物上债务对物和物权的依存。

同质—同化。这一关系范畴，主要表现为从关系构造来观察物权，例如他物权，一方面具有对物权的特性，另一方面也具有相对权的特性，例如，用益物权也存在特定人与特定人之间。担保物权未尝不是如此，这又主要体现在，担保物权也对应着一定的义务，而且担保物权与所担保的债权之间，存在着从属关系。而在所有权中，例如不动产所有权中，相邻关系约束着所有权人；共有物的管理关系也可以通过登记而约束第三人；等等。常鹏翱教授这一部分的论述乃是其全部四个关系范畴中最为弱化的部分，它更像是总结，而非一个独立的关系范畴。从关系而非权利的角度切入来观察物权与债权，才会有所谓的物上之债的发现，并因此而得以在观念上填补物债二分之间的裂隙，这一点在前文已经有过详细的论述。当然，这也使得物权看起来似乎也具有债权的特性。然而，以笔者的思路来看，权利与义务是相对的范畴，既然有物权，一般来说，就应当存在与物权相对应的义务。民法典只是因应权利的视角，而强化权利的角色，将一些可以合理推想出来的义务省略罢了，义务从未缺场。这是所有权利的共性，民法典在立法技术上做这样的处理，并非就是说，只有债权才有债务相对应。因此，因为权利与义务相对应的这种共性，而突出其同质—同化的倾向，这并不恰当。物务原本就存在，只是我们以往没有注意到而已。当然共有物管理的内部关系的外部效力问题，那是有一些同化的倾向的，但这只是一个体系性的问题，并非真正意义上的物权与债权的关系，充其量是某些债权被强化对抗效力的问题，而且这种对抗效力，也并非物权意义的对抗效力，而是公示公信原则的一部分，系交易第三人的保护制度。

四、物权与债权关联范畴的再商定

苏永钦与常鹏翱两位教授提出的关系范畴，对于物权与债权的规范关联，难以真正厘清。主要理由有如下两点：

第一，对于物权与债权的关联的定位尚不清晰，它究竟是用以指称某种体系性的特征，例如，融合并存，或是同质同化，还是用来指特定语境下的物权与债权的具体关联？对此，两位教授似乎均存在混用的问题，例如，苏永钦教授所说的"原因—结果""基础—从属"范畴，是用来描述物权与债权的具体关联的，但是"融合—混合"实际上用来说明物债二分的体系特征的，即存在物上之债这种特殊的债，使得物权与债权之间的二元区分显得有些模糊了。同样，常鹏翱教授的"引导—发展""伴生—协力"范畴是用来描述具体的债权与债权关联的，但是"融合—并存""同质—同化"范畴又指向了物债二分体系的体系性问题上去了。本书认为，既然想探讨物债与债权的关联，那么就应当牢牢把握这个方向，避免出现概念上的不清与摇摆。

第二，苏永钦教授还存在更进一步的物权与债权关联的定位不清楚的问题，因为他所提出来的第一个关系范畴，即"选择—转换"，涉及法律工具的选择与转换适用的问题。首先，选择问题的研究视角虽然很新颖，但是选择什么关系进入交易，不是物权关系与债权关系本身的关系问题，而是对物权制度与债权制度的选择问题。也就是说，当某人要达成某一经济目的时，他需要决定究竟是使用物权制度来达到自己的目的，还是选择债权制度来达到目的，他要权衡利益、成本、风险等，但是这与物权关系与债权关系之间的关联无关。再者，即使当事人选择将物权与债权进行搭配，那也是一个法律策略问题，即便最后的结果形成了物权与债权的关联，当事人选择是否搭配这两种权利本身，并非物权与债权的关联问题。最后，苏永钦教授还提到一个物权关系与债权转换的问题，但是这里还是不存在物权与债权的关联问题，因为转换只是司法策略问题，即在当事人之间无法成立物权关系时，可以在债权关系的范围内选择与其拟成立的物权关系最为接近的债法规则，使当事人之间成立债权关系。在这个司法策略中，物权关系并不成立，又何谈其向债权关系转换呢？又怎么会实际上涉及物权与债权的关联问题呢？

有必要重新思考物权与债权在规范上的关联范畴问题：

第一，引导与发展的关系，应当是普遍存在的。其一般情形是：一是出于私人自治，在依法律关系进行的交易中，所有的物权都需要经过债权合同的形式，才能够最终进入物权关系当中；二是出于法律规定，或由意定债权而产生法定的物权，或由法定的物权而产生法定的债权。

第二，纯粹的伴生与协力是不存在的，所谓的协力，都与"基础—从属"关系相关。例如，上文所说的船舶优先权、民用航空器优先权，以及本书第三章所述的预告登记所生物上债权，都是以基础性债权关系为基础所创设的，它们从属于基础性的债权，但是同时又对基础性债权的实现起着协力的作用。故伴生与协力关系范畴没有保留的必要。但是，伴生与并存的关系是存在的，例如，《民法典》规定的地役权人的租金支付义务，与地役权伴生且并存，我国台湾地区所谓"民法"规定的地上权租金、永佃权租金等，均是与地上权、永佃权伴生并存的债权。因此，可将"伴生—协力"关系范畴归并于"基础—从属"范畴，单独创设"伴生—并存"关系范畴。

第三，债权与物权在规范上无疑还存在协力与控制的关系，但是无论是苏永钦教授，还是常鹏翱教授，都没有予以必要的关注。此类关系范畴下的类型很多，例如，信托法律关系中，债的设计与规范配置，其主要目的就是为了制约受托人按照信托合同的目的行使对信托财产的支配权，但是对委托人与受益人来说，这些设计与规范配置，又对其起着协力作用；所有权保留法律关系中的所有权保留，主要是为了控制动产取得人依约履行给付义务，但是从所有权人一方来说，这又同时起着协力与制约的作用；BOT 中的特许协议，其主要目的也在于控制投资人，使其按照项目设立的目的从事建设、运营与移转。此外，还有典当与典权，不容否认，这种关系中也存在大量的协力关系；共有管理合同，主要是为了控制共有人更好地行使共有权利与履行共有的义务，当然，这种管理合同也必然对于共有人实现共有利益起着协力的作用；等等。

经如此处理后的物权与债权关系范畴，可以被简化为引导与发展、伴生与并存、协力与控制关系。

五、对关系范畴中被削弱的所有权初步界定

在上述被整理后的三个关系范畴中，协力与控制类型是尤其值得关注的。通过协力与控制范畴内的关系类型，所有权可以被削弱。孙宪忠教授曾提出过六类物权与债权之间的模糊状态，信托关系中

受托人的权利、BOT 经营人的权利状态就属于协力与控制范畴。[1]
这两种关系类型，都存在所有权被削减的问题，例如，在信托关系
中，通过法律规则的配置与当事人的约定，受托人虽然取得了信托
财产的所有权（姑且称之为"所有权"），但其权利与委托合同中
的受托人实际上并没有本质区别；BOT 经营人的权利，与信托关系
中的受托人有几分相像，以特许协议为中心的 BOT 法律关系的构
造，将 BOT 经营人置于权力的监管之下，而且 BOT 经营人应于特定
的时间向政府移交 BOT 项下的设施。这些权利关系中所谓的所有
权，距离传统民法中的"绝对所有权"观念，乃有天差地别之远。
当然，不限于孙宪忠教授所提到的这些类型，所有权保留、典当与
典权法律关系等均如此。

　　现代社会对所有权的处置是多方面的：可以直接分割所有权的
权能，而将之赋予不同的主体，这是一种质的分割，例如信托、所
有权保留，这与他物权的设定有何不同？对于他物权的设定，我们
经典的民法教科书是这样设计的：所有权与他物权并存。而在对所
有权进行质的分割时，所有权显得支离破碎；我们也可以为所有权
加上很多法定的或者约定的限制，这些限制要么是法定之债，要么
是约定之债，但是它们都很强大，强大得似乎足以遮蔽所有权的物
权性。于是所有权的色彩淡化，而债权关系则被凸显出来，在诸如
典当、典权、信托等法律关系中，也均如此。

第二节　信托对所有权的削弱

一、信托关系分析的史实铺垫

（一）信托在英国及大陆法系发展的概况

《中华人民共和国信托法》（以下简称《信托法》）乃是移植的

---

　　[1]　参见孙宪忠：《中国物权法总论》（第 2 版），法律出版社 2009 年版，第 66~67
页。

产物，其中的规范内容及精神，无疑均来自移植。因此，为剖析信托的混合结构，有必要先简单了解一下这种信托的主要发源地英国、德国的信托发展情况。

我们现在通常以 1536 年的《英国用益权法》为分界线，之前的信托，被称为"用益"（use），之后则称为信托。在 17 世纪，诺丁汉勋爵对其进行了体系化整理与阐述，信托制度完成了其体系性建构。至 19 世纪，英国信托制度完成了向投资信托的飞跃。[1]海因·克茨教授曾不无赞美地说："几乎没有其他的法律制度能像信托制度如此这样好地体现普通法的独特风格。"[2]但是这一制度的初衷，却是迫于形势不得已而为之的法律规避。"用益"出现在中世纪，根据当时的采邑法，只要受封人死亡时，其继承人还是未成年人，封建主就有权利占有采邑地。为了规避这一规定，受封人在有生之年，通过"用益"的方式，使得受自己信赖的朋友取得对采邑地的"用益"，而在受封人的继承人成年后，将采邑地转移至他们手中。这种规避采邑法的做法，在 13、14 世纪时并未得到普通法法官的认可，直至 15 世纪，因衡平大法官的许可，受益人的这种权利才得到保障，故受益人的此种权利，也常被称为衡平法上的所有权，优先于受托人所取得的普通法上的所有权。这种状况为英国国王所不满，于是 1535 年《英国采邑权法》得以制订，以排除"用益"。该法直至 1925 年才正式失效，但是实际失效的时间则要早得多，17 世纪时，英国大法官采用司法判决悄悄地排除了《英国采邑权法》的适用，"用益"取得"信托"的名义。1660 年，英国废除了采邑上的负担，信托制度按理说应该退出历史舞台，而事实上恰恰相反，衡平所有权与普通法所有权的区分制度早已经在很多领域，尤其是婚姻法与公司法领域结出了累累硕果，迫使立法者不得不先在这两个

---

〔1〕 参见陈颐：《〈信托法〉的现代化：19 世纪英国的贡献》，载梁慧星主编：《民商法论丛》（第 49 卷），法律出版社 2011 年版，第 182~225 页。
〔2〕 参见 ［德］海因·克茨：《信托：典型的英美法系制度》，邓建中译，载《比较法研究》2009 年第 4 期。

领域内以立法形式承认了衡平法的创制。[1] 衡平所有权与普通法所有权的并存，也在实际上促成了英国信托财产的独立性规则，即将受托人的自有财产与信托财产分开。

在英美法之外，德国法上的信托也是一条线索。我国学者赵立新指出，希伯特（Siberte）1933 年的论著《关于法律行为中信托关系、一般信托问题的解释说及比较法论考》奠定了现代德国法信托制度的基础。[2] 希伯特认为，信托可以分为以管理信托为中心的非自益信托与以担保信托为中心的自益信托。非自益信托也可称为真正的信托（受托人与受益人非同一人）；自益信托也可称为非真正的信托（受托人与受益人系同一人），例如让与担保就可以采用自益信托的方式。非自益信托可划分为全权信托、授权信托与代理信托。全权信托的受托人取得信托财产的所有权，授权信托与代理信托的受托人均不取得信托财产的所有权。其中，授权信托的受托人以自己的名义对委托人的财产权利进行处分，代理信托则与代理十分相似。对全权信托，又可将之划分为罗马法全权信托与日耳曼全权信托，这二者的区分，是以是否能够附解除条件为标准的。罗马法全权信托不能附解除条件，受托人获得的信托权利是完全的，只在信托关系内部受到债权的限制；日耳曼全权信托是附解除条件的信托，在信托完成时或者受托人违反信义义务时，信托财产的权利要回复于委托人。[3] 希伯特希望能够将罗马法全权信托与日耳曼法全权信托的技术结合，解决德国民法在处理类似于让与担保等使用了信托结构的法律技术时所可能遭遇的难题。二战之后，随着信托在德国的运用，判例和学说进一步发展了信托理论。两类特殊信托出现了：一是信托账户；二是投资领域的信托，它是通过 1957 年《德国投资

---

[1] 参见 [德] 海因·克茨：《信托：典型的英美法系制度》，邓建中译，载《比较法研究》2009 年第 4 期。

[2] 参见赵立新：《日本、德国信托法的发展路径及其比较》，载梁慧星主编：《民商法论丛》（第 54 卷），法律出版社 2013 年版，第 652~665 页。

[3] 参见孙静：《德国信托法探析》，载《比较法学》2004 年第 1 期。

公司法》创设的，更多地吸收了英美信托法的思路。[1]德国信托制度发展的总体情况是，以罗马法与德国本民族的信托理论为基础，20世纪中期以后对英美信托的借鉴，事实上只是停留在制度上，从而保留了大陆法系的根骨，呈现的只是英美信托的皮相。

同为大陆法系的日本，基本是效仿英国，存在制度移植后的不适症，例如民事信托极为发达，所发达者唯有商事信托，这种情况与我国信托事业发展的情况类似。法国则属于后发国家，然而却有着后来者所具有的兼收并蓄、包容万象的首创精神[2]。

(二) 我国的《信托法》概况

我国《信托法》是从行为的角度对信托进行界定的："委托人基于对受托人的信任，将其财产权委托给受托人，由受托人按委托人的意愿以自己的名义，为受益人的利益或者特定目的，进行管理或者处分的行为。"这一概念的"行为"定位，也在暗示着我国并无依据法律规定、司法判决等非法律行为而产生的信托关系，可见对"行为"的重视。我国从行为角度对信托进行界定的《信托法》所涉及的内容是十分广泛的，但是主要还是限定在"信托行为"以及由"信托行为"所框定的各种法律关系的范畴内，并非一个关于信托业的法律。《信托法》包括总则、信托的设立、信托财产、信托当事人、信托的变更与终止、公益信托、附则等七章。其主要的规范集中于第三、四、五章。第三章规定了信托财产的独立性的两个基本原则：信托财产与委托人的其他财产相区分；信托财产与受托人的固有财产相区分。第四章则从委托人、受托人、受益人的角度，对各方的权利义务进行了清晰的规定，从这里也可以清楚地看到信托关系所呈现的复杂面相。第五章的主要内容为委托人与受益人的形成权及信托关系终了时的财产权归属。

---

〔1〕 参见赵立新：《日本、德国信托法的发展路径及其比较》，载梁慧星主编：《民商法论丛》（第54卷），法律出版社2013年版，第65~665页。

〔2〕 参见李世刚：《论〈法国民法典〉对罗马法信托概念的引入》，载《中国社会科学》2009年第4期。

在总体上，笔者认为，我国民法制度属于大陆法系，故对其的理论解读与整理，也应当主要以大陆法系尤其是德国民法中的信托理论为基础，再借鉴英美信托的某些理念。只有这样，才能对我国信托所呈现出来的纷繁复杂的权利面相有一个根本的、清晰的把握。

二、基于法律行为理论对信托关系的求解缺陷

金锦萍认为《信托法》对于"行为"的关注度是很不够的，有必要明确处分行为与负担行为在"信托行为"中的不同法律地位，以大陆法系的法律行为工具厘清信托财产权利的归属。[1]这无疑是一个好的思路。

这一思路很好地吻合了常鹏翱教授提出的物权与债权规范关系的第一种类型——引导与发展，即意定债权→意定物权。其意图是将信托合同与信托做一个切分，其中，信托合同为诺成合同，而信托为要物合同。但是，这一语境中的"要物"，并非物的简单交付或者移交那么简单，而是要将对物权移交给受托人，动产当然要交付，不动产则需要登记，如此这般之后，信托才能成立生效。这种分析思路的确简化了信托的设立，但也存在不少含糊不清的地方：

一是意定债权中不少内容随着意定物权的设定进入了信托关系之中，这是如何发生的？区分说没有给出确切的答案。

二是按照意定债权→意定物权的关系思路，只是让人清楚了受托人的地位，但是对于委托人的地位、受益人的地位，却难以有清楚的界定。再者，受托人的地位，恐怕也不是简单的处分行为所能够解释得了的。

三是信托财产地位。按照我国《信托法》第 15 条、第 16 条的规定，信托财产既要区分于委托人的其他财产，也要区分于受托人的固有财产，这又是如何发生的？恐怕按照意定债权→意定物权的

---

[1]　参见金锦萍：《论法律行为视角下的信托行为》，载《中外法学》2016 年第 1 期。

思路也没有办法进行解释。

信托关系是民法人自治的结果，这是确定无疑的。但是，这种自治被法律预设了一些前提，这些前提是不能被自治的，它们是当事人进行法律行为的条件，不容当事人以自治的方式消解。如果解释信托关系，又不关注这些前提，则无法给予信托关系以正确的解读。故对信托关系的分析，一方面固然要遵守法律行为的思路，强调其乃是民法人意思自治的结果，但是另一方面又要遵守信托制度所固有的，不由当事人自治所撼动的那种框架。这种框架，即委托人、受托人、受益人的法律地位关系。在法律地位确定且不可撼动的前提下，民法人可以在这个框架内装填自治的内容。从这一角度上看，信托关系三方当事人的法律地位法定，乃是不争的事实，这就如同物权法定一样。

由于物权法定原则的存在，所以对物权法律关系的把握的首要任务是明确那些法定的、不能由当事人改变的法定内容；同样，要设定物权法律关系，也必须以这些法定的内容为前提，遵守类型强制与类型固定的原则。对于信托法律关系的把握，也是如此。本书认为，英美信托法中的双重所有权人的观念与德国信托法的经济所有权人与法律所有权人的二元划分，还有法定的形成权，是信托法律关系法定的骨架，遵守法定的原则，沿着这条思路，几乎所有的信托关系的疑难问题均可以得到合适的解释。当然，本书这种观点也不是主张舍弃法律行为理论，而只是认为，单纯的负担行为与处分行为的二元划分方法不足以揭示信托中复杂的权利义务关系，需要对之进行改良，才能增加解释力。

三、信托关系的"所有权"的三分格局与强大的形成权

（一）德国信托法中的经济所有权人与法律所有权人的区分

经济所有权人与法律所有权人的区分，是德国信托法中经由判例所形成的法律制度。目的在于解决作为法律所有权人的受托人破

产或者因债务而被强制执行时，委托人的法律地位问题。在德国信托法中，真正的信托实际上就是全权信托，也就是全面的权利移转的信托。但是，当权利由委托人移转于受托人之后，按照常理，委托人已经脱离对信托财产的控制，因为他/她已经不再是信托财产的所有人。但是德国信托法又希望在受托人破产或者因债务而被强制执行时，授予委托人以取回权或者提出第三人执行异议的权利，以平衡委托人权利的失衡状态。在传统民法理论中，这几乎是无解的。于是德国法院借助于其特殊的法律地位，创设了一条规则：在这种特殊的情形下，委托人可被视为经济上的所有权人，在作为法律的所有权人即受托人破产或者被强制执行的情况下，经济上的所有权人可主张其所有权，向破产管理人行使其取回权，或者向法院主张执行异议。

与德国信托法的这条规则类似的规则，事实上在我国《信托法》中可以找到。我国《信托法》第 16 条第 2 款规定："受托人死亡或者依法解散、被依法撤销、被宣告破产而终止，信托财产不属于其遗产或者清算财产。"该条规定与德国信托法的类似规则相比，适用范围更宽，因为我国《信托法》还吸收了英美信托法的制度，在受益人并非委托人的情况下，存在受益人的取回权问题。此外，《信托法》第 17 条还规定了信托财产"一般"不得强制执行的规则，这实际上也意味着，在强制执行这一"特殊"情形下，如果委托人即为受益人，可以提出执行异议。

不过，德国信托法上的经济的所有权人与法律的所有权人的区分，只是一种应景之策，即只是为了应对受托人破产或者其财产被强制执行而被创设出来的规则，故其无法为信托财产的独立性规则提供充分的理论支撑。尽管如此，这种类似于罗马法上的"决疑术"的制度安排，[1]为德国民法广泛运用信托技术、创设让与担保制度提供了必要的制度空间。不考虑上述情景，在一般情况下，经济上

---

[1] 关于德国信托与罗马法的关系，可参见史志磊：《论信托与罗马法的关系》，载《青海师范大学学报（哲学社会科学版）》2015 年第 3 期。

的所有权人与法律的所有权人规则并不能适用，也就意味着全权信托是财产权的完全移转，经济上的所有权人并不存在，受托人将信托财产混同于其固有财产，由此，为让与担保的设立创设了必要的制度空间。让与担保的制度设置的前提，就是使受托人同时成为受益人即让与担保的受益人，如果受托人不能将信托财产与自己的财产混同，将之当作自己的财产，就没有办法在逻辑上成为让与过来用以担保的信托财产的受益人，让与担保也就无从设立。

（二）英美法上的普通法所有权人与衡平法所有权人的区分

普通法所有权人与衡平法所有权人的区分，是英美法处理信托问题的关键枢纽。我国学术界对于此种双重所有权制度，多有提倡，[1]但也存在质疑的观点[2]。在众多质疑中，给人留下极为深刻的印象的，是周威教授的观点。周威教授批判了罗马法上的双重所有权观点，认为裁判官法上的所有权与市民法上的所有权区分，实际上是一个误解，其本质不过是裁判官法优先于市民法的适用问题。接着，他又批判了英美法上的双重所有权理论，认为所谓的双重所有权，实质上不过是所有权与他物权的关系。这种观点颇具启发性，至少表明大陆法系国家学者以本法系思维对英美法进行过独立的思考。按照周威教授的这一思路，委托人要进行双重让与：一是要将所有权移转于受益人；二是要提前在所有权人上设定他物权，以便在所有权移转时，将他物权负担一并移转。当然，这一理解是错误的，没有必要非得以大陆法系的概念去强解英美法的制度。总之，我国学者都在试图接受英美法的普通法所有权人与衡平法所有权人在信托关系中的区分理论，虽有质疑，但是至少没有反对，这是一个很

---

〔1〕 参见冉昊：《"相对"的所有权：双重所有权的英美法系视角与大陆法系绝对所有权的解构》，载《环球法律评论》2004 年第 4 期；陈雪萍：《信托财产双重所有权之观念与继受》，载《中南民族大学学报（人文社会科学版）》2016 年第 4 期。

〔2〕 参见周威：《双重所有权是否"古已有之"？》，载《法律学习与研究》1986 年第 6 期；于海涌：《论英美信托财产双重所有权在中国的本土化》，载《现代法学》2010 年第 3 期。

好的开始，表明我们的态度不是封闭的。

　　不论我们以何种方式在学理上继受英美法的上述区分理论，不容置疑的是，我国《信托法》受到这一区分理论的重大影响，并借助它构建了《信托法》的一些重要规范。首先，英美法上的普通法所有权人与衡平法所有权人的区分与并存，是信托关系中恒定的存在，这与德国信托法完全不同。这种区分的存在，为信托财产的独立性提供了直接的理论支撑。由于信托财产既属于受益人的衡平法所有权范畴，也属于受托人的普通法所有权范畴，故其不能等同于受托人的固有财产，有必要区分受托人的固有财产与信托财产，由此信托财产的独立性得以建立。同时，在受托人破产或者其财产被强制执行时，信托财产不应被强制执行，这又为受益人的取回权与执行异议权提供了坚实的法理基础。事实上，我国《信托法》所着眼的，主要是受益人的取回权与执行异议权，如上所述，在委托人同时为受益人的情况下，始有取回权与执行异议权。只有确立了信托财产的独立性，《信托法》第三章的核心条款，即第15条至第18条才能有所依附，其错综复杂的关系才能得以厘清。我国学者赵磊认为，应将受益人的权利认定为一种特殊的物权，这种观点有其曲折隐晦的道理，即在大陆法系的权利概念无法涵盖受益人的法律地位的时候，将其认定为一种特殊的物权，虽然差强人意，但总比任其处于英美法的概念之下要强。[1]但是这种学术态度仍不够开放，既然已经进行了制度移植，那么，就应该在制度移植来源地的法律语境下去解释源于移植的法律概念及制度，没有必要牵强附会地非得用"特殊物权"的概念去置换原本来自移植来源地的"衡平所有权"的概念。

（三）委托人与受益人的法定形成权

　　委托人的法定形成权，在我国《信托法》中，体现于第22条所

_____

〔1〕　参加赵磊：《信托受托人的角色定位及其制度实现》，载《中国法学》2013年第4期。

规定的委托人对受托人有害处分行为的撤销权，及第 23 条所规定的委托人申请法院解任受托人的解任权。其中，第 22 条是对处分行为的撤销权，牵涉到因处分行为而受让信托财产的第三人，我国《信托法》规定此种撤销权以第三人"明知"为要件。第 23 条所规定的解任权，除法定的申请法院解除受托人的解任权外，还包括由信托合同规定的解任权。从表面观察，此种解任权似乎只是解除受托人的职务，然而其本质却在于对受托人经由信托行为所取得的所有权的剥夺，故属于物权性的形成权。

受益人的法定形成权，在我国《信托法》中，体现于第 49 条的准用性的规定，即第 22 条、第 23 条所规定的法定撤销权，可由受益权人行使。关于受益人与委托人之间的不同意见，该条规定可以申请法院裁定如何取舍。

此外，根据《信托法》第 50 条的规定，在委托人为受益人的情况下，委托人或者委托人的继承人有对信托的任意解除权。

在委托人与受益人不一致的情况下，委托人可在以下情形下变更或者处分受益人的信托受益权：①受益人严重侵害委托人的权益；②受益人之一对其他受益权人存在严重侵权行为；③征得受益人的同意；④信托文件规定的其他情形。在这四种情形中，存在第一、二种情形时，委托人对受益人的受益权有部分取消或者全部取消的法定形成权。其中，在存在第一种情形时，《信托法》第 51 条规定委托人还有单方面解除信托的法定形成权。

在《信托法》第 52 条所规定的信托关系法定终止的理由中，信托的存续违反信托目的、信托目的已经实现或不能实现、信托被撤销等均在其列。这三种理由，均需要委托人主张和实现，也在委托人的法定形成权范围内。

当然，除了上述法定的形成权之外，我国《信托法》还规定了诸多可由当事人自由设置形成权的情形，例如其第 51 条第 4 项，第 23 条第 2 款，等等。

四、三分"所有权"的自身弱化与被弱化

（一）委托人的模糊法律地位

如前所述，委托人通过信托行为设定信托之后，按照意定债权→意定物权的关系图式，其就应该功成身退，退出信托。但是事实上却非如此，其还保留着经济的所有权人的名头，可以行使取回权或者执行异议权。当然，委托人不再实际支配信托财产，作为"所有权人"，其也只有这两种由所有权派生出来的权能可以行使。再者，委托人事实上没有退出意定债权，可以通过债权继续行使由债权派出来的形成权，包括法定的形成权与意定的形成权。其形成权的客体，除了指向受托人的处分行为和受托人的法律地位，例如，受托人对受托信托财产的支配权，也指向受益人的法律地位，指向整个信托关系，其可以取消受益人的受益权。委托人不仅没有退出信托，而且其债权地位经过形成权的广泛设置得到了极大的加强。委托人既是经济的所有权人，也是权利极为广泛的债权人。

这种情形的存在，首先应当属于苏永钦教授所说的"选择"的范畴，即当事人通过对物权关系与债权关系的搭配，以实现对信托财产最有效益的使用；同时它也属于法律规范的配置范畴，立法者通过对物权规范与债权规范的有效配置，达到促使当事人物尽其用、促成公平正义的目的。

（二）受托人的模糊法律地位

在信托关系中，受托人的地位极其重要，是可以直观地观察到的信托财产所有人。占有、使用和处分信托财产等所有权的核心权能，受托人均可以行使。但是，其所作所为，是在信托合同所授权的范围之内的，不能逾越、违背信托合同的目的及授权范围，否则其行为就可能面临着被委托人或者受益人撤销的命运，甚至于其作为受托人的法律地位，也可能面临被委托人解除的危险。同时，在所有权的权能之中，一般也没有收益的权能。无论是在大陆法系的

德国，还是在英美法系，真正的收益权能是由受益人享有的。当然，在受托人同时又是受益人的情况下，受托人可以作为受益人获得信托财产的收益。可是这种收益权也是与作为受益人的法律地位联系在一起的，而非与受托人这一法律地位联系在一起。德国信托法中的信托让与担保权人，以及我国《信托法》第43条第3款的规定（不得为唯一受益人），部分说明了受托人可以在特殊的限定条件下同时作为受益人的情形。总体而言，受托人作为所有权人的法律地位，与所有权绝对的大陆法系之观念，可谓相距甚远，我国有学者将之称为形式上的所有权人[1]，以与实际的所有权人所区别。

在存在报酬的信托关系中，受托人表现为更为积极正面的角色，他可以向委托人主张信托报酬。我国《信托法》第57条强化了这一倾向，规定了受托人可基于报酬请求权留置信托财产，也就是受托人的留置权；第37条第1款第1句也通过规定受托人的优先受偿权强化了这一印象。除此之外，根据第37条第2款的规定，受托人承担着基于信托合同及法律直接规定的各种信托义务，这些义务在本质上都可以归于一点，即其承担着信义义务，包括对委托人和受益人的信义义务，如果违反，还要承担违约责任。

总之，受托人同时作为信托财产的所有权人，与运作信托财产的债务人与债权人，这几种不同的角色，是同时产生并融合在一起的，且其作为所有权人的角色色彩是比较弱的。因此，很多时候，这种角色混搭的状况，难免使人产生错觉，不知如何确定其法律地位。

（三）受益人的模糊法律地位

关于受益人的法律地位，如前所述，我国有学者将之等同于特殊物权，但也有学者直接将之定位为债权。[2]而从我国《信托法》

---

〔1〕 参见彭插三：《信托受托人法律地位比较研究——商业信托的发展及其在大陆法系的应用》，北京大学出版社2008年版，第32页。

〔2〕 参见于海涌：《论英美信托财产双重所有权在中国的本土化》，载《现代法学》2010年第3期。

制度移植的源头来看，它应当是"衡平法所有权人"，总之，应是具有类似于所有权的地位，本书认为，不如将之称为"类所有权人"，这样既保持了其本真的意味，也能够与大陆法系的传统相匹配。为何此处将受益人的地位称为"类所有权人"，而在前文中却不将委托人改为这种称谓？那是因为德国信托法中本就有经济的所有权人之称谓，不宜改动。"经济的"一词不宜望文生畏，应解释为事实上的，或者有事实的经济利益的，等等，与"类所有权人"没有什么本质区别，它是德国判例法为满足现实需要而被创造出来的概念。

受益人法律地位，主要体现为从信托财产中获得收益。但是，这种收益的获取，却是通过受托人的给付实现的，而不能直接取得。在这层意义上，它实际上就是债权。当受托人不按照信托合同支付收益时，受益人只能行使请求权及违约诉权，这是受益人法律地位具有债权性的一面。但是同时，受益人的法律地位因为《信托法》的规定，而得到了支配权性质的保障。例如，《信托法》第 54 条中的剩余信托财产的分配权，我国有学者将之解释为"剩余索取权"，试图用这一中庸的权利，淡化其在权利划分上的尴尬局面。[1]这是将经济学的理论用于法学，不见得贴切。处于清算期间的信托剩余财产的归属顺位，与破产债权的清偿还是有较大区别的。我国《信托法》第 54 条所确定的是一个信托剩余财产的"归属"顺位，是"所有权"地位的确定顺位，不是分配顺位，更不是清偿顺位。这一顺位是相互排斥的，有前一顺位的人，后一顺位的人即不能参加信托剩余财产的分配，这与继承顺位的功能相当。按照上述条文的规定：第一顺位人是信托合同规定的信托剩余财产归属人；第二顺位人是受益人或者其继承人；第三顺位是委托人或者其继承人。

根据《信托法》第 46 条至第 48 条的规定，信托受益权可以由受益人进行处分，也可以依法被继承。从上述条文的内容看，受益人对信托受益权的处分包括：①放弃信托受益权。在受益人仅一人

---

〔1〕 参见赵廉慧：《信托受益权法律性质新解——"剩余索取权理论"的引入》，载《中国政法大学学报》2015 年第 5 期。

的情况下，受益人抛弃信托受益权，将导致信托关系的终止。②在不能清偿到期债务的情况下，受益人可以用信托受益权来清偿债务。③受益人可以以遗嘱处分其受益权。对于这三种情况，应当仔细考查，尤其是对第二种情况。《信托法》第47条所规定的放弃与遗嘱之外的受益人对信托受益权的处分方式，只有一种，即只有在不能清偿到期债务的情况下，用信托受益权来进行清偿，不能再对信托受益权为他种处分。从这一背景出发，不能认为受益人在《信托法》第47条之下的处分行为，包含对受益人身份的处分。另根据《信托法》第22条、第49条的规定，基于受益人身份所产生的权利很多，包括作为"类所有权"的破产取回权与执行异议权，也包括作为债权的法定与约定的形成权，还包括以债权形式体现出来的"类所有权"的侵权损害赔偿请求权与恢复原状请求权。这些权利是不可能随着用信托受益权来清偿债务的行为而当然发生流转的，[1]但是，为保障受让信托受益权的债权人的权利，在受益人怠于行使这些相关权利且危害到债权实现的时候，可以允许受让人代位行使上述权利。

总体而言，受益人作为"类所有权人"的所有权，与其作为债权人的受益权的法律地位是纠缠在一起的，在一般人看来，这一法律地位相当模糊不清。

五、本节小结

综上所述，作为法律制度之舶来品托制度。这一制度的源头本来就是英美法，又抑或源自更为古老的罗马法，或者借由对德国信托制度的移植而间接受到古罗马法以及古日耳曼法的影响。这一混合的背景，在一定程度上影响了坚持物债二分财产权体系特征的德国民法财产权划分体系的纯正性。

---

[1] 相反观点，参见李晓云：《已出让受益权的信托受益人还能否向信托公司索赔——兼论〈信托法〉第22条的信托财产损失赔偿请求权》，载《法律适用》2015年第12期。

信托是人类应对复杂市场交易的产物，在某种意义上可以说，体系不仅仅只是一个认识论或者知识论上的问题，也是一个实践论上的问题，不能因为体系而害及制度的实践价值。德国民法的实践证明，并非不能在体系上做一些妥协。信托关系的存在，表明所有权的概念纯粹性受到侵蚀，但是这并不等于说信托制度破坏了民法的体系性，相反，它可能圆融了民法的体系性特征，使其看起来不会显得那么僵硬。

信托关系的当事人，虽然都拥有着"所有权"，但是无论是何方当事人，其所有权的权利特征都不够典型，尤其是委托人与受益人的"所有权"。在信托之中，所有权似乎被分割给了三方当事人，因为针对同一信托财产，存在二个"所有权"。这岂不突破了所有权"一物一权"的原则吗？事实上，通过德国信托法上的委托人的经济所有权，本书提出受益权人的类所有权，以及受托人的所有权这一概念的三分体系，我们可以发现，"一物一权"的原则并没有被突破，而是被所谓的"三分"所有权的概念被软化了，其边缘变得模糊了，如此而已。信托关系中的真正的所有权只有一个，那就是受托人对信托财产的所有权，其他都是拟制意义上的，从大陆法系的法学观念看，并非真正的所有权，它们或许只是像所有权而已。可是这些拟制的所有权分割了所有权的权能，使得三方当事人的"所有权"都变得模糊、淡化起来。

在信托关系中，每一方当事人不仅拥有着较弱的"所有权"，而且同时拥有着债权，或者还同时承担着债务。债权之中又被配置了大量的形成权，形成了一张错综复杂的权利义务之网，相互生发、相互制约，甚至于相互助力，从而使得信托关系在整体上呈现出一种复杂的、变幻莫测的面相。符琪教授将其称为"三重二元"结构，[1] 但更为本质的东西，是弱化了的所有权。

---

[1]　参见符琪：《论信托财产权的三重二元结构》，载《上海财经大学学报》2013年第5期。

第三节　所有权保留对所有权的削弱

我国《合同法》第 134 条规定：在买卖合同中，当事人可以约定，在买受人未履行支付价款或者其他义务时，标的物的所有权不变动。最高人民法院 2012 年《买卖合同司法解释》第 34 条将上述规定中的标的物规定为动产，结束了关于《合同法》第 134 条的"标的物"学术之争。但是，关于所有权保留法律效力的争论并未结束。目前学术界的争论基本上停留在以事论事的层面，本书拟从物权变动及物权性的角度，揭示所有权保留对所有权的削弱，及在此种情景下的所有权的弱物权性问题。

一、所有权保留对所有权的权能切割与分离

在法律行为的层面，《民法典》第 641 条、第 642 条规定的所有权保留，其权利变动的模式，，生效采用了意思主义，但是对抗效力的发生却依赖于登记。在实然的意义上，它遵循的并非形式主义的规范路径，毋宁说它实质遵守的是意思主义规范路径。[1]在承认所有权保留所产生的效果为物权效力的前提下[2]，始有从物权变动的意思主义方面对其探讨的可能性，幸好无论是司法实践还是学术界，对此还是存在基本的学术共识的。[3]

物权变动的意思主义，学术界一般又称之为"债权意思主义"，意即按照这种模式变动物权，只需要债权意思即可，无须具备物权意思。这或许是个误解。王轶教授曾从买卖合同的角度如此评价法

---

〔1〕 孙宪忠教授认为，登记对抗主义的实质是折衷主义，即物权形式主义与债权意思主义的折衷。参见孙宪忠：《中国物权法总论》（第 2 版），法律出版社 2009 年版，第 445 页。

〔2〕 参见邓娟闰：《论所有权保留的性质——担保性所有权》，载《法商研究（中南政法学院学报）》2002 年第 3 期。

〔3〕 参见王利明：《所有权保留制度若干问题探讨——兼评〈买卖合同司法解释〉相关规定》，载《法学评论》2014 年第 1 期。

国民法上的意思主义：法国法上的买卖合同难道真的只是纯粹的合同之债吗？它确实发生了一些债的效力，比如出卖人的给付义务，以及对于标的物的一般担保义务，以及买受人依约付款的义务。但是，它也直接地发生了物权变动的效力（《法国民法典》第 1583 条）。原因为何？恐怕最为直接的解释是，法国法推定在买卖合同成立的同时达成了物权合意，并即刻因为此种意思而发生了物权变动。在以种类物或者将来物作为买卖合同标的的情况下，应推定物权合意的效力持续存在，一旦物之特定化问题消除，即刻发生物权变动的效力，而无须当事人再为物权合意。[1]

假如物权的意思表示确如王轶教授所说的那样可以延续，如同债的意思表示一样，那么物权的意思应当可以在到达对方之前撤回，或者在到达对方之后、未生效之前撤销。如此一来，对于我国《民法典》第 641 条的所有权保留可以做这样的规则设计：当事人之间所有权保留的物权合意被设定为在买方付清价款之后生效，于是在买方于约定期限前未付款的情况下，所有权人得撤销其所有权移转的意思表示，使得交易无法完成。这只是方案的一种，方案设计的立场定位在于所有权全部保留，与《民法典》第 641 条的文意恐怕有所不合。依该条的文意，所有权人已经完成了交付，使得买受人得以占有、使用，甚至于就该标的取得收益。也就是说，所有权的一部分权能，已经通过物权合意完成了向买受人的移转，否则买受人何以取得对标的物为上述行为的权利？

如果承认所有权的权能可以向所有权以外的人为移转的话，那么所有权人通过权能分割并以保留性移转的方式设置所有权保留的可能性是存在的。事实上，物权法原理是承认所有权权能的质的切割与分离的，在经典的民法教科书中，我们几乎都可以看到这样的观点：所有权具有弹性。当然我们也可以看到，民法人是如何利用这种"弹性"，将其压缩到何等极致的程度，即在它的权能几乎全部

---

[1]　参见葛云松：《物权行为理论研究》，载《中外法学》2004 年第 6 期。

都被让渡出去的情况下，如何使其不丧失"恢复原状"的效力的。这样的场景我们在不动产所有权与他物权分置的广泛规则设置中能够看到，但是在动产所有权中，却难得一睹其真容。但是，由不动产所有权的权能分离与他物权的广泛存在的现实，我们是否可以得到一点启示，即动产所有权，在现行制度允许的前提下，也可以做这种的权能切割与分离呢?《民法典》第641条以个案形式承认了这种切割与分离，这是确定无疑的。我国最高人民法院2012年《买卖合同司法解释》第35条有条件地承认了这种分割的可能性：允许取回。当然，这与不动产他物权终止时不动产所有权的取回似乎不可同日而语，但是二者的本质特征趋同。

基于现行的制度安排，可以真实还原所有权保留的物权变动意思主义的全貌：甲与乙就A物达成买卖协议，在乙未付清全部价款之前，甲仅向乙移转关于A物所有权的部分权能——占有、使用、收益，等等。在乙未付清全部价款之前，甲保留着最终支配A物的权能，尤其是取回A物的权能。该意思自达成合意时生效。该意思自生效之时起，同时发生物权效力与债权效力。就物权效力来说，甲所有权保留的效力得以实现。而就债权效力来说，按照全部买卖合同的约定，甲负有向乙交付A物的义务，而乙有按照约定向甲付款的义务。嗣后，甲向乙交付A物，此时应当按照物权形式主义的规则来确定甲交付A物的物权效力，即自甲乙交付A物时起，甲对A物的占有、使用、收益等权能移转于乙。所有权保留的物权效力，在甲向乙移转所有权的部分权能后，继续存在于A物与甲乙之间。也就是说，所有权权能的切割保留，采用意思主义，自甲乙双方达成买卖合同时起生效；所有权权能的切割分离及移转，采用物权形式主义，自甲向乙进行动产交付时生效；所有权保留的效力，延续至所有权权能的分离移转之后。《德国民法典》第449条[1]将所有权保留规定为附停止条件的所有权取得方式，与本书的解释思路

---

[1]《德国民法典》第449条第1款：动产出卖人将所有权保留到买卖价款支付时为止的，有疑义时，必须认为所有权系以支付全部买卖价款为停止条件而转让的。

相近。

二、所有权权能切割分离后的一般取回权风险

虽说所有权保留使得所有权人可在买受人不能履行合同时，行使取回权，解除买卖合同，取回买卖的标的物，以恢复对物的占有，但是事实上，切割分离之后的所有权显得十分脆弱，取回权有可能被阻，从而事实上导致所有权保留的目的落空，使得已经让渡占有的物变成他人的所有物。

（一）无登记状态下的一般取回权风险

按照《民法典》第641条规定的登记对抗效力规则，所有权保留未履行登记义务的，所有权人面临着较大的取回风险。

第一，买受人期待权的价值上升导致取回权受阻。按常理说，在买受人违约后，所有权人依照买卖合同中的所有权保留条款，即应当享有无限制的取回权。虽然现代社会所有权已无法像传统社会那样，具有无限绝对的地位，但是在所有物被他人"非法占有"的情况下，所有权人自然可以取回其所有物。凡习民法者，都明白这样的一个道理，所有物被他人非法取得或者占有，无论其辗转落于何人之手，所有权人都可追及该物行使取回权，这是物权所具有的"追及效力"与"返还原物请求权"的物上请求效力。但是我国司法机关并不支持这种无限绝对的物上请求权在所有权保留范围内的适用。最高人民法院2012年《买卖合同司法解释》第36条第1款规定：在买受人已经支付的价款达总价款的75%时，所有权人主张取回的，人民法院不予支持。这一倾向表明，我国司法实践中存在一种趋势，即在买受人的期待权上升到一定的价值后，对买受人期待权的保护加强，而对所有权人的取回权则保护趋弱。至少期待权价值的上升，为司法机关在规范取舍不定的情况下，选择保护既已形成的秩序提供了充足的理由。

第二，买受人处分保留所有权的标的物导致取回权无法实现。

处分包括法律上的处分与事实上的处分。先说法律上的处分，此处仅阐述无权处分的所有权让渡问题。在德国民法中，这一情景下标的物被有效转让包括两种情形[1]：一是所有权保留权人允许买受人向第三人转让期待权。在这种情况下，第三人在向买受人支付了全部价款并取得对标的物的占有之后，即取得标的物全部所有权，所有权保留的效力消灭。这种情况在零售业并不鲜见，也就是零售业经营人通过所有权保留买卖合同取得货物之后，一般情况下卖方将授权其将货物出售，在这种情况下，从零售业经营者那里购买货物的人，即时取得其所有权，即使明知存在所有权保留也没有什么影响。二是第三人善意取得，此情形下须符合善意取得的构成要件。这两种情形，无论发生哪一种，所有权人均不可能再取回标的物，恢复其所有权，而仅能主张债之损害赔偿请求权，或者向买受人主张不当得利返还。事实上的处分，主要是指被保留所有权的标的物被添附的情形。我们都知道，添附是法定的物权取得方式。因添附而取得物的所有权，为原始取得，因此其对所有权保留有涤除作用。在采用所有权保留方式进行的交易中，买受人取得标的物后，可以对其进行事实的处分，即便所有权人保留所有权的本意中本身就包含着的不得进行事实处分的意思，仍无法阻止买受人对取得的标的物进行加工的可能性。这里面不存在恶意添附的存在可能性，因为标的物本来就处在买受人的现实占有之下，而且买来的标的物，可能本就是用来使用的，例如买纸是用来写字或者用来作画的，又或者买来木头本就是用来雕刻的，买来的油漆是为漆家具的，等等。在买受人完成在纸上的作画，或者将木头雕刻成艺术品，又或者将油漆漆完家具之后，符合添附的条件，添附规则自然适用。即使不符合添附的条件，例如买受人在纸上作画后或者将木头雕刻成艺术品后，如果被保留所有权的这些标的物已经丧失其原来的价值，所有权人即使行使取回权，又有何意义呢？所有权人可能最终选择放

---

[1] 参见〔德〕鲍尔、施蒂尔纳：《德国物权法》（下册），申卫星、王洪亮译，法律出版社 2006 年版，第 674～675 页。

弃所有权，而主张损害赔偿，如此而已。再者，标的物在买受人手中，其怎么处分，是进行事实上的处分，还是进行法律上的处分，实际上均非所有权保留人可以管控得了的。动产与不动产不同，其处分往往带有很大的私密性，买受人即使进行了相应的处分，出卖人也未必知道。例如，买受人将买来的珠宝质押了，但是不告诉出卖人，出卖人又能奈其何？又抑或买受人干脆将买来的珠宝卖了，甚至于将卖珠宝的钱先私下里花费了，出卖人又如何知晓？诸如此类，说明出卖人因为所有权权能的分割出让，使得出卖人事实上处于未知的风险之中。

第三，所有权保留条款有可能面临被撤销的风险。所有涉及所有权让渡的担保，都存在这一问题。在此主要介绍一下德国民法的做法。在德国民法中，这一问题主要涉及担保过度的问题。德国学者认为，所有权保留的担保过度，适用关于让与担保的担保过度的规则。[1]担保过度问题，主要存在于以格式条款确立的概括性担保让与的情况下，但没有证据显示，在非以格式条款确立的让与担保中，就不存在担保过度的问题。担保物的价值超出被担保债权的金额过多，以至于在担保与债权之间完全不存在平衡的、兼顾双方利益的关系，即为担保过度。德国联邦法院曾试图以在担保约定中要求记载符合要求的交还条款的方式，解决担保过度的问题。这些要求包括：①确定担保覆盖的限度；②被担保人对超出担保限度的担保之交还义务；③交还义务的形成不取决于某人的衡量。凡担保性所有权（可推广及债权）让与，不包括交还条款或者交还条款不符合上述要求的，全部自始无效。[2]其根据主要为《德国民法典》第138条。不过在所有权保留这种担保类型中，德国联邦法院所确定的第3条规则，无法得到适用。故应当主要考查第1、2条规则。根据

---

〔1〕 参见［德］鲍尔、施蒂尔纳：《德国物权法》（下册），申卫星、王洪亮译，法律出版社2006年版，第670页。

〔2〕 参见［德］鲍尔、施蒂尔纳：《德国物权法》（下册），申卫星、王洪亮译，法律出版社2006年版，第615~616页。

《德国民法典》第138条第1款的规定，违反善良风俗的法律行为无效；其第2款对违反善良风俗的特例——"暴利"法律行为进行了描述，即某人为一项给付而允诺或让人给予自己或第三人财产利益，而这种财产利益与给付相比明显不对称。不过就该事情的典型特征而言，仅仅给付的经济价值之间的明显不相称尚不足以称为违反善良风俗，难以满足第138条的适用条件。该条的适用还需要加上一些前提条件，即该法律行为系因肆意利用遭受不利一方的窘迫情势、欠缺经验、缺乏判断力或显著意志薄弱而成立。[1] 如果所有权保留条款的设置涉及担保过度的问题，则所有权保留的目的可能因撤销而落空，从而所有权将自然让渡于买受人。

（二）所有权保留登记后一般取回权风险的变化

根据《民法典》第641条第2款的规定，所有权保留登记后具有可以对抗非善意的第三人的效力。在该规定的背景下，由于买受人并非第三人，故其期待权不在受影响。但是买受人将标的物的所有权处分于第三人的善意标准将因登记对抗规则的介入而处于事实上被取消的状态，亦即登记的公信力规则取消了善意取得规则。所有权保留撤销的法律后果，无论是否承认物权行为的无因性（在承认无因性的情况下，可以发生债权行为与物权行为同时被撤销的可能性），也无论是否存在登记，都将保持一致。

三、所有权权能切割后的特殊取回权风险

（一）所有物被买受人质押

我国法院对所有物被合法占有却被无处分权人以出质方式处分的处理倾向，是依据《担保法解释》第84条，责令出质人向受损害的动产所有权人承担损害赔偿责任。2013年，关涛曾撰文对此提出

---

〔1〕 参见 ［德］迪特尔·施瓦布：《民法导论》，郑冲译，法律出版社2006年版，第479页。

疑问，而且提出一些比较法上的理由，指出所有权保留权利人应当优先于质权人受偿。[1]

时过境迁，关涛的观点有待修正。在《民法典》的动产担保规则现行框架下，买受人将动产质押给第三人的法律效力，应考虑两个不同层面的问题：第一，质权的善意取得问题。根据《民法典》第641条第2款，第三人善意取得质权的善意标准，将发生与向第三人转向标的物所有权同样的事情，即在所有权保留登记的情况下，将因登记对抗效力规则的介入，登记公信力规则取代并消灭善意取得规则。但是在所有权保留未登记的情况下，仍有善意取得规则的适用空间。若第三人善意取得质权，确有可能发生所有权人受损害的情形，此时所有权人可主张损害赔偿。第二，质权的对抗问题。由于在所有权保留登记的情况下，第三人根本无法取得质权，故没有必要进一步探讨质权与所有权保留登记的实现顺位问题，《民法典》第642条第2款规定的参考担保物权实现程序的规则在此情形下不适用。

以上结论可适用于买受人向第三人抵押被所有权保留的标的物的情形。

（二）所有权保留买卖中的买方破产或者被强制执行

先说买方破产的情况。我国学者认为，在买方破产的情况下，所有权保留买卖合同的卖方，一般性地具有向破产管理人主张取回其所有物的权利。但是，在买受人已经支付了75%的价款的情形下，则不应主张取回，而应当适用《企业破产法》第18条的规定。[2]《企业破产法》第18条适用于双方均未履行完毕的双务合同，而附所有权保留的买卖合同是典型的双方均未履行完毕的双务合同，根据该条的规定，由破产管理人决定继续履行合同或者解除合同。如果破产管理人决定解除合同，则所有权保留合同的出卖人可以取回

---

〔1〕　参见关涛：《关于所有权保留与质押权竞存时的优先受偿问题》，载《烟台大学学报（哲学社会科学版）》2013年第4期。

〔2〕　参见李永军：《所有权保留制度的比较法研究——我国立法、司法解释和学理上的所有权保留评述》，载《法学论坛》2013年第6期。

标的物；如果破产管理人决定继续履行合同，则出卖人不能取回标的物，只能待重整程序结束后视情况而定其法律地位，或者合同得到全部履行，或者进入到破产债权的清偿程序中，按照普通债权受偿。

对于进入强制执行程序中的所有权保留的标的物，所有权人一般可以提出执行异议。但是买方已经支付全部价款的 75% 时，所有权人无提出执行异议的诉权，只能视情况而随机获得债的清偿。

根据《最高人民法院关于适用〈中华人民共和国民法典〉有关担保制度的解释》第 67 条的规定，未经登记的所有权保留不得对抗的第三人范围，可以参照同解释的第 54 条。该规定中的对抗效力似乎应当受制于期待权的规则，但是在期待权未形成的情形下，则应当贯彻《民法典》关于所有权保留登记对抗主义规则的精神。

（三）标的物受到第三人的侵害出卖人的弱保护

在所有权保留买卖合同的已交付标的物受到第三人侵害时，所有权人是否可以行使物上请求权，以保护其所有权？本书认为，所有权人与买受人的法律地位，可依间接占有与直接占有而定。首先，必须肯定作为间接占有人的所有权人有根据《民法典》第 462 条规定所产生的全部占有保护请求权；其次，依我国学者的观点，在侵夺占有的情况下，应以直接占有的恢复占有为原则，在买受人不能或不欲恢复占有的情况下，所有权人可以请求自己恢复占有；对于损害赔偿请求权，也应以直接占有人为主张，只有在作为直接占有人的买受人不能或不欲行使此项权利的时候，才能由作为间接占有人的所有权人来行使；最后，自力救济的行使人，仅限于作为直接占有人的买受人。[1]

四、所有权保留中买受人的所有权之"期待权"

在所有权保留中，通过所有权的权能切割，买受人虽然取得了

---

[1] 参见章正璋：《我国民法上的占有保护——基于人民法院占有保护案例的实证分析》，载《法学研究》2014 年第 3 期。

标的物的占有、使用、收益等权能，甚至事实上也可以行使处分权，但是在终极意义上，买受人并没有取得真正的所有权，而是取得了所有权的"期待权"，也就是处于所有权形成过程中的雏形权利。这种"期待权"具备了所有权的取得某些条件，但是还有待全部条件的最终完成，因此权利本身是不完整的、脆弱的。

（一）买受人拥有有限的处分权

在应然的角度上，所有权保留买卖法律关系中的买受人没有法律上的处分权。故其对买受物的处分，只能适用无权处分的规则，其因无权处分所受利益，将以不当得利论处。也是在应然的角度上，买受人不应当对买受物为有害于出卖人的处分，如果进行这种处分而对出卖人造成损害的，买受人应承担损害赔偿责任。

然而，从我国现行法律制度可以推知，以上限制都只是在买受人未支付全部价款 75% 前的情形下具有可适用性。在买受人支付全部价款的 75% 之后，由于出卖人已经无取回权，买受人即便未取得所有权，亦可以进行各种处分，且非属无权处分。

（二）出卖人"一物二卖"对买受人的效力

对于出卖人对所有权保留的标的物进行"一物二卖"的行为，尽管有《民法典》第 159 条关于附条件法律行为中当事人不正当阻止条件成就的行为无效的规定，但事实上，这种规定并不能遏制不诚信的出卖人对标的物为二次处分。所谓的预保护机制[1]，实际上是相当脆弱的。学者们雄心勃勃构建的期待权保护计划，到头来沦为相当尴尬的空架子；当然，我国学者将附停止条件的所有权取得完全排除在附条件法律行为中的做法[2]，亦非妥当。

详言之，出卖人在将标的物以所有权保留的方式卖给买受人之后，尽管因所有权保留受到处分限制而在相对意义上无权对标的物进行处分，但是基于所有权保留法律关系的本质，法律上的处分权

---

〔1〕　参见王睿：《期待权概念之理论源流与界定》，载《北方法学》2017 年第 2 期。

〔2〕　参见梁慧星、陈华彬：《物权法》（第 5 版），法律出版社 2010 年版，第 183 页。

仍属出卖人，故其事实上可能无视债法上的约束对标的物为处分行为，将之再出卖给第三人。对于此种"一物二卖"的情形，李永军教授认为，由于出卖人已经将标的物向买受人作出交付，故其不可能再通过自身的行为向第三人进行交付，而只能通过买受人向第三人交付。如果买受人不愿意为此交付，并最终通过付清价款取得标的物的所有权，出卖人只能对第三人承担债不履行的责任。[1]但是学术界另有其他看法，例如，出卖人在买受人未付清全部价款的情况下，通过指示交付的方式，也可以完成对第三人的交付，而无须依赖买受人的现实交付，即可完成标的物所有权的移转。[2]后一种观点，在现行法上有我国《民法典》第227条所规定的指示交付规则的支持；学者中也有持相同观点的，例如，庄加园认为在解释论上，指示交付无需通过合法占有人也不必得到其行为作为支持，就可以完成交付，实现动产所有权的移转。[3]动产交付的法理也表明，在出卖人于买受人未付清价款而向第三人为买卖之交付时，采用指示交付方式，就可以绕过买受人而完成交付，实现动产所有权向第三人移转的目的。由此，第三人基于指示交付而取动产的所有权，在所有权保留的情形下仍有可能发生，买受人将因第三人取得系继受的有权取得而丧失取得标的物所有权的机会。在此情况下，他似乎还能通过留置权的行使来保全其违约债权。[4]但是，若细究我国《民法典》关于留置权的条文内容，可发现，即便是留置权，其亦不能行使。留置权的发生，以有牵连关系为条件，即债权人留置的动产，要与债权是基于同一法律关系，债权人方可行使留置权；而在第三人依指示交付取得动产所有权之后，第三人与买受人之间根本就不存在

〔1〕 参见李永军：《所有权保留制度的比较法研究——我国立法、司法解释和学理上的所有权保留评述》，载《法学论坛》2013年第6期。

〔2〕 参见茆荣华、孙少君：《所有权保留纠纷审判实务研究》，载《法学》2005年第1期。

〔3〕 参见庄加园：《基于指示交付的动产所有权移转——兼评〈中华人民共和国物权法〉第26条》，载《法学研究》2014年第3期。

〔4〕 参见茆荣华、孙少君：《所有权保留纠纷审判实务研究》，载《法学》2005年第1期。

任何的债权债务关系，买受人不可能针对第三人行使留置权。

（三）出卖人抵押标的物对买受人的效力

我国法律承认动产的抵押，且抵押的设定无需移转动产的占有，如果动产的所有权人将动产以所有权保留的方式让与给买受人之后，又将动产抵押给第三人，后果将会如何？首先，依《民法典》第159条之规定，出卖人对所有权保留的标的物不应为处分行为，但是如前所述，不诚实的出卖人仍有可能为处分，且系有权处分。在出卖人对标的物为抵押处分时，第三人依法取得对标的物的抵押权；其次，应判断第三人所取得的动产抵押权是否经过登记公示。若已经进行了登记公示，则其具有对抗第三人的效力，无疑可以对抗没有公示登记的所有权保留，[1]即便所有权保留的买卖发生在先。在所有权保留亦经由登记的情形下，其与后者的实现顺位，应当依登记顺位定之。若二者均未登记，实现权利时处于平等地位；最后，若取得抵押权的第三人未取得对抵押权的登记公示，抵押权与所有权保留中买受人所有权取得之期待权的关系又将如何？就本质而言，虽然买受人具有所有权取得之期待权，但是此种期待权本质上与债权无异。根据物权优先顺位的一般规则，即登记的抵押权优先于未登记的抵押权，而未登记的抵押权优先于普通债权[2]，可以确定，即便是第三人善意取得的未登记的抵押权，仍可优先未经登记的所有权保留所形成的期待权，使得期待权落空。

五、本节小结

在所有权保留的买卖合同中，所有权保留实际上是对出卖人的所有权进行权能切割，将最能表征动产所有权的占有权分离出去，

---

〔1〕参见李永军：《所有权保留制度的比较法研究——我国立法、司法解释和学理上的所有权保留评述》，载《法学论坛》2013年第6期。

〔2〕参见张玉海：《登记对抗主义下未登记抵押权在抵押人破产时的效力》，载《法律科学（西北政法大学学报）》2016年第5期；不同意见，可参见龙俊：《公示对抗下"一般债权"在比较法中的重大误读》，载《甘肃政法学院学报》2014年第4期。

让渡给了买受人，使得买受人可以对出卖的标的物为占有、使用甚至于收益，而出卖人保留对出卖标的物的最终支配权。

出卖人对所有权保留买卖标的物的所有权，其应然的形式为取回权。但是由于占有的让渡，其取回权的行使必然遭遇诸多风险，一般风险有法律规定的 75% 的价款上限风险、买受人为事实处分的风险与所有权保留条款被撤销的风险，特殊风险则有质权风险以及出卖人破产或标的物被强制执行的风险，等等。所有权权能分割让渡，使得出卖人的所有权被大大削弱。

作为出卖人相对人的买受人，因所有权保留而取得所有权取得之期待权的法律地位，但是，这种未成形的权利，其状态与债权并无实际区别。尽管有学者夸大其词，强调对期待权的特别保护，但是事实上它与真正的所有权仍在巨大差距，处于极为微弱的效力状态。虽然借助于《民法典》第 159 条，买受人的所有权之期待权可以获得一些保护，但是其仍不能排除出卖人对标的物的无权处分，例如"一物二卖"或者抵押，也不能排除第三人依据法取得标的物的所有权或者抵押权，且在实际上不能以期待权对抗依法取得的所有权与抵押权。

总体而言，所有权保留导致出卖人与买受人两方面的权利弱化，基于私法自治的原则，我们固然不能通过立法排除当事人为此种选择，并将双方权利义务置于一种不甚稳定的权利基础上。但是，事实上，当事人仍有许多其他更好的选择，例如，当事人可以选择担保物权或者人的担保。

第四节 PPP 特许经营法律构造中所有权的淡化

一、引言

公私合营（PPP）[1] 下公共基础设施的建设经营，一般采用

---

[1] 本书采用狭义的 PPP 定义，仅用以探讨公私合营。在实质上，并不存在公公合营，例如，地方政府与国家企业的合营，在国家企业已经法人化的前提下，称之为公公合营并不妥当。

BOT、BOOT 或者 BT 的方式进行，也有其他方式，例如 TOT 以及 BOT 经营方式的其他变种。[1]无论采用何种方式，其所有权的行使都受到特许经营的公共目的之限制，受到公物制度的约束，接受来自政府部门的严格监管，在资方拥有特许经营物的所有权的情形下，还应于经营期限届满前移交所有权。也就是说，公私合营背景下的建筑设施所有权在一定程度上偏离了所有权绝对的近代命题，而呈现出更多的义务性与受公法或者公共利益限制的特征。如何观察公私合营下公共设施所有权受限制或者负担义务的法律现象，学界进行了一些探讨，但不无缺憾：以特许经营权涵摄公共设施所有权，或将特许经营协议性质定位为劳动力孳息共创共收的经济合同，系历史回潮的主张；公共设施作为公物的属性多被忽视；公私合营下的公共设施所有权内在构造亦有其特殊性，但罕有学者从私法意义上对此种内部限制进行解读。本书拟从契约的角度还原公共设施所有权的关系范畴中所有权之本相，从公物法的角度省察此种所有权可能遭受的外在限制，而从公共设施所有权内部权能着眼剖析其内部固有的限制，为公私合营下公共设施所有权承担义务或受限的现代性命题提供注脚。

二、公私合营契约构造下公共设施所有权的契约限制

特许经营协议是公私合营背景下公共设施所有权的外在框架，这种框架所呈现出来的是物债并存且物权受债权制约的法律关系。特许经营权是特许经营协议的衍生品，作为一种公法上的权利，其对公共设施所有权亦有制衡的力量。

（一）关系范畴下的所有权[2]

孙学章教授指出，西方近代哲学所提出的关系范畴，本质上可

---

〔1〕　参见章志远：《公用事业特许经营及其政府规制——兼论公私合作背景下行政法学研究之转变》，载《法商研究》2007 年第 2 期。

〔2〕　为了保持本节的完整性，该部分内容与前文内容略有重复。

以划分为三类〔1〕：第一类范畴是自身联系，包括自身同一、存在与规律。这些范畴可以陈述所有的存在者最高的共相。第二类范畴是相对质料的相互作用关系，包括性质、结构与状态。任何现象都有性质，相对质料的固有关系为结构，相对质料关系的变与不变为状态。相对质料是现象与形式的结合体，而绝对质料是物自体本身，由此可见，绝对质料是不可见的，相对质料是可以为人类所感知与分析的。〔2〕相对质料的性质、结构与状态，是相对质料之间的具体关系状态。第三类范畴是属于形式的外在关系，包括比较关系、从属关系、依存关系，等等。这些关系并非相对质料之间的关系，而仅是形式之间的关系，属于纯粹偶然的联系，没有任何的必然性。此处我们不考虑第一层次的关系范畴，只考虑第二层次的关系，寻找物权与债权这两种相对质料间的规范关联。

苏永钦教授曾经提出物权与债权关联的四类关联状态，以期得出一些规律性认识，共有：选择—转换；原因—结果；基础—从属；融合—混合。〔3〕在上述论断基础上，常鹏翱教授撰文阐述了他对物权与债权规范关联的新认识，指出债权与物权在规范体系中的关联，可以归结为四大类型：引导—发展；伴生—协力；融合—并存；同质—异化。〔4〕在此不妨将苏永钦教授提出的四类物权与债权关联的状态称为"旧四范畴"，而将常鹏翱教授提出的物权与债权的关联状态称为"新四范畴"，"新四范畴"相对于"旧四范畴"在视角上存在较大差异。

以"新四范畴"为例，在其四对关联状态范畴中，"伴生—协力"类型是尤其值得关注的。通过"伴生—协力"关系范畴的运

---

〔1〕 参见孙学章：《本质学——向物自体还原》，中国人民大学出版社 2014 年版，第 199~200 页。

〔2〕 参见孙学章：《本质学——向物自体还原》，中国人民大学出版社 2014 年版，第 162 页。

〔3〕 参见苏永钦：《走入新世纪的私法自治》，中国政法大学出版社 2002 版，第 99~104 页。

〔4〕 参见常鹏翱：《债权与物权在规范体系中的关联》，载《法学研究》2012 年第 6 期。

作，所有权可以被削弱。孙宪忠教授曾提出过六类物权与债权之间模糊状态，其中有两类就属于"伴生—协力"范畴，即信托关系中受托人的权利、BOT 经营人的权利状态。[1] 这两种关系类型，都存在所有权被削减的问题，例如，信托关系中受托人的权利，通过法律规则的配置与当事人的约定，受托人虽然取得了信托财产的所有权（姑且称之为所有权），但其权利与委托合同中的受托人极为神似；BOT 经营人的权利，与信托关系中的受托人有很大相似性，以特许协议为中心的 BOT 法律关系的构造，将 BOT 经营人置于权力的监管之下，在特许经营物归资方所有的情况下，BOT 经营人应于特定的时间向政府移交 BOT 项下的设施。这些权利关系中所谓的所有权，与传统民法中的"绝对所有权"观念可谓格格不入。

（二）特许经营协议（债）对所有权的控制

公私合营模式下的项目运作，以特许经营权为核心，取得方式即特许经营协议。而要实际行使特许经营权，需要以资方或者政府拥有公私合营设施的所有权为前提。于是一种关系范畴由此而生，即特许经营协议所代表的债的约束与所有权所代表的支配权的放任之间，形成了伴生—协力关系。

1. 特许经营协议在性质上是一种特殊的债

学术界对特许经营协议的性质有多种不同的学说解读，近期陈近香、陈乃新在总结评价各类学说的基础上，提出了一种新的学说，叫劳动力权说。[2] 按照此学说的观点，以往的授权说、行政合同说、民事合同说、公法私法兼备说、公私法融合说、信托说均存在不同程度的缺陷。首先，作为私法说的民事合同说、信托说不能充分反映特许经营协议所具有的公私法兼具的特点，没有注意到此类协议所具有的公法性质，故不足为凭；其次，作为公法说的行政合同说、

---

〔1〕 参见孙宪忠：《中国物权法总论》（第 2 版），法律出版社 2009 年版，第 66~67 页。

〔2〕 参见陈阵香、陈乃新：《PPP 特许经营协议的法律性质》，载《法学》2015 年第 11 期。

授权说，又过于偏重公法而偏废私法，也不足为凭；最后，公私法兼备说认为对特许协议的民事部分适用民法，而对于公法部分适用公法，没有解决兼容问题。相较之下，似乎以往学说中，最为合适的学说应是经济合同说，但是经济合同说没有注意到资产增益的问题，而劳动力权说，可以很好地兼顾公法与私法的融合，也能够顾及资产增益的问题，在经济合同说的基础上，清理经营与经营权的关系之后，发现最为合适的学说应为劳动力权说。

各种复杂的学说解读，虽然在一定程度上揭示了特许经营协议某个方面的特征，但是不少学说偏离了特许经营协议作为一种特殊债的实质。首先，它是一种债。从《基础设施和公用事业特许经营管理办法》[1]（以下简称《办法》）这一跨部门的规章内容看，它本身是一种合同之债。《办法》仿效合同法规范的编纂体例，规定了特许经营协议的订立、特许经营协议的履行、特许经营协议的变更和终止，这些内容为该办法的主体部分，占 56 个条文。它也是一种特殊的合同之债，《办法》中充斥着不兼容于民法典合同编的公法管制规范。在债的关系中，双方根据协议互享债权并相互履行债务。在这种债权债务关系中，政府最大的义务是依约授予特许经营权，资方最大的义务则是依约依法经营。

2. 特许经营协议（债）对物权的钳制

特许经营协议对公私合营关系中经营性设施的所有权形成了钳制。《办法》第 5 条规定，基础设施和公用事业特许经营可以采取以下方式：①在一定期限内，政府授予特许经营者投资新建或改扩建、运营基础设施和公用事业，期限届满移交政府；②在一定期限内，政府授予特许经营者投资新建或改扩建、拥有并运营基础设施和公用事业，期限届满移交政府；③特许经营者投资新建或改扩建基础设施和公用事业并移交政府后，由政府授予其在一定期限内运营；④国家规定的其他方式。依此规定，政府与资方围绕基础设施和公

---

[1] 由 2015 年 4 月 25 日国家发展改革委、财政部、住房和城乡建设部、交通运输部、水利部、中国人民银行令第 25 号文发布。

用事业的所有权形成了以下两种关系：一是资方的特许经营权限制政府的所有权。即资方依约投资新建、改建或者扩建基础设施和公用事业，但资方并不拥有所有权，所有权属于政府，资方直接占有基础设施和公用事业并依约经营，其特许经营权形成了对政府基础设施、公用事业所有权的限制，但是特许经营期限届满后，资方须将占有移转于政府，或者资方依约投资新建、改建或者扩建基础设施和公用事业，但资方并不拥有所有权，所有权属于政府，资方于新建、改建或者扩建后，将对基础设施和公用事业的占有移交于政府，而后由政府授权其依约经营。二是特许经营协议限制着资方的所有权。即资方新建、改建、扩建基础设施和公共事业，并拥有对运营基础设施和公用事业的所有权，依约享有特许经营权，但是受限于特许经营协议，其应于特许经营期限届满后将占有与所有权移交于政府。

在上述两种关系中，资方的特许经营权构成对政府所有权限制的情形下，特许经营权究属何种性质？学术界对此有不同的认识，付大学将之归纳为新型的知识产权说、独立的无形财产权说、准物权说，并在此基础上提出了自己新的混合财产权说。[1] 按照付大学的观点，知识产权说与准物权说都存在套用现行的财产权理论尤其是所有权理论去解释分析新型财产权的惯性问题。作为概念法学之产物的我国原有财产权理论具有僵化的弊病。再者知识产权与准物权本身也的确难以涵盖特许经营权这一概念。而独立财产权说与准物权说都是从"资格或者能力"的角度切入来分析特许经营权的，存在以偏概全的不足。付大学认为，权利都有五个必备要素，即利益、主张、资格、权能和自由，其中权能又包括威力和能力。仅从资格或者能力着手，是以局部代整体，不足以揭示特许经营权整体的特征。在现行的学术概念无法准确描述特许经营权的情况下，付大学认为，可从公私法混合的角度，重新定位特许经营权：首先，

---

[1] 付大学：《PPP 特许经营权：一种混合财产权及其保护规则》，载《法学论坛》2016 年第 6 期。

特许经营权是一种新财产[1]。新财产概念来自 Reich 的著述《新财产》一书。新财产即新财富，它们来自政府权力的行使，而非自然存在的权利，承担提供公共服务的职责。其次，特许经营权是一种公-私混合财产。这一概念又主要来自莱哈维。莱哈维认为传统的共有财产、私有财产、公共财产的三分法已经不能适应形势发展的需要，事实上存在三类混合财产，即共-私混合财产，公-共混合财产，公-私混合财产，特许经营权即属于公-私混合财产的范畴。为了进一步阐释公-私混合财产的性质，付大学进一步引了奥诺雷的"权利束"概念，用来分析这种混合财产的内部构成。根据奥诺雷的观点，所有权的构成成分包括 11 个权利和责任，计为：占有权、使用权、经营管理权、收益权、处分权、安全保障权、可继承性、无期限性、有害使用的禁止、执行的责任、剩余权。[2]在特许经营法律关系中，被特许人仅享有或者承担着所有权中局部的权利和义务，而不是所有权的全部。而且由于被特许人不享有所有权的全部，所以其权利不具有可继承性与无期限性。同时，剩余权由政府享有，而不是由被特许人享有。所谓的剩余权，应是指特许经营财产的最终归属权。

以上论说存在明显的逻辑问题，首先，特许经营协议虽然包括对所有权的安排，但是特许经营权并不包含所有权。这一点从《办法》第 5 条对特许经营关系的三种分类即可判明。其次，特许经营权与经营权不容混淆。特许经营权的公私混合财产权说与我国 20 世纪较为盛行的经营权理论十分相似，在经营权理论之中，国有企业被拟制成只有经营权而对经营财产无"所有权"的实体。20 世纪 90 年代末，鲍荫民教授曾十分坚决地说："从传统民法理论上说，法人

---

[1] "财产"既是日常生活中惯用的表达，也是英美法、经济学上惯用表达，但是与我国民法的表达存在差异，我国民法中的习用表达是"物权"。不仅如此，此种"财产"概念也不可用物权概念化约。但是，不能据此认为，对此不可用物权概念解读。参见吴一鸣：《英美物权法——一个体系的发现》，上海人民出版社 2011 年版，第 81~83 页。

[2] A. M. Honoré, "Ownership", in A. G. Guest (ed.), *Oxford Essays in Jurisprudence*, Oxford University Press, 1961, pp. 107-147.

的财产是自己的，该财产属于法人自身所有，形成法人所有权。但问题是中国现行法律绝对不允许国有企业享有法人所有权，所有权只能是国家的。"[1]国有企业只有法人财产权，也就是对国有的财产的经营权，这种经营权作为物权，其构成成分是不完全的，国家享有对国有企业经营财产的剩余权。事实上，这种权利的部分权能分离出去，又依法成立另一种权利的现象，至今仍是一种很重要的法律思维，它并非过时的东西，关键看如何运用。例如，我国现行制度下的农地三权分置，其法律思路就是这样的，土地承包权与土地承包经营权的分离，不就是将经营权从承包权中分离出来，使之成为一种单独的权利，从而可以使之合法地流转吗？[2]如果付大学是从所有权结构分离的角度来谈公私合营法律构造中的所有权的话，其所持的公私混合财产权说的观点，仍有其合理之处。然而付大学用这种构造来谈特许经营权，就显得有些难符事实。特许经营权与经营权毕竟是两个不同的概念，不能将特许经营权简单理解为"特许+经营权"，也就是不应将之理解为特许下的经营权。

　　至今仍有学者从物权的角度理解特许经营权，例如认为国家公园的特许经营权是物权[3]。但是实务中的观点更值得重视。在2008年的英德中油燃气有限公司（以下简称"中油公司"）诉广东省英德市人民政府一案中，广东省英德市人民政府将特许经营权二重授权于英德中油燃气有限公司与英德华润燃气有限公司（以下简称"华润公司"），广东省高级人民法院在判词中明确指出："中油公司、华润公司在涉案协议签订上并不存在过错，无过错则无责任。而该重复许可系行政机关的行政行为所致，过错方在行政机关。该

---

〔1〕　参见鲍茆民：《论国有企业财产经营权的扩张性与发展走向》，载《政法论丛》1998年第2期。

〔2〕　参见丁文：《论土地承包权与土地承包经营权的分离》，载《中国法学》2015年第3期；蔡立东、姜楠：《承包权与经营权分置的法构造》，载《法学研究》2015年第3期。

〔3〕　参见张平华、侯圣贺：《国家公园特许经营权的性质》，载《山东社会科学》2021年第2期。

重复许可并不必然导致获取权利在后的华润公司所获得的独家特许经营权被撤销或者无效。这种基于合同约定的排他性权利与通过登记等公示程序所设立的物权效力不同，并不具有绝对排他效力。中油公司及华润公司所享有的权利本质上仍属于债之利益，是平等的。而且，两家公司均已进行管道建设并分别对园区的工业企业供气，若撤销任何一家的特许经营权，均将影响到所在地域的公共利益。"[1]这一判词中判明的特许经营权乃为债权的观点，具有现实与理论上的双重意义。将特许经营权与物权区分开来，还原其债权的本相，特许经营权作为债权所形成的对政府基础设施、公共事业所有权的限制便变得可以理解。

三、公私合营契约构造下公共设施所有权的公物法限制

(一) 公私合营下的特许经营之物为公物

公物，是国家或公法组织为直接或间接达到其提供公共服务的行政目的所必须的一切财产。[2]公物的概念，在我国民国时期的若干行政法学的著作中既已存在，例如，范扬所著《行政法总论》指出，公物有广义和狭义之分，广义上的公物，泛指国家或自治团体，直接或间接为达行政目的所必要的一切财产，包括财政财产、行政财产及共用财产三种：①财政财产。财政财产系指行政主体所有的金钱物资及其收益，作为政费或其财产源。②行政财产。也可以称作公用物，是指行政主体，为了达到其公共行政的目的，直接提供给各机关公用的物，既包括动产，也包括不动产。不动产如要塞炮台、兵营；动产如军舰、军器、军需物品，等等。公用物是直接提供给国家或者各类自治团体的使用消费的物。③共用财产。又称共用物，其并非供行政主体或者公共事业主体使用消费的物，而是直

---

〔1〕 参见林劲标：《特许经营权重复许可的效力认定及归责》，载《人民司法》2020年第8期。

〔2〕 参见张力：《公物的私产化及其法律控制》，载《湖南师范大学社会科学学报》2013年第1期。

接提供给一般民众使用的物，这类物一般为不动产，例如，道路、桥梁、公园、河川、海滨及港湾等。河川及港湾的附属物，比如码头等，也都属于共用财产。狭义上的公物，仅包括公用物与共用物。[1]

对于公物，法国法上的典型学说为否定私人所有权的公所有权学说，德国法上以承认公物得以存在私人所有权为典型。但是德国法上就公物的私人所有权问题，实质上采取了二元化的规则模式，即以其统一的民法上的所有权为前提，为了确保公物的利用而设定了公法上的限制。[2]公物或者公产，基于"公"的本性，最为适宜的营运者应当是国家或者公法组织。但是恰如上述，有限的公共财政与大规模的基础设施建设需求、公共服务提供的需求之间往往存在巨大的矛盾，于是公私合营模式应运而生。公私合营模式之下的大量运作方式，都以社会资本取得公物或者公产的财产权利为前提，公物的私产化几乎已经成了一种潮流。在公私合营模式之下，例如BOT的运营方式，其基本的权利构成之一是：社会资本一方依特许经营协议完成投资建设之后，即刻取得所投资建设的公共设施的所有权；再比如BOOT，它较之BOT运营方式更为明确地规定，在投资建设完成之后，社会资本一方拥有所投资建设的公共设施的所有权。当然广义的私产化似乎不仅指社会资本一方拥有所投资建设公共设施的所有权，还包括承包、租赁等方面经营公产的情形，例如TOT方式就是如此。

公私合营模式下的特许经营物都属于公物，以我国民国时期的公物分类为标准，它们应属于共用物，服务于特定的公共利益目的。《办法》第2条所明确列举的能源、交通运输、水利、环境保护、市政工程等公共设施与公共事业，所涉及的公共设施，根据公私合营模式的运营方式，虽然都有可能成为私产，但无疑都是公物。

---

〔1〕　参见范扬：《行政法总论》，中国方正出版社2005年版，第136页。

〔2〕　参见［日］大桥洋一：《行政法学的结构性变革》，吕艳滨译，中国人民大学出版社2008年版，第200页。

（二）作为公物所应受到的权利限制

公物的存在以公共目的为必要。欲维系其"公"的性质，就有必要对公物的所有权进行限制或者管制。公物所有权所受到的限制，包括公物使用权的限制、目的限制、公共管制的限制，等等。

首先，公物所有权受到公物使用权的限制。对于公共用物，从使用形态上，可将之划分为供一般使用的公共用物、需行政机关许可方可使用的公共用物以及特许使用的公共用物三类。其中，一般使用，系自由地利用公共用物，也以自由使用作为首先原则。有学者认为，基于保障人权的必要性，政府有义务提供充足的、可供自由加以利用的公共用物，这是现代政府义不容辞的责任。[1]一般使用，系为自由生活的必需而产生的、无需经过行政主管部门许可的使用，如为商业目的而排除一般使用。对公物的一般使用，以免费为原则，以收费为例外；收费的公物利用，以低费使用为准则。向利用公物的一般使用人收取费用，通常会对公物的自由利用构成严重障碍。比如，在公路上设卡收费，这种做法不仅将排除某些一般使用，影响车辆的通行，也将增加行政支出。我国公路法原则上禁止在公路上收取车辆通行费，但由县级以上地方人民政府交通主管部门利用贷款或者向企业、个人集资建成的公路以及由国内外经济组织依法投资建成且依法受让收费权的公路除外。有学者指出，我国基本上没有遵循公物免费或者低费使用的原则，无论是对公立医院，还是对公立学校、公园、博物馆等的利用，由于收费广泛存在，甚至于收费比较高昂，使得对这些公物的利用，几乎成了有钱人才能享有的特权，[2]这一现象亟需纠正。

作为特许经营者，其主要权利体现在收费权上。但是特许经营协议下的收费权为公共事务的收费权，不可能遵循市场定价的规则。在收费权的实施方面，实际上存在政府管制与特许经营者收费权实

---

〔1〕 参见肖泽晟：《公物法研究》，法律出版社 2009 年版，第 174 页。
〔2〕 参见肖泽晟：《公物法研究》，法律出版社 2009 年版，第 175 页。

现之间的矛盾。例如，湖北十堰公交公司因油价飙升而票价不涨罢工，政府非但没有按照情势变更原则给予公交公司以积极的补偿，也没有执行《建设部关于优先发展城市公共交通的意见》（已失效）中关于城市公共交通企业承担社会福利（免费或优惠票价）和完成政府指令性任务增加支出而给予经济补偿的规定，而是直接接管了夭折的民营公交公司。[1]

其次，公物所有权受到公物目的的限制。根据《办法》第3条与第4条第1款第1项，公私合营模式下的公用设施，无论采用何种运营方式，均以高效率地提供高质量的公共产品与公共服务为目的。这决定了公私合营模式下的公共设施，即便为社会资本一方所有，在特许期间，也必须遵循提供公共产品与公共服务的制度目的，而不能成为专供某些特殊人群的享用的事业。应该说，大部分的公私合营模式下的公共设施的营运，天然就具有向公众提供公共产品或者服务的倾向，例如前面已经列举的能源、交通运输、水利、环境保护、市政工程等，几乎都具有这一本质特性。但是这也不排除某些特别的公私合营模式下的运营，由于价格机制的问题，客观上产生了排除公共使用的目的，成了针对特定人群的公共服务与公共产品。例如，我国高铁乘坐的价格普遍较高，不是一般民众所能承受的，尤其是进城务工的农民工。高铁的公私合营模式已经开启，如山东潍坊在2015年6月开启了我国首单公私合营高铁项目，但是即便采用政府缺口补贴作为维系低票价的手段，由于社会资本进入公私合营模式，其本质在于逐利，如无严格的契约乃至监管的约束，公私合营模式的高铁项目的服务方向恐怕变样、走形。当然这不仅是价格机制的问题，我国学者提到公众公物利用权弱化的诸多问题[2]：其防御功能面临困境；受益功能受到阻滞；客观价值秩序功

〔1〕参见周佑勇：《特许经营权利的生成逻辑与法治边界——经由现代城市交通民营化典型案例的钩沉》，载《法学评论》2015年第6期。
〔2〕参见汪秋慧：《公物利用权的性质、功能及实现路径——基于基本权利功能理论的分析》，载《城市问题》2016年第8期。

能无法发挥作用，等等。

最后，公物所有权的行使受到政府的严格监管。《办法》中规定了政府部门乃至社会公众对于公私合营模式下的项目营运的监督，也在其法律责任一章中规定了较为严厉的违约与违法责任。例如，第 53 条规定了特许经营方违反法律及国家标准造成严重的质量、安全、环保事故的，除被课以行政责任外，还要进行刑事上的追责；第 56 条规定了对特许经营方的违约行为建立不良行为信用记录制度及失信行为的社会曝光制度。这些规定无疑将很好地约束公共设施所有方的经营管理行为。张力教授对于公物的使用监管中的政府义务提出如下要求：第一，维护公物的使用秩序，防止少数人成为公物的事实上的支配者；第二，确保公物的物理上的适用状态；第三，维持公物在法律上的使用状态，尤其是要防止公物所有人以非法的经营方式抬高公众使用的成本；第四，信息公开。[1]这些言论不可谓不诚恳。笔者认为，政府部门在公私合营模式下有取信于社会资本而失信于社会公众的自然倾向。政绩冲动下的公私合营模式往往成了政府部门的融资方式，而非公共设施或者公共事业的营运方式，社会资本的强势进入与强大的游说谈判能力，可能使政府部门丧失其基本立场，因此有必要强化对政府部门监管权的社会监督，否则所谓的政府监管职责难免落空。中国的当下，并不是强调特许经营一方利益保护的时候，虽然社会资本一方与政府部门相比，也可能处于弱势地位，但是相较于一般的社会公众，他们仍处于明显的优势地位，而且更为主要的是，既然已经进入公私合营模式提供公共服务，就应当为了公共利益而放弃大部分的私人利益。加强监管乃势在必行，除了契约内的监管，还应加强契约外的公共监管。以临时接管权为例，此种权力并非政府基于特许经营协议所产生的契约性权利。《办法》第 18 条第 3 款第 12 项明确规定"应急预案和临时接管议案"为特许协议的法定内容，第 47 条与第 48 条对此作了较

---

〔1〕 参见张力：《公物的私产化及其法律控制》，载《湖南师范大学社会科学学报》2013 年第 1 期。

为含糊的补充规定。我国较近期出现的临时接管案例，是黑龙江省方正县政府根据《方正县人民政府城市集中供热临时接管应急预案》对该县 A 热力公司的接管，此外，还有辽宁省兴城市政府对龙雨供暖公司特许经营权的取消与接受，2008 年湖北十堰市政府对民营公交公司特许经营权的收回与接管，2008 年云南大理州政府对祥云公交公司特许经营权的收回与接管等案例。我国学者往往站在特许经营者一方，认为政府不守诚信，不讲程序[1]，但是事实上这些接管案例的发生，均有其特殊背景，即危机发生具有严重性与紧急性。例如方正县取消供热公司的特许经营权并予以接管的原因，在于2009 年的冬季将至，37 000 多名居民将面临暖气断供的危险，政府接管企业乃是迫不得已，也无法预先采取更进一步的听证程序。总之，政府临时接管权构成了对社会资本一方特许经营权及所有权的较大外在限制，是不容置疑的事实。

四、公私合营模式下的特许经营物所有权的权利内部限制

奥诺雷教授提出的所有权成分分析方法是颇具启发意义的。如前所述，按照奥诺雷教授的见解，所有权可以划分为 11 个权利和责任：占有权、使用权、经营管理权、收益权、处分权、安全保障权、可继承性、无限期性、有害使用的禁止、执行的责任和剩余权。这一成分分析方法与大陆法系所有权的概念是一致的，但是并不完全适用于公私合营下的特许经营物所有权。

首先，如果公私合营下的特许经营物的所有权在特许经营期间属于资方，其存续期限将受到特许经营协议与法律的限制。根据《办法》第 6 条规定，基础设施和公用事业特许经营期限应当根据行业特点、所提供公共产品或服务需求、项目生命周期、投资回收期等综合因素确定，最长不超过 30 年。对于投资规模大、回报周期长

〔1〕　参见章志远、李明超：《公用事业特许经营中的临时接管制度研究——从"首例政府临时接管特许经营权案"切入》，载《行政法学研究》2010 年第 1 期。

的基础设施和公用事业特许经营项目，可以由政府或者其授权部门与特许经营者根据项目实际情况，约定超过前款规定的特许经营期限。但是无论特许经营期限的期限有多长，均是有期限的，由此根据《办法》第5条第2项的规定，于特许经营期限届至时，资方应将基础设施、公共事业的所有权及其占有移转于政府。将特许经营权的存续期限与资方对特许经营物的所有权捆绑，其实质就是给所有权的存续设定了期限，故从权利的内部构成看，公私合营下特许经营物的所有权，在特定的角度上，属于有限期的所有权。所有权的本质特征之一为"无期限"，公私合营下特许经营物的所有权与这一本质特征不符。

其次，剩余权要素是否具备，端视所有权存在于何方。在基础设施与公共事业属于资方所有的情况下，其相对于政府而言是不存在的，但是在基础设施与公共事业属于政府所有而交由资方经营的情况下，仍具有现实意义。奥诺尔所说的剩余权，实际上是剩余索取权。剩余索取权理论，乃20世纪30年代由美国经济学家伯利和米恩斯提出。这一理论的根据是委托代理理论中的所有权与经营权分离，即企业所有者保留剩余索取权，而将经营权利让渡。剩余索取理论不仅可以用以解释公司股东的股权，也可以用以解释农村土地用益权人的征收补偿权与成员权受到损害之后的诉权、建设用地使用权人的征收补偿权、用益物权人与所有权人的孳息归属权，等等，也可以用以解释信托关系中委托人、受益人的法律地位。[1]所有权与经营权分离虽然已经不用于诠释特许经营权的性质，但是剩余索取理论对于公私合营的所有权属于政府一方，在特许经营期限届至时的返还请求权基础，仍具有一定的解释力。

再次，处分权受限。例如，根据2005年《北京市城市基础设施特许经营条例》第25条第1款的规定，未经实施机关同意，特许经营者不得擅自转让、出租、质押、抵押或者以其他方式处分特许经

---

[1] See Eugene F. Fama & Michael C. Jensen, "Agency Problem and Residual Claims", *Journal of Law & Economics*, 26, 1983, pp. 327–349.

营权和特许经营项目资产。2010 年《上海市城市基础设施特许经营管理办法》第 25 条作了相同的规定。住房和城乡建设部 2015 年《市政公用事业特许经营管理办法》第 18 条对于擅自转让、出租特许经营权与擅自将所经营的财产进行处置或者抵押的情形，规定政府应当依法终止特许经营协议，取消其特许经营权，并可以实施临时接管。此外，《基础设施和公用事业特许经营管理办法》第 31 条还规定了特许经营者对所经营的基础设施与公共事业的检修、保养义务以及依规移交义务。这些散见于地方政府规章、部门规章中的条文规范，系统地规定了对特许经营者特许经营权、对基础设施与公共事业处分权的法律限制的。综合上述规定分析可知：①特许经营者在取得政府的同意后，可对特许经营权、特许经营物进行处分，该处分有效。②特许经营者未取得政府的同意，擅自对特许经营权、特许经营物为处分，将可能产生如下法律后果：政府终止特许经营协议，取消特许经营权。上述规定没有明确住房和城乡建设部 2015 年《市政公用事业特许经营管理办法》第 18 条规定中的"应当"属何意义。从其中文语意看，"应当"所形成的强制，在程度上不如"必须"。故特许经营者未取得政府的同意，擅自对特许经营权、特许经营物为处分，政府也有可能不终止特许经营协议，不取消特许经营权。③特许经营协议是债，特许经营权属于债权。债具有相对性。债权并非对物权，不可随物走，特许经营人对特许经营物为处分转让，受让特许经营物的人也并不因此取得特许经营权。故政府终止特许经营协议、取消特许经营权的效力只及于特许经营人，且此种规则仍属取缔规则，而非属效力规则。④特许经营物的擅自转让以及为其他处分行为的效力如何？按照民法的一般规则，特许经营人对特许经营物为转让处分，只涉及特许经营物本身的登记公示问题，如其登记在特许经营人名下，该处分即便为无权处分（真实所有权人为政府），第三人信赖登记而受让，符合善意取得的要件即可善意取得特许经营物的所有权；如其登记在政府名下，该处分亦为无权处分，第三人无由产生信赖，故不可善意取得。然而此种一般规则能否适用于特许经营物的处分，不无异议。尽管目前相关的法律规则层级较低，且未设置关于法律行为效力的规则，但是自特许经营制度的目的思考，如果允许擅自处分特许经营物，无疑将危及特许经营制度欲保护的公共利益，故应认为擅自处分经营物的行为属无效。

最后，使用权受限。除了前述公共利益限制外，就使用权本身而言，根据《北京市城市基础设施特许经营条例》《上海市城市基础设施特许经营管理办法》的相关规定，在特许经营期限内，特许经营者不得将特许经营项目的设施及相关土地用于特许经营项目之外。

五、结语

公私合营模式下的公共设施的所有权受到各方面限制并承受义务，从而为现代社会中观察所有权负担义务的现代性命题提供了直接的佐证：一是公私合营下公共设施所有权受到契约限制；二是公私合营下的公共设施所有权受到公物法的限制；三是公私合营下的公共设施所有权的内部要素亦受到规范的限制。

同时还应看到，学界对于特许经营协议的性质欠缺清晰的认识，对于特许经营权的性质亦存在混淆，切须澄清。特许经营协议本质是一种特殊的债，债的本性为私法上的法律关系，而公法目的的介入又令其承载了实现公共利益的功能。特许经营权本质应是一种债权，包含在特许经营协议之中，作为特许经营协议所承载债权的核心。物债分离，特许经营物的所有权与特许经营协议、特许经营权应当进行权利区分，并以此为基础建立规范关联。

本章余论：本章的四节内容，第一节探讨了物权与债权关联的一般模式，由此引出在关联模式下的所有权被削弱的话题及可能讨论的论题；第二节至第四节分别探讨了信托、所有权保留、PPP 模式的法律构造中因为契约本身的制度化安排所导致的所有权弱化的问题，这种制度性的安排主要包括两个方面：一是所有权本身的权能被切割导致弱化；二是所有权被债权关系所包围导致所有权的隐形性弱化。这两个话题的阐释，实际上并未穷尽物权与债权关联下所有权弱化的所有论题，在笔者思考的范围内，至少应该还包括动产典当与不动产典权。鉴于动产典当的结构与信托的财产权法律构造极为相似，本书觉得已无必要对此进行专门的探讨，读者完全可以举一反三；不动产典权在我国属于已经"死去"的物权类型，虽然我国台湾地区尚存此种制度，但在大陆地区，因为土地所有权的结构与土地用益物权的特殊制度功能，典权的确不再具有实际的功用。近期有学者主张复兴典权，将其用于农村土地流转，[1]但是这与我国物权法法定的制度背景是相违背的，也不符合我国土地所有权的权利结构现实。有鉴于此，本书不拟对"典权"展开探讨。

---

〔1〕 参见李显冬、倪淑颖：《典权与中国农村土地流转》，载《中国国土资源经济》2016 年第 9 期；李显冬、金丽娜、倪淑颖：《农村土地流转与典权之扬弃》，载《国土资源情报》2016 年第 6 期。

债权与物权的规范同态

债权与物权的规范同态，是一种假性的债权与物权的中间权利状态，本书第一章称之为拟制，通常表现为权利救济的规范同态、权利变动的规范同态以及占有保护的规范同态。占有保护方面，无论是基于债权的占有与基于物权的占有，还是无权利占有与有权利占有，在占有保护的规范设置上都具有相似性，差异很少，且此类问题学界耳熟能详，故本书不拟对此深入阐述。权利救济、权利变动方面的同态性方面，仍存在解释论上的争议，故本章拟撷取这两种同态性，且仅从房屋多重买卖、债权让与的解释范式方面予以展开，达到以点带面的目的。

第一节　规范同态与假性的中间权利状态

一、规范同态的意义与类型

规范同态在本书的范围内，是指基于权利的不可侵性与"拟制"技术而产生的非同类权利采用类似规范构造的现象。本书第一章对于"拟制"技术已有详尽阐述，无非是权利"拟制"为物、占有"拟制"为权利。权利"拟制"为物，系基于客体的"拟制"，因此得以间接形成规范的同态性；占有"拟制"为权利，而为直接的规范"拟制"。权利的不可侵性，仍是权利的一般属性，无论债权还是物权，均具有不可侵性，因此，在债权受到第三人侵害时，得以在必要限度内沿用物权受到侵害的规范予以救济。

在具体的规范类型上，规范同态主要有两种：一是权利保护规范，二是权利变动规范，尤其是权利让与规范。就第一类型的规范，又可将之分为权利之损害赔偿规范与占有保护规范。如果不对损害赔偿的意义做过度的扩展的话，那么应该可以确定，我国学术自权利保护规范方面展开的债权与物权同态的损害赔偿的研究现状，几乎一致性地停留在债权受到第三人侵害的纯粹经济损失问题上。对这一问题的学术阐释，则又主要集中于对《侵权责任法》第 2 条[1]所谓的侵权法保护范围的研究上。侵害债权是否应当只局限于纯粹经济损失的损害赔偿，有待进一步的研究。占有保护规范的研究，可分为两个路径：一是占有推定；二是占有人的请求权。虽然占有推定对保护债权占有人的意义不大，但是这一问题始终受到学界的关注，并有逐渐从动产占有的权利推定向认同不动产占有的权利推定方向发展的学术趋势。[2]占有保护问题的研究，则逐渐摆脱物债二分框架的束缚，学界现在多从占有作为事实，而非从占有作为支配权的角度，对占有保护问题展开解释与评价。[3]权利变动规范的同态性，则主要表现为债权让与对物权变动规范，尤其是所有权变动规范的移用。问题是，债权让与可在何种角度，乃至于在何种程度上移用所有权变动的物权规范，其中涉及物权变动的解释范式选择问题，尤其是物权形式主义的解释范式能否沿用于对债权让与的解释，债权让与由于其界域的特殊性，是否有意思主义解释范式采用的空间，这些问题均有待进一步的阐释。

---

[1]　《民法典》第 1164 条对该条进行了简化，仅规定"本编调整因侵害民事权益产生的民事关系"，保留了《侵权责任法》第 2 条的核心意义。

[2]　参见程啸、尹飞：《论物权法中占有的权利推定规则》，载《法律科学（西北政法学院学报）》2006 年第 6 期。

[3]　参见章正璋：《我国民法上的占有保护——基于人民法院占有保护案例的实证分析》，载《法学研究》2014 年第 3 期。

二、基于规范同态的假性中间权利状态

基于规范同态性所形成的物权与债权之间的中间权利状态，是一种假性的中间权利状态。这种假性并非表现为权利在物权与债权之间的摇摆、物权性弱化或者债权性强化等现象，毋宁将之视为一种超越物债二分的中间权利现象。

在这层意义上，本章阐释规范同态性问题的目的与前面几章有所不同。如果说前面几章的内容重在建构，即目的在于以物债二分的类型论建构成物债二分的新体系的话，那么本章的目的既有建构的一面，也有解构的一面。建构的目的在于对规范同态性形成合理性的阐释，而解构的一面则在于它对学术界所存在的物债之间的"模糊状态"的疑问进行了正面回应，指出了规范同态状态下的所谓"中间权利状态"并非真的权利中间状态，而是基于"拟制"技术或者基于法律地位的相似性而采用相似法律规范的现象。

不论如何，从中间权利状态逻辑体系的构成来看，无论是真的中间权利状态还是假性的中间权利状态，它们对于构筑物债二分之间的类型化的中间权利状态体系，都是必不可少的组成部分。

第二节　权利救济的规范同态

债权与物权救济的规范同态源于权利的不可侵性。权利的不可侵性，不仅体现于物权的救济性规范中，也体现在债权救济规范中，且债权的救济规范与物权的救济规范，在责任方式上与物权受到侵害的责任方式类似。这一问题涉及面过于宽泛，下面仅以房屋多重买卖中占有房屋的先买受人权利保护为例予以说明，希望以点代面，将这一问题阐释清楚。

多重买卖是就同一标的物，分别与不同买受人订立数个买卖合同的交易现象。在标的物为特定物的情况下，多重买卖将引发数个债的履行冲突。围绕房屋多重买卖之债的履行问题所建立的裁判规

范为房屋多重买卖规则。

在房屋多重买卖中，已经登记的买卖合同优先于未登记的买卖合同的规则集中体现了当事人的意思自治与登记的公信力。但是，该登记规则所导致的登记效力的形式理性结果，难以回应实质正义的要求。争论焦点集中以下两个问题上：第一，占有房屋的先买受人能否以其占有对抗完成产权过户登记的后买受人？假如可以，对抗的规范基础是什么？第二，除占有对抗外，有无其他合理方式可用以保护占有房屋的先买权人的权利，能在维护实质正义的同时，维系基于民法体系性特征的形式正义？学术界目前存在的调整方案有无权处分说、知情对抗效力说，但都欠缺制度上的合理性，不符合民法体系强制的要求。应探讨合体系性的其他方案。较为合理的解决方案，是以侵害债权的侵权法规范适当软化不动产登记的公信力，缓和物权法与债权法、合同法与侵权法之间的矛盾与张力，衡平已占有的未登记先买受人与已登记后买受人的利益，并对前者的利益予以有限保护。

一、无权处分论的提出及其体系障碍

无权处分论的基本思路是：出卖人在将房屋出售给先买受人之后，即已经将对房屋的占有、使用、收益等权利让渡于先买受人。嗣后，当其与后买受人达成交易，并完成产权过户登记时，事实上陷入了"处分不能"的状态。此时出卖人对房屋产权的处分为无权处分，后买受人须基于善意取得规则才能受到保护。后买受人善意与否，应视其是否已经尽到资情调查义务而定。[1]无权处分论的伦理基础是民法的诚实信用原则，以此排除市场经济理性原理的适用；其逻辑推论方法是对"买卖不破租赁"原理的类推适用；在内容上则包括两个要点：有权处分之否定与返还请求权之否定；后买受人

---

[1]　参见陈永强：《未登记已占有的房屋买受人的权利保护》，载《环球法律评论》2013 年第 3 期。

的调查知情义务可基于先买受人未直接占有或者中止、隐瞒其直接占有的事实而排除。

无权处分论的缺陷首先表现在,在民法的自由原则与诚实信用原则的位序排定上,存在过度拔高诚实信用原则的问题。

市场经济理性原理强调自由竞争与效率优先,并认为自由竞争是达至交易效率的最佳途径。体现在民法上,则为私法自治,包括意思自治。在房屋多重买卖的情景下,当事人的意思自治主要表现为出卖人的意思自治,即出卖人可在债权平等的框架内就同一标的自由订约,并选择最有利于自己的时机处分其权利;买受人的私法自治则主要表现为竞买自由,即买受人在正当竞争的限度内,即便同一标的已经存在先买受人,仍可自由参与竞买,这种行为并不被视为不正当。在法的自由价值与诚实信用原则所体现的道德价值之间,由于自由价值最能体现民法的价值取向与精神,故被视为民法的最高价值,私法自治被视为民法最基本的原则。诚实信用原则标识着自由的限度,虽常被说成是民法道德原则之首,但是与私法自治的原则相比,它只能起着辅助的作用。如果将私法自治视为民法原则体系中的太阳的话,那么诚实信用原则与其他诸原则都是围太阳绕行的行星。

依诚实信用这一道德原则而排除市场经济理性原理的适用,应当慎之又慎,以防民法自由价值贬损。民法人虽然亦须过有德性的生活,[1]但德性不能凌驾于自由之上,而只能常常辅佐在自由左右。自由价值与诚实信用原则的这种关系模式决定了买卖合同应以出卖人自由出卖、买受人自由竞买为其基本规则,也决定了依诚实信用原则对出卖人自由出卖、买受人自由竞买的自由,只能进行适度限制,而不能全面排除。无权处分论几乎全面排除了买卖自由,否定了出卖人对其所有标的物的处分权,也排除了基于自由竞买而得到标的物所有权的后买权人的返还请求权,将后买权人的权利取得框

---

[1] 参见谢鸿飞:《论法律行为生效的"适法规范"——公法对法律行为效力的影响及其限度》,载《中国社会科学》2007年第6期。

定了善意取得这一极度狭窄的空间内。这是无视民法原则位序的极端做法。

　　无权处分论也违背了物债二分的民法财产权的体系强制要求。"对于中国的民法学研究而言，强调遵循体系强制的要求，强调体系化的思考方式，具有特别的意义。"[1]物债二分体系的核心是物权法定。物权法定的体系强制表现为类型强制与类型固定。类型强制的当然意义是不得创设法律没有规定的物权类型。无权处分论违背了物权法的类型强制规则，将"买卖不破租赁"的规则类推适用于不动产占有，其实质是创设了一种新的具有物权效力的权利类型。"买卖不破租赁"的内在机理是处分不能。处分不能的表述，最初出现在18世纪自然法学派的言论当中。根据自然法学派的观点，出租人通过签订租赁合同，允许承租人使用和享用其财产，即已经将其自由的一部分切割开去并让渡给了承租人，因此其不能将同一部分的自由再授予出租财产的买受人。[2]处分不能机制存在本质缺陷，它未能解决所有权的弹性及合同的相当性问题。在出租人将房屋所有权转让于买受人之后，由于买受人并非房屋的出租人，其不受租赁合同的约束，故虽然所有权所包含的"自由"已被部分切割，但基于其"弹性"，买受人有回复其全部自由的权利。故后来的德国民法典转而采用了"法定的概括移转"原理，否弃了处分不能。

　　无权处分论类推适用作为"买卖不破租赁"内在机理的处分不能，最明显的硬伤就是将处分不能当作了无权处分：无权处分否定房屋所有人的处分权，但是处分不能并不否定房屋所有权人的处分权。无权处分要解决是买受人可否自无处分权人处取得权利的问题，处分不能要解决是买受人可否对抗"原权利人"（租赁权人）的问题。两者可谓风马牛不相及。故无权处分论不仅违背了物权法的类

---

　　[1]　参见王轶：《对中国民法学学术路向的初步思考——过分侧重制度性研究的缺陷及其克服》，载王轶：《民法原理与民法学方法》，法律出版社2009年版，第11页。

　　[2]　Rein Zimmermann, *The Law of Obligation: Roman Foundation of the Civilian Tradition*, Oxford University Press, 1996, p. 377.

型强制规则，也在创设房屋多重买卖的先买受人占有房屋的物权效力时，混淆了"买卖不破租赁"制度中的处分不能与自无权利人处取得制度中的无权处分，逻辑上难以融通，对于史实也存在误解。

由虚构的无权处分，可以直接通达善意购买的问题。而"善意"判断的标准问题，置于我国法律的房屋多重买卖规则中，又必然与不动产占有公示效力具有内在关联。赋予不动产占有以物权公示效力，必然违背物权法的类型固定规则。对于不动产交易而言，未登记不能产生不动产物权变动的效力，登记同时也是不动产物权存在的唯一证明。在物权法定的框架下，不动产占有并不具有任何物权公示的效力，只能为消极的权利推定，不能为积极的权利推定，这与动产占有完全不同，因为动产物权变动与存在的公示方式也是占有，动产的占有与权利之间存在法定通道。无权处分论试图依托"买卖不破租赁"之债权物权化原理，以"占有"作为债权物权化之根据，从而间接达到赋予不动产占有以"一定"物权公示效力的目的。但是，一方面债权物权化本身欠缺统一的理论基础，难以达成共识，另一方面，将债权物权化的效力奠基在占有的权利推定效力上，而不是奠基于债权本身，这已经脱离了债权物权化的初衷，错将占有的权利推定功能当成了债权物权化的表征。[1]更何况，这种分析中存在一个根本的谬误，即不动产占有的权利推定功能只是消极的而非积极的，何由得推出债权物权化的效果？

二、知情对抗效力说的提出及其缺陷

知情对抗效力说的基本思路是："单纯知情"可以产生类似于预告登记的法律效果。即在第三人单纯知悉在先权利的情况下，在先权利人的债权取得类似于预告登记的物权效力。这种效力状态可以

---

[1] Vgl. Canaris, Die Verdinglichung obligationscher Rechte, in: Festschrift füer Werner Flume zum 70. Geburtstag, Bd. 1, Koeln 1978, S. 372 ff. 转引自常鹏翱:《物上之债的构造、价值和借鉴》，载《环球法律评论》2016年第1期。

概括为"知情对抗效力"。[1]

知情对抗效力说的学理基础是美国法的调查知情理论与日本民法学上围绕《日本民法典》第 177 条的解释论。

在美国法中，在登记优先的制定法规则取代普通法的"时间在先，权利优先"的规则之后，作为原来衡平普通法上述规则的善意购买规则，也被带入登记优先的制定法规则之实施中，作为一种衡平各方利益的手段。美国不动产登记制度本质为契据制，登记不是不动产物权变动与存在的法定公示方式，而是权利对抗中取得优先地位的依据。善意购买这种衡平法上的规则在美国不动产交易中的适用，主要表现为课以知情不动产买受人以不利的、通常是不能取得不动产所有权或者需承担不动产上负担的法律后果。"知情"有三种不同的类别：实际知情、登记知情与调查知情。实际知情是一种已存的知情状态，登记知情是一种"推知"的知情状态，调查知情则是一种"应然"的知情状态。在美国法中，调查知情适用于采用通知型登记法或者竞赛-通知型登记法的州。调查知情适用的条件有以下两个：可疑事实的存在使得一个审慎的购买人负有调查的义务；合理的调查即能揭示未登记的所有权。[2]

日本民法实践中所确立的知情对抗效力规则，是经由对《日本民法典》第 177 条[3]的解释确立起来的。日本民法的不动产物权变动的规则与美国法相同，奉行登记对抗主义，允许不经登记取得不动产物权，这是第 177 条的规范基础。未经登记而取得房屋所有权的先买受人一般是房屋的现实占有人。房屋的名义登记人有可能对房屋为多重买卖，从而又把房屋的所有权移转登记于后买受人。此时一个问题浮现出来：已占有的未经登记的房屋先买受人，可否以

---

〔1〕参见吴一鸣：《论"单纯知情"对双重买卖效力之影响——物上权利之对抗力来源》，载《法律科学（西北政法大学学报）》2010 年第 2 期。

〔2〕参见陈永强：《英美法上的交易自治与交易安全——以房地产交易法为视角》，法律出版社 2009 年版，第 230~237 页。

〔3〕《日本民法典》第 177 条规定：关于不动产物权的取得、丧失及变更，非依不动产登记法及其他关于登记的法律规定登记，不能对抗第三人。

其所有权对抗后买受人？《日本民法典》第177条的回答是肯定的。日本民法学上所争议的仍是作为后买受人的第三人的范围，就此形成的通说认为，第三人应当排除"背信的恶意第三人"，[1]而非单纯知情的恶意第三人。即已占有的未登记的房屋先买受人，可对抗"背信的恶意第三人"。

日本民法学围绕《日本民法典》第177条所形成的对抗效力学说与美国法上的知情理论存在明显区别，前者强调作为道德因素的"背信"，后者以单纯知情为条件。故毋宁说知情对抗效力说是建立在美国法知情理论上的、用日本民法学说粉饰过的对抗效力理论，其根在美国法，而不在日本民法学。

可以把美国法上的知情理论与我国房屋多重买卖连接起来的知情是调查知情。在房屋不被出卖人实际占有的情况下，后买受人有调查房屋实际占有的情况并据此发现先买受人存在的义务。根据知情对抗效力说，在房屋的先买受人现实占有的情况下，单纯的知情即可以使得先买受人对房屋的占有产生预告登记的效力，除非客观上调查不能发现先买受人的存在，例如存在先买受人放弃现实占有、隐瞒占有或者中止占有等情形。

以美国法上的调查知情理论简单套用大陆法系的预告登记制度，表面上有其内在的合理性，因为两者的法律后果类似。但是这种简单套用存在先天不足，不符合我国民法的体系强制要求。理由在于：第一，论者虽然信誓旦旦说，通过这种套用，可以不必破坏民法的体系性特征而解决房屋多重买卖的权利救济问题。可是套用行为本身已经在破坏民法的体系性特征。民法物债二分的体系性特征通过物权法定得以维系，预告登记效力必须符合类型固定的要求，依法通过不动产的预告登记方可发生。知情对抗效力学说却试图以单纯调查知情来推定预告登记的效力的存在，明显违背类型固定的要求。第二，预告登记的效力具有极大的刚性，以无效评价所有与预告登

---

[1] 参见［日］铃木禄弥：《物权的变动与对抗》，渠涛译，社会科学文献出版社1999年版，第35~36页。

记相抵触的权利变动，而无论权利变动的发生是否以善意为基础；而知情对抗效力则具有一定柔性，在美国法上，其制度生成的目的，本在于衡平与软化不动产登记的刚性。两种制度在目的上可谓风马牛不相及，逻辑上基本无法融通。第三，在裁判机制上，与知情对抗效力规则直接对接的是善意购买制度。在善意的判断上，法院有一定的自由裁量权，毕竟"在私法上，善意、恶意只是单纯地与是否明知事实相关联，提起诉讼时则完全听凭法官的认定或判断"。[1]对于与预告登记相抵触的权利变动，第三人善意与否，不在考量的范围之内，故法院无自由裁判权。第四，将调查知情的效力与预告登记的效力等同，暗示着调查知情的要件具备时，出卖人所为处分为无权处分。这又在逻辑上将该种无权处分与善意购买制衔接起来，于是知情对抗效力说与无权处分论也在实质上等同起来。这活脱脱是另一个版本的无权处分论。这一版本的无权处分论与预告登记制度的旨趣完全不同，后者在于借助登记公信力之刚性，强化对先买受人的保护，而前者在于借由无权处分的制度优势，强化对交易第三人的保护，真可谓南辕北辙。

三、一个更可取的思路：侵害债权之侵权法救济

我国台湾地区于2000年修改所谓"民法"之前，其第244条第2项为依合同之保全效力行使撤销权以保全先买人的债权提供了一个一般性的救济框架："债务人所为之有偿行为，明知有害于债权人之权利者，以受益人于受益时亦知其情事者为限，债权人得声请法院撤销之。"1956年台上字第1316号判例认为：债权人之债权，因债务人之行为，致有履行不能或困难之情形者，即应认为有损害于债权人之权利。故在特定债权，倘债务人所为之有偿行为，于行为时明知有损害于债权人之权利，而受益人于受益时，亦知其情事者，

---

[1] 参见［日］我妻荣：《我妻荣民法讲义Ⅱ新订物权法》，罗丽译，中国法制出版社2008年版，第169页。

债权人即得行使所谓"民法"第 244 条第 2 项之撤销权以保全其债权，并不以债务人因其行为致陷于无资力为限。[1]2000 年我国台湾地区所谓"民法"修改之后，其第 224 条第 3 项明确修订了原第 224 条第 2 项，债务人之行为非以财产为标的，或仅有害于以给付特定物为标的之债权者，不适用前第 2 项之规定。于是局势为之突变，在房屋多重买卖的后买受人进行登记之后，占有房屋的先买受人不复具有撤销权。然而，在学理上仍有一问题值得进一步探讨，即占有房屋的先买受人因修法丧失了法定的撤销权，是否还有其他思路用以保护其权利，且不破坏民法的体系性？

我国台湾地区学者黄茂荣认为，在维持物债二分体系的前提下，台湾地区民事法律规定基于保护债权的实际需要，已经开始利用所谓"民法"第 184 条第 1 项的后段以及所谓"公平交易法"第 24 条予以补强，以便先买受人能够于例外情形下，依以之为基础的损害赔偿请求权，请求后买受人回复原状，返还其自出卖人处受让之物及其所有权。作为例外的保护手段，需要先买受人对于后买受人故意违反善良风俗，从事竞争加损害于先买受人负举证责任。[2]这一思路以侵权责任法为进路，以我国台湾地区所谓"民法"第 184 条第 1 项后段为规范基础，为债权等"利益"损失提供救济。

权利与利益的区分，不仅关系到民法法益的格局，也关系到物债二分的财产权体系。我国学者多从纯粹经济利益损害赔偿的角度进行"故意背俗致损"的分析。[3]学界也多认为对纯粹经济利益提供的民法救济，应弱于对于权利的救济。[4]这一权利与利益二分、并将债权等利益损害一并视为纯粹经济利益损害的观点，显得较为

〔1〕 参见陈忠五主编：《学林分科六法——民法》，学林文化事业有限公司 2000 年版，第 277 页。

〔2〕 参见黄茂荣：《债法总论》（第 1 册），中国政法大学出版社 2003 年版，第 276 页。

〔3〕 参见于飞：《违背善良风俗故意致人损害与纯粹经济损失保护》，载《法学研究》2012 年第 4 期。

〔4〕 参见葛云松：《〈侵权责任法〉保护的民事权益》，载《中国法学》2010 年第 3 期。

狭窄，因其在要件较之权利侵权更为严格化的背景下，同时限缩了利益损害可得请求的救济方式。事实上，债权受到侵害时，纯粹经济利益只是其中一个方面，如果债权人不拟回复实际履行，以请求赔偿纯粹经济利益赔偿方式诉请救济，自然没有问题，也契合私人自治的民法精神；但是如果债权人欲取得实际履行的利益，则把侵害债权的损害框定在纯粹经济利益损失之中，将使得"利益"保护的范围变窄。我国"侵害债权"的最为基础的规范是《民法典》第1164条；扩展性的规范包括《民法典》第179条与第1167条等关联法律条款。其中，第179条第1款规定的侵权责任方式，包括停止侵害、排除妨碍、消除危险、返还财产、恢复原状、赔偿损失、赔礼道歉、消除影响和恢复名誉。该条第3款还明确规定，以上承担责任的方式可以选择与合并适用。第1167条仅规定了危及人身与财产的侵权责任方式。法律没有将债权排除在侵权责任法的保护范围之外，也没有将"利益"损害救济的方式限定在赔偿损失之一端，在法教义学的意义上，债权在被侵害且符合学术界通说所认同的"故意背俗致损"条件的情形下，债权人诉请恢复原状应当是无妨的。

过去学术界对侵害债权的侵权法救济的研究，多从第三人侵害债权救济制度对债权相对性之体系突破的角度进行，且多以为第三人侵害债权的救济制度源于英美。[1]但是自2000年以后，随着学术界对德国民法学的了解加深，将第三人侵害债权的救济制度误认为系源自英美，及误认其突破债权相对性体系之观点，大部分都自然而然地得到了纠正。例如，现在研习民法学的学者甚至于法科学生，对于德国民法典一般侵权责任的三个小条款，大都耳熟能详，也不再认为对侵害债权行为的救济是一个突破民法物债二分体系的现象，权利的不可侵权性也逐渐被学界认同为物权与债权的共性。当然，

---

[1]　参见李霞：《第三人侵害债权制度研究》，载《济南大学学报》1998年第4期；薛文成、苗晓霞：《论第三人侵害债权制度》，载《人民法院报》2000年11月18日，第3版。

误解依然局部存在，仍然有学者在谈建构论，而没有意识到对第三人侵害债权的救济已然是一个解释论上的问题了。[1]

以"故意背俗致损"为条件所确立的侵害债权的侵权法救济方式，较之依合同法进路的"撤销权"方式，在刚性方面要差了许多，它需要同时具备"故意"与"违背善良风俗"两个要件[2]，故在房屋多重买卖的规则配置中，它是对于后买受人利益介入最为轻微的一种方式。同时它与"撤销权"方式一样，并不关注不动产占有的物权公示效力问题，而仅在不动产占有的消极推定效力上铺开，具有不破坏且能够维系民法体系性的优点，它更多是一种体系内的展开，而非体系外的入侵。它是建立在登记生效要件主义基础上的救济制度，与我国物权法所确立的物权法定以及公示公信的原则具有深度的融合性。因此，较之主要基于比较法而形成的无权处分说、知情对抗效力说这些具有体系破坏性的、嫁接的、拼合型的关于房屋多重买卖规则的理论学说，依侵权法救济占有房屋的先买受人权利的学理构想，具有其固有的学理优势。

作为侵权责任方式的恢复原状，与作为形成权的撤销权，虽然刚性相异，法律机制也相异，但是法律结果在其根本性上是相同的。在房屋多重买卖的情况下，恢复原状的结果是使原从债务人处让渡的房屋所有权恢复至债务人，使得债务人保持债之履行的能力。这种结果与撤销权的行使是一样的。不过现代民法为避免陷入合同相对性的体系困境，多巧妙地避免设置过多的合同法上的债权人对债务人与第三人法律行为的撤销权规范，例如，《民法典》经由其第538条至第542条设置了基于合同保全的撤销权，与此相对应的是《企业破产法》第31条设置的破产管理人的合同撤销权，以免受到合同相对性的追问，而对其他需撤销的情形，转而求诸侵权法的侵

<hr/>

〔1〕 参见赵蕾、吴偲：《论第三人侵害债权之法律救济》，载《汕头大学学报（人文社会科学版）》2013年第4期；李宝军、隋卫东：《论我国第三人侵害债权制度的构建》，载《河南师范大学学报（哲学社会科学版）》2015年第6期。

〔2〕 参见于飞：《违背善良风俗故意致人损害与纯粹经济损失保护》，载《法学研究》2012年第4期。

害债权责任规范获取替代性救济。这样，可以将合同法上的撤销权适用于急需使用的地方，而在其他需要获得类似救济的地方使用柔性的侵害责任规范，从而达到刚柔相济、以最小的体系破坏的代价获得最好的体系和谐的规范配置目的。

四、进一步的思考：民法比较法解释的方法与体系限度

在房屋多重买卖中，对于已占有的未登记先买受人的保护的学术讨论，无论是无权处分论还是知情对抗效力说，都建立在民法比较法解释的基础上。比较法解释，指援引"外国立法例及判例学说作为一项解释因素，用以阐明本国法律意义之一种法律解释方法"[1]。例如，无权处分论所引用的，乃是欧洲 18 世纪自然法学用以阐释买卖不破租赁"处分不能"的学说；而知情对抗效力说所援引的，则是美国普通法上的知情理论，目的在于以此阐释我国的预告登记制度，并为其赋予新的内涵。

梁慧星教授认为，进行比较法解释时，应当遵守如下一些基本规则：一是不应局限于法律条文的比较，应扩及判例、学说以及交易惯例，在解释的时候，应当充分了解外国法的真意及其现实功能，将所引的资料及参考理由予以清楚说明。二是在比较法解释时，不可因为外国的立法例或者判例学说较佳，从而直接援引采用，以取代本国的规定。同时，在援引外国法律时，常常会导致本国法律规定的扩张或者限缩解释，但无论如何，不应当超出法律文义的可能范围。三是不论外国立法例有多大的参考价值，在确定是否援引用以解释本国法律规定或者填补法律漏洞时，应以不违反本国法律的整体精神及社会情况为度。四是对立法所移植的外国法例，应通过比较法解释，将之纳入本国的立法体系，并使之融为一体。[2]由此标准出发，可以基本判定，无权处分论存在对外国法或者学说真意

---

[1]　参见梁慧星：《民法解释学》，中国政法大学出版社 1995 年版，第 232 页。
[2]　参见梁慧星：《民法解释学》，中国政法大学出版社 1995 年版，第 234~235 页。

把握不准的问题，而这恰恰是比较法解释的基础之所在；知情对抗效力说则存在导致预告登记的意义过度扩张的问题，远超出其本来的文义。

对于现在较为常见的、动辄援引英美法的立法例或者判例学说的比较法解释方法，还应当注意到其与我国现行的、作为大陆法的整体立法体系相协调的问题。例如，在物权法研究中，我国学者较为常见的比较法解释方法，是用比较法所得来的经验，填充或者改造原本已经"本土化"了的法律及法学概念。例如，用比较法研究所获知的各种异质的"地役权"功能填充、改造地役权概念，把它打造成一个横跨公私法的万能法律工具。[1]这种比较法解释的方法，就是试图用来自英美法的公共地役权概念，来扩张我国物权法中存在的地役权的概念，而根本就无视我国物权法立法的大陆法系的特色风貌以及地役权概念原本的法教义学的概念基础。

王轶教授曾就民法制度性研究中存在自说自话、无法交流融通的问题提出一种达成共识性的标准，也就是民法制度研究的体系强制。在最低标准的限度内，民法研究应当遵循体系强制的要求，这是比较法解释采取拿来主义姿态的前提。这种体系性要求包括两个方面[2]：一是遵循实质意义上体系强制的要求，即维持法律制度间价值取向的和谐。它有两条要求：如无足够充分的理由，应当坚持强式平等；如无充分及正当的理由，不得主张对民事主体的自由进行限制。二是遵循形式意义上的体系强制的要求，也有两条要求：遵守形式逻辑概念体系的科层制强制；遵守以民法制度的逻辑相关性为基础形成的体系强制。按照实质的体系强制要求，民法的首要价值应是自由价值，由此映射到民法的原则体系中，则是私人的意思自治与私法自治原则与作为道德原则的诚实信用原则之间的位序

---

[1] 参见雷秋玉：《地役权的功能泛化与本质复归》，载《中南大学学报（社会科学版）》2015年第2期。

[2] 参见王轶：《对中国民法学学术路向的初步思考——过分侧重制度性研究的缺陷及其克服》，载王轶：《民法原理与民法学方法》，法律出版社2009年版，第12~16页。

关系。如无充分且正当的理由，不能因诚实信用原则的适用而全面排除私人的意思自治与私法自治。这一体系强制的方法，可以与梁慧星教授提出的比较法解释应遵守的标准互为补充。

根据体系强制的要求，在房屋多重买卖规则的设置中，以无权处分论全面排除出卖人的处分所有物的自由与后买受人基于自由竞买的返还请求权，被认为是不正当的。而按照形式主义的体系强制的要求，无权处分论违背物权法定原则、混淆处分不能与无权处分，并在此基础上构造所谓的善意取得规则，存在逻辑体系极不协调的问题，不符合逻辑相关性的体系强制的要求；同样，知情对抗效力说强行扭合来自美国法的知情调查理论与我国的预告登记制度，无视制度目的、功能、机制的差异性，造成了体系扭曲，也不符合逻辑相关性的体系强制的要求。从解释论的角度看，民法的体系是活的历史，更是历史与逻辑的统一体，它是民法研究的现实基础，民法比较法解释的研究应立足这一现实，遵守体系强制的要求，如要突破，必须有充分、正当的理由，且秉持最小比例原则，以最小的体系损害结果，换取较大的社会、经济价值。不能肆意突破，更不能"为赋新词强说愁"而刻意突破民法的体系强制要求。在此意义上，民法固有的规范制度更应受到重视，例如侵害债权的侵权法责任规范，尤其是其中的恢复原状的责任方式，不仅可以为债权人提供较为妥适的救济，也可以避免违反合同相对性的体系强制要求。

五、本节小结

围绕房屋多重买卖的先登记者优先规则所进行的学术讨论，无论是无权处分论，还是知情对抗效力说，均偏离了民法体系强制的要求。在基于比较法解释方法的民法制度研究中，比较法解释的基本准则与体系强制仍是其展开研究、铺陈创意的根基与平台。在民法体系固有的规范制度可为民事权利提供足够的救济的情况下，妄谈制度的移植与重构仍是无源之水，无限制的重构论与移植论所造成的直接后果是制度的叠加、重复及无序，所造成的深层危害则是民法体系的破坏。无权处分论同时突破了民法的实质主义与形式主义的体系强制要求，知情对抗效力说则突破了民法形式主义意义上的体系强制的要求。两者又均缺乏突破体系的正当性及充分理由。对于房屋多重买卖规则中的先登记者优先规则较好的衡平办法，是调用民法体系内的"侵害债权"规范，在登记的后买受人的行为符合"故意背俗致损"的条件下，以恢复原状的侵权责任方式，最低限度地保护已占有的未登记的房屋先买受人，达到体系维持与权利保护的双重目的。从以恢复原状的责任方式获得债权侵害救济的角度看，债权与物权的规范趋向了一致。

第三节　权利变动的规范同态：以债权让与为例

学术界对债权[1]让与的法律构成的讨论，局限于债权让与的权利变动模式、债权让与合同与债权让与行为的因果关联。多年来，其法学解释范式形成了三分格局，即债权意思主义、准物权形式主义与二元意思主义三种解释范式并存。三种解释范式之间偶有交流，但欠缺系统的回顾与居间的学术评价。以民法解释方法及其基本准则与基于民法解释选择问题的体系性标准作为学术评价基础的学术进路，或可为相关解释范式的选择提供一个相对客观的筛选机制，以完成解释范式的优选工作。事实上，无论做何种筛选，就债权让与的规范形态而言，它与物权变动尤其是所有权的让与差异很少，表现出较为紧密的同态性。

一、文献回顾：三种解释范式

自 2003 年至现今，实务界对《民法典》第 545 条第 1 款以及第 546 条第 1 款的法学解释几乎没有什么疑义，但是学界至今未达成共识。争议主要集中在债权让与的权利变动模式上，也由此延伸至对

---

〔1〕　本书所称的债权，为不包括证券化债权、应收账款在内的普通债权。

通知债务人行为的效力确定等问题。对于债权让与的权利变动，有三种解释范式：债权意思主义；二元意思主义；准物权形式主义。对通知债务人行为的效力，则有两种学术主张：对抗要件说、生效要件说。对抗要件说对应着债权意思主义与二元意思主义，生效要件说则对应着物权形式主义。涉及二元意思主义与准物权形式主义，则还要解决有因性与无因性的问题。

债权意思主义主张：一个统一的债权意思，即可同时发生债权让与的效力。对于债权让与，无需单独具备债权处分的意思。[1]在债权让与的过程中，"意思"并不重要，重要的是逻辑上的债权由处分人让渡至受让人这一"运动"，也就是债权意思主义所称的"逻辑上的一秒"。这种逻辑上的"运动"并不具有行为的外观，只能靠意念把握，且由于它只被视为一种单纯的、不掺杂"意思"的运动，故它是一个事实行为，而非处分行为。由于这一事实行为是隐藏在债权意思之中的、只可意会不可言传的运动，故它带有很大的神秘性，难以捉摸。然而，债权意思主义却又一般性地主张，其所言说的债权意思包含着两个效果意思：债权效果意思与债权让与意思；不过，其中的债权让与的意思与债权让与这一事实行为无关。这的确令人难以理解，对此债权意思主义者也认为，"这在德国民法学者看来，简直不可思议"。[2]

二元意思主义与债权意思主义的本质区别在于，其并不主张依据一个统一的债权意思同时发生两个法律效果，而主张依德国民法学的物权行为独立原则，将债权让与这一处分行为自债权让与合同中独立出来，使其区别于债权让与合同中的负担行为。二元意思主义与债权意思主义存在相似之处，它也认为，上述的两个行为，事实上融合在债权让与合同之中，表现为两种不同的效果意思，故从

〔1〕 参见崔建远：《债权让与的法律构成论》，载崔建远：《债权：借鉴与发展》，中国人民大学出版社2012年版，第85页。鉴于崔建远先生有论在先，本文主标题拟为"再论债权让与的法律构成"，以示继受关系。
〔2〕 参见崔建远：《债权让与的法律构成论》，载崔建远：《债权：借鉴与发展》，中国人民大学出版社2012年版，第85页。

行为的外观来看，只有一个行为，而不存在两个彼此独立的行为。[1] 二元意思主义与债权意思主义之间最大的争议，在于前者认为债权让与为法律行为，而后者将之作为事实行为。即使两者共同认为此处的债权让与为一逻辑运动，但前者将之与意思紧密关联，而后者则否认这种关联。二元意思主义事实是一种折衷主义，其本意在于折衷债权意思主义与物权形式主义之间的矛盾张力。

这种折衷的立场，较早地存在于对物权行为理论的研究中。[2] 物权行为理论研究中的二元意思主义，认为在意思主义或者债权形式主义的物权变动模式中，事实上隐含着物权意思或者物权合意，而并非仅仅只有债权意思，从而否弃了一般民法教科书中单纯地把意思主义或者债权形式主义限定为债权意思的观点。这种折衷为将各种不同的物权变动模式统一至物权行为提供了理论基础，间接促成了债权让与的二元意思主义的解释范式。

将物权形式主义的解释范式类推适用于债权让与领域——学术界一般称为准物权形式主义——可能早在 2003 年就已经开始，[3] 但是 CNKI 上检索的结果表明，这一解释范式始于申建平，而暂时终于尹飞。根据准物权形式主义的观点，债权让与作为准物权行为，应有其外在的形式，而这一外在形式，即为对债务人的通知行为；通知不仅是债权让与的对抗要件，也是其生效要件。[4] 在准物权形式主义之下，通知债务人的行为既非观念通知，亦非事实行为，而是债权人处分其债权的单方法律行为。这样解释的好处，在于可以避

---

〔1〕 参见韩世远：《合同法总论》（第 3 版），法律出版社 2011 年版，第 460~462 页；庄加园：《〈合同法〉第 79 条（债权让与）评注》，载《法学家》2017 年第 3 期。

〔2〕 参见葛云松：《物权行为理论研究》，载《中外法学》2004 年第 6 期。

〔3〕 参见其木提：《债权让与通知的效力——最高人民法院（2004）民二终字第 212 号民事判决评释》，载《交大法学》2010 年第 1 卷。该文注释⑧中提到的尹飞一文未能查找到；同注标明的王利明先生发表在《民商法研究》第 6 辑中的《合同权利转让中的若干问题》一文，经查找，发现有误，《民商法研究》第 6 辑上并无王利明先生的那篇论文。

〔4〕 参见申建平：《债权让与通知论》，载《求是学刊》2005 年第 4 期。

免债权让与采用其他解释方法可能带来的不稳定性。[1]准物权形式主义与债权意思主义可谓针锋相对，也与二元意思主义形成了鲜明对照。

在债权让与的有因性与无因性问题上，债权意思主义、二元意思主义都认为，除证券化债权——例如票据——基于流通性的需要采用无因性原则外，一般的指名债权应统一采用有因性原则。[2]准物权形式主义的观点截然不同，依尹飞的观点，指名债权让与中通知债务人的行为与债权让与合同是两个不同的法律行为，其效力各依独立的标准判断，故债权让与合同无效、被撤销、不存在等情形，并不影响债权让与通知的效力，在债权让与通知有效的情况下，债权让与得单独依债权让与通知而发生。准物权形式主义内部存在分歧，根据申建平的观点，虽得承认债权让与通知的独立意义，但并不能据此认同债权让与行为的无因性。

二、基于排除法对解释范式的初步选择：二元意思主义

我国《民法典》第545条第1款的大量留白，是民法学介入并形成诸多解释论的规范基础。《民法典》第545条第1款的留白，主要是指该款"债权人可以将债权的全部或者部分转让给第三人"规定的框架性。这半句话对于债权人以何种权利模式将其债权的全部或者部分转让给第三人，完全没有规定。在司法实务上，这种并不清晰的表达，搭配上《民法典》第546条第1款，基本可以形成一个完整的规范体系，且在第546条第1款的语意足够清晰的情况下，债权人以何种模式让渡其债权，对于适用法律并不存在障碍。也就是说，第545条第1款所揭示的究竟为何种权利变动的主义或者模

---

〔1〕　参见尹飞：《论债权让与中债权移转的依据》，载《法学家》2015年第4期。

〔2〕　参见申建平：《债权让与无因性之探讨》，载《学术交流》2007年第7期；韩世远：《合同法总论》（第3版），法律出版社2011年版，第464页；崔建远：《债权让与的法律构成论》，载崔建远：《债权：借鉴与发展》，中国人民大学出版社2012年版，第83~84页。

式，在司法实务上是没有意义的。这恰如崔建远教授所说的那样："理论上虽然如此，但是在外观上，只要当事人没有特别约定，那么，他们一经签订完毕债权让与合同，债权就发生转移……这更促使我们思考，在债权让与场合，区分债权行为和准物权行为的价值到底如何？在这里，所谓债权意思主义和债权形式主义的区分，也失去了有形的意义。"[1]然而，若是法学完全附庸于司法实务，而无视其建构体系化知识、为法律的正当性提供法理上的必要支援的意义的话，那么法学也就丧失其存在的基本前提。当探寻规范的具体意义没有实务意义时，司法实践或许可以忽略对法律规范隐含意义的探寻，而一心只关注事实问题的解决，法学却不能仅停留在这一层次上。

民法解释最基本的方法是文义解释。在对第 545 条第 1 款的解释中，由于这半句的大量留白，直接获取其基本的文义的可能性并不存在。而第 546 条第 1 款的文义却并非不可探寻。在"债权人转让债权，未通知债务人的，该转让对债务人不发生效力。债权转让的通知不得撤销，但是经受让人同意的除外"这一表述中，虽然前一句留下了进一步解释的空间，但是后一句的意思却相当直白明确：债权人转让债权无须债务人同意，即可生效；但若要对债务人生效，则须以通知债务人为条件。在这种直露的文义之下，无法得出债权转让的通知为债权转让生效要件的解读，否则就可能扭曲该款的文义，创造出超出文义射程之外的意义，这违背了文义解释的基本准则。故自文义解释的结果看，"通知债务人"当为债权让与的对抗要件，且仅为对抗债务人而非其他人的要件，而不应当作为债权让与的生效要件。从这一角度看，准物权形式主义将通知债务人视为债权让与的生效要件，违背文义解释所得出的基本规范意义。基于对第 546 条第 1 款的文义解释所得结论，将体系解释方法运用于对第 545 条第 1 款的意义解释，至少可以由此得出它不能容纳准物权形式

---

[1] 崔建远：《债权让与的法律构成论》，载崔建远：《债权：借鉴与发展》，中国人民大学出版社 2012 年版，第 79 页。

主义的结论。

当然，若不是从民法解释的角度出发，而是从解构主义的目的出发，可提出该条规范的解构与重建的问题，但若如此，则非解释论上的问题，而系立法论上的问题。准物权形式主义并非自立法论角度出发阐释其解构及重建的观点，而是从解释论的角度出发，探究"通知债务人"究系对抗要件还是生效要件的问题，于是对"通知债务人"的意义解释问题自然落入文义解释与体系解释的范围，而自此种解释结果看，无法得出"通知债务人"为生效要件的意义。在扩展的意义上，我国还有学者将"对债务人不生效力"这一对抗效力问题，进一步延展至债权多重转让中的受让人保护效力方面，[1]这恐怕也非"对债务人不生效力"的文义所能承担，而系漏洞补充范围内的事情。

因为欠缺具体可有效使用的立法历史文献，历史解释的方法对于第 545 条第 1 款的解释没有可适用性。也许正是因为这一原因，上述解释范式都不约而同地走向了以比较法解释为辅助的法意解释方法，即类推适用物权变动模式的解释范式来阐释债权让与的规范结构，毕竟两者具有法律构造上的相似性。

事实上，在依文义解释方法阐明第 546 条第 1 款的意义在于确立"通知债务人"的对抗效力规则后，准物权形式主义已然无用武之地。因为既然已经摒弃"通知债务人"作为债权让与的外在形式，而依通说，债权证书以及其他证明或者说明债权的文书资料的交付，又均不能作为债权让与的外在形式[2]，则债权让与的准物权形式主义的解释范式实际上已经无效。此时对第 545 条第 1 款的解释，应当在债权意思主义与二元意思主义之间做出了选择了。

为完成上述选择，还必须清理业已存在的债权形式主义的干扰

---

〔1〕　参见方新军：《合同法第 80 条的解释论问题——债权让与通知的主体、方式及法律效力》，载《苏州大学学报（哲学社会科学版）》2013 年第 4 期。

〔2〕　参见雷秋玉、陈兴华：《应收款债权担保制度研究》，云南大学出版社 2016 年版，第 87~95 页。

问题。在法学文献的表述中，即便物权形式主义已然失效，至少还应存在意思主义（含债权意思主义与二元意思主义）与债权形式主义两种不同的解释范式。然而，债权形式主义的债权让与解释范式也无法适用。在解释论上否决准物权形式主义时，由于同时确立了"通知债务人"系债权让与的对抗要件，故"通知债务人"也无法成为债权形式主义所要求的、导致债权让与发生的事实行为。学理上也一般认为，债权证书的交付以及其他用来证明或者说明债权的文书资料的交付不能作为债权让与发生效力的要件。故要维系债权形式主义的解释架构，必须另寻其他可以充当导致债权让与得以发生的事实行为的因素。如上所述，崔建远教授试图以债权在债权人与受让人之间的抽象的逻辑运动充当债权形式主义的外在形式即事实行为，但是这种事实行为实际上并不存在。即便想将之与动产交付方式中的占有改定、简易交付等拟制的交付方式类比，也无法说明这种"事实行为"的存在，因为动产占有改定、简易交付等拟制交付方式，重在交付后面隐含的物权变动的意思，它们是表意行为，其意义的重点不在体现为交付的、内部的逻辑运动，即并非事实行为。所以后辈学者一般将崔建远教授的解释论称为债权意思主义，[1]而并非其自称的债权形式主义。于是对解释范式的评析最终集中于对债权意思主义与二元意思主义的选择问题上来。

然而，债权意思主义存在无法自圆其说的三大弊病，分别阐述如下：

第一个弊病是违背因果律。债权意思主义试图以一个债权意思而合并两种效果：债权效果与权利移转（债权让与）效果，这一做法违背因果律。这首先是因为，在逻辑上，债权意思不可能同时包含着债权的效果意思与债权转移的效果意思，而只能是债权效果意思本身；其次是因为，以债权意思为原因的权利变动，其结果是债务负担及与之相对应的请求权的发生，而不可能是权利本身的移转。

---

〔1〕　参见其木提：《债权让与通知的效力——最高人民法院（2004）民二终字第212号民事判决评释》，载《交大法学》2010年第1卷。

　　第二个弊病是逻辑上相互矛盾。这主要体现在对债权让与合同履行不能的法律效力的解析上面。崔建远教授将上述履行不能区别为自始不能与嗣后不能，自始不能导致债权让与合同无效，嗣后不能并不导致债权让与合同无效。[1]自始不能导致合同无效的结论正确性仍有待考证，此处暂不拟深究。嗣后不能并不导致债权让与合同无效这一结论的效力构造，却有进一步考证的必要。按照债权意思主义，债权让与法律关系涉及两个合同，一个事实行为。两个合同是指基础合同与债权让与合同：基础合同的意义在于产生债权；债权让与合同的意义在于让渡债权，它包括两个效果意思，一是债权效果意思，二是债权让与的效果意思。一个事实行为，乃是指债权让与。债权让与在债权意思主义之中，如前所言，仍是一种权利运动，是"逻辑上的一秒"，它是债权让与合同的自然而然的结果。如果基础合同被解除或者被撤销，或者未被追认，而使得债权嗣后不存在的话，那么债权让与合同将面临嗣后履行不能的情形，让与人应承担违约责任。按照债权意思主义，这一情形下，债权让与合同是有效合同。但是似乎不应当做如此粗细条的勾画，应当进一步追问：债权让与合同有效，是仅指其中的债权意思有效，还是债权效果意思与债权让与的效果意思一并有效？如果选择债权意思有效，无疑将否定债权让与作为事实行为的先在判断，因为债权让与意思与债权让与结果的同时无效只能导向一个结论，那就是债权让与是债权让与意思的结果，假如这样的话，债权让与就不应是事实行为，也不是可以脱离处分权的行为，而应是表意行为、处分行为。这与债权意思主义的内在理论逻辑相悖。如果选择两者同时有效的话，那么按照债权意思主义，则债权让与已然发生。在债权让与作为事实行为，仅为"逻辑上的一秒"情况下，根本无需采取实际的履行行为，就已经发生——这与一般实物交易毕竟存在本质的区别，则何由得发生违约的事情？当然，这与嗣后履行不能的条件存在明显

[1]　参见崔建远：《债权让与的法律构成论》，载崔建远：《债权：借鉴与发展》，中国人民大学出版社2012年版，第82页。

的逻辑矛盾。

第三个弊病是剥夺了债权人选择与配置债权让与具体模式的权利。债权意思主义还在事实上剥夺了债权人通过债权让与合同进行债权让与的具体模式配置权，例如，在债权意思主义之下，债权人无法通过将债权效果与权利变动效果分离的方式，创设对其更为有利的交易模式，比如债权人无法在承担债务负担的同时，通过债权保留的方式，以确保在受让人支付全部价款之后开始进行债权的移转。

假如要在债权意思主义、准物权形式主义与二元意思主义之中三选一的话，在排除了前两者的合理性之后，可以初步判定，融合和扬弃了债权意思主义与物权形式主义优缺点的二元意思主义的解释范式，较能契合和阐释债权让与的法律构造。

三、二元意思主义解释范式的合理性证成

二元意思主义首先在物权行为理论的研究中得到了完整的阐释。在二元意思主义看来，物权行为理论的核心要素，是以物权变动的意思作为物权变动的要件，且该物权变动的意思，是物权行为的核心；并进一步认为，物权行为理论有四种基本的组合模式：有因与无因的意思主义；有因与无因的物权形式主义。[1]这一理论架构至少阐明了两件重要的事情：一是物权行为不仅存在于物权形式主义之中，也存在于意思主义之中；二是物权形式主义并不必然意味着无因，在具体的组合模式中存在有因与无因的区别。这一理论打破了学术界将物权形式主义与无因性强制捆绑的学术思维，也打破了经典民法教科书将意思主义直接等同于债权意思主义的一贯做法。

为了中和物权形式主义与意思主义之间的矛盾张力，二元意思主义试图在同一法律行为的框架内同时又有区别地纳入债权意思与物权意思。在意思主义之下，以买卖合同为例，经典民法教科书的

---

〔1〕 参见葛云松：《物权行为理论研究》，载《中外法学》2004 年第 6 期。

思路是将物权变动处理为买卖合同的法定效力，而非独立的物权行为的意定结果；但是二元意思主义则试图将买卖合同界定为一个具有"混合性质"的法律行为，其中不仅包含着发生债权的效果意思，也包含着以物权变动为目的的物权合意。也就是说，即使在意思主义的立法模式之下，只要承认物权与债权的严格区分，在逻辑上便不可回避以物权合意作为物权变动的要件这一问题。在具体的规则设计方面，可以推定于债权意思完成的同时，物权合意便已达成；在当事人的意思与法律推定相反的情况下，也可以承认在时间上相对独立的物权合意的存在。故此，二元意思主义认为，将法国民法上的意思主义理解为债权意思主义是错误的，意思主义并不排斥物权行为理论。[1]二元意思主义的最终目的是，在将物权行为浓缩为物权合意的基础上，把依法律行为发生的物权变动，均毫无例外地归属于物权变动的合意。

　　从逻辑的自洽性、能够为现行的民法规则正当性提供支撑，[2]以及符合事理的角度看，二元意思主义是较债权意思主义或者债权形式主义更为合理的解释范式。首先，二元意思主义将依法律行为发生的物权变动均有原因地归属于物权合意的做法，符合逻辑上的因果律。处分行为产生处分的结果，物权变动的意思导致物权的变动的发生，这是相当自然的过程，符合逻辑的因果关联。如果要改变这一逻辑规律，使得债权变动的意思直接导致物权变动的结果，则需要其他力量的介入，即依立法的强力改变自然的逻辑过程，依法而非依据债权变动的意思使得物权变动发生。当然，这就变成了债权意思主义或者债权形式主义的逻辑。民法解释论应当遵循一定的体系强制的要求，在可以依私法自治原则予以阐释得当的情况下，不应当寻求从立法的强力这一角度阐释民法规则的可能性。[3]虽然

---

　〔1〕　参见葛云松：《物权行为理论研究》，载《中外法学》2004年第6期。

　〔2〕　参见王轶：《论民事法律事实的类型区分》，载《中国法学》2013年第1期。

　〔3〕　参见王轶：《对中国民法学学术路向的初步思考——过分侧重制度性研究的缺陷及其克服》，载王轶：《民法原理与民法学方法》，法律出版社2009年版，第12~16页。

说在物权法的界域内，物权法定仍是物权法中最具体系性的核心原则，但是物权法并不排斥私法自治，相反，它处于私法自治这一宏大的界域之内。在物权变动的关键环节，承认权利人意思自治对于物权变动的意义，不仅符合逻辑现实，也具有重要的体系意义。其次，在二元意思主义与逻辑因果律符合仍是基于民法之体系强制性的要求之意义上，二元意思主义的解释范式也就为现行民法规则的正当性提供了支撑，它在某个局部印证了民法私法自治原则的普遍性。最后，自生活层面看，二元意思主义也是符合事理的。俗话说："种瓜得瓜，种豆得豆"，这是相当自然的道理。权利的变动仍是当事人一定行为的结果。物权行为导致物权变动的结果，债权行为导致债权的发生，与"种瓜得瓜，种豆得豆"是一样的道理。例如，卖方在依买卖合同为交付时，或者抵押人在依抵押合同为抵押登记时，抑或房屋买卖的卖方在为移转登记时，不同的意思产生不同的结果，是自然而然的事情。在卖方为所有权保留时，交付只是占有的移转；在卖方以移转所有权的意思为交付时，交付的同时发生所有权的变动；抵押人为抵押权人的担保利益为抵押登记或者房屋的卖方将房屋产权移转登记于买方的名下，其中的设定抵押权的意思或者房屋产权移转的意思，仍是必须的。不能设想，在抵押人被债权人用胁迫的方式逼迫设定抵押权，或者房屋产权的卖方被逼迫而进行房屋产权移转登记的情况下，也能够合法地发生物权变动的结果，即使抵押合同或者房屋买卖合同合法有效。认为上述物权变动是依一个债权意思发生的，而非独立的物权意思的结果，是违背常识和扭曲事实的。

以上只是从应然的角度论证，目的在于说明，如果不采用物权形式主义，那么自二元意思主义出发，可以给予物权变动以较为合理的阐释。单纯从实证规范体系的角度看，二元意思主义并不排斥物权形式主义，这与我国物权立法创设的物权变动的规范体系群具有深度的融合性。我国物权立法所形成的物权变动的规范体系群中，并不只有物权形式主义的规范，亦存有若干基于物权意思主义的物权变动规范，例如，地役权的设立规范与土地承包经营权的设立规范等，均以意思主义为核心。虽然二元意思主义在我国物权法规范体系中并不占据显要地位，但是它所呈现出来的体系意义是巨大的，即物权合意或者物权变动的意思，普遍地存在物权法之中，而非只存在于采用物权形式主义的物权规范部分，从而也就在较为普遍的意义上承认了私法自治原则的实存性。关于物权形式主义于我国物权法解释论的意义，我国学者已有相当完备的论述，[1]同时它与债权让与规范构造无契合性，故不拟赘述。

对物权变动领域内的二元意思主义的合理性证成的三个结论，即逻辑自洽性、能够为民法规则提供正当性的支撑以及合事理性，可以适用于债权让与的二元意思主义解释范式。除此之外，仍有如下几点需要说明：

第一，基于债权让与和物权变动的规范构造的同质性，将用以阐释物权行为理论的二元意思主义移用于债权让与的法律构成的阐释，可以保证民法规范体系的一致性。债权让与和物权的移转，在权利构造上具有同质性。这种同质性主要表现为，它们都是支配权行使的结果。传统的支配权概念，是权利分类法的结果，即将物权、知识产权等立法形成的权利类型称为支配权，且往往与请求权、形成权、抗辩权等不同的权利或者权能类型形成对照。基于权利分类法形成的支配权概念，忽视了支配权的层次性。支配权既可以是对物的支配权，也应当可以是对权利的支配权。权利移转，是对权利的支配权行使的结果，而非源于某种具体权利本身的运行，例如，所有权的移转，是权利人行使对所有权的支配权的结果，而非所有权本身行使的结果；一般认为，所有权的权能包括占有、使用、收益和处分，且所有权的处分权能包括对所有权为法律上的处分的权能。然而，这种观点是错误的。就像人不能抓住自己的领口把自己举起来一样，在逻辑上，所有权本身不可能包含对自身的处分权能。

---

〔1〕　参见孙宪忠：《中国民法继受潘德克顿法学：引进、衰落和复兴》，载《中国社会科学》2008 年第 2 期。

要移转所有权，所依据的绝非所有权自身，而是基于对所有权的支配权。所有权的变动，可以基于对所有权的支配权，例如，在不动产所有权之上设定抵押权，或者移转所有权；也可以基于所有权的权能，比如将不动产所有权的权能予以分离，设定用益物权，或者通过租赁合同的方式，设定对不动产的用益债权。债权虽为请求权，但是权利人对债权有支配权，故可基于支配权而让与债权。总之，在对权利的支配权这一角度上，债权让与和物权的移转具有同质性，对之适用相同或相似的规范是可行的，也是必然的。

第二，二元意思主义具有价值上的合目的性。在债权让与方面适用二元意思主义，并非刻意要与物权行为理论的二元意思主义部分的规范保持一致，它是由债权让与规范的目的所决定的。债权让与规范的主要目的在于促进债权的流动性，其次是保证其流动的安全性。[1]流动性的促进，以交易的即时、迅捷为其外在特征，基于此目的，依债权人与债权受让人之间的合意流转债权仍是最合于目的的流转机制。以保证安全性为主要目的的物权形式主义难以契合这一法目的，故不应类推适用于债权让与，从而相应地也就不应当以"通知债务人"作为债权让与的生效要件。事实上，如果要确保债权让与的交易安全，更为安全的交易机制是采用登记要件主义。就我国目前的非证券类指名债权的债权让与规范现状看，应收账款这种商事性的债权让与，已经采用登记生效要件主义，但是对于普通的指名债权，法律并未限定其采用登记生效要件主义，此时采用二元意思主义在解释论上是较为合理的选择。

第三，二元意思主义采用有因性可以占据中庸之道，也具有合逻辑性的价值。二元意思主义的解释范式承认债权让与的有因性，[2]这也是一个折衷的立场，淡化了物权形式主义的移用可能对债权意思主义的学术观念及法律现状的冲击；此外，它也的确契合了债权让

---

〔1〕 参见其木提：《债权让与通知的效力——最高人民法院（2004）民二终字第212号民事判决评释》，载《交大法学》2010年第1卷。

〔2〕 参见韩世远：《合同法总论》（第3版），法律出版社2011年版，第464页。

与这一特殊的情景，消解了采用无因性原则可能造成的"债权"作为"不当得利"返还的不伦不类的现象出现的可能性，在债务人已向受让人为履行而原因行为无效或被撤销等情形下，可以置换为金钱等利益的不当得利向债务人返还。

四、进一步的讨论：改良的二元意思主义是否为合理的解释范式

在上述三种解释范式之外，还有学者进行其他尝试[1]，基于其特殊的解释路径，可称之为改良的二元意思主义解释范式。改良的二元意思主义将债权让与类型化为交易型的债权让与和支付型的债权让与。对交易型的债权让与，主张根据交易类型的区别，类推适用合同法分则的相关规则；只探讨让与债权发生的基础合同与债权让与的因果关联。例如，对于买卖型与互易型，可以类推适用买卖合同的相关规则；而对于赠与型的债权让与，则应当类推适用赠与合同的相关规则；只探讨被买卖或者赠与债权发生的基础合同与债权让与（买卖、赠与行为）的因果关联。对于支付型的债权让与，改良的二元意思主义避开债权让与合同与债权让与之间的有因性与无因性问题，而专谈债权让与行为所依附的主合同与债权让与行为的因果关联关系，以此替代对有因性与无因性问题的探讨。

改良的二元意思主义的理论基础乃是债权让与行为的抽取。按照改良的二元意思主义的说法，对债权让与行为的抽取，是将债权让与行为自债权让与合同中单独抽取出来，作为单方行为，或者也可以作为受让人纯获益的合同。尽管该文强调该思路来自英美法，但是事实上这种思路在德国民法学中不仅存在，且十分典型。[2]基于对债权让与行为的抽取，改良的二元意思主义与二元意思主义保持了一致性。但是，由于这种二元意思主义并不探求甚至于有意避

---

〔1〕 参见谢潇：《债权让与性质斟酌及其类型化尝试》，载《政治与法律》2015 年第 3 期。

〔2〕 参见陈卫佐：《德国民法总论》，法律出版社 2007 年版，第 256~257 页。

开探求债权让与合同（债权行为）与债权让与行为（处分行为或者权利变动的意思）之间的有因性与无因性问题，而是探求其他的因果关联，想以上述两种因果关联替代有因性或者无因性的关联，故又与二元意思主义区别开来。改良的二元意思主义必以其替代方案的可行性证成其存在的合理性。

首先要予以回应的问题是：对基础合同与债权让与行为的因果关联探讨能否替代对债权让与合同与债权让与行为的有因性或者无因性问题的探讨？

改良的二元意思主义对基础合同与债权让与行为的因果关联的探讨，集中在一个问题上，即基础合同无效或者失效，债权让与行为的效力将受何影响？这一情况肯定无法类推适用《民法典》第611条中的标的物灭失风险转移规则条款，毕竟债权不是物。它更多地应与合同履行不能问题相关。我国学术界近20年的学术观点，在解释履行不能效力方面，不区分自始履行不能与嗣后履行不能已经成为通说，只有极少数学者持区分说。韩世远教授指出，从立法趋势看，CISG不承认履行不能的分类，而将不同类型的履行不能赋予同一法律效果，即无论何种履行不能，均不影响合同的效力。我国既然早已经批准加入CISG，就表明我国基本上全面接受了CISG的销售合同规范体系。与这一趋势相呼应，无须再鼓吹"自始不能合同无效"的观点，而应以"自始不能合同有效"为基础，构造中国的履行障碍规范体系。[1]在不区分自始不能与嗣后不能，且履行不能不影响合同效力的共识基础上，可以得出一个初步的结论：对于交易型债权让与，基础合同无效或失效所造成的履行不能并不影响以基础合同所生债权为标的之交易型合同的效力。然而问题是，此处的交易型合同究竟是指债权让与合同，还是指债权让与行为（单方行为或者让与合意）？改良的二元意思主义试图将基础合同与债权让与行为直接关联起来，故初步结论中所指的，应是债权让与行为。

由此将得出一个很荒谬的结果：欠缺处分标的的债权让与行为居然可以发生法律效力。

　　由此可见，在上述情况下将合同履行不能的规范类推适用于交易型债权让与是不可行的。较为直接的方法，是根据处分行为有效的规则，将基础合同有效作为债权处分行为的有效要件之一，仍将上述初步结论中的交易型合同确定为债权让与行为，则基础合同无效或者失效，处分行为将因欠缺客体而不能生效。[1]可以探讨另一种方案的可能性，即改弦易辙，将上述初步结论中的交易型合同确定为债权让与合同或者合意，从而肯定债权让与合同或合意在债权让与的基础合同无效或者失效的情况下，仍然可以发生法律效力的现实，在此基础上，再来探讨债权让与行为与债权让与合同的法律上的因果关联，此时便有讨论有因性与无因性之余地。但是事实上，无论是采用有因性，还是采用无因性的说法，都没有办法根据此种关联确定债权让与行为的效力，不可能按照这种逻辑进行推衍：债权让与合同有效，故债权让与行为有效。此处仍必须将基础合同有效作为债权让与行为的有效要件。故在基础合同无效或者失效的情况下，如要讨论其因果关联，则只有一种方案据以确定债权让与行为的效力，即将债权让与行为与基础合同直接关联起来。

　　然而，如果基础合同有效，则将是另一番情形。由基础合同有效，并不直接推断出债权让与行为有效。于此情形下，如果债权让与合同无效，根据债权让与有因性的通说，债权让与行为无效。也就是说，在这种情形下的因果关联，是债权让与合同与债权让与行为之间的因果关联。只要还承认债权让与合同与债权让与行为之间的区分，或者承认债权让与行为（或者合意）的独立性，这种法律上的因果关联就是不可否定的。据此，对基础合同与债权让与行为的因果关联探讨能否替代对债权让与合同与债权让与行为的有因性或者无因性的探讨这一问题，可以给出一个否定的答案。

　　[1]　参见谢鸿飞：《论法律行为生效的"适法规范"——公法对法律行为效力的影响及其限度》，载《中国社会科学》2007年第6期。

　　其次要予以回应的问题是：对主合同与从合同的因果关联探讨能否替代对债权让与合同与债权让与行为的有因性或者无因性问题的探讨？

　　改良的二元意思主义将从合同确定为债权让与行为。在支付型债权让与的界域内，主合同与从合同之间的关联之所以产生，是因为主合同将债权让与作为其价款的支付方式。在主合同无效或失效的情况下，作为主合同之组成条款的价款支付方式亦随之无效或失效。这种逻辑推论仍有不够完善的地方，强行将主合同与债权让与行为在因果关联的角度直接联系起来，认为主合同无效，债权让与行为随之失效，逻辑上仍嫌不够周延。在主合同与债权让与行为之间，应有一个中间环节。将从合同界定为债权让与行为显得过于牵强，若将债权让与合同嵌入主合同与债权让与行为之间，作为从合同，则可以克服这种逻辑上的缺陷。此时的逻辑推论过程应是：主合同无效导致作为支付条款的具体实现方式的债权让与合同无效，而根据有因性规则，债权让与合同无效进一步导致债权让与行为无效。在主合同有效的情况下，有探讨其他因果关联的可能性，例如基础合同与债权让与行为的因果关联，债权让与合同与债权让与行为的因果关联，这些情形下的因果关联与交易型的因果关联是相同的。综此，无论主合同是否有效，对主合同与从合同的因果关联探讨不能替代对债权让与合同与债权让与行为的有因性或者无因性问题的探讨，这应是确定无疑的。

　　改良的二元意思主义将基础合同、主合同与债权让与之间的因果关联引入学术讨论的视野，这是其思考较为严密的地方。但是试图以基础合同、主合同与债权让与之间的因果关联替代债权让与行为与债权让与之间的因果关联的探讨，则显得涵盖力不足、解释力不够。学术讨论一般应当有其相对固有的界域，试图将某一界域中的结论普适于另一界域内的问题，恐怕不是一种好的解释论。但是不可否认的是，改良的二元意思主义可作为二元意思主义的补充，将基础合同与债权让与行为、主合同与从合同考虑进来的二元意思主义，至少可以明了二元意思主义在解释上可能遭遇的瓶颈，即在解释论上，二元意思主义仍将不时遭遇基础合同与债权让与行为因果关联、主合同与从合同的因果关联所造成的解释障碍，毕竟它所处理的债权让与合同与债权让与行为之间的因果关联问题，并不是处在一个真空之中，而是处于与其他法律关系、相关规范普遍联系的语境之中。

五、本节小结

当年韩世远教授对债权形式主义的批判，引起了崔建远教授强力的反击[1]，这种学术争论的盛况似乎犹在眼前。现在学术争论的气氛相对淡化，搁置争议的、自说自话式的学术讨论似乎占据主流。但是随着各类解释论的相继呈现，对它们予以相对客观的评价成为必要。在学术评价中，抑扬并用、批判与证成上下其手仍是必要的手段。但是手段为次，重要的是确立学术评价的标准，避免相关评价失之主观偏颇。以对解释范式的评价选择为使命，即无可避免地坠入王轶教授所说的纯粹民法学上的解释选择问题范畴。在这一角度上，应当结合民法的解释方法并在遵守民法解释的规则的前提下，从相关解释范式是否具有逻辑自洽性、富有学术解释力，可否完成知识梳理、形成合理的知识体系建构，能否为民法规则的正当性提供技术支撑等方面，展开评价。[2]对债权意思主义、准物权形式主义的批判，对二元意思主义的证成和对改良的二元意思主义的扬弃正是此种学术自觉的结果。关于债权让与法律构造的学术讨论仍将持续下去，但从目前状况看，二元意思主义无疑应是债权让与解释范式的较优之选。而在二元意思主义解释范式的范畴内，债权让与与物权变动的解释范式几乎趋于了一致。

---

〔1〕 参见崔建远：《债权让与的法律构成论》，载崔建远：《债权：借鉴与发展》，中国人民大学出版社 2012 年版，第 84~102 页。
〔2〕 参见王轶：《论民事法律事实的类型区分》，载《中国法学》2013 年第 1 期。

　　亚里士多德曾将人类的知识分为三大类：纯粹理性、实践理性和技艺。但是，不应将知识与学科等同起来。在亚里士多德的时代，乃至当代，严格地说，任何学科都或多或少地涵盖着这三类知识。[1]法学也不例外。作为研究者，多从纯粹理性、实践理性的角度出发，提取知识以形成体系，或者为实践提供可用以解决法律问题的知识方案。法学承担着诸多的功能，正是在这一角度上，本书的主要目的不在于为法律实践提供知识方案，而把研究的重点放在了第一个功能上。

　　从物债二分的中间权利状态的角度对民法知识的体系化，是超越法教义学的体系化。法教义学是指"运用法律自身的原理，遵循逻辑与体系的要求，以原则、规则、概念等要素制定、编纂与发展法律以及通过适当的解释规则运用和阐释法律的做法"。[2]法教义学与法律的适用直接或者间接相关，它"与其他法律解释方法的主要差别，体现在对实定法秩序体系化解释的司法中心主义上"。[3]然而，基于民法学对物债二分中间权利状态的体系化整理与分析，并不完全对应着"司法中心主义"，尽管在这种知识体系的过程中，它也很大部分与法律适用相关。虽然超越法教义学的知识体系化也

────────────────

　　[1]　参见苏力：《制度是如何形成的》（增订版），北京大学出版社2007年版，第158页。

　　[2]　参见许德风：《法教义学的应用》，载《中外法学》2013年第5期。

　　[3]　参见凌斌：《什么是法教义学：一个法哲学的追问》，载《中外法学》2015年第1期。

有 "沟通和构筑法律共同体"〔1〕的功能，但是它与法教义学中体系化工作的功能的指向却并不相同，后者指向司法裁判共识的达成，而前者主要指向民法知识自身的体系上与学术共同体内部的沟通和学术共同体的构筑。因此，从物债二分的中间权利状态角度对民法知识的体系化，其范围较之法教义学为广。这在一定程度上也体现出一种法学研究的态度，即法学不必附庸于司法裁判，而有其独立的历史使命。

在法教义学喧嚣尘上的中国，在不是法教义学就是法律社会学的法学研究 "流派化"〔2〕或者 "标签化"〔3〕的学术研究氛围下，超越二者，仅在知识论的角度上展开对民法知识的整理，不着重针对司法裁判中心，而将之作为一种学术知识传承的使命，需要有清醒的头脑。当然，从物债二分的中间权利状态对民法知识的体系化整理，也在某种程度上与法教义学共享着一种理念，这是纯粹民法学与法律学之间可以互通的一个理念，即尽管时代变迁，社会经济基础发生了翻天覆地的变化，作为民法权利体系的形式理性的物债二分，依然具有巨大的解释力，可以用以描述、分析尤其是体系化种种似乎溢出物债二分体系之外的碎片化的权利类型，使之整合为这一体系之内的组成部分。

学术界对于作为形式理性的物债二分之批判可谓久矣，批判的矛头直指形式理性本身所衍生的封闭性。然而，无论是作为法教义学之组成部分的物债二分，还是纯粹民法学上的物债二分，均早已不再是 "封闭性" 的，法学方法论在这方面的发展，已经使得法律知识包括民法学知识走向了开放。在法学理论上，表现为概念法学已经由利益法学而走向了评价法学。评价法学的转向，按照拉伦茨的观点，主要体现在三个方面：一是法律规则与评价标准（例如价

---

〔1〕 参见白斌：《论法教义学：源流、特征及其功能》，载《环球法律评论》2010年第3期。

〔2〕 参见雷磊：《法教义学的基本立场》，载《中外法学》2015年第1期。

〔3〕 参见谢海定：《法学研究进路的分化与合作——基于社科法学与法教义学的考察》，载《法商研究》2014年第5期。

值判断）的结合；[1]二是规范的内涵与事实结构的沟通；[2]三是类型思维对概念思维的补足。[3]从解释论的角度看，无论人类解释法律的理念和方法如何具有随着时代的变迁而变化、迁移的能力，也无论法学的知识具有怎样的包容性与开放性，终有一天，社会知识的发展会超出现行法学所能容纳的限度，而为现行的法学理论与知识架构所不能包容，到这个时候，我们或许需要有一种新的理论甚至于立法论来容纳这些新的知识，但是在这一时刻未到来之前，在民法知识架构可以包容现行知识的情况下，应坚持解释论。基于同一考虑，在财产权构架外出现诸多碎片化知识的情况下，以解释论的态度与方法化解既存的体系性危机，是一种正确的、科学的态度。

从学术史的角度看，虽然评价法学取代了概念法学，但是概念法学的核心理念仍在，形式理性不仅过去需要，现在仍然必需。在民法财产权利体系中，这种理念首先体现为对物债二分观念与方法的坚持，非如此，不足以形成清晰的民法财产权利体系；其次体现为民法的体系强制，非如此民法体系将分崩离析。本书的不少内容都贯彻了民法的体系强制思想，例如第五章第一节"普通动产多重买卖规则的合理性证成"中，截取了民法体系强制应局限于私法内容，而不应溢出至诉讼法中的隐含思想；在第七章第二节"权利救济的规范同态"中，以民法体系强制评价了无权处分论与知情对抗效力说这两种有悖于民法体系强制要求的学说，提出了以侵害债权的侵权法救济方法对未登记已占有的先购房人的权益予以保障的观点，等等。在本质上，民法体系强制是民法形式理性与民法价值判断结合的产物，王轶教授将之概括为内在强制与外在强制。内在强制是民法价值的强制，即民法的言说，非有正当且充分的理由，不

---

〔1〕 参见［德］卡尔·拉伦茨：《法学方法论》，陈爱娥译，商务印书馆 2003 年版，第 6~12 页。

〔2〕 参见［德］卡尔·拉伦茨：《法学方法论》，陈爱娥译，商务印书馆 2003 年版，第 12~17 页。

〔3〕 参见［德］卡尔·拉伦茨：《法学方法论》，陈爱娥译，商务印书馆 2003 年版，第 337~347 页。

应损害民法的内在价值，不应违背民法内在价值的位阶；外在强制，已经被接受为民法形式理性的一般公理，不应被违背，例如，民法的言说不应违背物权法定的原则、遵守逻辑相关性与概念的层级性，以此确保法律乃至于法学的安定性。就逻辑的相关性而言，应当遵守普遍存在的因果律，由此可以得出一个结论，债权让与和所有权的移转应当遵守处分权与处分行为的基本规则，而不应为债权让与另创一套理论；就概念的层级性而言，占有是某些债权与物权共有的规则与现象，不应把它作为债权物权化的独有规则与现象，将之降格等同于物权规则，等等。形式理性的存在，还体现为民法解释方法的运用与次序。就解释方法的运用的次序而言，比较法解释应当劣后于文义解释、体系解释、历史解释等；狭义的民法解释方法优先于漏洞补充、法律续造等解释方法。就解释方法的运用而言，尤其是比较法的解释方法，应当克服"继受法学"的解释思维倾向，[1]遵守比较法解释的基本准则，其核心思想乃在于，以比较法取法外国时，应以必要性、可融入中国情景为条件，而不应无视语境中妄言继受或者移植。[2]

　　类型思维取代概念思维，在物债二分这一界域内，有其必然性。其理由在于概念思维无法解释、容纳诸多碎片化的权利现象，这使得物债二分体系显得捉襟见肘。类型思维部分取代概念思维，在本书中具体体现为拉伦茨的类型思维的运用，但也不限于此，本书还涉及类推适用的方法。

　　类型思维，亦可称为类型模块的利用，是解释论意义上的一种特定的思维方式。当抽象概念即一般概念及其逻辑体系不足以把握某种生活现象或意义脉络的多样表现形态时，其补助思维方式之一，便是类型。[3]类型的种类，包括经验性类型、逻辑的理念类型以及

---

　　〔1〕　参见凌斌：《什么是法教义学：一个法哲学的追问》，载《中外法学》2015年第1期。

　　〔2〕　参见梁慧星：《民法解释学》，中国政法大学出版社1995年版，第232页。

　　〔3〕　参见［德］卡尔·拉伦茨：《法学方法论》，陈爱娥译，商务印书馆2003年版，第337页。

规范的理念类型。逻辑的理念类型多导自经验性类型，但逻辑的理念类型已经属于思考上的想象存在，但是在生活经验类型中或可找到其参考；规范的理念类型的确定，乃在于其加入了规范评价因素。

类型思维在法学上的意义，在于归类，也就是我们通常所说的类型划分。例如，当规范指示应参照交易伦理或者商业习惯时，其所涉及的交易伦理或者商业习惯，便可依类型的种类将之归于经验性的经常性类型；而当规范指示指向"善良风俗"时，便可将之归于"整体性类型"；等等。通过类型划分，人类借以形成对于外部世界的体系性的知识，而非散碎的知识。由于类型划分的标准是相对，而非绝对的，所以同一事物可能依不同的划分标准而归于不同的类型，例如，自然人与法人、动产与不动产、物权与债权，可依不同标准而同时被划入经验类型、理念的逻辑类型与规范的理念类型。

就动态过程看，类型思维与概念思维的本质区别，在于类型与概念的形成中，类型思维的本质是"划分"，而概念思维的本质是"抽象"。"划分"的目的在于寻找共性，而"抽象"的目的在于抽取共性。通过"划分"而形成类型种类，其最终结果顾及事物的具体性、多样性；通过"抽象"而形成概念，其最终结果分离共性与具体性、多样性。在此意义上，可将物权与债权分别视为物权类型与债权类型。将它们视为类型，有助于在类型思维的角度上，形成物权与债权类型的类型体系。

类型思维中最为重要的思想包括两点：一是类型的可变性；二是类型的可交叉融合。拉伦茨揭示了第一点，对此，此处仍需重述本书已经反复阐述的话语，即拉伦茨认为，类型可以其要素不同的强度及结合方式来显现诸要素之间的协作关系，体系的形成，可以借助建构"类型系列"来达成："因其要素的可变性，借着若干要素的全然消退、新的要素加入或居于重要地位，一类型可以交错地过渡到另一种类型，而类型间的过渡又是'流动的'。在类型系列中，几乎并连但仍应予以区分的类型，其顺序之安排应足以彰显其同、异及其过渡现象。"〔1〕我国学者苏永钦、常鹏翱教授揭示了第二点，并从关系范畴的角度对物权与债权的规范关联作了深入探讨，而本书则对债权与物权的结合所造成的物权弱化现象作了更为细致入微的探讨。

以上两点思想贯穿在本书的第二章至第六章的内容之中。先谈类型的可变性。在本书中，基于类型的可变性思想，借助于原德国民法学中的物权性理论，形成了本书的动态物权性理论，主要围绕物权性这一核心概念展开。其内容主要涉及：第一，物权体系中的强弱物权性问题。这一探讨重在形成对物权体系的对极思考及其内部的类型谱。〔2〕所谓的对极思考，事实上就是以所有权与买卖债权为参照，形成物债二分的形式理性架构；所谓类型谱，则是根据物权性的强弱，对物权体系内部诸种物权类型分别从对物权、支配权、绝对权乃至于客体的有体性等四个方面进行物权性考察，力图绘制一幅基于物权性之强弱性所形成的物权体系图谱。第二，从物上之债的角度，对物债二分体系之中的特殊类型的债权进行清理。物上之债涉及物权法体系中的物务与物上债权。物务与物上债权的分析，也秉承物权性的分析思路，它们应均具备对物性而获得其共性。而就物上债权而言，无论是预告登记，还是买卖不破租赁，其所涉及的物上债权，又都具有强烈的绝对权的特性，其绝对权的强度虽非本身所固有，但却因政策性的考量而强大到足以排除物权。由于物上债权同时与普通债权伴生，且随时有退回至普通债权的可能性，以物上之债的概念将之涵盖，将纳入到物债二分的体系之中，有其必然性。第三，对仅具有绝对性的债权的分析，展开了债权体系中向物权趋近的另一种趋势。一是纯粹民法体系内部的优先顺位的债权现象，这一现象主要体现为承租人的优先购买权，代位权的行使

---

〔1〕　参见［德］卡尔·拉伦茨：《法学方法论》，陈爱娥译，商务印书馆2003年版，第345页。

〔2〕　参见黄茂荣：《法学方法与现代民法》（第5版），法律出版社2007年版，第587~594页。

形成优先顺位的问题。其中承租人的优先购买权，其绝对权效力的展开依赖于债权本身所包含的形成权。二是相对锁闭的民事诉讼法领域中的诸多优先顺位的债权现象，包括动产与不动产的买卖中的优先顺位裁判规则与破产、执行程序中的优先顺位规则，这些规则在诉讼程序的界域内存在当然正当性，但是并不具有程序内的溢出效应，应当遵守民法体系强制的基本要求，以避免破坏民法的体系性。

对类型的交叉融合，本书主要通过第六章"关系范畴中被削弱的所有权"予以阐述。这一章的内容一方面充分体现了民法人在社会实践中通过组合物权与债权以形成新的社会关系的可能性以及民法的自治精神，另一方面也较为充分地展示了民法人通过物权与债权的各种组合方式，弱化所有权以实现私人目的的民法路径。例如，信托所有权制度中，首先最为关键的因素是合同债权依据信托法而塑造的巨大的形成权效力，其次是三分所有权的制度安排所造成的所有权自身的弱化与因牵制而造成的被弱化规则；在所有权保留制度中，最为关键之处，在于所有权的权能被切割后再予以移转的机制，这一机制造成了所有权人的取回风险与所有权的弱化，也造成了买受人的所有权"期待权"面临种种不确定命运的制度现状；而在 PPP 模式中，特许经营权作为其核心，也就意味着在这种模式下的所有权必然受制于特许经营权协议。当然不仅如此，PPP 模式下的特许经营之物作为公物的特性，以及该种模式之下所有权的特殊内部构造，也均造成这种模式下的所有权徒有其表的状态。

严格来说，类型思维不包括类推适用。但是，类型思维未必不可以把握作为规范的理念类型的物权与债权与作为生活形态的经验性类型的物权与债权之间的意义关联。对此，黑格尔称之为具体的抽象，而阿图尔·考夫曼将之称为类推[1]。阿图尔·考夫曼的类推不同于一般意义上的类推，其目的在于在"事物本质"的层面上，

---

[1] 参见雷秋玉：《评法律解释的本体论转向——以"类型"为中心》，载《嘉应学院学报》2012 年第 4 期。

建立规范与生活事实的关联。鉴于在不少情况下物权与债权类型可以从经验类型、理念的逻辑类型与规范的理念类型三个层面同时进行观察，至少可以确定，法学的类型思维不排斥生活事实，而是通过将概念类型化，使之可以容纳生活事实。但是，拉伦茨对于类型同时在经验类型、理念的逻辑类型与规范的理念类型中同时并存的状态，并不完全认同，例如"'杂乱无章地生长出来的'交易形式或社会事实（诸如今日的'环境污染'），规整这些生活关系的规定并未隐含于生活本质本身"，就此而言，类型思考有其边界，对于此类的经验事实，即无法从"事物本质"的角度，将其与已有的规范的理念类型进行匹配，进而类推适用。考夫曼所运用的类推适用概念与一般意义上的类推适用并不相同。在本书的最后一章，鉴于侵害债权与侵害物权、债权让与和所有权移转的本质相似性，本书主张以侵害债权之恢复原状请求权对先占有未登记的先买受人权益予以必要限度的保护，以二元意思主义这一出自物权变动规则中的原理对债权让与予以解释，并解决这一现象的解释论选择问题，这一分析进路，虽着眼于规范的同态性，但是在本质意义上，也可将之视为"类推适用"的一种。

综上，本书以物债二分的形式理性的概念体系所衍生的民法体系强制思想，与由物债二分的评价法学转向所衍生的类型思想，全面整合了物债二分中的中间权利状态，实现了物债二分体系下的中间权利状态在物债二分类型论下的再体系化。假如法学仍拟以体系化的思维从事法学研究的核心，不愿意接受碎片化的、杂乱不堪的非体系化现实的话，那么这种再体系化是必要的。在法教义学由于其特殊的、偏狭的功能指向，而无法承担全面实现民法知识体系化使命的前提下，由法学研究的评价法学之转向所衍生的价值评价标准与法律规则的结合、类型思维（广义上可以包含类推）为物债二分的权利体系提供了再予以整合与体系化的理论基础与历史机遇。从其实现的程度看，本书将类型思维与物权性概念、类推适用牢牢结合起来，完成了整个物债二分的中间权利状态的再建构，使得整个体系逻辑上能够自洽。

民法的体系化是自罗马法以来，无数代学人孜孜以求的知识论目标。体系化的知识不仅体现了法学上的学理信仰和法律信仰与理念，也为知识的代代传播与法学知识转化为法典的脉络甚至于模块奠定了基础，同时，体系的知识也便利司法审判，有利于提高司法审判的效率和维系法制的统一。当此民法典重构的时代，基于作为民法主要权利架构的物债二分体系，以类型思想重建物债二分的中间权利状态体系，排除碎片化的隐忧，证成物权法与债权法各自自治的合理性与阐明限度，对于民法典的最终成形，无疑将提供理念乃至于方法论支持。

在当下中国，"法学研究越来越呈现出一种方法论上的自觉"。也就是说，法学的研究从"某种研究方法或模式"的直觉，发展到了"研究者在自己的整个研究活动中贯彻同一套方法或模式，甚至有部分学者已开始对这套方法或模式进行理论上的总结和反思"。[1]本书可视为朝着这一方向的自觉努力。但是，法学界在体系研究上仍然存在理念不够清晰、法学方法不够系统的问题，且现如今的总体态势是：宏观研究者众多，而从宏观立意微观着眼的研究仍然不够。在此薄弱基础上，本书试图将宏观的理念与具体的法律制度结合起来，以形成物权二分下的中间权利状态体系，作为这方面的尝试，或为引玉之砖。

---

〔1〕 参见雷磊：《法教义学的基本立场》，载《中外法学》2015年第1期，第198~223页。

一、中文著作

[1] 孙宪忠:《中国物权法总论》(第 4 版),法律出版社 2018 年版。

[2] 孙宪忠:《中国物权法总论》(第 2 版),法律出版社 2009 年版。

[3] 孙宪忠主编:《中国物权法:原理释义和立法解读》,经济管理出版社 2008 年版。

[4] [德] 卡尔·拉伦茨:《法学方法论》,陈爱娥译,商务印书馆 2003 年版。

[5] [德] 卡尔·拉伦茨:《德国民法通论》(上册),王晓晔等译,法律出版社 2003 年版。

[6] [日] 我妻荣:《我妻荣民法讲义Ⅱ新订物权法》,罗丽译,中国法制出版社 2008 年版。

[7] 周枏:《罗马法原论》(上下册),商务印书馆 1994 年版。

[8] [德] 鲍尔、施蒂尔纳:《德国物权法》(下册),申卫星、王洪亮译,法律出版社 2006 年版。

[9] [美] 霍菲尔德:《基本法律概念》,张书友编译,中国法制出版社 2009 年版。

[10] 江平、米健:《罗马法基础》(修订本第 3 版),中国政法大学出版社 2004 年版。

[11] 曲可伸:《罗马法原理》,南开大学出版社 1988 年版。

[12] [德] 康德:《法的形而上学原理——权利的科学》,沈叔平译,商务印书馆 2011 年版。

[13] [英] 霍布斯:《利维坦》,黎思复、黎廷弼译,商务印书馆 2011 年版。

[14] [意] 彼德罗·彭梵得:《罗马法教科书》,黄风译,中国政法大学出版社

1992 年版。

[15] 吕世伦主编：《西方法律思想史论》，商务印书馆 2006 年版。

[16] 谢在全：《民法物权论》（上下册），中国政法大学出版社 1999 年版。

[17] 何勤华：《西方法学史》（第 2 版），中国政法大学出版社 2000 年版。

[18] ［德］迪特尔·梅迪库斯：《德国民法总论》，邵建东译，法律出版社 2000 年版。

[19] 李宜琛：《民法总则》，中国方正出版社 2004 年版。

[20] 史尚宽：《物权法论》，中国政法大学出版社 2000 年版。

[21] 常鹏翱：《物权法的基础与进阶》，中国社会科学出版社 2016 年版。

[22] 王伯琦：《民法总则》，正中书局 1979 年版。

[23] ［德］维亚克尔·弗朗茨：《近代私法史——以德意志的发展为观察重点》（下），陈爱娥、黄建辉译，上海三联书店 2006 年版。

[24] 梁慧星：《民法解释学》，中国政法大学出版社 1995 年版。

[25] 梁慧星主编：《中国民法典草案建议稿附理由：合同编》（上册），法律出版社 2013 年版。

[26] 梁慧星、陈华彬：《物权法》（第 5 版），法律出版社 2010 年版。

[27] 梁慧星主编：《中国物权法研究》（上），法律出版社 1998 年版。

[28] 尹田：《物权法理论评析与思考》，中国人民大学出版社 2004 年版。

[29] 尹田：《法国物权法》（第 2 版），法律出版社 2009 年版。

[30] 陈卫佐：《德国民法总论》，法律出版社 2007 年版。

[31] 梅仲协：《民法要义》，中国政法大学出版社 1998 年版。

[32] 欧洲民法典研究组、欧盟现行私法研究组编著，［德］克里斯蒂安·冯·巴尔、［英］埃里克·克莱夫主编：《欧洲私法的原则、定义与示范规则：欧洲示范民法典草案（全译本）》（第 8 卷·物的所有权的取得与丧失），朱文龙等译，法律出版社 2014 年版。

[33] 王利明：《法学方法论》，中国人民大学出版社 2011 年版。

[34] 王利明：《物权法研究》（第 3 版·上卷），中国人民大学出版社 2013 年版。

[35] 王利明主编：《中国民法典学者建议稿及立法理由：物权编》，法律出版社 2005 年版。

[36] 雷秋玉、陈兴华：《应收款债权担保制度研究》，云南大学出版社 2016 年版。

［37］雷秋玉：《我国台湾地区不动产登记制度研究》，法律出版社 2012 年版。

［38］江平主编：《中华人民共和国物权法精解》，中国政法大学出版社 2007 年版。

［39］《俄罗斯联邦民法典》（全译本），黄道秀译，北京大学出版社 2007 年版。

［40］黄锡生：《自然资源物权法律制度研究》，重庆大学出版社 2012 年版。

［41］崔建远：《准物权研究》（第 2 版），法律出版社 2012 年版。

［42］［德］考夫曼：《法律哲学》，刘幸义等译，法律出版社 2004 年版。

［43］苏永钦：《私法自治中的经济理性》，中国人民大学出版社 2004 年版。

［44］苏永钦：《走入新世纪的私法自治》，中国政法大学出版社 2002 年版。

［45］申海恩：《私法中的权力：形成权理论之新开展》，北京大学出版社 2011 年版。

［46］温世扬、廖焕国：《物权法通论》，人民法院出版社 2005 年版。

［47］何勤华、李秀清主编：《外国民商法导论》，复旦大学出版社 2000 年版。

［48］［德］迪特尔·梅迪库斯：《德国债法分论》，杜景林、卢谌译，法律出版社 2007 年版。

［49］郭明瑞、王轶：《合同法论·分则》，中国政法大学出版社 1997 年版。

［50］《德国民法典》，郑冲、贾红梅译，法律出版社 1999 年版。

［51］［意］桑德罗·斯奇巴尼选编：《物与物权》（第 2 版），范怀俊、费安玲译，中国政法大学出版社 2009 年版。

［52］渠涛编译：《最新日本民法》，法律出版社 2006 年版。

［53］［法］雅克·盖斯旦、吉勒·古博，缪黑埃·法布赫-马南协著：《法国民法总论》，陈鹏等译，法律出版社 2004 年版。

［54］［德］霍尔斯特·海因里希·雅科布斯：《十九世纪德国民法科学与立法》，王娜译，法律出版社 2003 年版。

［55］王欣新：《破产法原理与案例教程》（第 2 版），中国人民大学出版社 2015 年版。

［56］徐学鹿主编：《商法学》（第 4 版），中国人民大学出版社 2015 年版。

［57］齐树洁主编：《民事诉讼法》（第 4 版），中国人民大学出版社 2015 年版。

［58］林剑锋：《民事判决既判力客观范围研究》，厦门大学出版社 2006 年版。

［59］陈忠五主编：《学林分科六法——民法》，学林文化事业有限公司 2000 年版。

［60］江伟、肖建国主编：《民事诉讼法》（第 7 版），中国人民大学出版社 2015 年版。

[61] ［美］克利福德·格尔兹:《文化的解释》,纳日碧力戈等译,上海人民出版社 1999 年版。

[62] 孙学章:《本质学——向物自体还原》,中国人民大学出版社 2014 年版。

[63] 彭插三:《信托受托人法律地位比较研究——商业信托的发展及其在大陆法系的应用》,北京大学出版社 2008 年版。

[64] 薛波主编:《元照英美法词典》,法律出版社 2003 年版。

[65] ［德］迪特尔·施瓦布:《民法导论》,郑冲译,法律出版社 2006 年版。

[66] 范扬:《行政法总论》,中国方正出版社 2005 年版。

[67] ［日］大桥洋一:《行政法学的结构性变革》,吕艳滨译,中国人民大学出版社 2008 年版。

[68] 肖泽晟:《公物法研究》,法律出版社 2009 年版。

[69] 陈永强:《英美法上的交易自治与交易安全——以房地产交易法为视角》,法律出版社 2009 年版。

[70] ［日］铃木禄弥:《物权的变动与对抗》,渠涛译,社会科学文献出版社 1999 年版。

[71] 黄茂荣:《债法总论》(第 1 册),中国政法大学出版社 2003 年版。

[72] 黄茂荣:《法学方法与现代民法》(第 5 版),法律出版社 2007 年版。

[73] 谢鸿飞:《法律与历史:体系化法史学与法律历史社会学》,北京大学出版社 2012 年版。

[74] 韩世远:《合同法总论》(第 3 版),法律出版社 2011 年版。

[75] 苏力:《制度是如何形成的》(增订版),北京大学出版社 2007 年版。

二、中文论文

[1] 冉昊:《"相对"的所有权:双重所有权的英美法系视角与大陆法系绝对所有权的解构》,载《环球法律评论》2004 年第 4 期。

[2] 冉昊:《论"义务人的知晓"对物权/债权二元区分的改善》,载《法学》2015 年第 3 期。

[3] 冉昊:《论"中间型权利"与财产法二元架构——兼论分类的方法论意义》,载《中国法学》2005 年第 6 期。

[4] 冉昊:《论权利的"相对性"及其在当代中国的应用——来自英美财产法的启示》,载《环球法律评论》2015 年第 2 期。

[5] 孟勤国、张淞纶:《英美法物上负担制度及其借鉴价值》,载《环球法律评

论》2009 年第 5 期。

［6］孟勤国：《东施效颦——评〈物权法〉的担保物权》，载《法学评论》2007
年第 3 期。

［7］朱虎：《物权法自治性观念的变迁》，载《法学研究》2013 年第 1 期。

［8］金可可：《债权物权区分说的构成要素》，载《法学研究》2005 年第 1 期。

［9］金可可：《论支配权概念——以德国民法学为背景》，载《中国法学》2006
年第 2 期。

［10］金可可：《预告登记之性质——从德国法的有关规定说起》，载《法学》
2007 年第 7 期

［11］金可可：《持有、向物权（ius ad rem）与不动产负担——论中世纪日耳曼
法对债权物权区分论的贡献》，载《比较法研究》2008 年第 6 期。

［12］金可可：《对人权与对物权的区分理论的历史渊源——从罗马法的复兴到
自然法学派》，载吴汉东主编：《私法研究》（第 4 卷），中国政法大学出
版社 2004 年版。

［13］金可可：《论格老秀斯对私法体系的贡献——兼论近代自然法学的方法与
意义》，载《中州学刊》2008 年第 6 期。

［14］金可可：《邓恩伯格论私法体系及债权物权的区分》，载《河北法学》
2005 年第 5 期。

［15］金可可：《论绝对权与相对权——以德国民法学为中心》，载《山东社会
科学》2008 年第 11 期。

［16］金可可：《私法体系中的债权物权区分说——萨维尼的理论贡献》，载
《中国社会科学》2006 年第 2 期。

［17］金可可：《鲁道夫·索姆论债权与物权的区分》，载《华东政法大学学报》
2005 年第 1 期。

［18］金可可：《基于债务关系之支配权》，载《法学研究》2009 年第 2 期。

［19］刘德良、许中缘：《物权债权区分理论的质疑》，载《河北法学》2007 年
第 1 期。

［20］常鹏翱：《物上之债的构造、价值和借鉴》，载《环球法律评论》2016 年
第 1 期。

［21］常鹏翱：《债权与物权在规范体系中的关联》，载《法学研究》2012 年第
6 期。

［22］常鹏翱：《预购商品房抵押预告登记的法律效力》，载《法律科学（西北

政法大学学报）》2016 年第 6 期。

[23] 常鹏翱:《预告登记制度的死亡与再生》,载《法学家》2016 年第 3 期。

[24] 常鹏翱:《物权法上的权利冲突规则——中国法律经验的总结和评析》, 载《政治和法律》2007 年第 5 期。

[25] 常鹏翱:《民法中的财产权竞合规范——以优先规范为中心》,载《法学研究》2010 年第 5 期。

[26] 常鹏翱:《存量房买卖网签的法律效力》,载《当代法学》2017 年第 1 期。

[27] 徐洁:《担保物权与时效的关联性研究》,载《法学研究》2012 年第 5 期。

[28] 何勤华:《中世纪西欧评论法学派述评》,载《中外法学》1996 年第 5 期。

[29] 朱晓喆:《论近代民法体系建构的方法论基础——以多玛的演绎法为中心》,载《中外法学》2010 年第 3 期。

[30] 朱晓喆:《从中世纪罗马法到近代民法的思想转型——以 16 世纪人文主义法学为中心》,载《中外法学》2007 年第 1 期。

[31] 朱晓喆:《批判哲学视界中的私权问题——康德的私权哲学思想研究》, 载《金陵法律评论》2002 年第 2 期。

[32] 徐国栋:《论罗马法对物权与债权的区分》,载《江汉论坛》2015 年第 2 期。

[33] 汪洋:《罗马法"所有权"概念的演进及其对两大法系所有权制度的影响》,载《环球法律评论》2012 年第 4 期。

[34] 雷秋玉:《地役权的"物权性"解读——基于"物权性"的解构与重构》, 载《河北法学》2016 年第 6 期。

[35] 雷秋玉:《论台湾不动产信托公示制度》,载《云南行政学院学报》2012 年第 4 期。

[36] 雷秋玉:《论我国香港法上的限制性约据》,载《云南大学学报（法学版）》2016 年第 1 期。

[37] 雷秋玉:《地役权的功能泛化与本质复归》,载《中南大学学报（哲学社会科学版）》2015 年第 2 期。

[38] 雷秋玉:《评法律解释的本体论转向——以"类型"为中心》,载《嘉应学院学报》2012 年第 4 期。

[39] 梁慧星:《民法典编纂体例若干问题》,载中国法学网：http://iolaw.cssn. cn/zxzp/201705/t20170512_4650216.shtml,最后访问日期：2017 年 5 月 12 日。

[40] 陈卫佐:《处分行为理论之正本清源》,载《政治与法律》2015 年第 7 期。

[41] 孙宪忠：《中国民法继受潘德克顿法学：引进、衰落和复兴》，载《中国社会科学》2008 年第 2 期。

[42] 崔建远：《不得盲目扩张〈合同法〉第 44 条第 2 款的适用范围》，载《中外法学》2013 年第 6 期。

[43] 崔建远：《个案调处不等于普适性规则——关于若干债法司法解释的检讨》，载《广东社会科学》2014 年第 5 期。

[44] 崔建远：《债权让与的法律构成论》，载崔建远：《债权：借鉴与发展》，中国人民大学出版社 2012 年版。

[45] 葛云松：《物权行为理论研究》，载《中外法学》2004 年第 6 期。

[46] 葛云松：《〈侵权责任法〉保护的民事权益》，载《中国法学》2010 年第 3 期。

[47] 黄文焯：《论租赁权的对抗效力——兼论〈合同法〉第 229 条的缺陷与修改》，载《清华法学》2010 年第 2 期。

[48] 庄加园：《〈合同法〉第 79 条（债权让与）评注》，载《法学家》2017 年第 3 期。

[49] 庄加园：《基于指示交付的动产所有权移转——兼评〈中华人民共和国物权法〉第 26 条》，载《法学研究》2014 年第 3 期。

[50] 庄加园：《预告登记的破产保护效力》，载《南京大学学报（哲学·人文科学·社会科学）》2014 年第 6 期。

[51] 庄加园：《预告登记在强制执行程序中的效力》，载《当代法学》2016 年第 4 期。

[52] 薛启明：《中国法语境下的动产让与担保：体系定位与功能反思》，载《法学论坛》2016 年第 2 期。

[53] 张鹏：《物债二分体系下的物权法定》，载《中国法学》2013 年第 6 期。

[54] 张鹏：《共有人优先购买权和房屋承租人优先购买权竞合之证伪——兼评〈房屋租赁司法解释〉第 24 条第 1 项的理解和适用》，载《法学》2014 年第 12 期。

[55] 王轶：《论物权变动模式的立法选择》，载王轶：《民法原理与民法学方法》，法律出版社 2009 年版。

[56] 王轶：《论物权法的规范配置》，载王轶：《民法原理与民法学方法》，法律出版社 2009 年版。

[57] 王轶：《论民事法律事实的类型区分》，载《中国法学》2013 年第 1 期。

[58] 王轶:《对中国民法学学术路向的初步思考——过分侧重制度性研究的缺陷及其克服》,载王轶:《民法原理与民法学方法》,法律出版社 2009 年版。

[59] 郑尚元:《宅基地使用权性质及农民居住权利之保障》,载《中国法学》2014 年第 2 期。

[60] 王崇敏:《论我国宅基地使用权制度的现代化构造》,载《法商研究》2014 年第 2 期。

[61] 夏建国:《农村土地承包经营权立法模式的选择》,载《陕西师范大学学报(哲学社会科学版)》2002 年第 5 期。

[62] 刘金海、宁玲玲:《土地承包经营权:农民的财产权利》,载《经济体制改革》2003 年第 6 期。

[63] 郑冠宇、赵守江:《担保物权的物权属性解读——与孟勤国教授商榷》,载《河南省政法管理干部学院学报》2009 年第 1 期。

[64] 任重:《担保物权实现的程序标的:实践、识别与制度化》,载《法学研究》2016 年第 2 期。

[65] 任重:《形成判决的效力——兼论我国物权法第 28 条》,载《政法论坛》2014 年第 1 期。

[66] 王真真:《破产重整程序中担保物权的限制与保护》,载《汕头大学学报(人文社会科学版)》2017 年第 2 期。

[67] 姜煜洌、郭站红:《论质押背书和交付在票据质权设定中的意义》,载《宁波大学学报(人文科学版)》2015 年第 1 期。

[68] 唐勇:《债权质权:物债二分体系下的"骑墙者"》,载《中外法学》2013 年第 6 期。

[69] 戴顺娟:《应收账款质押不具有优先于保证的受偿权——江苏苏州中院判决亨通公司诉炀明公司等担保追偿权纠纷案》,载《人民法院报》2009 年 11 月 13 日,第 5 版。

[70] 孙新强:《我国法律移植中的败笔——优先权》,载《中国法学》2011 年第 1 期。

[71] 戴孟勇:《狩猎权的法律构造——从准物权的视角出发》,载《清华法学》2010 年第 6 期。

[72] 谢鸿飞:《论法律行为生效的"适法规范"——公法对法律行为效力的影响及其限度》,载《中国社会科学》2007 年第 6 期。

[73] 苏永钦:《物权法定主义松动下的民事财产权体系》,载柳经纬主编:《厦门大学法律评论》(第 8 辑),厦门大学出版社 2004 年版。

[74] 苏永钦:《可登记财产利益的交易自由——从两岸民事法制的观点看物权法定原则松绑的界线》,载张仁善主编:《南京大学法律评论》,法律出版社 2010 年版。

[75] 楚清、田瑞华:《法国留置权制度探析》,载《云南大学学报(法学版)》2009 年第 6 期。

[76] 周江洪:《买卖不破租赁规则的法律效果——以契约地位承受模式为前提》,载《法学研究》2014 年第 5 期。

[77] [德] 卡尔·拉伦茨、曼弗瑞德·沃尔夫:《德国民法中的形成权》,孙宪忠译注,载《环球法律评论》2006 年第 4 期。

[78] 王利明:《住宅建设用地使用权自动续期规则》,载《清华法学》2017 年第 2 期。

[79] 王利明:《论习惯作为民法渊源》,载《法学杂志》2016 年第 11 期。

[80] 王利明:《所有权保留制度若干问题探讨——兼评〈买卖合同司法解释〉相关规定》,载《法学评论》2014 年第 1 期。

[81] [德] 罗尔夫·施蒂尔纳:《附随性与抽象性之间的不动产担保物权及其在欧洲的未来》,王洪亮译,载《清华法学》2006 年第 2 期。

[82] 王洪亮:《土地债务制度上的抽象构造技术》,载《比较法研究》2005 年第 4 期。

[83] 程啸:《论抵押权的预告登记》,载《中外法学》2017 年第 2 期。

[84] 程啸:《论动产多重买卖中标的物所有权归属的确定标准——评最高法院买卖合同司法解释第 9、10 条》,载《清华法学》2012 年第 6 期。

[85] 程啸、尹飞:《论物权法中占有的权利推定规则》,载《法律科学(西北政法学院学报)》2006 年第 6 期。

[86] 陆晓燕:《保障生存利益与维护交易安全的平衡——房地产开发企业破产中购房人权利之顺位研究》,载《法律适用》2016 年第 3 期。

[87] 司伟:《预购商品房抵押预告登记权利保护的法律基础与路径选择》,载《人民司法(案例)》2016 年第 14 期。

[88] 林秀榕、陈光卓:《抵押权预告登记权利人无过错时有权对商品房优先受偿》,载《人民司法(案例)》2016 年第 14 期。

[89] 王侯璇:《判决文书引起物权变动之限制与规则》,载《山东大学学报

（哲学社会科学版）》2017 年第 2 期。

[90] 张双根：《商品房预售中预告登记制度之质疑》，载《清华法学》2014 年第 2 期。

[91] 由嵘：《1925 年改革与现代英国财产法》，载《中外法学》1993 年第 1 期。

[92] 张力毅：《通过契约实现的物之支配关系——债权物权化的另一种解释论框架》，载《东方法学》2015 年第 6 期。

[93] 朱志峰：《"买卖不破租赁"原则释疑》，载《河南社会科学》2013 年第 6 期。

[94] 季金华：《买卖不破租赁原则限制适用的条件分析》，载《政法论丛》2016 年第 4 期。

[95] 朱庆育：《评议："买卖不破租赁"的正当性》，载王洪亮、张双根、田士永主编：《中德私法研究》（2006 年第 1 卷），北京大学出版社 2006 年版。

[96] 徐澜波：《"买卖不破租赁"规则的立法技术分析》，载《法学》2008 年第 3 期。

[97] 徐澜波：《合同债权人代位权行使的效力归属及相关规则辨析——兼论我国合同代位债权司法解释的完善》，载《法学》2011 年第 7 期。

[98] 黄凤龙：《"买卖不破租赁"与承租人保护——以对〈合同法〉第 229 条的理解为中心》，载《中外法学》2013 年第 3 期。

[99] 郭翔峰：《民事执行程序中买卖不破租赁规则的适用》，载《人民司法（应用）》2016 年第 13 期。

[100] 田野：《优先权性质新论》，载《郑州大学学报（哲学社会科学版）》2016 年第 2 期。

[101] 戴新毅：《债权平等及其突破模式选择》，载《河北法学》2013 年第 6 期。

[102] 曹宇：《债权的平等与优先——兼对债权平等理论的反思》，载《河北法学》2012 年第 10 期。

[103] 郭明瑞、仲相：《我国未来民法典中应当设置立优先权制度》，载《中国法学》2004 年第 4 期。

[104] 吕普生：《集合式利益、分布式利益抑或复合式利益？——公共利益本质问题论争的学术史考察》，载《江汉论坛》2015 年第 7 期。

[105] 何震、王勇：《破产程序中承租人优先购买权解析》，载《法律适用》

2008 年第 7 期。

[106] 张力、郑志峰：《普通动产一物二卖履行纠纷类型化思考——兼评〈最高人民法院关于审理买卖合同纠纷案件适用法律问题的解释〉第 9 条》，载《广西社会科学》2014 年第 2 期。

[107] 张力：《公物的私产化及其法律控制》，载《湖南师范大学社会科学学报》2013 年第 1 期。

[108] 丁社教：《法律与道德的张力——兼论西方现代法哲学的内在困境》，载《西北大学学报（哲学社会科学版）》2017 年第 1 期。

[109] 戴永盛：《论特殊动产的物权变动与对抗（下）——兼析〈最高人民法院关于审理买卖合同纠纷案件适用法律问题的解释〉第 10 条》，载《东方法学》2014 年第 6 期。

[110] 戴永盛：《论特殊动产的物权变动与对抗（上）——兼析〈最高人民法院关于审理买卖合同纠纷案件适用法律问题的解释第 10 条〉》，载《东方法学》2014 年第 5 期。

[111] 周江洪：《特殊动产多重买卖之法理——〈买卖合同司法解释〉第 10 条评析》，载《苏州大学学报（哲学社会科学版）》2013 年第 4 期。

[112] 周江洪：《侵权赔偿与社会保险并行给付的困境与出路》，载《中国社会科学》2011 年第 4 期。

[113] 张玉敏、周清林：《"入库规则"：传统的背离与超越》，载《现代法学》2002 年第 5 期。

[114] 武亦文：《保险代位权与被保险人损害赔偿请求权的受偿顺序》，载《比较法学》2014 年第 6 期。

[115] 罗欢平：《论破产抵销权的限制》，载《河北法学》2015 年第 1 期。

[116] 徐彪、许雄峰：《对〈企业破产法〉第 32 条个别清偿撤销权的思考——以虹桥公司管理人请求撤销银行个别清偿为视角》，载《浙江金融》2015 年第 10 期。

[117] 王欣新：《论破产程序中担保债权的行使与保障》，载《中国政法大学学报》2017 年第 3 期。

[118] 丁亮：《劳动债权受偿优先性的经济法解读——从经济法之分配正义观谈起》，载《学术交流》2015 年第 10 期。

[119] 申卫星：《期待权研究导论》，载《清华法学》2002 年第 1 期。

[120] 许德风：《论破产债权的顺序》，载《当代法学》2013 年第 2 期。

[121] 许德风：《不动产一物二卖问题研究》，载《法学研究》2012年第3期。

[122] 许德风：《法教义学的运用》，载《中外法学》2013年第5期。

[123] 睢晓鹏：《刘伟与梅玺等房屋买卖合同纠纷上诉案——买卖不破租赁规则中租赁关系的司法判定》，载北大法宝网：http://www.pkulaw.cn/case/pfnl_1970324840446913.html? keywords=%E4%B9%B0%E5%8D%96%E4%B8%8D%E7%A0%B4%E7%A7%9F%E8%B5%81&match=Exact。法宝引证码：CLI.C.3472321。

[124] 赵新龙：《日本企业欠薪垫付法律制度及其启示》，载《现代日本经济》2013年第5期。

[125] 侯玲玲、王林清：《从民法到社会保障的工资债权保护——以德法两国工资保障为视角》，载《法学杂志》2013年第7期。

[126] 陈夏红：《香港破产机制中的雇员权利及其保障》，载《中国劳动关系学院学报》2016年第4期。

[127] 李慈强：《破产清算中税收优先权的类型化分析》，载《税务研究》2016年第3期。

[128] 黎东、周建鹏：《税收优先权优在何时——从一起偷税执行案看税收优先权产生的时间》，载《经济研究参考》2016年第29期。

[129] 杨立新：《论侵权请求权的优先权保障》，载《法学家》2010年第2期。

[130] 林一：《侵权债权在破产程序中的优先受偿顺位建构——基于"给最少受惠者最大利益"的考量》，载《法学论坛》2012年第2期。

[131] 郭夏娟：《"最大多数人"与"最少受惠者"——两种正义观的伦理基础及其模糊性》，载《学术月刊》2011年第10期。

[132] 袁文全、马晶：《大规模人身侵权之债在破产债权中的清偿顺位考量》，载《重庆大学学报（社会科学版）》2014年第2期。

[133] 于新循、彭旭林：《论我国破产债权例外制度——基于劣后债权的制度构建视角》，载《四川师范大学学报（社会科学版）》2015年第3期。

[134] 赵秀举：《论民事执行救济——兼论第三人执行异议之诉的悖论与困境》，载《中外法学》2012年第4期。

[135] 丁宝同：《执行异议之诉：比较法视野下的谱系解读》，载《比较法研究》2015年第4期。

[136] 李馨：《案外人作为原告提起执行异议之诉的审理要件》，载《人民司法》2013年第2期。

［137］ 刘敏：《论金钱债权执行竞合解决的原则》，载《学习与探索》2007 年第 5 期。

［138］ 石朝晶：《执行竞合时财产保全申请人有无优先受偿权》，载《人民司法》2015 年第 15 期。

［139］ 杨立新：《民事执行程序中的参与分配制度》，载《法律科学（西北政法学院学报）》1994 年第 1 期。

［140］ 丁亮华：《参与分配：解析与检讨》，载《法学家》2015 年第 5 期。

［141］ 刘保玉：《论多重买卖的法律规制——兼评〈买卖合同司法解释〉第 9、10 条》，载《法学论坛》2013 年第 6 期。

［142］ 孙毅：《我国多重买卖规则的检讨与重构》，载《法学家》2014 年第 6 期。

［143］ 李锡鹤：《多重买卖效力探讨——〈买卖合同司法解释〉第 9 条第 2、3 款之质疑》，载《东方法学》2015 年第 6 期。

［144］ 宋晓明、张勇健、王闯：《〈关于审理买卖合同纠纷案件适用法律问题的解释〉的理解与适用》，载《人民司法》2012 年第 15 期。

［145］ 吴才毓：《论多重债权顺位规则体系》，载《天津法学》2015 年第 2 期。

［146］ 冀宗儒、徐辉：《论民事诉讼保全制度功能的最大化》，载《当代法学》2013 年第 1 期。

［147］ 王国龙：《判决的既判力与司法公信力》，载《法学论坛》2016 年第 4 期。

［148］ 安凤德：《拒不执行判决、裁定罪的犯罪构成要素新论》，载《学术论坛》2016 年第 2 期。

［149］ 陈永强：《特殊动产多重买卖解释要素体系之再构成——以法释〔2012〕8 号第 10 条为中心》，载《法学》2016 年第 1 期。

［150］ 陈永强：《未登记已占有的房屋买受人的权利保护》，载《环球法律评论》2013 年第 3 期。

［151］ 茆荣华、孙少君：《所有权保留纠纷审判实务研究》，载《法学》2005 年第 1 期。

［152］ 彭诚信、岳耀东：《房屋多重转让中权利保护顺位的确立依据与证成——以"占有优先保护说"为核心》，载《山东社会科学》2012 年第 5 期。

［153］ 马新彦、李国强：《土地承包经营权流转的物权性思考》，载《法商研究》2005 年第 5 期。

[154] 马新彦、邓冰宁:《论不动产占有的公示效力》,载《山东社会科学》2014 年第 3 期。

[155] 李俭:《法律术语的社会符号学阐释——以"通常居住"为例》,载《浙江工商大学学报》2017 年第 4 期。

[156] 张中:《法官眼里无事实:证据裁判原则下的事实、证据与事实认定》,载《浙江工商大学学报》2017 年第 5 期。

[157] 陈伟群:《关系范畴是哲学的基本范畴》,载《中央社会主义学院学报》2008 年第 4 期。

[158] 陈颐:《〈信托法〉的现代化:19 世纪英国的贡献》,载梁慧星主编:《民商法论丛》(第 49 卷),法律出版社 2011 年版。

[159] [德] 海因·克茨:《信托:典型的英美法系制度》,邓建中译,载《比较法研究》2009 年第 4 期。

[160] 赵立新:《日本、德国信托法的发展路径及其比较》,载梁慧星主编:《民商法论丛》(第 54 卷),法律出版社 2013 年版。

[161] 孙静:《德国信托法探析》,载《比较法学》2004 年第 1 期。

[162] 李世刚:《论〈法国民法典〉对罗马法信托概念的引入》,载《中国社会科学》2009 年第 4 期。

[163] 金锦萍:《论法律行为视角下的信托行为》,载《中外法学》2016 年第 1 期。

[164] 史志磊:《论信托与罗马法的关系》,载《青海师范大学学报 (哲学社会科学版)》2015 年第 3 期。

[165] 陈雪萍:《信托财产双重所有权之观念与继受》,载《中南民族大学学报 (人文社会科学版)》2016 年第 4 期。

[166] 周威:《双重所有权是否"古已有之"?》,载《法律学习与研究》1986 年第 6 期。

[167] 于海涌:《论英美信托财产双重所有权在中国的本土化》,载《现代法学》2010 年第 3 期。

[168] 赵磊:《信托受托人的角度定位及其制度实现》,载《中国法学》2013 年第 4 期。

[169] 赵廉慧:《信托受益权法律性质新解——"剩余索取权理论"的引入》,载《中国政法大学学报》2015 年第 5 期。

[170] 李晓云:《已出让受益权的信托受益人还能否向信托公司索赔——兼论

〈信托法〉第 22 条的信托财产损失赔偿请求权》，载《法律适用》2015年第 12 期。

[171] 符琪：《论信托财产权的三重二元结构》，载《上海财经大学学报》2013年第 5 期。

[172] 邓娟闰：《论所有权保留的性质——担保性所有权》，载《法商研究（中南政法学院学报）》2002 年第 3 期。

[173] 申惠文、杜志勇：《农地融资法律模式研究》，载《河南工程学院学报（社会科学版）》2016 年第 2 期。

[174] 关涛：《关于所有权保留与质押权竞存时的优先受偿问题》，载《烟台大学学报（哲学社会科学版）》2013 年第 4 期。

[175] 李永军：《所有权保留制度的比较法研究——我国立法、司法解释和学理上的所有权保留述评》，载《法学论坛》2013 年第 6 期。

[176] 章正璋：《我国民法上的占有保护——基于人民法院占有保护案例的实证分析》，载《法学研究》2014 年第 3 期。

[177] 王睿：《期待权概念之理论源流与界定》，载《北方法学》2017 年第 2 期。

[178] 张玉海：《登记对抗主义下未登记抵押权在抵押人破产时的效力》，载《法律科学（西北政法大学学报）》2016 年第 5 期。

[179] 龙俊：《公示对抗下"一般债权"在比较法中的重大误读》，载《甘肃政法学院学报》2014 年第 4 期。

[180] 章志远：《公用事业特许经营及其政府规制——兼论公私合作背景下行政法学研究之转变》，载《法商研究》2007 年第 2 期。

[181] 章志远、李明超：《公用事业特许经营中的临时接管制度研究——从"首例政府临时接管特许经营权案"切入》，载《行政法学研究》2010 年第 1 期。

[182] 付大学：《PPP 特许经营权：一种混合财产权及其保护规则》，载《法学论坛》2016 年第 6 期。

[183] 鲍萌民：《论国有企业财产经营权的扩张性与发展走向》，载《政法论丛》1998 年第 2 期。

[184] 丁文：《论土地承包权与土地承包经营权的分离》，载《中国法学》2015年第 3 期。

[185] 蔡立东、姜楠：《承包权与经营权分置的法构造》，载《法学研究》2015

年第 3 期。

[186] 许军:《政府特许经营权的反思与重构》,载《甘肃社会科学》2015 年第 6 期。

[187] 陈阵香、陈乃新:《PPP 特许经营协议的法律性质》,载《法学》2015 年第 11 期。

[188] 周佑勇:《特许经营权利的生成逻辑与法治边界——经由现代城市交通民营化典型案例的钩沉》,载《法学评论》2015 年第 6 期。

[189] 汪秋慧:《公物利用权的性质、功能及实现路径——基于基本权利功能理论的分析》,载《城市问题》2016 年第 8 期。

[190] 李明超:《〈基础设施和公用事业特许经营管理办法〉评析》,载《湖南农业大学学报(社会科学版)》2015 年第 6 期。

[191] 李显冬、倪淑颖:《典权与中国农村土地流转》,载《中国国土资源经济》2016 年第 9 期。

[192] 李显冬、金丽娜、倪淑颖:《农村土地流转与典权之扬弃》,载《国土资源情报》2016 年第 6 期。

[193] 吴一鸣:《论"单纯知情"对双重买卖效力之影响——物上权利之对抗力来源》,载《法律科学(西北政法大学学报)》2010 年第 2 期。

[194] 于飞:《违背善良风俗故意致人损害与纯粹经济损失保护》,载《法学研究》2012 年第 4 期。

[195] 李霞:《第三人侵害债权制度研究》,载《济南大学学报》1998 年第 4 期。

[196] 薛文成、苗晓霞:《论第三人侵害债权制度》,载《人民法院报》2000 年 11 月 18 日,第 3 版。

[197] 赵蕾、吴思:《论第三人侵害债权之法律救济》,载《汕头大学学报(人文社会科学版)》2013 年第 4 期。

[198] 李宝军、隋卫东:《论我国第三人侵害债权制度的构建》,载《河南师范大学学报(哲学社会科学版)》2015 年第 6 期。

[199] 其木提:《债权让与通知的效力——最高人民法院(2004)民二终字第 212 号民事判决评释》,载《交大法学》2010 年第 1 卷。

[200] 申建平:《债权让与通知论》,载《求是学刊》2005 年第 4 期。

[201] 申建平:《债权让与无因性之探讨》,载《学术交流》2007 年第 7 期。

[202] 尹飞:《论债权让与中债权移转的依据》,载《法学家》2015 年第 4 期。

［203］方新军：《合同法第 80 条的解释论问题——债权让与通知的主体、方式及法律效力》，载《苏州大学学报（哲学社会科学版）》2013 年第 4 期。

［204］谢潇：《债权让与性质斟酌及其类型化尝试》，载《政治与法律》2015 年第 3 期。

［205］凌斌：《什么是法教义学：一个法哲学的追问》，载《中外法学》2015 年第 1 期。

［206］白斌：《论法教义学：源流、特征及其功能》，载《环球法律评论》2010 年第 3 期。

［207］雷磊：《法教义学的基本立场》，载《中外法学》2015 年第 1 期。

［208］谢海定：《法学研究进路的分化与合作——基于社科法学与法教义学的考察》，载《法商研究》2014 年第 5 期。

三、博士论文

［1］王玉花：《物权的绝对性及相关问题研究——从与支配性相对立的角度》，中国社会科学院研究生院 2007 年博士学位论文。

四、德语文献

［1］Vgl. Von Claus－Wilhelm Canaris, Die Verdinglichung obligatorischer Rechte, Festschrift für Werner Flume zum 70. Geburtstag, B. I, Verlag Dr. otto Schmidt KG・Koln, 1978.

［2］Pawlowski, Allgemeiner Teil des BGB, 2. Auflage, C. F. Müller Juristischer Verlag, Heideberger 1983.

［3］Baur/Stuerner. Sachenrecht, 18. Aufl. , Muenchen 2009.

［4］Savigny, System des heutigen Roemischen Rechts, BD. I, Berlin 1840.

五、英语文献

［1］Rein Zimmermann, *The Law of Obligation*: *Roman Foundation of the Civilian Tradition*, Juta & Co. Ltd. , 1990.

［2］A. M. Honoré, "Ownership", in A. G. Guest（ed.）, *Oxford Essays in Jurisprudence*, Oxford University Press, 1961.

［3］ Menachem Mautner, "The Eternal Triangles of the Law: Toward a Theory of Priorities in Conflicts Involving Remote Parties", *Michigan Law Review*, 1991.

［4］ Jeffrey Brand-Ballard, *Limits of Legality: The Ethics of Lawless Judging*, Oxford University Press, 2010.

［5］ Bryan A. Garner, *Black's Law Dictionary*, 8th ed. , Thomson West, 2004.

［6］ Getches, David H. , *Water Law in a Nutshell*, West Pub. Co. , 1997.

［7］ Robert Megarry, William Wade, *The Law of Real Property*, 7th ed. , London: Sweet & Maxwell, 2008.

［8］ Friedrich Carl Von Savigny, *System of Modern Roman Law*, translated by William Holloway, Madras: J. Higginbotham Publisher, 1867.

［9］ Jesse Dukeminier and James E. Krier, *Property*, Boston: Little, Brown and company, 1981.

［10］ E. H. Burn, Cheshire and Burn's, *Modern Law of Real Property*, London, Edinburgh, Dubulin: Butterworths, 2000.

［11］ SH Goo, *Land Law in Hong Kong*, LexisNexis, 2010.

［12］ Sarah Nield, Hong Kong Land Law, Longman Group (far east), 1992.

［13］ Elizbeth A. Martin, *A Dictionary of Law*, *Fifth Edition*, Oxford University Press, 2002.

［14］ Cecilia Chu and Kylie Uebergang, *Saving Hong Kong's Cultural Heritage*, LC Paper No. CB (2) 1264/06-07 (01).

［15］ Stephen D. Mar, *Property Law in Hong Kong: An Introductory Guide*, Hong Kong University Press, 2010.

［16］ P. Jackson, *The Law of Easements and Profits*, Londong: Butterworths, 1978.

［17］ Paul Coughlan, *Property Law*, Gill & Macmilian, 1995.

［18］ Gary Watt, *Case and Materials-Land Law*, Blackstone Press Limited, 1998.

［19］ Robert Megarry, Charles Harpum, Sir William Wade, *The Law of Real Property*, Sweet & Maxwell, 2012.

［20］ Roger H. Bernhardt, Ann M. Burkhart, *Real Property*, *4th Edition*, 法律出版社 2004 年影印版。